Volker Brinkmann

Sozialwirtschaft

Volker Brinkmann

Sozialwirtschaft

Grundlagen – Modelle – Finanzierung

GABLER

Bibliografische Information der Deutschen Nationalbibliothek
Die Deutsche Nationalbibliothek verzeichnet diese Publikation in der
Deutschen Nationalbibliografie; detaillierte bibliografische Daten sind im Internet über
<http://dnb.d-nb.de> abrufbar.

Prof. Dr. Volker Brinkmann lehrt und forscht an der Fachhochschule Kiel im Fachbereich Soziale Arbeit und Gesundheit in den Fachgebieten Sozialwirtschaft, Sozialmanagement, Gemeinwesenökonomie und Finanzierung sozialer und gesundheitsbezogener Dienstleistungsanbieter.

1. Auflage 2010

Alle Rechte vorbehalten
© Gabler Verlag | Springer Fachmedien Wiesbaden GmbH 2010

Lektorat: Susanne Kramer | Renate Schilling

Gabler Verlag ist eine Marke von Springer Fachmedien.
Springer Fachmedien ist Teil der Fachverlagsgruppe Springer Science+Business Media.
www.gabler.de

Umschlaggestaltung: KünkelLopka Medienentwicklung, Heidelberg
Satz: Angelika Schulz, D.A.S.-Büro, Zülpich

Printed in Germany

ISBN 978-3-8349-0010-4

Vorwort

Die Idee zu diesem Buch entsprang, wie so oft, einem einfachen Gedanken. In diesem Fall dem Wunsch der Studierenden: „Das Stoffgebiet der Sozialwirtschaft ist so heterogen. Können Sie nicht mal ein Buch, am besten ein Lehrbuch dazu schreiben."

Es ist ein Grundlagenbuch geworden, das die Theorie und Leitbilder der Sozialwirtschaft mit den Modellen und Finanzierungsformen des Sozialmanagements zusammenführt. Die Herausforderung war zunächst, ökonomisches und wertebezogenes Handeln in der Gesellschaft und die ihr zugehörende Sozialwirtschaft angemessen zu thematisieren und herauszuarbeiten.

Die Integrationskraft des deutschen Modells der Sozialen Marktwirtschaft erodiert gegenwärtig. Auf der anderen Seite zeigt der destruktive Charakter der Finanzkapitalmärkte den herausragenden Bedarf an national und supranational abgestimmter, ökologisch-globaler Ordnungspolitik des Wirtschafts- und Sozialsektors auf. Im nationalstaatlichen Kontext Deutschlands folgt die politische Auseinandersetzung dem Pfad, welches Modell der Sozialen Marktwirtschaft zukünftig für ein qualitatives Wachstumsverständnis im Allgemeinen und speziell im Sektor Soziales und Gesundheit handlungsleitend sein könnte. Die Staaten und ihre Sozial- und Gesundheitssysteme stehen fiskalisch mit dem „Rücken zur Wand" und somit vor einem grundlegenden Wandel der Leistungserzeugung. Die Nachfrage nach klugen Modelllösungen der Sozial- und Gesundheitspolitik, welche vom Endverbraucher – also vom Bürger – aus zu denken, zu realisieren und staatlicherseits zu unterstützen sind, steigt. Eine offene Frage ist weiterhin die europäische Richtlinienkompetenz für den Sozialleistungsbereich. Die Bewertung des Karlsruher Verfassungsgerichts hat die Handlungsdominanz der nationalstaatlich organisierten Sozialleistungsversorgung für den Bürger hierzulande bekräftigt (individuelle Leistungsrechte). Die Sozialwirtschaftsorganisationen sind seit fast zwei Dekaden mit dem Anspruch wettbewerblicher Steuerungshoheit der EU konfrontiert und dementsprechend wachsam. Die Ordnungsfunktion des Korporatismus in Deutschland ist weiterhin intakt und könnte vor dem Hintergrund der Finanzkapital- und Wirtschaftskrise eine Belebung erfahren, da die Vertreter der Wohlfahrtspflege relevante Produzenten auf dem synergetischen Gebiet der Zusammenarbeit von Markt, Staat, Verbänden und Bürgern sind und über die weitaus größte Erfahrung in der Gestaltung der sozialen Dienstleistungsnetzwerke hierzulande verfügen.

In diesem Buch werden die bislang geltenden Sozialleistungen und Aufgaben des Sozialwirtschaftssektors in Deutschland im Einzelnen vorgestellt. Das Zukunftsmodell des Sozial- und Gesundheitssektors kann nach meiner Ansicht nur in Form der Netzwerkökonomie weiterhin leistungsfähig sein. Leistungsgrenzen überschreitende (Reform-)Potenziale der Sozialleistungsproduzenten agieren im Konzept der intermediären Engagements bzw. des Sozialmanagements gezielt miteinander. Gegenwärtig werden z. B. verschiedene Formen des Public Managements und der sozialen Dienstleistungsproduktion auf den Weg zur bürgerorientierten Leistungsverwaltung beschritten. Im Anschluss daran erfolgt eine umfassende Darstellung der Regelfinanzierungsformen der Träger und Anbieter des Sozial- und Gesundheitssektors. Ergänzt werden diese durch neue intermediäre, d. h. Sozialleistungsgrenzen überschreitende Finanzierungsformen und Mischfinanzierungsmodelle, die im steigenden Maße in der Praxis erprobt werden.

Gegenwärtig erfolgt eine Vielzahl von Implementationen subjektorientierter und wirkungsorientierter Finanzierungsformen auf der Kommunalverwaltungsebene. Zu den neueren, aber nicht immer innovativen Finanzierungsformen zählen unter anderem modulbezogene Erstattungen, trägerübergreifende Budgets der integrierten Versorgung, Komplexfinanzierungsmodelle, Diagnose bzw. Assessment bezogene Finanzierungsformen sozialer Dienstleistungen, Sozialraumbudgets, Gutscheine und Pro-Kopf-Erstattungen.

Erörtert wird zudem die Übertragbarkeit von Finanzierungsformen, bspw. der Diagnose orientierten Fallpauschalen (DRG) aus dem Gesundheitssektor (Allgemeinkrankenhaussektor), auf die Felder der Sozialen Arbeit, z. B. in der Jugendhilfe. Zudem wächst der Klärungsbedarf der interprofessionellen Gestaltung der Leistungsprozesse im Gesundheits- und Sozialsektor und deren Finanzierungsmöglichkeiten. Wesentlich erscheint die Beantwortung der Frage: Welchen fachlichen Beitrag können und sollen die Fachgebiete Sozialwirtschaft und Sozialmanagement auf der Fall- und Systemebene sozialer und gesundheitlicher Hilfeerzeugung leisten? Und im exemplarischen Bezug zur Sozialen Arbeit: Welchen theoretischen Beitrag können sie diesbezüglich zur Theoriebildung und zur Wirkung Sozialer Arbeit beisteuern?

Abschließend erfolgt eine in kritischer Absicht getroffene Gesamtbewertung der Zukunft des Sozialstaats und insbesondere dessen Reformfähigkeit im Hinblick auf den Sozial- und Gesundheitswirtschaftssektor in Deutschland.

Volker Brinkmann

Inhaltsüberblick

Inhaltsverzeichnis

Abbildungsverzeichnis

Tabellenverzeichnis

Abkürzungsverzeichnis

Abb.	Abbildung
aBL	alte Bundesländer
Abs.	Absatz
AG	Aktiengesellschaft
AKJ	Arbeitsstelle Kinder- und Jugendhilfe
ALG	Arbeitslosengeld
ANBest	Allgemeine Nebenbestimmungen
AO	Abgabenordung
Art.	Artikel
ASD	Allgemeiner Sozialer Dienst
AWO	Arbeiterwohlfahrt
AZV	Arbeitszeitverordnung
Bafög	Bundesausbildungsförderungsgesetz
BAG	Bundearbeitsgemeinschaft
bagfa	Bundesarbeitsgemeinschaft für Freiwilligenagenturen
BAGFW	Bundesarbeitsgemeinschaft der freien Wohlfahrtspflege e. V.
BAGLJÄ	Bundesarbeitsgemeinschaft der Landesjugendämter
BAGüS	Bundesarbeitsgemeinschaft der überörtlichen Träger der Sozialhilfe
BAR	Bundesarbeitsgemeinschaft für Rehabilitation
BayGO	Bayrische Gemeindeordnung
BErzGG	Bundeserziehungsgeldgesetz
BGB	Bürgerliches Gesetzbuch
BHO	Bundeshaushaltsordnung
BIP	Bruttoinlandsprodukt
BMFSFJ	Bundesministerium für Familie, Senioren, Frauen und Jugend
bpa	Bundesverband privater Anbieter sozialer Dienste
BPflV	Bundespflegesatzverordnung
BSHG	Bundessozialhilfegesetz
BSM	Bundesarbeitsgemeinschaft für Sozialmarketing

bspw.	beispielweise
BUND	Bund für Umwelt und Naturschutz Deutschland e. V.
BVerGE	Bundesverfassungsgericht
BVG	Bundesversorgungsgesetz
bzgl.	bezüglich
ca.	circa
CDU	Christlich Demokratische Union Deutschlands
CM	Case Management
CSR	Corporate Social Responsibility
d. h.	das heißt
DBSH	Deutscher Berufsverband für Soziale Arbeit
DCV	Deutscher Caritasverband
DDR	Deutsche Demokratische Republik
DHS	Deutsche Hauptstelle für Suchtfragen
DHW	Diakonie-Hilfswerk Schleswig-Holstein
DM	Deutsche Mark
DPWV	Der Paritätische Wohlfahrtsverband– Der Paritätische
DRG	Diagnosis Related Groups – diagnosebezogene Fallgruppen
DRK	Deutsches Rotes Kreuz
DW	Diakonisches Werk
DZI	Deutsche Zentralinstitut für soziale Fragen
e. V.	eingetragener Verein
ebd.	ebenda
EKD	Evangelische Kirche Deutschlands
EStG	Einkommenssteuergesetz
et al.	et alii, et altera
EU	Europäische Union
EuGH	Europäischer Gerichtshof
f., ff.	folgende, fortfolgende
FAZ	Frankfurter Allgemeine Zeitung
FDP	Freiheitlich Demokratische Partei Deutschlands
FdS	Fallgruppen der Sozialen Arbeit
FG	Freigemeinnützige Träger
FLS	Fachleistungsstunde
GAL	Bündnis 90/Die Grünen

GemO	Gemeindeordnung
GemVO	Gemeindeverordnungen der Länder
GG	Grundgesetz
gGmbH	gemeinnützige Gesellschaft mit beschränkter Haftung
ggü.	gegenüber
GKV	gesetzliche Krankenversicherung
GmbH	Gesellschaft mit beschränkter Haftung
GWB	Gesetz gegen Wettbewerbsbeschränkungen
GWÖ	Gemeinwesenökonomie
HGB	Handelsgesetzbuch
html	Hypertext Markup Language
HzE	Hilfe zur Erziehung
i. d. R.	in der Regel
i. V.	in Verbindung
IAS	International Accounting Standards
IASB	International Accounting Standards Board
IASC	International Accounting Standards Committee
ICA	International Co-operative Alliance – internationaler Genossenschaftsbund
ICES	Interdisciplinary Center for Experimental Science
ICF	International Classification of Functioning, Disability and Health
IE	intermediäre Engagements
IFM	intermediäre Finanzierungsmodelle
IFRIC	International Financial Reporting Interpretations Committee
IFRS	International Financial Reporting Standards
ifSG	Infektionsschutzgesetz
IFSW	International Federation of Social Workers
IHK	Industrie- und Handelskammer
IKR	Industriekontenrahmen
IT	Informationstechnik
JGG	Jugendgerichtsgesetz
KfW	Kreditanstalt für Wiederaufbau
KGSt	Kommunale Gemeinschaftsstelle für Verwaltungsmanagement
KHG	Krankenhausfinanzierungsgesetz
Kita	Kindertagesstätte

KitaG	Kindertagesstättengesetz
KJhD	Kinder- und Jugendhilfedienst
KJHG	Kinder- und Jugendhilfegesetz
KO	Kommunalordnung
KOF	Kriegsopferfürsorge
KSD	Kommunaler Sozialer Dienst
KV	Krankenversicherung
lat.	lateinisch
LETS	Local Employment and Trading System
lfd.	laufende/r
LHO	Landeshaushaltsordnung
LV	Landesverfassung
LV SH	Landesverband Schleswig-Holstein
MbO	Management by Objektives
MIF	Mikrofinanzinstitut
Mio.	Millionen
Mrd.	Milliarden
NABU	Naturschutzbund Deutschland e. V.
nBL	neue Bundesländer
NGD	Norddeutsche Gesellschaft für Diakonie
NKF	Neues kommunales Finanzmanagement
NKFG	Neues kommunales Finanzmanagement in Gemeinden
NKR	Neues kommunales Rechnungswesen
NKRS	Neues kommunales Rechnungs- und Steuerungssystem
NPO	Non-Profit-Organisationen
Nr.	Nummer
NRW	Nordrhein-Westfalen
NSM	Neues Steuerungsmodell
OEG	Opferentschädigungsgesetz
OwiG	Ordnungswidrigkeitsgesetz
p. a.	per annum
PartGG	Partnerschaftsgesellschaftsgesetz
PCS	Patienten-Klassifikationssysteme
PKV	private Krankenversicherung
PVG	Pflegeversicherungsgesetz

QM	Qualitätsmanagement
s.	siehe
SchwbG	Schwerbehindertengesetz
SE	Social Entrepreneur
SED	Sozialistische Einheitspartei Deutschlands
SGB	Sozialgesetzbuch
SIC	Standing Interpretations Committee
sog.	so genannte/r
SPD	Sozialdemokratische Partei Deutschlands
SPFH	Sozialpädagogischen Familienhilfe
SR	Sozialraummanagement
StGB	Strafgesetzbuch
SVG	Soldatenversorgungsgesetz
TÜV	Technischer Überwachungs-Verein
TVöD	Tarifvertrag öffentlicher Dienst
u. a.	unter anderem
u. ä.	und ähnliche/s/r
u.	und
UN	United Nations – Vereinte Nationen
UNICEF	United Nations International Children's Emergency Fund – Kinderhilfswerk der Vereinten Nationen
US	United States
USA	United States of America
UstG	Umsatzsteuergesetz
v. H.	von Hundert
vgl.	vergleiche
VGR	volkswirtschaftliche Gesamtrechnung
VHS	Volkshochschule
VIP	very important person
VOL	Verdingungsverordnung für Leistungen
VPK	Bundesverband privater Träger der freien Kinder-, Jugend- und Sozialhilfe e.V.
VV	Verwaltungsverfahrensordnungen der Länder
VWL	Volkswirtschaftslehre
VwVfG	Verwaltungsverfahrensgesetz

WG	Wohngemeinschaft
WTO	World Trade Organization
WWF	World Wide Fund For Nature
z. B.	zum Beispiel
z. T.	zum Teil
zit.	zitiert
ZWST	Zentralwohlfahrtsstelle der Juden in Deutschland

Daß unsere physische Existenz ebenso wie die Befriedigung unserer idealsten Bedürfnisse überall auf die quantitative Begrenztheit und qualitative Unzulänglichkeit der dafür benötigten Mittel stößt, daß es zu ihrer Befriedigung der planvollen Vorsorge und der Arbeit, des Kampfes mit der Natur und der Vergesellschaftung mit Menschen bedarf, das ist, möglichst unpräzis ausgedrückt, der grundlegende Tatbestand, an denen sich alle jene Erscheinungen knüpfen, die wir im weitesten Sinne als sozial-ökonomische bezeichnen.

Max Weber

Einleitung

Das Fachgebiet Sozialökonomie befasst sich mit den Organisationsformen und Produzenten sozialer Hilfeleistungen und deren Finanzierung.

Terminologisch, sozialrechtlich, politisch und ökonomisch umfasst der Sozialwirtschaftssektor eine große Bandbreite von professionellen Trägern, Anbietern und Herstellungsweisen von Hilfeleistungen, zu denen auch unbezahlte Produzenten sozialer Hilfe zählen (u. a. die Selbsthilfe und die Freiwilligenarbeit). Ohne Engagement, soziale Selbstsorge und die Eigenarbeit der Bürger in ihren Familien und Vereinen wäre das sozialstaatlich organisierte Sozialleistungssystem von vorneherein zum Scheitern verurteilt. Die größten Produzenten sozialer Hilfe sind demnach Familien, Nachbarschaften, Verwandtschaften und die Organisationen der Selbsthilfe und des Freiwilligenengagements. Sozialwirtschaftlich betrachtet sind alle genannten Formen der Hilfeerzeugung gleichermaßen Produzenten der Sozialökonomie und Sozialer Arbeit.

Professionelle soziale Dienstleistungen sind in der Regel meritorische Güter. Meritorische Güter werden für den Bürger öffentlich bereitgestellt und finanziert, da sie am Güter- und Dienstleistungsmarkt nicht oder zu wenig nachgefragt oder angeboten werden, aber von allgemeinem Interesse sind zum Beispiel Bildung, Gesundheit und Soziales (Wendt 2008d, 678). Da die einkommensabhängige Nutzung sozialer Güter als gesellschaftlich nicht akzeptabel bewertet wird, ist die Inanspruchnahme sozialer Dienste in der Regel mittels administrativer Regelungen über staatliche Instanzen und nicht über den Markt geregelt (Bäcker et al. 2008a). In seiner Entwicklung umfasst das System der sozialen Sicherung die Absicherung existenzieller Risiken (wie Krankheit, Arbeitslosigkeit, Alter, Pflege, Unfall) und wirkt mittels Bildung und Erziehung auf die Förderung und Integrationschancen der Menschen ein. Soziale Sicherung hat somit zumindest in den fortgeschrittenen Industrie- und Wissensgesellschaften den Weg vom Sozialstaat zum Wohlfahrtsstaat genommen (Esping, Andersen 1990).

Auf der organisatorischen Seite der Bearbeitung nationaler, sozialer und gesundheitlicher Probleme durch die Sozialwirtschaft stehen gegenwärtig die Aufgaben der Erforschung, der Effektivierung und der Optimierung sozialer Träger und Einrichtungen auf der Tagesordnung. Insbesondere die intermediäre Leistungserstellung, das heißt, netzwerkbezogene und Leistungsgrenzen übergreifende Formen der Hilfe und Dienstleistungsproduktion werden gegen Ende des Teils I und in Abschnitten zur Finanzierung in Teil II

dargelegt. Dafür wird das Theorie- und Methodenwissen der Sozialwirtschaftslehre und des Sozialmanagements benötigt.

Dieses Buch beschäftigt sich mit der Erörterung und Bearbeitung der Funktionen und Aufgaben der Sozialwirtschaft in Deutschland und ist in zwei
Teile gegliedert.

Der erste Teil befasst sich mit der theoretischen Konzeption und den Modell-
orientierungen der Sozialwirtschaft, ihrer Organisationstypen und der
Change-Managementprozesse.

Der zweite Teil setzt sich mit der Logik der Refinanzierung der Sozialwirtschaftsorganisationen auseinander: der öffentlichen Finanzierung durch Sozialleistungen, der Eigenmittelerwirtschaftung (Selbstfinanzierung), der
Fremdmittelakquise und der solidarischen Ökonomie bzw. Gemeinwesenökonomie. Anders als gegenwärtig am Kapitalmarkt üblich, verspricht ein
gemeinwesenökonomisches Denken wirtschaftliches Handeln wieder in die
Gesellschaft und in die Sozialität des Handelns einzubetten.

Teil I

Sozialwirtschaft

1 Theorie der Sozialwirtschaft

1.1 Soziales und wirtschaftliches Handeln als Teil der Staats- und Gesellschaftsordnung

Wirtschaftliches Handeln der Organisationen, Träger, Einrichtungen und Unternehmen der Sozialwirtschaft und Sozialen Arbeit[1] unterliegen den politisch gesetzten Rahmenbedingungen der jeweils unterschiedlichen nationalen – und supranationalen – Ordnungssysteme, z. B. der Europäischen Gemeinschaft.[2] Die historisch unterschiedlichen Staatstheorien verbinden soziale, politische und wirtschaftliche Zieldimensionen. Zur Vermeidung einer monokausalen Dominanz – hinsichtlich der von Aristoteles definierten Staatstypen der Tyrannei und Oligarchie – gilt es, den demokratischen Weg zur Staatsbildung und Staatshandlung aufzuzeigen. Für Thomas Hobbes galt die überhöhte Staaträson des „alle Macht dem Staat und nicht dem Menschen", eine zutiefst misstrauische Position gegenüber der politischen Selbststeuerung der Bürger. Adam Smith vertraute der Selbststeuerung des Marktes bei minimaler wirtschaftlicher und politischer Interventionsmacht des Staates.

Soziales, politisches wie wirtschaftliches Handeln waren demnach nie voraussetzungslos und sind gegenwärtig in der Krise des Versagens der globalen Finanzsysteme mehr denn je aufeinander verwiesen. Das aktuelle Staatsverständnis war lange Zeit durch den Soziologen und Ökonomen Max

---

1 Die Begriffe Sozialökonomie und Sozialwirtschaft werden gleich bedeutend in Bezug auf die Organisationsformen der Sozial- und Gesundheitswirtschaft verwendet.

2 Die EU ist ein wichtiger Impulsgeber für die Ausbildung einer gemeinsamen europäischen Sozialpolitik. Auf Grund der höchst unterschiedlichen und heterogenen volkswirtschaftlichen, nationalen Rahmenbedingungen bildet die EU jedoch zum gegenwärtigen Zeitpunkt kein gemeinschaftliches Sozialsystem aus. Individuelle Rechtsansprüche auf Sozialleistungen bleiben ungeachtet der supranationalen Wettbewerbs- und Richtlinienkompetenz der EU in nationalstaatlicher Verantwortung (BVerfG). Dessen ungeachtet ist die EU Schrittmacher für die Herausbildung dringend notwendiger, auch globaler Ordnungspolitiken mit einem ökonomischen und sozialökologischen Verantwortungsfocus. In diesem vorliegenden Buch wird vorrangig auf die theoretischen, methodischen und finanziellen Erfordernisse des deutschen Sozialwirtschaftssektors fokussiert.

Weber beeinflusst. Dessen Modell der legalistisch begründeten Exekutive und der rational und professionell agierenden Verwaltung basiert auf dem Modell der bürokratischen Herrschaft (Weber 2006, 160 ff.). Jellinek, ein Zeitgenosse und Schüler Webers, formuliert, daran anschließend, in seinem Werk der Allgemeinen Staatslehre („Drei-Elemente-Lehre") Kriterien für einen Nationalstaat:

- ein Territorium (d. h. die Kontrolle über ein Staatsterritorium durch Grenzen und Gesetze),

- ein Volk (stabile Kernbevölkerung, das Staatsvolk) und

- das Gewaltmonopol des Staates (u. a. durch die Exekutive der Verwaltung, Polizei, Militär und Regierung).
(Jellinek 1966, 34)

Zwar ist das Element der stabilen Kernbevölkerung „eines Volkes" eine insbesondere in der aktuellen Lebensrealität in Frage zu stellende Position, dennoch gelten definierte Grenzen, Gesetze und das erweiterte Gewaltmonopol in den nationalstaatlichen Zusammenhängen weiterhin als mehr oder weniger fungibler Ordnungsrahmen und Richtlinie für wirtschaftliches und soziales Handeln in der Sozialwirtschaft.

1.2 Zur Einordnung der Sozialwirtschaft in den allgemeinen Wissenschaftskanon

An dieser Stelle soll eine Einordnung der Fachgebiete Sozialwirtschaft und Sozialmanagement in das wissenschaftstheoretische Theoriegebäude im Kontext ihrer Bezugsdisziplinen vorgenommen werden.

Sozialwirtschaft im System der Wissenschaft

Die Sozialwirtschaft im System der Wissenschaft speist sich aus den Wissenschaftsgebieten und darin begründeten Disziplinen der Sozialwissenschaften, in denen die (Sozial)Politik, die Soziologie, die Verwaltungswissenschaft, die Organisationswissenschaft, die Wirtschaftswissenschaft und – als Teilgebiet der Sozialpolitik – die Soziale Arbeit miteinander korrespondieren.

Makroökonomische Perspektive der VWL

Die Wirtschaftswissenschaften unterteilen sich in Volkswirtschafts- und Betriebswirtschaftslehre. Die Volkswirtschaftslehre (VWL) gliedert sich wiederum in zwei Subdisziplinen: Makroökonomie und Mikroökonomie. In der Makroökonomie stehen gesamtwirtschaftliche Fragen innerhalb einer Nationalökonomie oder der Weltwirtschaft im Zentrum des Interesses. Die makroökonomische Perspektive der VWL konstruiert die Produktivkraft der Sozialwirtschaft als Teil des Bruttoinlandsproduktes, welches den Gesamtwert aller Güter (Waren und Dienstleistungen) angibt, die innerhalb eines Jahres und innerhalb der Landesgrenzen einer Volkswirtschaft zu Marktpreisen hergestellt wurden und dem Endverbrauch dienen (May 2004, 585). Die klassische Volkswirtschaftslehre unterscheidet die Institutionen der privaten und öffentlichen Haushalte von denen der privaten Unternehmen. Private wie öffentliche Haushalte sind lediglich konsumorientiert, d. h. sie verbrauchen selbst- oder fremdbezogene Produkte für die Eigenbedarfsdeckung, während der privatgewerbliche Produktionszweck der Unternehmen in der Fremdbedarfsdeckung besteht.

Die mikroökonomische Perspektive der VWL untersucht das Verhalten einzelner Wirtschaftssubjekte der Unternehmen und deren Beziehungen untereinander. Zusammen bilden Volkswirtschafts- und Betriebswirtschaftslehre die Disziplin der Wirtschaftswissenschaft. Alle wirtschaftswissenschaftlichen Disziplinen beruhen historisch und theoretisch auf dem Konzept der Nationalökonomie (Eucken 1932, 24)[3]. Das Ziel des betriebswirtschaftlichen Wirtschaftens ist es, mit wenig Einsatz von Produktionsfaktoren einen möglichst hohen Güterertrag zu erzielen. Aufgabe der mikroökonomischen Einheit „Betrieb" (Unternehmen) ist die Fremdbedarfsdeckung von Existenzbedürfnissen, Grundbedürfnissen und Luxusbedürfnissen mit dem Ziel der Gewinnerwirtschaftung.

Mikroökonomische Perspektive der VWL

Demgegenüber setzt sich die Sozialwirtschaft vorrangig mit versorgungs- und bedarfswirtschaftlichen Fragestellungen und deren Produktion auseinander (Badelt 2007, 41, 83 u. 259). Vor diesem Hintergrund wird eine eigenständige Disziplin der Sozialwirtschaft und des Sozialmanagements eingefordert (vgl. u. a. Wendt 2007, 19 ff.; Wöhrle 2007, 101 ff.). Aus der Perspektive der Bedarfsdeckung und Versorgungspolitik sind die Soziologie und die Politikwissenschaften ebenso relevante Bezugsdisziplinen der Sozialwirtschaftslehre, da sie soziales und wirtschaftliches (Ver)Handeln und Hilfeerzeugung eigenständig beschreiben. Das Wort „Hilfe" bezeichnet in der Umgangssprache ein altruistisches, das heißt selbstloses oder uneigennütziges Verhalten und meint die Unterstützung einer anderen Person ohne Gegenleistung. Dieses menschliche Verhalten ist darüber hinausgehend Gegenstand verschiedener Wissenschaften, wie zum Beispiel Philosophie, Ethik, Psychologie, Ethnologie oder Soziologie. Der Begriff der Hilfe(leistung) in den Theorien der Sozialarbeit/Sozialpädagogik und in der Praxis der Sozialen Arbeit ist zugleich zentrale Gegenstandsbeschreibung und Aufgabe in der Erzeugung von Hilfen mit unterschiedlichen Reichweiten zur Lösung sozialer Probleme – häufig durch Sozialleistungen, auf die ein Rechtsanspruch besteht, die öffentlich finanziert sind und die von SozialarbeiterInnen

Sozialwirtschaft

Begriff der Hilfe

---

3   Die Begründung der Nationalökonomie als theoretische Grundlage einer selbstständigen Wirtschaftswissenschaft geht auf Adam Smith „An Inquiry into the Nature and Causes of the Wealth of Nations" (1776) zurück.

entgeltbezogen und fachlich ausgeführt werden. Dieses fachlich begründete Verständnis von Hilfe unterscheidet sich demnach von dem Begriffsverständnis in der Umgangssprache. Überschneidungen bestehen bei freigemeinnützigen Trägerorganisationen der Sozialen Arbeit dann, wenn dort ehrenamtliche Mitglieder unentgeltlich Hilfestellung leisten (www.sign-lang.uni-hamburg.de/projekte/slex/seitendvd/konzepte/l51/l5197.htm, 04.07. 2009). Der Begriff der Hilfe in der Sozialwirtschaft wird vor diesem Hintergrund aus zwei Perspektiven betrachtet, einerseits als unbezahlte und nichtprofessionelle, aber dennoch oft wirksame Hilfeleistung und andererseits als fachlich begründete und wissenschaftlich fortlaufend weiter zu entwickelnde, professionell erbrachte Dienstleistung. Beide Formen sind ökonomisch relevante Prozesse in der Sozialwirtschaft. Beide Hilfeleistungsproduzenten bedürfen einer jeweils angemessenen Form der sozialwirtschaftlichen Organisationsweise, die es im weiteren Verlauf zu beschreiben gilt.

Neben den empirisch fundierten sozialwissenschaftlichen Bezugsdisziplinen tritt ein weiterer bedeutender Begründungshorizont: die geisteswissenschaftliche Wurzel der Sozialwirtschaft. Zum eigentlichen Erstellungsprozess der Hilfe und Leistungsbeschreibung tritt immer auch die Bearbeitung des Wertekerns sozialer Hilfe für das Einzelwohl eingebunden in Kontexte des Gemeinwohls (z. B. soziale Gerechtigkeit) und der fortlaufende gesellschaftliche Diskurse darüber, „was das sein soll". So ist für Philosophen wie Gadamer die Haltung des „Mit-den-Menschen-Sein" ein Teil des sozialen und gesundheitlichen Gestaltens sozialer Hilfe in Gemeinschaft und Gesellschaft und die Erkenntnis, dass die Einbindung in soziale Umwelten für die Gesundheit des Menschen bedeutsam ist. Der Wertekern der Sozialwirtschaft umfasst das Ringen um gesellschaftliche Lösungen der Wirtschafts- und Sozialpolitik im Kontext gemeinsamer Beiträge der unterschiedlichen Wohlfahrtsproduzenten und Netzwerke aus Markt, Staat, Familie und dem sog. Sektor der Selbsthilfe und des Freiwilligenengagements (Brinkmann 1998, 25 ff.). Dieser Sachzusammenhang gilt ebenso für soziale Netzwerke als einem Gebilde zwischen Personen und Organisationen. Netzwerke sind intermediäre soziale Instanzen zwischen primären Bindungen der Familie, also informeller Hilfe, und formal verfassten sozialökonomischen Strukturen des Sozialstaats.[4] Aus dieser intermediären Perspektive ist die Finanzierung sozialer und lokaler Netzwerke eine Investition in die Widerstandskraft des Einzelnen und in die Integrationskraft von Gesellschaften. Die Netzwerkbildung erhöht die menschliche Sozialkompetenz und Produktivkraft, ist ein

---

4   Zum Konzept der intermediären Leistungserstellung vgl. genauer den Abschnitt 1.4.3.

wichtiger Bestandteil der sozialwirtschaftlich organisierten Hilfe und ein Beitrag zur Gestaltung des Sozial- und Humankapitals.

Der Begriff des Humankapitals bezieht sich auf ein ökonomisch bestimmtes Verwertungsinteresse bzw. einen Wertschöpfungsbeitrag zum Unternehmen und zum volkswirtschaftlichen Zuwachs, u. a. durch den Ausbildungs- und Bildungsgrad des einzelnen Bürgers. Der Begriff des Sozialkapitals stellt das Wissen um den Nutzen informell-gesellschaftlicher Regeln und Lebensstile heraus, welche in Bezug auf das Vertrauen in Gruppenzusammenhänge und Gemeinschaften von Bedeutung sind. Pierre Bourdieu weist auf die informellen Formen und Stile der Verfasstheit des Sozialkapitals hin, z. B. die Beziehungsfähigkeit der Menschen und deren sozialräumliche Netzwerkbeziehungen (vgl. Bourdieu 1982). Putnam bezieht den Begriff ‚Sozialkapital' auf Eigenschaften sozialer und gesellschaftlicher Organisationen, welche Vertrauen, Normen und Netzwerke bilden und die Leistungsfähigkeit einer Gesellschaft erhöhen. Diese institutionellen Vertrauensstrukturen ermöglichen koordiniertes Verhalten und erleichtern ökonomische Tauschprozesse (Putnam 1995, 65-78).

Humankapital-bildung

Sozialkapital-bildung

Die Aneignung des Sozialkapitals tritt damit nicht nur, wie Habisch feststellt, gleichberechtigt neben bereits etablierte Produktionsfaktoren, z. B. Finanz-, Sach- und Humankapital, sondern ist die Voraussetzung für die Gestaltung der anderen Produktionsfaktoren (Habisch, 2007, 42 f.).[5] Ohne Sozialkapitalbildung ist demzufolge keine Modernisierung moderner Gesellschaften möglich. Weil Sozialkapital für die Weltbank das fehlende Glied in der Theoriekette zur Erklärung wirtschaftlicher Produktivkräfte und gesellschaftlicher Entwicklungspotenziale darstellt, hat sie bereits im Jahr 1996 eine „social capital initiative" zur Förderung der Sozialkapitalbildung initiiert (web.worldbank.org, 02.08.2009). Die Ausgangsvermutung der Sozialkapitalforschung – und hier zeigen sich ihre soziologischen Wurzeln – besteht vorrangig darin, dass der Sozialkapitalbestand einer Gruppe und die Möglichkeiten produktiver Kooperation der Gruppenmitglieder innerhalb dieser Gruppe dann erhöht sind, wenn dort in ausreichender Weise darüber verfügt werden kann (hsr-trans.zhsf.uni-koeln.de/hsrretro/docs/artikel/ .../hsr2002_555.pdf, 02.08.2009).

Die diesbezüglich programmatisch begründete Gestaltung von (Sozial-) Politik, beispielsweise in Form von Erziehungsleistungen und -hilfen fördern extensiv Sozialkapitalbildungsprozesse. Aus machtanalytischer Perspektive wird auf der Basis sozialökonomisch und sozialpolitisch relevanter Vertei-

---

5 Habisch, André (FAZ, 10.11. 2003, 11) in Bezug auf den Sozialkapitalbeitrag von Unternehmen, z. B. gesellschaftliches Engagement im Corporate Citizenship (CSR).

Abbildung 1-1   *Die Sozialwirtschaft und ihr disziplinärer Ort.*

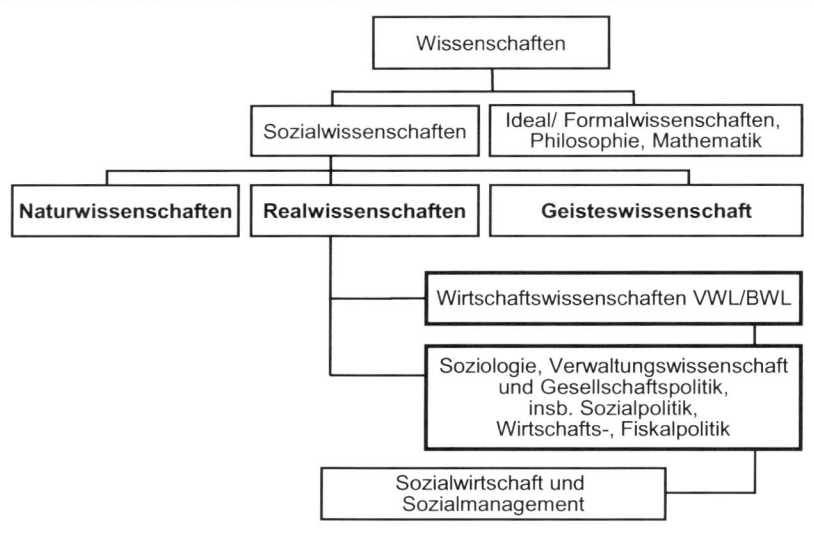

lungskämpfe programmatisch über die Verwendung ökonomischer Ressourcen zu(un)gunsten von Sozialkapital- und/oder Humankapitalbildung entschieden (Vobruba 1991, 58). Der zielgruppenspezifische Umverteilungsgrad wird zudem durch die permanente Veröffentlichung und (mediale) Skandalisierung sozialer Probleme und deren Lösung als Erfolgsbedingung neuer wohlfahrtsstaatlicher Arrangements beeinflusst (Kaufmann 1997, 34 ff; Vobruba 1991, 114 f.). Ein hierzu passendes, sozialökonomisch relevantes Thema sind die Diskurse vom Vorrang und Zusammenspiel von Bildung und Erziehung im Vorschulalter. Die Verwaltungswissenschaften (Exekutive) setzen diesbezüglich regierungs- und sozialpolitische Vorgaben in operative und rechtsbezogene Lösungen um (Papenheim et al. 2008, 23 ff.). Insoweit tragen die genannten Bezugsdisziplinen zur Formulierung des Forschungsgegenstands, vor dessen Hintergrund sozialwirtschaftliches Wissen systematisiert und vertieft werden muss, bei. Ökonomie, Soziologie, Ethik, Verwaltungs- und Politikwissenschaften stellen jeweils eigene Beiträge und Wissensbestände der gesellschaftlichen Eingebundenheit sozialer Hilfe her (s. Abb. 1-1).

Sozialwirtschaft und Sozialmanagement erscheinen hierbei nicht lediglich als Appendix der Bezugsdisziplinen, sondern bilden einen eigenen paradigmatischen Theorie- und Wertekern in der Verbindung mit sozialen und ökonomischen Perspektiven. Erst durch die transversalen Verbindungen der Bezugsdisziplinen werden Sozialwirtschaft und das ihr zugeordnete Sozialmanagement als eigenständige Handlungstheorie und Handlungsmethodik wirksam, organisieren Lösungen in der Bearbeitung sozialer Fragen durch Planungs-, Koordinations-, Führungs- und Finanzierungsfunktionen der Sozialwirtschaft und tragen so zur gesellschaftlichen Inklusion und Integration der hilfesuchenden Menschen bei.

Transversale Verbindungen der Bezugsdisziplinen der Sozialwirtschaft und des Sozialmanagements

1.3 Sozialökonomie im Verständnis ihrer theoretischen, differenten Leitbilder

Das Fachgebiet der Sozialökonomie bedarf, da es sich über die Angebots- und Nachfrageorientierung hinaus mit dem wertebasierten, ökonomischen Handeln der Menschen auseinandersetzt, des kritischen Diskurses mit ökonomischen Leitbildern. Seit Beginn der 80er Jahre griffen die führenden Köpfe der allgemeinen Wirtschaftstheorie in offensiver Weise auf sozialwissenschaftliche und psychologische Fächer und deren Methodik zurück. Ihr Ziel war eine ökonomische Begründung menschlichen Verhaltens im Kontext der Wohlfahrtsökonomie. Für Sozialökonomen bildete sich die Forschungsfrage heraus, welches wirtschaftstheoretische Modell zukünftig im Allgemeinen und in der Sozialwirtschaft im Besonderen gelten kann.

1.3.1 Homo oeconomicus

In der wirtschaftstheoretischen Modellvorstellung des *homo oeconomicus* untersuchen Wirtschaftswissenschaftler das Entscheidungshandeln von Menschen in Bezug auf ökonomisch-rationale Verhaltensweisen. Der *homo oeconomicus*[6] kennt nur ökonomische Ziele menschlichen Handelns im Hinblick auf seine Nutzenmaximierung durch rationales Tauschverhalten am Markt (http://www.bpb.de, 28.07.2009).

---

6   Humanum, Homo: der Mensch: notwendige und/oder hinreichende Merkmale des Menschenbildes lassen sich in vielen unterschiedlichen Varianten gesellschaftlicher oder sonstiger Prägung nachweisen. Barsch et al. (2000) führen über 275 differente Beschreibungsmuster aus. Im vorliegenden Buch werden die sozialökonomisch relevanten Konzepte und Modelle vorgestellt.

Konzept des homo oeconomicus

Das Konzept des *homo oeconomicus* wurde während der Epoche der Aufklärung im Laufe des 18. Jahrhunderts geprägt und geht auf die klassische Nationalökonomie (Smith, Ferguson und Mandeville) zurück. Es bedeutet die Anerkennung des individuellen Verfolgens materiellen und seelischen Glücks, dem „pursuit of happiness", wie es in der von Thomas Jefferson formulierten Präambel der amerikanischen Unabhängigkeitserklärung heißt (Brazda et al. 2006, 22). Nicht zuletzt handelt es sich um ein wichtiges aufklärerisches Konzept, weil auch das „bescheidenste Menschenwesen" dieser Zielstellung folgt und sich nicht bloß als Spielfigur in den Händen mächtiger staatlicher Obrigkeiten sieht (Brazda et al. 2006, 22). In diesem Sinn hat die Konzeption des *homo oeconomicus* einen engen Bezug zu der Deklaration der Menschenrechte und den Konzepten von Demokratie und verfassungsgemäßer Regierung, die sich etwa gleichzeitig entwickelten (ebd., 22 f.). Individuelle Freiheit und Vertragsfreiheit wurden so zu Grundpfeilern jenes Verfassungsdenkens, das die existierenden – angeblich gottgegebenen – Hierarchien herausforderte, und wurden zur produktiven und treibenden Kraft in der Entwicklung der Wirtschaftswissenschaft (ebd.).

Die heute kritisierte Unschärfe des *Homo-oeconomicus*-Modells basiert auf der idealtypischen Annahme der Transparenz im Einigungsprozess von Kunden und Anbietern hinsichtlich des Wissens um den Kauf von Gütern und Dienstleistungen. In der Realität des Marktes und in Bezug auf personenbezogene Dienstleistungen als Vertrauensgüter ist das nicht der Fall. Asymmetrien in der Ressourcenverteilung durch Marktsteuerung gehen häufig auf differente Informationslagen über den Kaufgegenstand zurück. Asym-

„Principal-Agent"-Theorie

metrische Informationslagen können vor dem Hintergrund der „Principal-Agent"-Theorie kritisiert werden. Die „Principal-Agent"-Theorie kann am Beispiel des Informationsvorsprungs einer SozialarbeiterIn (agent) gegenüber der Einrichtungsleitung/Heimleitung (principal) beschrieben werden. Der tatsächliche Hilfebedarf von Klienten wird aus Sorge um den Arbeitsplatz von einer SozialarbeiterIn (agent) gegenüber dem Arbeitgeber (principal) höher ausgewiesen, als er tatsächlich ist (Tabatt-Hirschfeldt 2009a). Die Zweckrationalität des professionellen Handelns wird in diesem Fall zur persönlichen Nutzenmaximierung instrumentalisiert, so dass verzichtbare klientenbezogene Leistungskosten beim öffentlichen Kostenträger (principal) entstehen (ebd.). Das klassische Nutzenmaximierungsmodells des *homo oeconomicus* kann nicht erklären, warum sich die meisten Mitarbeiter trotzdem fair verhalten und warum sie ihre Zeitbudgets korrekt berechnen. Es vernachlässigt außermarktliche Entscheidungsmotive!

Seit den 90er Jahren wird eine Modifizierung des klassischen *Homo-oeconomicus*-Modells durch eine sozialwissenschaftlich geprägte Wirtschaftstheorie verfolgt und auf bisher in der ökonomischen Theorie kaum beachtete Aspekte menschlichen Verhaltens und menschlicher Entscheidungen gelenkt. Ein Vertreter dieser Ausrichtung ist Gary Stanley Becker, ein Schüler von Milton Friedman und Mitglied der Mont-Pelerin-Gesellschaft,[7] der 1992 den Nobelpreis für Wirtschaftswissenschaften erhielt. Im Sinne eines sozialwissenschaftlich erweiterten *Homo-oeconomicus*-Modells lautet Beckers These, dass weiterhin im Wesentlichen Kosten-Nutzen-Rechnungen menschliches Handeln bestimmen, dies gilt seiner Ansicht nach auch für „außermarktliche Verhaltensentscheidungen". So lassen sich Heirat, Scheidung oder Kindererziehung in Kosten-Nutzen-Funktionen erklären und mathematisch darstellen (Becker/Becker 1998, 115 ff.). Beckers sozialwissenschaftlich inspirierte „Wirtschaftstheorie der individuellen Handlungsoptionen" verfestigt und monopolisiert somit das ökonomisch begründete Entscheidungsverhalten von Individuen. Er würde die Fairness des Abrechnungsverhaltens der SozialarbeiterIn mit dem Aspekt des Risikos „erwischt zu werden" in Beziehung setzen und das Kalkül, die Risikoabwägung, als eine wiederum ökonomisch determinierte Entscheidung hervorheben. Ethisch-moralische oder soziale Prioritäten der Entscheidungsfindung sind demnach zweitrangig.

Becker widmet sich auch makroökonomisch begründeten Entscheidungshilfen durch kurz- und langfristige Auswirkungen der Sozial- und Wirtschaftspolitik und den daraus entstehenden „Befindlichkeiten der Individuen und Selbstbildern künftiger Generationen". So hält Becker vor dem Hintergrund einer Fertilisationsrate von 1,4 in Deutschland den politisch gewollten Ausbau von Kindertagesstätten in Deutschland für ineffizient, da der investive Beitrag des Ausbaus in der Grenzkostenrechnung, bei weiterhin gleich bleibender Geburtenrate, den Nutzen übersteigt. Die Bildungs- und Erziehungsfrage des Nachwuchses wird zur Angelegenheit der ökonomisch beeinflussten Grenzkostenanalyse (http://www.spiegel.de/wirtschaft/ 0,1518,487901,00.html, 23.05.2009) – einer Position, die die Nachhaltigkeit sozialer Dienste völlig unterschätzt und die Sozialkapitalbildung durch die langfristige Wirkung von Erziehungsleistungen, die auch monetär erheblich sind, nicht berücksichtigt. Die Grenznutzentheorie und der controllingzentrierte Umbau des Sozialstaates prägen gegenwärtig eine kurzsichtige Wirtschafts- und Sozialpolitik, die vorrangig der ökonomischen Verwertbarkeit menschlicher Wissens- und Arbeitskraft dient. Das wirtschaftstheoretische Leitbild des *homo oeconomicus* wird demgemäß zur Handlungstheorie bspw. für die politische Steuerung des individuellen Verhaltens mit „staatlich geförderter Altersvorsorge" oder im „öffentlichen Diskurs über die Leistungs-

---

7   Die „Mont Pelerin Society" ist ein Zusammenschluss liberaler Intellektueller, welcher von Friedrich August von Hayek im Jahr 1947 gegründet wurde. Die Mont-Pelerin-Gesellschaft verfolgt die Verteidigung von Freiheit und Rechtsstaat sowie die Förderung von Privateigentum und Wettbewerb.

niveaus neuer sozialer Sicherungssysteme" (z. B. Forderungen einer Rente mit 70 Jahren) (vgl. ebd.).

Sozialpolitik als „rational begründete Sozialpolitik" wird aus dieser Perspektive zu einer ökonomisch geprägten Programmpolitik der Humankapitalbildung und des Wirtschaftsliberalismus. Dieser Logik folgend muss Soziale Arbeit neben der gesellschaftlichen, biologischen, sozialen und politischen Begründung ökonomische Begründungszwänge beachten. Vernon Smith (2000) (Interdisciplinary Center for Experimental Science (ICES) der George Mason Universität, Washington, USA) und Daniel Kahneman (2000) (Princeton University, New York, USA) fordern im Kontext mit europäischen Experimentalökonomen (Beinhocker 2007) die Ausdehnung und intensivere Nutzung psychologischer Erkenntnisse in der Bewertung individueller Konsumentenentscheidungen, besonders mit Bezug auf menschliches Urteilsvermögen und Entscheidungsverhalten unter unsicheren Bedingungen. Die experimentelle Ökonomie wendet experimentelle Labormethoden der wissenschaftlichen Forschung zur Untersuchung des motivierten, interaktiven menschlichen Entscheidungsverhaltens an (vgl. http://www.presse.unisg.ch/hsgweb.nsf/42806104b51ae148c125709f00420012/b0fa8901ae9b8a, 20.03.2009). Smith kritisiert das aus seiner Sicht zu statische Modell des *homo oeconomicus* und verfeinert dessen wirtschaftswissenschaftlichen Postulate der Verhaltenssteuerung und Verhaltensanreize, ohne seine Kernaussagen zu verändern. Dazu verwendet er Methoden und Interpretationsmaterial aus unterschiedlichen Forschungsbereichen:

Experimentelle Ökonomie

▪ der Analysen von menschlichen Beurteilungen und Entscheidungen aus der kognitiven Psychologie,

▪ der empirischen Überprüfung des *Homo-oeconomicus*-Modells

▪ und anderer wirtschaftswissenschaftlicher Theorien im Labor, d. h. durch experimentelle Wirtschaftswissenschaft,

▪ sowie Elemente der Spieltheorie und

▪ die Erkundung zur Fairness und Gerechtigkeit bei Kaufentscheidungen. (Ultimatum-Spiel u. ä.) (Smith 2000)

Wie Becker unterstützen auch Smith und Kahneman die empirisch kritische Weiterentwicklung der Anwendung des *Homo-oeconomicus*-Modelles unter der Prämisse des ökonomischen Gleichgewichts in der Lebenswelt der Konsumenten. Sie stehen für die Ausweitung eines verfeinerten *Homo-oeconomicus*-Modells und der Erforschung der ökonomischen Verhaltenssteuerung. Das Leitbild des *homo oeconomicus* mündet z. B. in Deutschland in die staatliche Programmpolitik der Humankapitalbildung (z. B. in den Agenda-2010-Prozessen). Vor diesem Hintergrund wurden die Konzepte und die Steuerungsebenen der Sozialpolitik und Sozialer Arbeit seit Beginn des 21. Jahrtausends.verstärkt von der Sozialkapitalförderung auf die Humankapital-förderung ausgerichtet. Grundsätzlich bleiben nach den beschriebenen Modifizierungen durch die genannten Theoriebeiträge zum Leitbild des *homo oeconomicus* Modells das Dilemma ihres monopolistischen Erklärungsanspruchs und der unzureichenden Interpretation für anders motivierte Modelle menschlicher Handlungsformen und Verhaltensanreize unberücksichtigt.

Im Folgenden werden weitere für die Sozialökonomie relevante Menschenbilder, Leitbilder und Modelle vorgestellt. Ihre Grundlagen werden auf Anschlussfähigkeit und Kombinationsfähigkeit für zukunftsrelevante gesellschaftliche Ressourcengestaltung diskutiert und als Handlungsrahmen für das Fachgebiet der Sozialwirtschaft zusammenfassend bewertet.

1.3.2 Homo sociologicus

Der Typus bzw. das theoretische Konzept des *homo sociologicus* geht auf die gleichnamige Schrift von Ralf Dahrendorf aus dem Jahr 1964 zurück (Dahrendorf 2006). Im Modell des *homo sociologicus* basiert wirtschaftliches Handeln auf Situationen sozialer Zugehörigkeit, Normenkonformität und Rollenerwartungen in Gruppenzusammenhängen und den darin enthaltenen sozialen Formen der Sanktionen bei Regelverstoß. Entscheidend sind die soziale Rückkoppelung und das soziale Reflektieren in Hinblick auf die soziale Qualität der Beziehungen. Die Qualität der sozialen Beziehungen führt zur gegenseitigen Anerkennung des sozial anerkannten richtigen Tuns, welches wiederum Grundlage der Gestaltung der ökonomischen Beziehungen ist (z. B. im Bild der „kaufmännischen Redlichkeit"). Die implizierte kaufmännische Verlässlichkeit der Ausführung versprochener Leistungen geht über vorrangig rechtlich bestimmte Vertragskonstruktionen der Ökonomie hinaus und basiert in der Auslegung des *homo sociologicus* auf dem Vertrauensvorschuss und der Einhaltung gesellschaftlich anerkannter Sozialnormen, Konventionen und Beziehungen, die jeder ökonomisch relevanten Vereinbarung vorausgehen (Lenz/Nestmann 2009).

homo sociologicus

1.3.3 Homo cooperativus

Der Verhaltenstypus des *homo cooperativus* wie der *homo ethicus* beschreiben Individuen nicht selbstbezogen und isoliert handelnd, sondern im Erleben und Eingebundensein in Gruppen, Netzwerken und sozialkulturellen Zusammenhängen. Der *homo cooperativus* folgt diesem Koordinationsprinzip sozial eingebundenen Wirtschaftens und den daraus entstehenden, auf

homo cooperativus

Tabelle 1-1

Schema zum Verständnis von Solidarität.
Quelle: Brazda et al. 2006, 21 mit Verweis auf Robert Hettlage 1990

Handlungsweise (Richtung) / Akteure	egoistische Ziele	altruistische Ziele
individualistisches Handeln	*homo oeconomicus*	*homo ethicus/ homo religiosus*
solidarisches Handeln	*homo oeconomicus-cooperativus/ homo sociologicus*	*homo cooperativus*

Dauer angelegten Kooperationsbeziehungen. Demnach suchen und erfinden Menschen Alternativen zur Wettbewerbswirtschaft und versuchen gemeinsame Strategien zur Verbesserung ihrer Chancen innerhalb und außerhalb des Erwerbsmarktes zu organisieren, zum Beispiel durch die Unterstützung der ArbeitskollegInnen.

Nachhaltige Prozesse der Wirtschaft bedürfen der Kooperation in einem überschaubaren lokalen Raum (Elsen 2007, 84). Dazu gehören selbstorganisierte Betriebe der Bedarfs- und Subsistenzwirtschaft genauso wie moderne Formen der Netzwerkökonomie, beispielsweise durch Prozesse der Gestaltung im Bundesprogramm der Sozialen Stadt und der Sozialraumgestaltung durch Bürger selbst (Brazda et al. 2006, 21).

Während der *homo oeconomicus* sein Verhalten nach strategisch egoistischen Prämissen ausrichtet, handelt der *homo cooperativus* vor dem Hintergrund ethnologischer Erfahrungen und Lernprozesse im Verlauf von Kooperationshandlungen (Brazda et al. 2006, 21; Elsen 2007, 85). Der *homo cooperativus* stellt die vergesellschaftete und vergemeinschaftete Form der sozialen Zugehörigkeit für wirtschaftliche Handlungsweisen ins Zentrum der Koordinierung (vgl. Abb. 1-1).

1.3.4 Homo oecologicus

Das Modell des *homo oecologicus* setzt sich mit dem Verhältnis des Menschen zur Natur und der Endlichkeit natürlicher Ressourcen und Lebensformen für zukünftige Generationen auseinander. Es handelt sich um eine Kritik an der anthropozentrischen Sichtweise der Rationalitätskriterien und Menschenbilder des *homo oeconomicus* im Hinblick auf die Zukunftsvorsorge und Nachhaltigkeit ökonomischer Zieldimensionen. Stellvertretend dafür steht Hermann Daly, der das sozialökologische Konzept des vorsorgenden Wirtschaftens und die Relokalisierung der Wirtschaft, lokales Produzieren und Konsumieren fordert (vgl. Daly/Biesecker, zit. nach Elsen 2007, 88).

Eine weitere Position der Kritik an der Produktionsweise des Kapitalismus stellt das Konzept der politischen Ökologie von André Gorz dar (Gorz 2009, 10 ff.). Gorz weist darauf hin, dass erst die Verschwendung es dem Kapitalismus ermöglicht hat, immer erheblichere Kapitalien zu rentabilisieren und das Volumen der Produktion und des Konsums in fantastischem Ausmaß zu erhöhen (Gorz 2009, 12). Nach Gorz entfaltet das Konzept der politischen Ökologie dann seine volle kritische und ethische Kraft, wenn die Verwüstungen der Erde und die Zerstörung der natürlichen Grundlagen des Lebens als Folge einer bestimmten Produktionsweise verstanden werden. Diese Produktionsweise, die die permanente Maximierung der Erträge verlangt, greift deshalb zu Techniken, die das biologische Gleichgewicht zerstören. Der destruktive Produktionscharakter wohnt dem Modell der privaten Nutzmaximierung des *homo oeconomicus* und der Wirtschaftsform des Kapitalismus inne. Bei der Erörterung der Klimakatastrophe wird oft eine individuelle Bewusstseinsänderung beschworen, aber die Natur dieser Veränderungen, die Möglichkeitsbedingungen und die auszuräumenden Hindernisse scheinen die Vorstellungskraft der Menschen, so André Gorz, zu übersteigen (Gorz 2009, 12).

Konzept der politischen Ökologie

Eine zivilisierte Form des Ausweges aus dem Kapitalismus wird deshalb nur selten erwogen. Eine andere Wirtschaft, andere gesellschaftliche Verhältnisse, andere Produktionsweisen und Produktionsmittel ins Auge zu fassen, gilt vielen als unrealistisch, so als wäre die gegenwärtig vorherrschende, warenförmige Gestalt der Gesellschaft, der Lohnarbeit und des Geldes unüberwindbar. Tatsächlich weisen, laut Gorz, eine Fülle von Indizien darauf hin, dass diese Überwindung bereits begonnen hat und dass die Chancen eines zivilisierten Ausweges aus dem Kapitalismus „vor allem von unserer Fähigkeit abhängen, die Tendenzen und Praktiken zu erkennen, die die Möglichkeit dazu ankündigen" (Gorz 2009, 21). Der digitalisierte Kapitalismus, genauer: die damit entstehende Wissensökonomie, gibt den Menschen Produktionsmittel und damit eigene Produktionsmöglichkeiten für die Begründung vielfältiger kooperativer Unternehmensformen in die Hand, die verbunden sind mit der Forderung nach einem „bedingungslosen Sozialeinkommen" vom „Zwang zur Arbeit" befreit, so dass nach Gorz neue Voraussetzungen der Aneignung von nicht entfremdeter Arbeit geschaffen werden können.

Die durch das Konzept der politischen Ökologie gespeiste Kritik am Kapitalismus wird häufig auf eine kritische Theorie der Bedürfnisse und ökonomischen Handelns reduziert. Gorz lehnt eine individualisierende Moralisierung durch den „Ökologischen Imperativ" ab, da dort zuerst die individuellen Verhaltensänderungen im Umgang mit ökologischen und ökonomischen Ressourcen eingefordert werden, statt die Ursache im destruktiven

Ökologischer Imperativ

Produktionscharakter des Kapitalismus als eigentlichem Verursachungs-grund für Gier und Verschwendung sozialer und ökonomischer Ressourcen zu benennen (Gorz 2009, 11).

Der destruktive Produktionscharakter findet demnach seine volkswirtschaft-liche Bedeutung in einem destruktiv bestimmten Wachstumsverständnis, das die gegenwärtigen ökologischen Notwendigkeiten nur wenig oder nicht berücksichtigt (vgl. Ergebnisse des Klimagipfels in Kopenhagen 2009). Im Gegensatz zu Gorz begründet sich der ungesunde Wachstumszwang nach Ansicht Meinhard Miegels im nicht „zukunftsfähigen und verallgemeiner-baren Lebensstil", der die Ursache des „ungesunden Wachstumszwangs" ist. Demnach wäre der Lebensstil die Ursache der „Klimakatastrophe" (Welt, 23.12.2009). Dieser Lebensstil ist allerdings das Resultat der immerhin über 150 Jahre andauernden Produktionsweise des Kapitalismus. Die Frage nach dem Ursprung von „Henne oder Ei" ist, wie so oft, nicht zielführend. Beides muss sich demnach ändern: destruktive Produktionsweisen und die daran gebundenen Lebensstile – eine für die Sozialökonomie relevante Behaup-tung, da sie per se und von Beginn der Hilfeproduktion an die Auseinander-setzung über soziale und wertebezogene Lebensführung und ökonomische Ausstattung führt.

1.3.5 Formen integrativer Wirtschaftsethik und sozialökologisch begründete Modellökonomien

Einen anderen Modellbegriff bildet im Gegensatz zur politischen Ökologie das wirtschaftsethische und gesellschaftliche Leitbild der „lebensdienlichen Ökonomie", u. a. vertreten durch den Wirtschaftswissenschaftler Peter Ulrich. Ulrich entwickelt sein Konzept des vernünftigen Wirtschaftens aus lebenspraktischer Sicht und der Sicherung universal humaner Lebensgrund-lagen als universales moralisches Recht. Dieser Ansatz beruht auf dem ganz-heitlichen „Lebenskonzept des genug haben Könnens" (Ulrich 2001). Die Marktkräfte müssen in die ethisch-politischen Grundsätze einer wohlgeord-neten Gesellschaft eingebunden werden. Es gehört zu den prägenden Merk-malen des integrativen Ansatzes, dass er die Wirtschaftsethik als ein Stück politischer Ethik ansieht und die Einbettung der Marktwirtschaft in eine wohlgeordnete Gesellschaft freier Menschen versteht" (Ulrich 2001, 17).

Ein weiterer Ansatz ist das Konzept der feministischen Ökonomie nach Christiane Busch-Lüty. Das Konzept der feministischen Ökonomie stellt ein theoretisches Leitbild der „Sorgeökonomie als Lebenswissenschaft" vor. Die-ser naturalistische Lebensbegriff zielt auf die Gesunderhaltung des Ganzen im Sinne evolutionärer Kreativität (Elsen 2007, 101). Dazu gehören die Funk-tionen der Voraussicht und der Rückkopplung wirtschaftlichen Handelns um ökologische und lebensweltliche Irreversibilitäten zu vermeiden und entsprechende Zukunftsoptionen offen zu halten – zum Beispiel in Bezug auf die intergenerative Wirkung der Verschuldungsproblematik und die daraus resultierende Instabilität der Sozialversicherungen. Die Auffassung dieser Form der Sorgeökonomien ist: je höher der Rückkopplungsgrad der System-Umweltdifferenz, ökonomisch gesprochen der Grad der Verringerung externer Effekte, beispielsweise durch dauerhafte Verschuldung oder Umweltbelastungen, desto größer ist die Überlebenschance des Einzelnen. Hierfür stehen auch verschiedene kapitalismuskritische Ansätze von Maria Mies, Claudia von Werlhoff und Veronika Bennholdt-Thompson (Elsen 2007, 99 ff.).

Adelheid Biesicker und Stefan Kesting nehmen die für die Perspektive der Sozialökonomie weitreichendste Position ein: das Konzept des sozial-ökologischen Wirtschaftens. Sie fassen Natur als globales, unbegrenztes Ökosystem und verbinden die wirtschaftlichen Handlungsdimensionen der Marktökonomie mit der Versorgungsökonomie des Sozialstaats (Bedarfs- und Sozialökonomie) als Einheit im Kontext sozialer Lebenswelten und Netzwerke. Somit werden physische, soziale und kommerzielle Dimensionen integriert und auf die Erforschung eines neuen integrativen gesellschaftlichen Leitbildes der wirtschaftlichen Ordnungspolitik ausgerichtet (vgl. Elsen 2007, 99; Vobruba 2001, 29 ff.). Daraus ergeben sich Chancen auf neue Konstellationen der sozialen Marktwirtschaft und der Neugestaltung der Wettbewerbs- und Ordnungspolitik unter Einbezug der bedarfswirtschaftlichen Produktionsweisen.

Konzept des sozial-ökologischen Wirtschaftens

1.3.6 Zusammenfassende Bewertung

Es bedarf im Verständnis der Sozialökonomie einer Konzeption des nachhaltigen Wirtschaftens,[8] welche die unterschiedlichen Logiken und Gegensätze der Lebenswelt und Marktsteuerung beachtet und wertschätzt. Kritiker des kapitalistischen *Homo-oeconomicus*-Modells fordern deshalb eine Neugestaltung der Verbindung ökonomischer, sozialer und ökologischer Dimensionen wirtschaftlichen Handelns aus den vorher beschriebenen Leitbildern der sozialen und ökologischen Nachhaltigkeit sowie den ethischen Codes ökonomischen Handelns (Hettlage 1990; Daly 1999; Gorz 2009; Ulrich 1997/1998; Biesecker/Kesting 2003). Deren Forschungsfragen zur Entwick-

---

8 Das Konzept der Nachhaltigkeit beinhaltet etymologisch die Nutzung regenerierbarer Ressourcen in der Weise, dass dieses System in seinen wesentlichen Eigenschaften erhalten bleibt und sein Bestand auf natürliche Weise nachwachsen kann. Im sozialökonomischen Verständnis ist es die Balance sozialer, ethischer, monetärer und ökologischer Verbindungen durch politische Auftragskonstellationen zum nachhaltigen Nutzen der Menschen.

lung vergesellschafteter Konzepte der (Sozial)ökonomie verbinden eigennütziges ökonomisches Handeln z. B. mit Konzepten der sog. „lebensdienlichen Ökonomie" und des sozialökologischen Wirtschaftens (Ulrich 1998, 207 ff.). Wie aber staatliches Handeln marktabhängig ist, ist wiederum marktliches Handeln von staatlichen und supranationalen Rahmenbedingungen, gesellschaftlichen Beziehungen, Werten und Normen in einer multipolaren und globalen Ökonomie abhängig. Diesbezüglich sind die Freihandelsorganisationen der Welthandelsrunde (WTO), der Internationale Währungsfonds, die Weltbank sowie die scheinbar auf handelspolitischen Ausgleich bedachte Doha-Runde zwischen den Entwicklungsländern und Industrieländern wenig erfolgreich und sind mit in der Umsetzung veralteter wirtschaftspolitischer Konzepte und der wachsenden wirtschaftspolitischen Interventionsmacht der Schwellenländer weitgehend gescheitert. Die Anerkennung der Verwobenheit der gegenseitigen Abhängigkeiten sozialökologischer und ökonomischer Sachverhalte und Reichweiten schaffen den Klärungsbedarf, den eine Theorie der Sozialökonomie beantworten muss, um eine eigenständige Beschreibung der Strukturdefizite des Kapitalismus und seiner globalen Lösungsbedarfe zu thematisieren.

Die Endlichkeit der globalen Energieressourcen erfordert intensive Auseinandersetzungen um soziale Verteilungsgerechtigkeit vor dem Hintergrund der Notwendigkeit einer theoretisch-empirischen Disziplinbegründung der Sozialökonomie und einem damit verbundenen Sozialmanagement, die den Umgang mit monetären, sozialen, ethischen und ökologischen Ressourcengestaltungen zum Gegenstand der Lösung sozialer Probleme machen. Die makro- und mikroökonomischen Perspektiven des sozialökonomischen Handelns ermöglichen über dieses Verständnis hinausgehend vollkommen neue institutionelle Arrangements im Zusammenspiel des privaten und öffentlichen Haushaltens der Unternehmen und Märkte durch bürgerorientierte, sozialökologische und gesellschaftliche Lösungen. Die Zielstellung eines integrativen ökonomischen Leitbildes für das Fachgebiet Sozialökonomie ist am besten in der sozialökologischen Perspektive nach Biesicker aufgehoben, da sie neben der Marktversorgung das gesamte Bedarfsdeckungsspektrum der sozialen Hilfe abbildet und zudem beteiligungsorientierte Organisationsweisen der Hilfeproduktion hinsichtlich des partizipierenden Bürgers als Klienten/Nutzer/Kunden/Gestalter und sozialpolitischem Auftraggeber sozialer Hilfen und Dienste ermöglicht.[9]

---

9   Der Bürger als politischer Auftraggeber der Sozialwirtschaft ist zugleich Klient und Kunde (Nutzer) des fachlichen Hilfeangebotes, Leistungsempfänger, bspw. einer Beratungsleistung, und/oder Leistungsbezieher von monetären Geldleistungen, bspw. des Arbeitslosengeldes (ALG), seitens der Arbeitsverwaltung. Ob der Klientenstatus bzw. Kundenstatus im Prozess der sozialen Dienstleistungserstellung und Hilfeleistung im Vordergrund steht, hängt vom Grad der Abhängigkeit

1.4 Die Beobachtungsebenen der Theorie der Sozialwirtschaft und des Sozialmanagements

An dieser Stelle ist zu klären, auf welchen Ebenen die Sozialwirtschaftsorganisationen Ressourcenbedarfe hervorrufen bzw. befriedigen und wie und welche Mittel sie diesbezüglich verteilen (allokative Funktion der Sozialwirtschaftsorganisationen).

Allokative Funktion der Sozialwirtschaftsorganisationen

1.4.1 Makro-, Meso- und Mikroebenen der Verteilung sozialer Hilfen

Im engeren Verständnis befasst sich die Theorie der Sozialwirtschaft mit den Produzenten von Sozialleistungen im Kontext der gesamtwirtschaftlichen Umverteilung durch die Sozialpolitik (Makroallokation) einerseits und mit der Mittelverwendung hinsichtlich der Politik der Lebensführung in privaten Haushalten anderseits (Mikroebene/Mikroallokation: vgl. Wendt 2007, 44). Die Sozialwirtschaftsorganisationen haben hierzu ergänzend eine vermittelnde, das bedeutet intermediär-ökonomische Verteilungs- und Koordinationsfunktion und eine wertebezogene Vermittlungsfunktion auf der Mesoebene. Die Sozialwirtschaft vermittelt und organisiert eigene und staatlich bereitgestellte Mittel zur Versorgung der und Verwendung durch die Nutzer. Auf der Makroebene wird der volkswirtschaftliche Aufwand der sozialpolitisch organisierten Bedarfsdeckung dargestellt, auf der Mesoebene die spezifischen Hilfebedarfe und die daran gebundenen Verteilungsmechanismen durch Sozialwirtschaftsorganisationen, beispielsweise für verschiedene Gruppen und Felder Sozialer Arbeit und deren soziale Netzwerke (Jugendhilfe, Behindertenhilfe) – die so genannte Mesoallokation (vgl. Benz 2009, 81; Schmid 1996, 216 ff.).

Makroallokation

Mikroallokation

Mesoallokation

---

bzw. Unabhängigkeit des Leistungsempfängers ab. Die hoheitliche Bestimmung des Prozesses durch sozialrechtliche Auflagen der Behörden bestimmt über den Selbstbestimmungsgrad den vorherrschenden Charakter der Hilfe als eingriffsorientierte Hilfestellung oder als service-orientierten Dienstleistung. Der organisationssoziologische Begriff des Nutzers präjudiziert keine fachlichen und/oder ökonomischen Verhaltenssteuerungselemente der Leistungserstellung, sondern stellt einen neutralen Terminus technicus der Beschreibung des Leistungsempfängers sozialer Hilfe dar. Der Begriff soziale Hilfe wie auch der Begriff der sozialen Dienstleistung sind in diesem Verständnis gleichwertige Begriffsbestimmungen für den konkreten Leistungserstellungsprozess gemeinsam mit dem Nutzer der Hilfe.

Tabelle 1-2

Steuerungsebenen der Sozialwirtschaft.
Quelle: in Anlehnung an Wendt 2007, 21; Benz 2009, 79-85

Theorieansatz der Sozialwirtschaft	Makroebene	sozialstaatliches Regime
	Mesoebene	sozialwirtschaftliche Organisationen
	Mikroebene	lebensweltlicher Kontext

Sozialmanagement als Methode der Sozialwirtschaft

Das Sozialmanagement als Teilgebiet der Sozialwirtschaft wirkt mittels der Methoden der Planung, Führung, Koordination und Finanzierung an der Optimierung sozialer Leistungserstellung durch die Träger- und Anbieterstrukturen mit (s. Tabelle 1-2).

Bedeutung des Sozialmanagements

Achim Trube stellt drei Bedeutungsdimensionen des Sozialmanagements vor:

- Sozialmanagement als sozialpolitische Aufgabenstellung der Sozialwirtschaft (volkswirtschaftliche und öffentlich-rechtlich organisierte Distributionsebene des Wohlfahrtsstaates, Makroebene),

- Sozialmanagement als neue paradigmatische Orientierung Sozialer Arbeit und als soziotechnische Verfahrensweise der Sozialwirtschaftsorganisationen (z. B. durch die Fall- und Systemsteuerung auf der Mesoebene),

- Sozialmanagement als ein methodischer Beitrag für die Mitarbeiter sozialer Dienste im Prozess mit den Nutzern der Hilfe (Mikroebene).
(Trube 2007, 893)

Die Mikroebene der Sozialökonomie ist die gemeinsame Handlungsebene von Mitarbeitern und Nutzern sozialer Hilfe und Dienstleistungen.[10] Ein Beispiel ist das Fallmanagement in der Beschäftigungsförderung an der Schnittstelle von der Mesoebene der Sozialwirtschaftsorganisationen zur Mikroebene der Lebenswelten der Nutzer und dem Sozialmanagement als Management des Sozialen, durch Soziale Arbeit als Mittler der Versorgung mit Sozialleistungen und der individuellen Lebenspraxis der hilfebedürftigen Menschen. Sozialmanagement als Erbringung sozialer Dienstleistungen (Meso- und Mikrofunktionen) unterscheidet sich somit vom Management in der Sozialwirtschaft (Meso- und Makrofunktionen), das vorrangig mit der

---

10 Beate Finis-Siegler hebt den eigentlichen Leistungserstellungsprozess zwischen dem Klienten als Nutzer sozialer Hilfe/sozialer Dienstleistungen über die Mikroebene der Sozialwirtschaftsorganisationen hinausgehend hervor, indem sie zusätzlich eine innerorganisatorische Nanoebene einführt (Finis-Siegler 2009, 14). Diese Beobachtungsebene ist aber schon im Leistungserstellungsprozess der Sozialwirtschaftsorganisationen auf der Mikroebene enthalten.

*Hybrid-Funktionen des Sozialmanagements und des Managements in der Sozial-
wirtschaft. Quelle: Wöhrle 2007, 113*

Abbildung 1-2

Sicherung und der Entwicklung der Sozialwirtschaftsorganisationen im sozialpolitisch gesteuerten Raum befasst ist (Wöhrle 2007, 110 f.).

In Abgrenzung zum Ansatz des Konsumentenverbrauchs in der allgemeinen
Wirtschaftstheorie ist sozialwirtschaftlich insbesondere die Ebene der privaten Daseinsvorsorge zu beachten (Wendt 2007, 83). Die Ebene der Lebensführung in privaten Haushalten ist hinsichtlich ihrer Doppelrolle der produktiven Eigenleistung (z. B. durch Erwerbstätigkeit) und reproduktiven
Leistungserzeugung (z. B. Erziehungsleistungen) relevant. Die jeweiligen
individuellen und gemeinschaftsbezogenen Dispositionsmöglichkeiten des
Einzelnen im privaten Haushalt beeinflussen die Bezugsgrößen staatlicher
Leistungen und erhöhen oder senken deren Inanspruchnahme. Die Verfüg-
barkeit über individuelle oder gemeinschaftsbezogene Aktivitätspotenziale
ist zu berücksichtigen, z. B. in der Gestaltung niederschwelliger Zugänge zu
sozialen Diensten oder zu Freiwilligenengagements. Hier hat das Sozialmanagement die Funktion, Barrieren und Hindernisse abzubauen und neue
Zugangspfade zu Hilfeerstellern und sozialen Dienstleistern zu gestalten.

Aus dem disziplinären Hybridwissen über die volkswirtschaftlichen, politikwissenschaftlichen, organisationssoziologischen und betriebswirtschaftlichen Bestandteile des Sozialmanagements entsteht das steuerungstechnische
Wissenspotenzial zur intermediären Gestaltung von politischen und gesellschaftlichen Institutionen der sozialen Hilfe. Armin Wöhrle hat die Hybrid-
Funktionen des Sozialmanagements und des Managements in der Sozialwirtschaft grafisch dargestellt (s. Abb. 1-2).

*Hybridfunktion
des Sozial-
managements*

Für die eigenständige Entwicklung des Sozialmanagements ist es methodisch von Belang, dass neben der forschungsrelevanten Wissensgestaltung aus den Bezugsdisziplinen die praxisrelevante Erforschung der bislang unterschätzten Dimension der Mitarbeiterebene in die ökonomische Leistungsbewertung der Sozialwirtschaftsorganisationen – besonders der kommunalen Leistungsverwaltung – einbezogen wird, da die kommunale Verwaltung und die lokale Ebene der sozialen Netzwerkhilfe von dominanter Bedeutung für die Produktion sozialer Hilfe und Dienste und deren Nutzer sind (Tabatt-Hirschfeldt 2009a, 353). Erst durch die Einbeziehung der jeweiligen Mitarbeiterleistungen und des Mitarbeiteraufwandes der verschiedenen Berufsgruppen entsteht eine relevante Basis für die Leistungsbewertung Sozialer Arbeit, insbesondere für den fallbezogenen Leistungsaufwand pro Mitarbeiter. Dies ist zukünftig ein gewichtiger Koordinationsbereich des Sozialmanagements auf der Mikroebene der Leistungserstellung sozialer Hilfen. Insoweit tragen die Disziplinen Sozialwirtschaft und Sozialmanagement zur Steigerung der rationalen Entscheidungsfindung der allokativen Effektivität und Effizienz auf den unterschiedlichen Ebenen der Hilfegestaltung und sozialen Dienstleistungssysteme bei.

1.4.2 Der sozialarbeitswissenschaftliche Zugang zur Sozialwirtschaft

Professionelle Aufgaben Sozialer Arbeit

Aus sozialarbeitswissenschaftlicher Sicht befasst sich die Sozialwirtschaftslehre vorrangig mit der Anwendung ökonomischer Tatbestände und Wissenspotenziale auf die Soziale Arbeit und deren Prüfung. Die „International Federation of Social Workers (IFSW)" hat im Jahr 2000 folgende Definition Sozialer Arbeit verfasst:

> „Die Profession Soziale Arbeit fördert den sozialen Wandel, Problemlösungen in zwischenmenschlichen Beziehungen sowie die Ermächtigung und Befreiung von Menschen, um ihr Wohlbefinden zu heben. Unter Nutzung von Theorien menschlichen Verhaltens und sozialer Systeme greift Soziale Arbeit an den Punkten ein, in denen Menschen mit ihrer Umgebung interagieren. Prinzipien der Menschenrechte und sozialer Gerechtigkeit sind für die Soziale Arbeit fundamental" (IFSW 2000).

Inklusionsweisen Sozialer Arbeit

Soziale Arbeit ist im Unterschied zu anderen Professionen mit der Arbeit am Einzelfall und darüber hinaus zugleich mit der Veränderung struktureller Bedingungen in der Gesellschaft befasst. Um die Beziehungen zwischen Sozialwirtschaftsorganisationen und Hilfesuchenden darstellen zu können, ist deshalb ein erweiterter Begriff des wirtschaftlichen Handelns darzulegen. Soziale Arbeit beschreibt über die rechtliche Hilfesteuerung und deren Exklusionsverwaltung hinaus Hilfeleistungen als Formate des sozialen Hilfesystems, z. B. die Inklusionsanstrengungen durch Soziale Arbeit mit dem

Ziel der Exklusionsvermeidung und Inklusionskontrolle (Bommes/Scherr 2000, 123).[11]

Demzufolge befasst sich die sozialarbeitswissenschaftlich beeinflusste Sozialwirtschaftstheorie mit Zugängen, Pfaden im System der sozialen Sicherung und mit Transformationsprozessen der Inklusion und Exklusion in Bezug auf Leistungen des sozialpolitisch gestalteten Leistungsraums, verbunden mit dem Lebenshaushalt der Menschen und der individuellen Gestaltung ihrer persönlichen Haushaltswirtschaft – der Ökonomie der eigenen Lebensführung. Die Verknüpfung der individuellen Eigensorge mit der öffentlichen Gestaltung der Daseinsvorsorge ist aus sozialarbeitswissenschaftlicher Sicht die zentrale Aufgabe der Sozialwirtschaftsorganisationen (vgl. auch Wendt 2007, 83; Wendt 2008a, 1022).

Aufgaben der SW und des SM aus sozialarbeitswissenschaftlicher Sicht

Die bislang vorherrschende steuerungsrechtliche Auffassung Sozialer Arbeit, die sich im Begriff der öffentlichen Daseinsvorsorge des versorgenden und eingreifenden Staates widerspiegelt, verbindet die staatliche Leistungsvergabe und Versorgung der Menschen mit der Disziplinierung und Anpassung durch Soziale Arbeit. Diese klassische Auffassung des doppelten Mandates Sozialer Arbeit und der Hilfe und Kontrolle im Rahmen staatlicher Daseinsvorsorge wurde durch die Agenda-2010-Prozesse bezüglich ihres Kontroll- und Fürsorgecharakters erneuert (Hartz IV). Im Arbeitsprinzip des „doppelten Mandats" übt der Sozialarbeiter/Sozialpädagoge gegenüber dem Klienten ein anwaltschaftliches Hilfemandat und zugleich staatlich organisierte Kontrollfunktionen aus (Interventions-/Präventionsfunktion). Mit dem „Triple-Mandat der Sozialen Arbeit" tritt eine dritte Dimension professioneller Verpflichtung hinzu, die Einhaltung des fachlich und menschenrechtlich bestimmten, beruflich-ethischen Kodexes, wie es die „International Federation of Social Workers (IFSW)" einfordert. Insoweit agiert Soziale Arbeit im Unterschied zu vielen anderen Berufen nicht nur im Sinne der Auftraggeber, sondern darüber hinaus unter großer sozialpolitischer Aufmerksamkeit, ethisch basierter Haltung und Verpflichtung und fachlich reflektierter Grundlage mit ihren Klienten.

Doppeltes Mandat

Triple-Mandat der Sozialen Arbeit

---

11   Die Entscheidungen der Wohlfahrtsstaaten können in der Typologie Esping-Andersen's unterschiedliche Inklusions-Exklusionsweisen staatlichen Handelns entwickeln, z. B. durch weniger oder stärker ausgeprägten „Arbeitsmarktintegrationszwang", so dass die Bedingungen der Inklusion in soziale Teilsysteme und der Vermittlung von Inklusionschancen in den Arbeitsmarkt national höchst unterschiedlich verfasst sind.
Inklusionschancen bestehen aus Bündeln von Festlegungen, zu(un)gunsten der Inklusion von Individuen durch nationalstaatliche Sozialstandards. Sie hängen darüber hinaus von der Moderation der Inklusionsbedingungen durch Sozialwirtschaftsorganisationen als „Inklusionsverwaltung" ab.

*Klassischer
verwaltungs-
rechtlicher
Daseinsvorsorge-
begriff*

Ernst Forsthoff, Begründer des „klassischen verwaltungsrechtlichen Daseinsvorsorgebegriffs", bezeichnete die Verwaltung als Leistungsträger und den Begriff der Daseinsvorsorge als Verwaltungsaufgabe (Forsthoff 1958a).[12] Der Einzelne gibt für die Sicherung seiner gefährdeten Lebenssituation ein Stück Freiheit auf im Tausch gegen die öffentliche und autoritäre Kontrolle der Daseinsvorsorge und Daseinsdisziplinierung. Wendt stellt dem einen moderneren und dienstleistungsnäheren „serving" den Begriff der öffentlichen Dienstleistungserstellung gegenüber, den er mit dem Begriff der persönlichen Sorge im Privathaushalt, der so genannten „privaten Daseinsvorsorge" oder anders der persönlichen Kompetenz der Lebensführung, konfrontiert (Wendt 2007, 83).

*Private
Daseinsvorsorge*

Im Sinne von Hans Thiersch, der den Begriff „gelingendere Lebensführung" prägte, handelt es sich um Alternativen und Perspektivenerschließungen der persönlichen Lebensführung, die immer wieder aufs Neue scheitern, wiederholt, erneuert und ausprobiert werden (Thiersch 2005; Grunwald/ Thiersch 2004). Die eigene Lebenskomplexität ist jedenfalls nicht extern im Sinne eines falsch verstandenen subjektbezogenen Managements zielführend zu steuern, sondern muss im besten Sinne selbst bewirtschaftet werden. Im Kontext des systemtheoretisch begründeten Inklusionsansatzes und in der Auslegung der theoretischen Perspektive der Dekonstruktion bewegen sich Angebote der öffentlichen Daseinsvorsorge und der privaten Daseinsvorsorge aufeinander zu. Für die private Daseinsvorsorge nachvollziehbar soll der Ansatz der Inklusion öffentlicher Daseinsvorsorge sozialstrukturelle Leistungen vorhalten und vernetzen, die für den Hilfesuchenden in seiner Lebenswelt als relevante Optionen verdeutlicht, unterbreitet und ausgehandelt werden können. Wendt führt das Zusammenspiel privater und öffentlicher Daseinsvorsorge im Konzept des sozialpolitischen Haushaltes der Kommune und der persönlichen „life politics" zusammen (s. Abb. 1-3).

---

12 Der Forsthoff´sche Begriff der Daseinsvorsorge prägt bis in die heutige Zeit in Deutschland die Auffassung der Dominanz des Staates zur sozialen Daseinsgestaltung. Auch der Staat der Sozialen Marktwirtschaft wird als Gewährleistungsstaat verstanden. Daseinsvorsorge wird somit zum Teil des verfassungsrechtlichen, geschützten Aspektes des Sozialstaatsprinzips. Die Begrifflichkeit ist rechtlich umstritten, hat allerdings ausdrücklich Eingang in die Gemeindeordnungen der Länder (z. B. in Baden-Württemberg, § 102 Abs. 1 Nr. 3 der GemO, in Bayern Art. 87 Abs. 1 Nr. 4 BayGO, Thüringen § 71 Abs. 1 Nr. 4 KO) gefunden. Der Begriff der Daseinsvorsorge entspricht der Auffassung nationalstaatlich gesteuerter Gesellschaftsprozesse. Vor dem Hintergrund der Wettbewerbsorientierung der Europäischen Union, durch betriebswirtschaftliche Modernisierungsprogramme des New Public Managements bzw. der Neuen Steuerung und auch durch verstärkte Wettbewerbsbeteiligung gewerblicher Dienstleistungsanbieter gerät der Begriff der Daseinsfürsorge zunehmend unter Druck.

Abbildung 1-3

Gegenständlicher Bezugsrahmen in der Theorie der Sozialwirtschaft.
Quelle: Wendt 2007, 83 mit eigenen Modifikationen

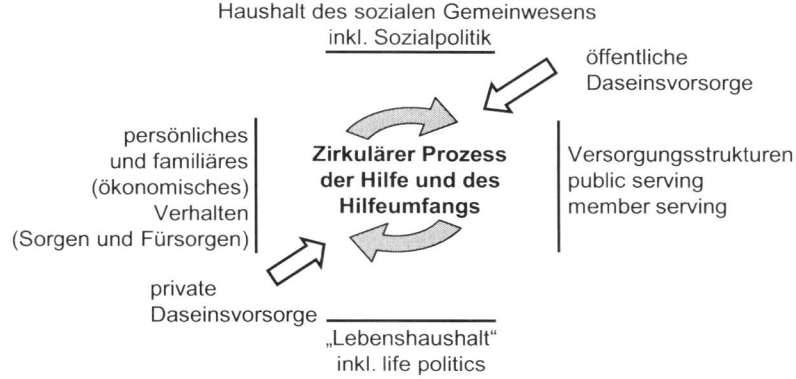

Das Angebot Sozialer Arbeit fungiert dann im Sinne der *life politics,* z. B. in der Schuldnerberatung oder, deutlicher noch, in der Familienhilfe, wenn sie es im Hinblick auf die Ressourcengestaltung schafft, die Moderation des sozialen Problems mit der Einsicht und Selbststeuerungsfähigkeit des Klienten angemessen zu verknüpfen. Im zirkulären Prozess dieser Zusammenarbeit bedeutet dies, dass Soziale Arbeit als Profession über die Fähigkeit der Vermittlung im Umgang mit Geld verfügt, vom Umgang mit Taschengeld der Kinder bis hin zur umfangreichen Verschuldungsproblematik einer Familie und so zur gemeinsamen Beschreibung eines persönlichen „Finanzmanagements" beitragen kann. Diese Kompetenzen müssen verstärkt in die Ausbildungsmodule Sozialer Arbeit aufgenommen werden. Aus sozialarbeitswissenschaftlicher Sicht verbindet Soziale Arbeit somit Kompetenzen der Erklärung von Haltungen und Einstellungen mit ökonomisch-rationalen Verhaltensweisen im Kontext der privaten Haushaltswirtschaft als fachliche Vermittlungsaufgabe. Grundsätzlich ist aus sozialarbeitswissenschaftlicher Sicht festzustellen, dass die ökonomischen Prinzipien der Sozialwirtschaft nicht die fachliche und inhaltliche Aufgabe Sozialer Arbeit zu dominieren haben, sondern stattdessen den rationalen Mitteleinsatz für soziale Zwecke auch gegenüber politischen Entscheidungsträgern verdeutlichen sollen. Wie es Beate Finis-Siegler ausdrückt: „Die Ökonomik kann der Sozialen Arbeit nicht sagen, was sie soll, wohl aber welchen Weg sie einzuschlagen hat, um das, was sie will, so wirtschaftlich wie möglich zu erreichen"(Finis-Siegler 2009, 15).

,life politics'

1.4.3 Die intermediäre Funktion der Sozialwirtschaft

Im nachfolgenden Abschnitt werden die unterschiedlichen Sektoren der Sozialwirtschaft, die unterschiedlichen Wohlfahrtsproduzenten und die für sie typischen Herstellungsweisen sozialer Hilfeleistungen vorgestellt.

Intermediäre Funktion der Sozialwirtschaft

Die intermediäre Funktion der Sozialwirtschaft gestaltet die synergetische Produktion sozialer Hilfedienste und Dienstleistungen mittels einer Mischung aus Versorgung, Fürsorge, Gesetzen, marktwirtschaftlich-vertraglichen Regelungen, gegenseitiger Hilfe und Solidarität (Brinkmann 1998, 14 f.). Der Terminus „intermediär" steht darüber hinaus für die ganzheitliche Betrachtung der Hilfeerstellung oder Dienstleistungsgestaltung. Die intermediäre Verbindung professioneller und informeller Hilfen als ein wirksames Hilfesystem für den Hilfesuchenden und für dessen Bedarfsdeckung erfolgt durch die unterschiedlichen Träger, Einrichtungen und Betriebe der Sozialwirtschaft und Sozialleistungsträger. Eine weitere intermediäre Funktion ist die zielgenauere Abstimmung zwischen marktbezogenen Dienst-

---

Abbildung 1-4

Die intermediären Funktionen der Sozialwirtschaft und des Sozialmanagements.

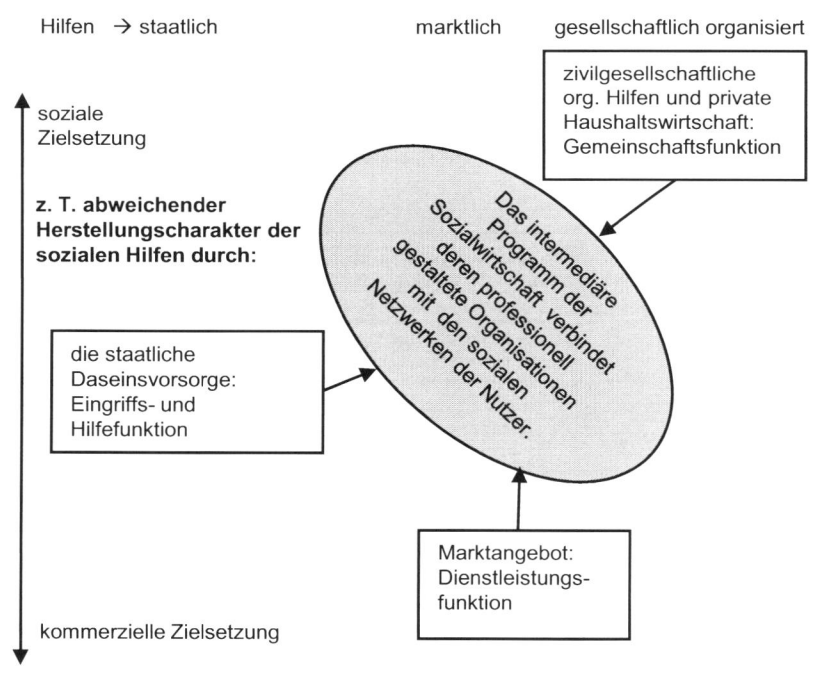

leistungen, öffentlich bereitgestellten Diensten und Finanzierungen mit niederschwelligen Organisationen der Selbsthilfe oder mit höherschwelligen Dienstleistungseinrichtungen der privatgemeinnützigen Träger der Wohlfahrtspflege[13] und marktwirtschaftlich orientierten Unternehmen (Abb. 1-4).

Für die Organisationsformen, die dem intermediären Produktionscharakter des Ehrenamtes, des Bürgerengagements, der Selbsthilfe, der Tausch- und Wissensbörsen in Verbindung mit dem sozialraumorientierten Vorgehen der professionellen Sozialwirtschaftsproduzenten folgen, wird im Folgenden der Begriff des intermediären Engagements verwendet (Brinkmann 1998, 25). [14]

Begriff des intermediären Engagements

Intermediäre Engagements richten die Aufmerksamkeit auf individuelle Lösungsstrategien in selbstorganisierten und professionell gestalteten Netzwerken (Brinkmann 1998, 15). Der Focus des intermediären Engagements richtet sich auf die soziale Beziehung in der Leistungserstellung an der Schnittstelle des Selbstengagements und professionell gestalteter Hilfe, z. B. in der Form der Netzwerkarbeit und des Case Managements. Intermediäre Engagements stellen eine individuell gewählte, aber gemeinschaftlich bestimmte Prozesskategorie des Hilfeangebots dar, mit dem Ziel der aktiven Aneignung der sozialen und gesundheitlichen Hilfenetzwerke (Brinkmann 1998, 156).

Der Sektor der vergesellschafteten Produktion sozialer Hilfe mit professioneller Unterstützung ist der intermediäre Sozialraum der Hilfeerzeugung. In Bezug auf die manageriale Unterstützung ist der Bereich des intermediären Engagements anspruchsvoll, da er verschiedene Herstellungsweisen der sozialen „Laienarbeit", z. B. mit Systemen der professionellen Sozialen Arbeit jenseits ausschließlich ziel- und zweckrationaler Vorgaben, miteinander kombiniert. Ein gutes Beispiel dafür sind Sozialgenossenschaftsmodelle, die auf lokalen Hilfenetzwerken basieren und eine Vielzahl von Arrangements und Netzwerken privater und öffentlicher Hilfe bzw. privater und öffentlicher Finanzierung, z. B. durch die Stiftungsfinanzierung eines Mehrgenerationenhauses, zulassen (www.mehrgenerationenhaus.de, 28.07.2009). Sie kennzeichnen deutlich die heute dringend benötigten Reformen der Überschreitung der Sozialleistungsgrenzen (intermediäre Leistungserstellung).

Sozialraum intermediärer Hilfeerzeugung

---

13 Die Begriffe gemeinnützige, privatgemeinnützige und freigemeinnützige Träger/ Verbände stehen gleichermaßen für den sozialwirtschaftlichen Organisationstypus nicht-gewinnorientierter und das Gemeinwohl verpflichteter Non-Profit-Organisationen.

14 Sozialraumorientierung basiert auf den Konzepten des Empowerments, der Sozialkapitalbildung und dem Arbeitsprinzip der Gemeinwesenarbeit, welche die Dimensionen der sozialen Wechselbeziehungen zwischen den Menschen in den Mittelpunkt stellt und die Organisationen der Sozialwirtschaft und deren Organisationsentwicklung sinn- und zielbezogen auf die Menschen ausrichtet (Früchtel/Cyprian/Budde 2007, 23).

Intermediäre Leis-
tungserstellung

Der Produktionscharakter sozialer Dienstleistungen setzt vorhandene Kenntnis, Vermittlung und Organisation sozialer Netzwerke voraus. Die theoretische und konzeptionelle Perspektive des intermediären Engagements unterstützt die netzwerkbasierte Soziale Arbeit zwischen Selbstorganisation und Fremdhilfe, in deren Kontext auch der engagierte Bürger etwas zurückerhält (z. B. Anerkennung, Partizipation, Einstieg in die Erwerbsarbeit). Organisationsformen des intermediären Engagements finden wir u. a. in Freiwilligen-, Gesundheits- und Familienzentren. Intermediäre Engagements sind demzufolge natürlicher Kooperationspartner einer ihnen zugewandten kompatiblen Sozialpolitik von Kommunen und der Verwaltung (Government und Governance). Zugleich fördern intermediäre Engagements den Anreiz und die Motivation zum Freiwilligenengagement innerhalb und außerhalb der Wohlfahrtsverbände.

Für die älteren Mitglieder ist das klassische Ehrenamt in den Wohlfahrtsverbänden immer noch wichtig und wird noch weiterhin von den Wohlfahrtsverbänden unterstützt. Zur weiteren Gestaltung des intermediären Sektors der Sozialwirtschaft sind dementsprechend Qualifizierungen und ein weiter zu entwickelndes Qualitätsprofil der Ausbildung „Sozialarbeiter" als Netzwerkspezialisten wichtig. Dazu gehören Kenntnisse des Sozialmanagements zur Projektfinanzierung und des Fachgebiets der Gemeinwesenökonomie. Die Sozialarbeiter/innen sollten künftig in der Lage sein, förderliche Bedingungen des Selbstengagements mit staatlichen Sozialleistungsorganisationen und den Netzwerken des professionellen Hilfesystems (Service-Leistung mit Dienstleistungscharakter) zu verbinden.

Etablierung
sozialer Kommu-
nalpolitik

Der Ausbau der intermediären Funktion des Sozialwirtschaftssektors hat erhebliche volkswirtschaftliche Auswirkungen auf das Sozialleistungssystem. So hatte die im Umfang bescheidene Finanzierung des Bund-Länder-Programmes „Die Soziale Stadt – Stadtteile mit besonderem Entwicklungsbedarf", das seit über zehn Jahren als bundesweiter Vorläufer der Etablierung sozialer Kommunalpolitik im Sozialraum eingeführt wurde, erhebliche Wirkungen in der Gestaltung benachteiligter Sozialräume erzielen können (www.soziale-stadt.de, 13.8.2009). Das Programm wurde mittlerweile in mehr als 523 Gebieten und 326 Gemeinden umgesetzt. Die angestrebten Gebietsentwicklungsprozesse zielen auf die Verbesserung der Lebensbedingungen in den Quartieren, die Schaffung stabiler Sozialstrukturen und die Verbesserung der ökonomischen Lebenschancen für die Bewohnerinnen und Bewohner. Die bisherigen Erfahrungen haben gezeigt, dass die Themen Inklusion und Förderung des Zusammenlebens in Quartieren, die Verbesserung der Bildungsangebote und der Zugang zu lokalen Bildungsangeboten im Netzwerk der Gesundheitsförderung an Bedeutung gewinnen. Von den Kommunen ist ein auf Fortschreibung angelegtes, gebietsbezogenes integriertes Handlungskonzept aufzustellen. Dieses umfasst die Bereiche: Bürgermitwirkung, Stadtteilleben, soziale Integration, lokale Wirtschaft, Arbeit, Beschäftigung, Quartierzentren, Stadtteilbüros, kulturelle, bildungs- und freizeitbezogene Infrastruktur, Schule im Stadtteil, Gesundheit, Wohnen, Wohnumfeld und Ökologie. Modelle des intermediären Engagements können diesbezüglich durch sozialarbeitsbezogene Methoden der Sozialraumorientierung und durch fallübergreifende Finanzinstrumente unterstützt werden (vgl. Teil II Finanzierungsformen).

Diese Entwicklungen sind aus staatlicher Sicht (Kosten) und aus Sicht der individuellen Freiheitsrechte der Bürger (Instrumentalisierung) zu hinterfragen. Wird der Sozialstaat auf seinem Weg vom Obrigkeitsstaat über das Modell des Leistungs- und Gewährleistungsstaates zu einem Minimalstaat, der lediglich das private Risiko als Ausfallbürge begrenzt? Führen die Vergesellschaftungsprozesse sozialer Hilfe, ganz im Sinne des Aktivierungssyndroms des Empowerments, zur Individualisierung und Instrumentalisierung der Risiken und wird der soziale Bedarfsausgleich der bürgerschaftlichen Selbstorganisation überlassen? Sollte man diese Entwicklung fördern?

Aus sozialökonomischer Sicht ist die zu beantwortende Frage nach der Produktivität sozialer Hilfe eindeutig. Sozialökonomie muss, wenn sie zukünftig wirksam, sozial und wirtschaftlich gestaltet sein möchte, netzwerkbasiert sein.

1.4.4   Der intermediäre Beitrag der Sozialökonomie zur Herstellung sozialer Netzwerke

Sozialökonomie hat vor dem Hintergrund des theoretischen Konzepts des intermediären Engagements die Gestaltung der Sozialwirtschaft als Netzwerkökonomie zur Aufgabe. Der netzwerkartige Fokus ist bislang in der öffentlich-rechtlichen Leistungserstellung und auch im gezielten Zusammenwirken der Sozialleistungsträger unterentwickelt. Es bedarf einer Geschäftspolitik der Sozialleistungsträger, die Synergien bildet und die Organisations- und Leistungsgrenzen einzelner Träger und Anbieter sozialer Leistungen überschreitet. Wesentliche Ressourcen der Sozialökonomie basieren auf dem Sozialkapital des intermediären und informellen Sektors. Hingegen ist die weitere Entwicklung der staatlichen, auch monetären Förderung intermediärer und informeller Sozial- und Gesundheitsnetzwerke zentrale Voraussetzung für die Wirksamkeit und den Nutzen der Hilfeempfänger, bspw. für die Nutzer Sozialer Arbeit. In der Gestaltung der Netzwerkökonomie durch intermediäre Engagements der Selbstorganisation und Unterstützung im Sozialraum, im Verbund mit bezahlten professionellen Dienstleistungen wird soziale Hilfeleistung wirksamer (z. B. in Seniorengenossenschaften).

Konzepts des intermediären Engagements als Gestaltungsaufgabe der Sozialwirtschaft und Netzwerkökonomie

Sozialwirtschaftlich gestaltete Netzwerkökonomie ist kein Sparmodell, sondern ein Qualitätsmodell sozialer Hilfe auf zivilgesellschaftlicher Grundlage. Gestützt wird diese Annahme durch den politikwissenschaftlichen Ansatz des Wandels der staatlichen Steuerung im Kontext des klassischen Government zum Governance-Modell. Die Basis staatlicher Leistungssteuerung braucht in diesem Verständnis unterschiedliche Anschlussfähigkeiten und Steuerungspotenziale der kommunalen Verwaltung. Während die Governmentorientierung der Verwaltung einer normativen Funktions- und Eingriffslogik „Staat versus Markt und Gesellschaft" folgt, ist der Governance-ansatz auf gegenseitige Steuerungsformen (Beziehungen) von Staat, Markt und Netzwerkbildung ausgelegt (Tabatt-Hirschfeldt 2009b, 43). Die gesellschaftlichen, politischen und administrativen Akteure sind am intermediären Leistungserstellungsprozess sozialer Hilfeerzeugung beteiligt und bewegen sich in der Abstimmung des Leistungskerns aufeinander zu. Soziale Netzwerke als komplex strukturierte und soziale Gebilde sind dann effizient und effektiv, wenn staatliche Rahmenbedingungen für kompatible Prozesse und Pfade der Leistungserstellung in der Sozialwirtschaft geschaffen werden.

Schon lange werden soziale Netzwerkbeziehungen und Selbstengagements der Bürger (u. a. in der Gemeinwesenarbeit) durch Soziale Arbeit gefördert. Sozialökonomie als Netzwerkökonomie erweitert den Zugang zu sozialökonomischen und sozialpolitischen Ressourcen und die wissensbasierten Kompetenzen der Bürger können u. a. in Form von E-Governance-Prozessen gestärkt werden. Soziale Netzwerke des intermediären Engagements bieten Formen der sozialen Unterstützung: formelle und informelle Beratung, instrumentelle Hilfen, sozial-emotionalen Rückhalt und sie helfen, Belastungen zu überwinden (s. Abb. 1-5).

Soziale Arbeit spielt in diesem politikwissenschaftlich inspirierten Wandel der Government- zur Governanceorientierung der Kommunen (Sozialverwaltungen) eine durchaus prominente Rolle, zum Beispiel im Evolutionsprozess an der Schnittstelle zwischen sozialen und gesundheitsbezogenen Angeboten. Röhrle beschreibt Ressourcen und Grenzen von sozialen Netzwerkleistungen wie folgt:

> „Es wäre nun völlig falsch anzunehmen, dass soziale Netzwerke per se Lieferanten von Sozialkompetenz und Gesundheit wären, sie basieren auf der Grundlage der Eigenversorgung und sozialstaatlicher Leistungen. Netzwerke brauchen selbst eine Art von Energiezufuhr" (Röhrle 2005, 2).

Sozialwirtschaft als Netzwerkökonomie fördert, soweit möglich und nur auf freiwilliger Basis die Steigerung kommunikativer Fähigkeiten und Fertigkeiten der Netzwerkmitglieder. Die Voraussetzungen zur Teilhabe und Ge-

Die Funktion intermediärer Engagements in der Sozialwirtschaft.

Abbildung 1-5

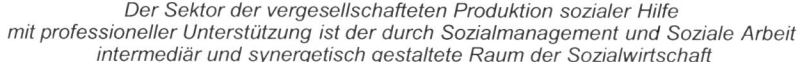

Der Sektor der vergesellschafteten Produktion sozialer Hilfe
mit professioneller Unterstützung ist der durch Sozialmanagement und Soziale Arbeit
intermediär und synergetisch gestaltete Raum der Sozialwirtschaft

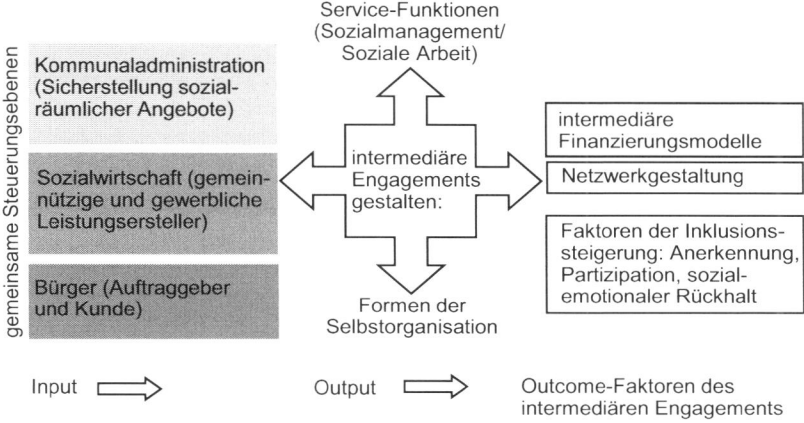

staltung der Netzwerkökonomie können durch professionelle Dienstleistungsangebote der Sozialen Arbeit im Hinblick auf die Koordination der Hilfen, aber wichtiger noch als Beratung zur Netzwerkentwicklung und Netzwerkpflege vorangetrieben werden. Aus sozialwirtschaftlicher Sicht sind die intermediären Engagements, z. B. die informellen Formen der Selbsthilfe und ihre synergetischen (Rück)Wirkungen auf die professionellen Träger und sozialen Dienste einzubeziehen. Somit verändert sich die Rolle der Sozialleistungsträger, insbesondere der kommunalen Leistungsverwaltung, zu einer erweiterten Koordinations-, Moderations- und Lernfunktion für gesellschaftliche Teilhabe und Organisation selbstbestimmter Hilfestellung (Brinkmann 1998, 14 f.). Der Steuerungsfokus zwischen modernisierter Governance und modernisierungsbedürftigem Government trifft dabei zukünftig auf eine heterogene Vielfalt von Sozialleistungen und Sozialwirtschaftsorganisationen, welche auf die Vermittlungsleistung des Sozialmanagements angewiesen sind.

2 Das System der Sozialleistungen

2.1 Der Sozialleistungssektor und seine volkswirtschaftliche Bedeutung

Die Sozialleistungsarten für den Bürger als Nutzer und Empfänger sind nach § 11 SGB I in Dienst-, Sach- und Geldleistungen unterteilt. Soziale Dienstleistungen der öffentlichen Träger umfassen den Auftrag zur fachlichen, abgesicherten Unterstützung, zum Beispiel in der Erziehung, Pflege, Betreuung oder bezüglich Hilfe und Begleitung des hilfebedürftigen Bürgers, u. a. durch SozialarbeiterInnen. Sachmittel sind Versorgungsmittel, die zur Hilfe beitragen, z. B. Heil- und Hilfsmittel (z. B. der Rollstuhl), Lebensmittel (z. B. Gutscheine für Lebensmittel nach dem Asylbewerberleistungsgesetz) oder Unterkunftsmöglichkeiten (bspw. für obdachlose Menschen). Geldleistungen, wie das Arbeitslosengeld oder die Rente, dienen als Lebensstandardsicherung. Sozialleistungsträger, als öffentlich-rechtliche Organisationstypen (Körperschaften oder Anstalten des öffentlichen Rechts), können haushaltsrechtlich selbstständig agieren oder als Behörde in den Aufbau der allgemeinen Verwaltung untergeordnet sein und i. d. R. haushaltsrechtlich nur weisungsgebunden agieren (Wendt 2008b, 921; Papenheim et al. 2008, 23 ff.). Die Leistungsbreite und -tiefe der Sozialleistungen lässt sich an dieser Stelle lediglich skizzieren. Im Bereich der öffentlichen Sozialwirtschaft geschieht dies durch verwaltungstechnische und rechtsförmige Bearbeitung und Finanzierung sozialer Leistungen durch die Träger der Sozialwirtschaft. Ein Schaubild von Bäcker erlaubt einen Gesamtblick auf die Komplexität der Sozialleistungsträger und das System der Sozialleistungen (s. Abb. 1-6).

Sozialleistungsarten

Das Sozialleistungssystem stellt einen verlässlichen Standard der Erfüllung der rechtlichen Sozialleistungsansprüche dar, der darüber hinaus die Prüfung des rechtlichen Instanzenweges und grundrechtlich gesicherter Einzelansprüche garantiert. Diesbezüglich hat sich das System der sozialen Sicherung seit seiner geschichtlichen Begründung mit der Bismarck'schen Sozialreform bewährt. Die einzelnen autonomen Leistungsbereiche des Sozialstaats und der Sozialpolitik in Deutschland sind aber häufig nicht aufeinander abgestimmt und ein Verursachungsgrund für den erhöhten sozialökonomischen Kostenaufwand, der häufig erst aus der anschließenden richter-

Sozialleistungssystem

Abbildung 1-6

Übersicht über die Struktur des Sozialstaates und seine Sozialpolitik in Deutschland. Quelle: Bäcker 2008, 66

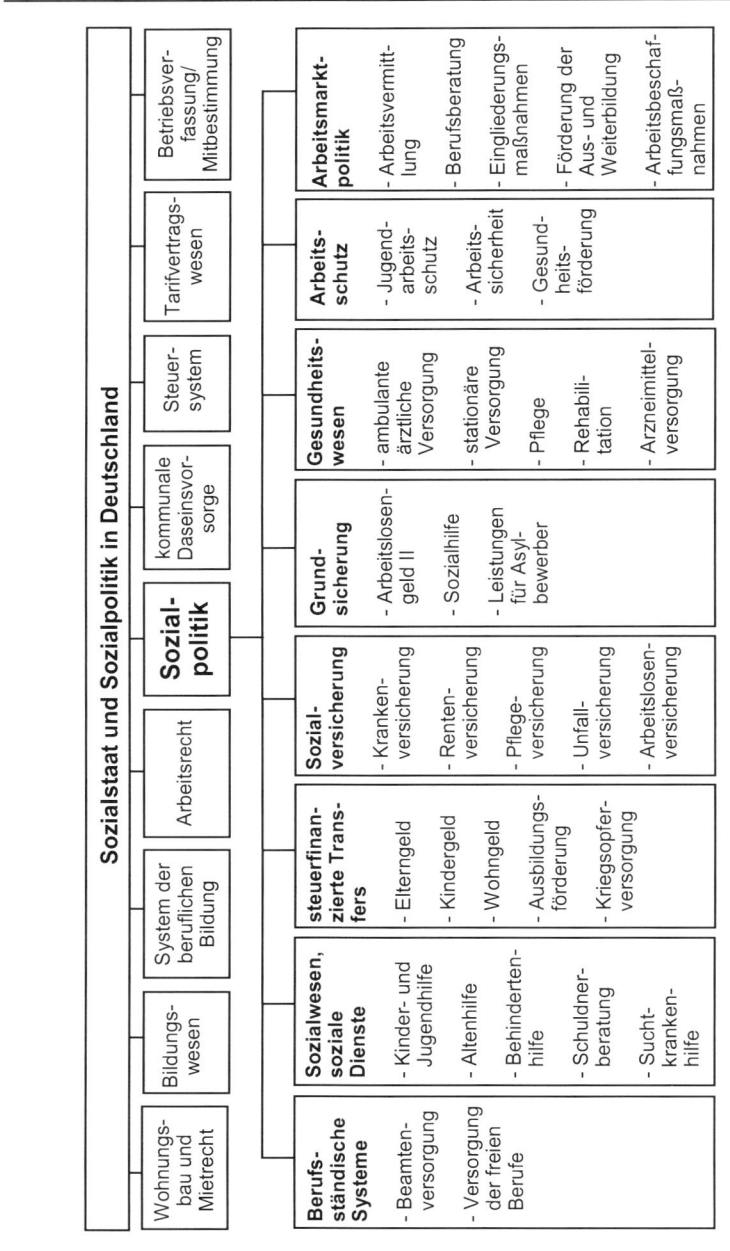

lichen Entscheidung geklärt werden kann (vgl. hohe Anzahl von Einzelentscheidungen zum SGB II, Hartz-IV-Gesetzgebung). So entstehen z. T. erhebliche, volkswirtschaftlich relevante Kosten aus der Systemlogik des sozialen Sicherungssystems.

Die oben aufgeführten Sozialleistungen werden in der Sozialquote als Anteil am Bruttoinlandsprodukt (BIP) berechnet. Die Sozialquote trifft quantitative Aussagen des Verbrauchs für soziale Leistungen im Verhältnis zum BIP. Das Bruttoinlandsprodukt umfasst die gesamte ökonomische Wertschöpfung und Produktion von Gütern und Dienstleistungen von Personen, Unternehmen und Staat, die innerhalb eines Jahres in der Bundesrepublik Deutschland erzeugt werden. Seit 1980 bewegt sich die Sozialquote relativ konstant um 30 % des BIP (Eurostat-Jahrbuch, 2007). Die Sozialquote beinhaltet die Haushaltsausgaben des Sozialbudgets von Bund, Ländern und Kommunen und der gesetzlichen Sozial(versicherungs)systeme. Für die Darstellung der Sozialleistungen im Sozialbudget werden die Leistungen preis- und inflationsbereinigt, um eine Vergleichbarkeit der einzelnen Sozialleistungsbereiche untereinander und in der volkswirtschaftlichen Gesamtrechnung (VGR) zu ermöglichen. Die Sozialleistungen werden zusätzlich um die Selbstbeteiligung der LeistungsempfängerInnen sowie um die Beiträge des Staates zur Kranken-, Pflege-, Arbeitslosen- und Rentenversicherung für EmpfängerInnen der Sozialhilfe gemindert.

Sozialquote

Sozialbudget

Im Jahr 2007 beliefen sich die einzelnen Leistungsbereiche des Sozialbudgets in Deutschland auf rund 707 Milliarden €. Im Jahr 2007 betrug die Sozialquote 29,2 % des Bruttoinlandsproduktes (www.destatis.de, 04.07.2009). Davon wurden im engeren Verständnis ca. 8 % (60 Mrd. €) für soziale Dienste der Sozialen Arbeit aufgewendet. Der Aufwand für Soziale Arbeit eines Bundesbürgers (pro Jahr und Kopf) beläuft sich auf 700,– € pro Kopf. Die größten Ausgabenbereiche sind die Altenhilfe mit ca. 17 Mrd. Euro, die Behindertenhilfe (13 Mrd. €) und die Jugendhilfe mit ca. 20 Mrd. €. Die Wertschöpfung von ca. 2,5 Mio. Freiwilligenengagierten und Selbsthilfeaktiven fließt nicht in das volkswirtschaftliche BIP hinein, da sie dort nicht als Produktivleistungen der volkswirtschaftlichen Wertschöpfung betrachtet werden (Halfar 2008, 358).

Anteil sozialer Arbeit am Sozialbudget

Das Sozialbudget umfasst die einzelnen Ausgabenbereiche der sozialen Sicherung gegliedert nach Institutionen und Vergabeformen. Die Sozialleistungen werden über Beiträge, Zuweisungen und andere Einnahmen refinanziert. Die Beiträge umfassen ca. 2/3 der Gesamteinnahmen des Sozialleistungsbereichs insbesondere in die Kassen der Sozialversicherungen, die annähernd hälftig von Arbeitern oder Angestellten und Arbeitgebern erstattet werden. Ausnahme ist die Unfallversicherung, die allein durch Arbeitgeberbeiträge finanziert wird. Auch die Rentner zahlen in die Krankenversiche-

Abbildung 1-7

Sozialbudget: Struktur der Sozialleistungen nach Leistungsarten 2005.
Quelle: Bäcker et al. 2008a, 104

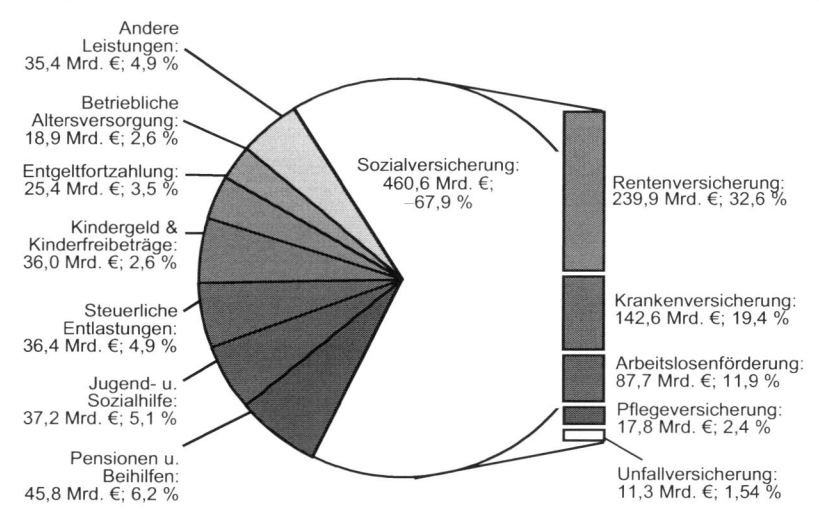

Andere
Leistungen:
35,4 Mrd. €; 4,9 %

Betriebliche
Altersversorgung:
18,9 Mrd. €; 2,6 %

Entgeltfortzahlung:
25,4 Mrd. €; 3,5 %

Kindergeld &
Kinderfreibeträge:
36,0 Mrd. €; 2,6 %

Steuerliche
Entlastungen:
36,4 Mrd. €; 4,9 %

Jugend- u.
Sozialhilfe:
37,2 Mrd. €; 5,1 %

Pensionen u.
Beihilfen:
45,8 Mrd. €; 6,2 %

Sozialversicherung:
460,6 Mrd. €;
-67,9 %

Rentenversicherung:
239,9 Mrd. €; 32,6 %

Krankenversicherung:
142,6 Mrd. €; 19,4 %

Arbeitslosenförderung:
87,7 Mrd. €; 11,9 %

Pflegeversicherung:
17,8 Mrd. €; 2,4 %

Unfallversicherung:
11,3 Mrd. €; 1,54 %

Direkte Formen
der Sozialleistungs-
vergabe

rung ein. Selbstständige können Mitglieder der gesetzlichen Versicherung werden, sie tragen dann den gesamten Beitrag allein. Unter den Sozialversicherungsträgern ist ein Ausgleich bspw. zwischen der Bundesanstalt für Arbeit an die Renten-/Krankenversicherungen für Arbeitslosengeldempfänger üblich. Etwa 90 % der Sozialleistungen sind direkte Leistungen, die das Einkommen der Leistungsempfänger bilden oder erhöhen, bspw. die Rente, die Grundsicherung oder das Arbeitslosengeld (Bäcker et al. 2008a, 101 ff.). Die verschiedenen Leistungsbereiche des Sicherungssystems werden jährlich im Rahmen des Sozialbudgets dokumentiert und statistisch von der Bundesregierung und den zuständigen Ministerien kommentiert und weiter entwickelt (www.bundesregierung.de).

Die Höhe des jeweiligen Finanzierungsaufkommens der öffentlichen Zuweisungen, Beiträge der Versicherten und der Arbeitgeberbeiträge umfasst die in Abbildung 1-7 dargestellten Leistungsbereiche.

Indirekte Formen
der Sozialleistungs-
vergabe

Indirekte Formen der Sozialleistungsvergabe sind steuerrechtliche Entlastungen für außergewöhnliche Belastungen, beispielsweise der Familienleistungsausgleich, die von den Finanzbehörden nach dem Einkommensteuergesetz in Verbindung mit den entsprechenden Sozialleistungsgesetzen vergeben und im Rahmen der Einkommensteuererklärung geprüft werden. Im Juni 2009 wurden weitere indirekte Formen durch Steuerentlastungen der Bürger beschlossen. Die Beiträge zur Kranken- und Pflegeversicherung können von 2010 an, in größerem Umfang als bisher, steuerlich geltend gemacht werden. Daneben treten weitere Formen unterstellter Direktleistungen der Arbeitgeber z. B. für Lohnfortzahlungen im Krankheitsfall und/oder Betriebsrenten der Arbeitgeber.

2.2 Das System der sozialen Sicherung

Die einzelnen Leistungsbereiche lassen sich in vier große Sozialleistungsgruppen des Systems der sozialen Sicherung zusammenfassen:

Vier große Sozialleistungsgruppen

- soziale Vorsorge in Form der Sozialversicherungen einschließlich der Arbeitgeberleistungen (z. B. Lohnfortzahlung im Krankheitsfall),

- Versorgungs- und Entschädigungsrecht (z. B. Kriegsopferentschädigung),

- soziale Förderung (z. B. Bafög),

- Fürsorge bzw. Sozialhilfe (z. B. Hilfe zum Lebensunterhalt).

Das System der sozialen Sicherung stellt sich grafisch, wie in Abbildung 1-8 gezeigt, dar und wird abschließend hinsichtlich seiner einzelnen Leistungsformen weiter ausgeführt.

Das System der sozialen Sicherung in Deutschland. Quelle: Meyer-Höger http://web.efhd.de/mh_sozialesysteme.pdf, 01.08.2009

Abbildung 1-8

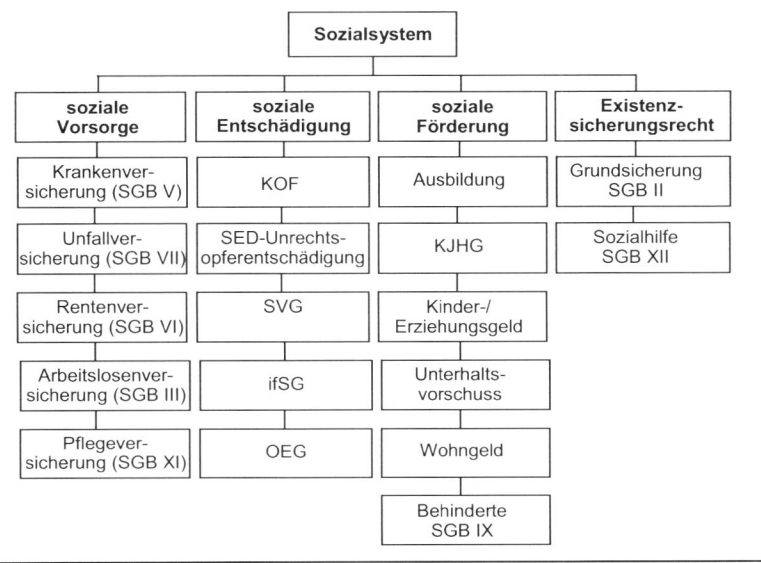

2.2.1 Die erste Säule des Systems der sozialen Sicherung – die soziale Vorsorge/ Sozialversicherungen

Mit ca. 60 % aller Sozialleistungen ist die soziale Vorsorge in Form der Sozialversicherungen der größte Ausgabenbereich des Systems der sozialen Sicherung. Die Sozialversicherungen sind Sozialleistungsträger, die ihre beitragszahlenden Mitglieder mit Geld-, Sach- und Dienstleistungen versorgen. Zugleich sind sie gewichtige Kostenträger der Leistungserstellung, beispielsweise durch die Kostenerstattung der Krankenversicherungen gegenüber der Ärzteschaft oder ambulanten Einrichtungen im Rahmen der Pflegeversicherung.

Selbstverwaltung

Das Selbstverwaltungsprinzip ist die Organisationsgrundlage der deutschen Sozialversicherung. Dabei wird der Staat entlastet, indem er Aufgaben und Verantwortungsbereiche an die Sozialversicherungsträger delegiert (Subsidiaritätsprinzip). Die Träger der Sozialversicherung erfüllen als öffentlich-rechtliche Körperschaft alle Steuerungsaufgaben der Sozialversicherung dezentral und eigenverantwortlich – allerdings unter Rechtsaufsicht des Staates und der Beteiligung von Arbeitsnehmer- und Arbeitgebervertretungen durch die „Sozialwahlen". Dieses Prinzip ist dadurch gekennzeichnet, dass Arbeitnehmer und Arbeitgeber mittelbar an der Selbstverwaltung der Sozialversicherungen durch die Entsendung eigener Vertreter beteiligt werden. Die Sozialversicherungen agieren organisatorisch und finanziell weitestgehend selbstständig (www.deutsche-sozialversicherung.de/de/wegweiser/grundprinzipien.html).

*Kollektiv-
sicherungen*

Im Grundsatz sind Sozialversicherungen Kollektivsicherungen für Menschen mit gleichartigen Risiken und Lebenslagen, zum Bespiel im Alter oder bei Erkrankung (Zacher 2007, 1012). Die Sozialversicherungen arbeiten mit eigenen haushaltsführenden Stellen nach dem Selbstverwaltungsprinzip und sind den Versicherten und Arbeitgebern gegenüber gleichermaßen zur Neutralität und Sachlichkeit der Aufgabenerledigung verpflichtet. Das Beitragsaufkommen wird zu annähernd gleichen Teilen von den Versicherten und den Arbeitgebern erbracht. Das Prinzip der Versicherungspflicht führt dazu, dass in Deutschland mehr als 90 % der Bevölkerung in der Sozialversicherung pflichtig oder freiwillig versichert sind. Trotz aller Reformdebatten ist das System der Sozialversicherungen als Kernstück der sozialen Sicherung weitgehend akzeptiert (Roller 1992, 45 f.; Roller 2002, 13 ff.).

Den Sozialversicherungen liegt das Funktionsprinzip der Gefahrengemeinschaft nach dem Versicherungs-, Solidaritäts- und Äquivalenzprinzip zugrunde.

Das Versicherungsprinzip basiert auf der gegenseitigen Hilfe durch Beitragsleistungen in Form eines kollektiven Risikoausgleichs. Die beitragsfinanzierte Sozialversicherung ist auf eine erwerbszentrierte und normalarbeitszentrierte Vollzeitbeschäftigung mit einer 38,5-Stunden-Woche und auf die Form der Ehe bzw. partnerschaftlicher Lebensgemeinschaften ausgerichtet. Nur erwerbstätige Partner sind versichert, die Ansprüche der nicht-erwerbstätigen Ehepartner hängen von deren Erwerbstätigkeit ab. Durch das in der Sozialversicherung verankerte Solidaritätsprinzip als grundlegendes Prinzip der Sozialpolitik ist der versicherte Bürger demnach nicht lediglich für sich selbst verantwortlich, sondern auch für die anderen Mitglieder der Versichertengemeinschaft. Solidarität ist mehr als ein abstraktes Sozialstaatsprinzip und erfährt seine Konkretisierung über solidarisch gestaltete Bereiche der Sozialversicherungen. Das Solidaritätsprinzip ist die strukturelle Basis der gesetzlichen Kranken-, Unfall-, Renten-, Pflege- und Arbeitslosenversicherung. Das Solidaritätsprinzip besagt, dass sich der Leistungsanspruch in der Regel nach der Bedürftigkeit und nicht nach dem individuellen Risiko der Versicherten richtet. Es folgt dem Grundsatz: „einer für alle, alle für einen"; dem Ausgleich zwischen den besser und weniger gut Verdienenden, dem Ausgleich zwischen Gesunden und Kranken, zwischen Jungen und Alten sowie Familien und Singles (http://www.deutsche-sozial versicherung.de/de/wegweiser/grundprinzipien.html, 20.06.2009).

Versicherungsprinzip

Solidaritätsprinzip

Demzufolge wird im Rahmen der gesetzlichen Krankenversicherung (GKV) von Risikoprüfungen oder altersabhängigen Beiträgen abgesehen. Mitglieder mit niedrigem Erkrankungsrisiko zahlen solidarisch den gleichen Beitrag wie Versicherte mit höherem Erkrankungsrisiko. Gleiches gilt für das Einstehen junger Mitglieder der Rentenversicherung in Bezug auf ältere Mitglieder. Außerdem führt die linear steigende Beitragsfinanzierung, als Anteil vom Bruttolohn, zu einer Einkommensumverteilung von höheren zu niedrigeren Einkommen, was ebenfalls im Sinne des Solidaritätsprinzips zu interpretieren ist. Die Beitragshöhe eines Versicherten wächst relational bis zu einer bestimmten Höhe vom beitragspflichtigen Einkommen des Versicherten, die so genannte Beitragsbemessungsgrenze. Seit dem 1. Januar 2009 liegt der bundesweit einheitliche Beitragssatz in der Rentenversicherung bei 19,9 % des Bruttolohnes. Im Jahr 2009 liegt die Beitragsbemessungsgrenze für Beitragszahlungen der Rentenversicherung in den alten Bundesländern bei 64.800,– € und in den „neuen Bundesländern" bei 54.600,– €. Mittels der jährlichen Rentenanpassung werden die Renten an die realwirtschaftliche Entwicklung der Löhne und Gehälter angepasst (www.deutsche-sozialver sicherung.de/de/rentenversicherung/finanzierung.html, 04.07.2009).

Das Äquivalenzprinzip berücksichtigt zudem Elemente der Leistungsgerechtigkeit innerhalb der kollektiven Verfassung der Sozialversicherungen, z. B. die Einzahlungsdauer und daran gebundene Leistungshöhe und -dauer

Äquivalenzprinzip

in der Renten- und Arbeitslosenversicherung. So richten sich die Leistungen der gesetzlichen Rentenversicherung in Deutschland grundsätzlich nach der Höhe der gezahlten Beiträge. Durch das System der sog. Entgeltpunkte innerhalb der Rentenversicherung wird pro Kalenderjahr und Anzahl der Beitragsjahre ein bestimmter Rentenanspruch erworben, der sich an den relativen Einkommen und Einkommenszuwächsen bzw. Einkommensminderungen der erwerbstätig Versicherten orientiert. Die Entgeltpunkte beziehen sich auf das durchschnittliche Einkommen pro Jahr (2008 waren das 30.084,– Euro), welche mit je einem Entgeltpunkt gutgeschrieben werden, die der- oder diejenige erhalten, die dieses Verdienstniveau erreicht haben (Durchschnittsverdienst). Das Äquivalenzprinzip bildet demnach ein leistungsbezogenes Kriterium innerhalb der Rentenversicherung. So erhält derjenige, der doppelt so viel verdient, dementsprechend zwei Entgeltpunkte und derjenige mit dem halben jährlichen Durchschnittsverdienst nur einen halben Entgeltpunkt zur Anrechnung auf die zu erwartende Rente.

Dieses System der Gefahrengemeinschaft auf der Grundlage des Äquivalenzprinzips soll sicherstellen, dass die relative Einkommensposition der Versicherten zu Zeiten ihrer Erwerbstätigkeit auch in der Phase des Rentenbezugs beibehalten wird (Lebensstandardsicherung). Vollständige Beitragsäquivalenz ist im deutschen Rentensystem aber nicht gegeben. Es besteht jedoch eine Teilhabeäquivalenz, die gewährleistet, dass jeder Versicherte durch einheitlich hohe Beiträge gleichwertige Anrechte auf Rentenleistungen erwirbt (www.deutsche-rentenversicherung.de, 04.07.2009).

Im Unterschied und in Abgrenzung der Anwendung des individuellen Äquivalenzprinzips in der privaten Krankenversicherung sind in der GKV alle Risiken der Mitglieder ohne individuelle Prüfung oder Zuschläge versichert. Erst im sorgfältigen Ausgleich der Elemente des Subsidiaritätsprinzips, des Äquivalenzprinzips und des Versicherungsprinzips ergibt sich eine zustimmungsfähige Interpretation des Solidaritätsprinzips im Konzept der kollektiven Gefahrengemeinschaft der Versicherten. Eine weitere Säule des Systems der sozialen Sicherung sind die Entschädigungs- und Versorgungsleistungen.

2.2.2 Die zweite Säule des Systems der sozialen Sicherung – soziale Entschädigung und Versorgung

Versorgungs-
leistungen

Der quantitativ kleinste Teil des Systems der sozialen Sicherung umfasst den Bereich der Versorgung und Entschädigung (Versorgungsprinzip). Versorgungsleistungen erfolgen auf Grund eines Rechtsanspruchs aus speziellen Rechtsmaterien, beispielsweise dem Bundesversorgungsgesetz (BVG) und aufgrund generell festgelegter Leistungen wie die Kriegsopfer- oder Beamtenversorgung. Den Versorgungsleistungen sind, anders als in der Sozialversicherung, keine Beitragszahlungen vorausgegangen. In Abgrenzung zur Fürsorge und Sozialhilfeleistung, die auf einer konkret-individuellen Bedürftigkeitsprüfung basieren, gründen sich Versorgungsleistungen auf einem generell abstrakten Rechtsanspruch. Die Versorgungsleistungen umfassen Personenkreise, die auf Grund ihrer Funktion für den Staat besondere Leistungen oder besondere „Sonderopfer" (insbesondere Kriegsopfer) für das Gemeinwesen auf sich genommen haben. Die Versorgung alimentiert das Treueverhältnis für Beamte, Richter und Soldaten, Wehrpflichtige und Zivildienstleistende in der Ausübung ihres Amtes. Darüber hinaus handelt es sich auch um politisch begründete Entschädigungen durch erlittenes Unrecht im Nationalsozialismus oder in der DDR und der Entschädigung der Eigentumsverluste durch Vertreibung und Flucht (Wiedergutmachung). Dieser Bereich verliert jedoch durch die demografische Entwicklung der Leistungsbeziehergruppen zunehmend an Bedeutung.

Bei dem Lastenausgleich handelt es sich um eine sozialpolitisch organisierte Vermögensumschichtung zugunsten von Kriegsgeschädigten, Flüchtlingen und Vertriebenen. Sie geht auf das Soforthilfegesetz aus dem Jahre 1949 und auf das Lastenausgleichsgesetz aus dem Jahre 1952 zurück. Durch Krieg und Vertreibung verlorengegangenes Eigentum (Grundbesitz und andere Vermögensgegenstände) stellen den Ausgleichsgrund dar. Der Lastenausgleich war ein Beitrag zur Eingliederung von über zehn Millionen Vertriebenen und Flüchtlingen in die Bundesrepublik Deutschland. Ab 1969 wurden auch Flüchtlinge aus der DDR in den Lastenausgleich einbezogen. Zu diesem Zweck wurde ein staatlicher Fonds gebildet, der als Sondervermögen des Bundes deklariert wurde und aus dessen Vermögens-, Hypotheken- und Kreditgewinnabgaben der Lastenausgleich bestritten wurde. Das Fondvermögen wurde seit 1979 verzinst, so dass im Jahr 2003 eine Summe von 26,9 Milliarden € aus den Zinses-Zins-Effekten zur Verfügung stand. Es flossen darüber hinaus im gleichen Zeitraum 31,4 Milliarden € aus öffentlichen, steuerfinanzierten Mitteln dem Lastenausgleichsfonds der Zielgruppe der Kriegsgeschädigten zu.

Lastenausgleich

Noch erheblichere Bedeutung als die direkten Zahlungen erlangten aber die Anrechnungsjahre zur Rente (allein für die Rentenversicherung des Jahres 2003 in Höhe von 30,8 Milliarden Euro).

Ausgleichszahlungen wurden des Weiteren in Höhe von zehn Milliarden für Schadensfeststellungen an Immobilien, für Hausratsentschädigungen in Höhe von 5,4 Milliarden Euro sowie für Sparerentschädigungen in Höhe von 3,1 Milliarden Euro gezahlt.

Das Lastenausgleichsgesetz wurde nach der Wende 1989 nicht in den neuen Bundesländern in Kraft gesetzt. Lediglich Aussiedler, insbesondere diejenigen, die aus Russland stammten, konnten Vertreibungsschäden noch bis 1995 geltend machen. Somit kommt der Lastenausgleich gegenwärtig zum Abschluss. Die Überschüsse aus dem Ausgleichsfonds wurden im Jahr 2005 in den Bundeshaushalt übernommen und noch bestehende Ansprüche werden daraus befriedigt.

Kriegsopferfürsorge Die Kriegsopferfürsorge ist zusammen mit der Kriegsopferversorgung Bestandteil des sozialen Entschädigungsrechts. Personen, die infolge von Krieg, Kriegsgefangenschaft oder militärischer Dienstverrichtung dauerhaften gesundheitlichen Schaden erlitten haben, oder – im Todesfall des Opfers – deren Hinterbliebene haben Anspruch auf Leistungen. Die Vorschriften der Kriegsopferfürsorge werden ebenfalls auf Wehrdienst- und Zivildienstopfer angewendet. Im Unterschied zu der nach einheitlichen Gesichtspunkten gesetzlich geregelten Kriegsopferversorgung gewährt die Kriegsopferfürsorge individuelle, auf den jeweiligen Einzelfall abgestimmte Leistungen, die einen anerkannten Anspruch auf Leistungen der Kriegsopferversorgung voraussetzen. Die grundsätzlich einkommens- und vermögensabhängigen Leistungen der Kriegsopferfürsorge umfassen u. a. Hilfe zur Pflege, Alten- und Erholungshilfe, Hilfe in besonderen Lebenslagen sowie ergänzende Hilfe zum Lebensunterhalt. Ziel der besonderen Hilfe im Einzelfall ist es, eine angemessene Versorgung der Kriegsopfer und der sonstigen entschädigungsberechtigten Personen zu sichern und soweit möglich die Folgen der schädigenden Ereignisse auszugleichen. Dementsprechend soll die Bedarfsprüfung nicht primär auf eine soziale Notlage ausgerichtet sein, sondern den entschädigungsrechtlichen Gesichtspunkten Rechnung tragen.

Modifiziert wurde der Sachverhalt der Entschädigung im Gesetz über die Entschädigung von Opfern von Gewalttaten (OEG), demnach die Opfer als Folge eines vorsätzlichen und rechtswidrigen tätlichen Angriffs eine gesundheitliche Schädigung erlitten haben müssen.

Fürsorgestellen/ Hauptfürsorge- stellen Zuständig für die Kriegsopferfürsorge sind die Fürsorgestellen für Kriegsopfer bei den Sozialämtern der Kreise sowie die Hauptfürsorgestellen. Die Hauptfürsorgestellen sind im Rahmen des sozialen Entschädigungsrechts (Rehabilitationsträger) nach dem Bundesversorgungsgesetz (BVG) für bestimmte individuelle Leistungen an Kriegsopfern, Wehrdienst- und Impfgeschädigten sowie Opfern von Gewalttaten zuständig. Dies sind zum Beispiel Leistungen zur beruflichen Rehabilitation, etwa dann, wenn ein Wehrpflichtiger während seines Wehrdienstes einen schweren Unfall hatte und anschließend eine Umschulung machen muss. Die Hauptfürsorgestellen sind in den einzelnen Bundesländern kommunal oder staatlich auf der Landes- oder Bezirksebene organisiert; in Berlin sind sie zum Beispiel dem Landesamt für Gesundheit und Soziales, in Nordrhein-Westfalen den Landschaftsverbänden zugeordnet. Bislang war die Hauptfürsorgestelle auch für Leistungen nach dem Schwerbehindertengesetz (SchwbG) zuständig. Dieser Bereich ist durch das Sozialgesetzbuch 9. Buch (SGB IX) jetzt dem Integrationsamt zugeordnet (www.sign-lang.uni-hamburg.de/projekte/slex/seiten dvd/konzepte/l51/l5192.htm, 04.07.2009).[15]

2.2.3 Die dritte Säule des Systems der sozialen Sicherung – soziale Förderung

Der Förderungsbereich stellt keine Risikoabsicherung einzelner Personen dar. Förderungen erfolgen basierend auf der gesellschafts- und sozialpolitischen Intention der Unterstützung bestimmter Gesellschaftsgruppen. Förderungen werden in der Regel befristet vergeben. Der Bereich der Förderung ist gesetzestechnisch der jüngste Bereich des Systems der sozialen Sicherung und ab den 70ern extensiv ausgebaut worden. So zielt beispielsweise die Förderung nach dem Bundesausbildungsförderungsgesetz (Bafög) auf die Gleichheit der Bildungschancen ab. Das gesellschaftliche und sozialpolitische Förderungsziel besteht in der Erhöhung der Bildungsbeteiligung der unteren Gesellschaftsschichten und dem sozialpolitischen Förderungscharakter dieser Zielgruppe durch Sozialleistungen. Die politische Absicht der Steuerung gesellschaftlich erwünschter Prozesse der Beteiligung, der Erhöhung der Chancengleichheit oder der Ausgleich struktureller Benachteiligung bestimmen somit das Leistungsprofil des Bafögs, des Wohngeldes, der Behindertenhilfe oder des Elterngeldes. Fördermittel sind darüber hinaus im europäischen Raum die einzig relevante monetäre Steuerungsgröße der EU, die auch regional erheblichen Einfluss in Wirtschafts- und Sozialstrukturentwicklung hat.

Soziale Förderung

Bundesausbildungsförderungsgesetz (BAföG)

Die Leistungen für den Lebensunterhalt und die Ausbildung nach dem Bundesausbildungsförderungsgesetz (BAföG) mit dem Ziel, Kindern aus wirtschaftlich und sozial schlechter gestellten Familien eine ihrer Neigung, Eignung und Leistung entsprechende Ausbildung zu ermöglichen, sind die Ausbildungsförderung. Die Leistungen an SchülerInnen und Studierende bestehen aus (im Sozialbudget nicht enthaltenen) Zuschüssen oder Darlehen. Bedingung für den Leistungserhalt ist, dass keine anderen Mittel für Ausbildung und Unterhalt zur Verfügung stehen. Einkommen und Vermö-

Bundesausbildungsförderungsgesetz (BAföG)

---

15 Das Integrationsamt ist als Behörde für Aufgaben nach dem Schwerbehindertenrecht und für die Sicherung der Integration schwerbehinderter Menschen im Arbeitsleben nach §101 Abs. 1 Nr. 1 Neuntes Buch Sozialgesetzbuch zuständig (vgl. www.kompetenz-plus.de/c.php/kplus/hnav/Glossar.rsys, 30.11.2009).

gen des Auszubildenden, der Eltern und des Ehegatten sind anzurechnen (Bedürftigkeitsprüfung). Weiterhin sind auch die Leistungen des Aufstiegsfortbildungsförderungsgesetzes (AFBG) in der Institution „Ausbildungsförderung" enthalten.

Elterngeld

Erziehungsgeld

Zwischen 1986 und Anfang 2007 wurde die Familienförderung nach dem „Bundeserziehungsgeldgesetz" vergeben. Das Erziehungsgeld war eine einkommensabhängige Leistung und betrug seit der Modifizierung durch das 4. BErzGG seit dem 01.01.2004 monatlich höchstens 300,– € (Regelbetrag). Das Erziehungsgeld wurde bis zum zwölften Lebensmonat gezahlt. Wurden die Einkommensgrenzen für Verheiratete mit einem Kind 30.000,– €, für Alleinerziehende von 23.000,– € überschritten, entfiel das Erziehungsgeld in den ersten sechs Lebensmonaten des Kindes. Wenn die ab dem siebten Lebensmonat des Kindes geltenden, niedrigeren Einkommensgrenzen (Verheiratete mit einem Kind 16.500,– €, bei anderen Berechtigten 13.500,– €) überschritten wurden, war das Erziehungsgeld zu mindern. Für jedes weitere Kind erhöhten sich die Einkommensgrenzen um den Kinderzuschlag (3.140,– Euro). Für nach dem 01.01.2007 geborenen Kinder wird das sog. „Elterngeld" gewährt (Sudmann 2007, 274).

Elterngeld und Elternzeit

In der Regel erhalten Eltern das Elterngeld bis zum ersten Geburtstag des Kindes, maximal jedoch 14 Monate lang. Sie erhalten das Elterngeld jedoch nur dann 14 Monate lang, wenn auch der Partner an der Elternzeit beteiligt ist (hier sollen die Väter erreicht werden). Eine weitere Möglichkeit ist, dass beide Elternteile gleichzeitig mit reduzierter Stundenzahl arbeiten. Sie erhalten statt 14 Monaten nur sieben Monate Elterngeld. Der Bezugszeitraum kann aber auch bei gleicher Gesamthöhe auf die doppelte Anzahl ausgedehnt werden. Statt beispielsweise 300,– € für niedrige Einkommen für zwölf Monate gibt es dann 150,– € für 24 Monate. Das Elterngeld ist einkommensabhängig und beträgt ca. 67 % des wegfallenden Nettogehalts. Weihnachts-, Urlaubsgeld und andere Zuschläge fließen nicht in die Berechnung ein. Das Elterngeld beträgt minimal 300,– € und maximal 1.800,– € (www.bmfsfj.de). Die Höhe des Elterngeldes wird auf der Grundlage des Nettoeinkommens der vergangenen zwölf Monate berechnet. Die Höhe des Nettoeinkommens wird dabei von der Wahl der Steuerklasse beeinflusst. Zur Berechnung des Elterngeldes bei Selbstständigen muss der letzte Steuerbescheid eingereicht werden. Auch in diesem Fall ist das Nettoeinkommen relevant. Elterngeld kann beantragt werden, sobald das Kind geboren wurde (www.bmfsfj.de) (vgl. Abb. 1-9). Im Internet können sich Eltern, z. B. unter www.bmfsfj.de, darüber erkundigen, welche Elterngeldkasse für sie zustän-

Elterngeld und Elternzeit. Quelle: Arbeitsmappe Sozial-und Wirtschaftskunde: Zahlenbilder Elterngeld und Elternzeit in Deutschland, 2007

Abbildung 1-9

Elterngeld	Elternzeit
für Mütter oder Väter	**für Mütter oder Väter**
- die ihr Kind selbst betreuen und - nicht mehr als 30 Wochenstunden erwerbstätig sind	- die ihr Kind selbst betreuen und - als ArbeitnehmerInnen beschäftigt sind
Höhe des Elterngeldes	**Dauer der Elternzeit**
- 67 % des wegfallenden Nettoeinkommens: mindestens 300,- €, höchstens 1.800,- €	- nach Wunsch der Eltern - auch gemeinsam - bis zum dritten Geburtstag des Kindes
- Laufzeit: 12 Monate; bei Beteili- gung des Partners und für Alleinerziehende: 14 Monate oder: doppelte Laufzeit mit halben Monatsbetrag	- Stimmt der Arbeitgeber zu, können davon bis zu 12 Monate auf spätere Zeiten (z. B. das erste Schuljahr) übertragen werden
- Geschwisterbonus, wenn mehrere kleine Kinder vorhanden sind	Während der Elternzeit ist Teilzeitarbeit (bis zu 30 Wochenstunden) möglich

dig ist. In Schleswig-Holstein z. B. sind die Außenstellen des Landesamtes für soziale Dienste für die Ausführung der Bundeselterngeld- und Eltern-zeitgesetze zuständig. Das Elterngeld ist steuerfrei, unterliegt aber dem sog. Progressionsvorbehalt. Das bedeutet, dass das Elterngeld zu den Einkünften des arbeitenden Partners addiert wird. In vielen Fällen erhöht sich somit der Steuersatz und die Steuererstattung reduziert sich. Bis zum 01.01.2008 hatte durchschnittlich erst jeder zehnte Vater das auf die Zielgruppe besonders zugeschnittene Elterngeld beantragt, diese Zahl hat sich im Jahr 2009 auf 18,9 % der Väter erhöht (ebd.). Insoweit ist die sozialpolitische und wirt-schaftspolitische Strategie der damaligen Familienministerin aufgegangen, Männer stärker an der Erziehung der Kinder zu beteiligen und zugleich – wirtschaftpolitisch gewollt – Doppelarbeitsverhältnisse zu normalisieren. Viele Männer erleben das Zusammensein in der Familie mit den Kindern als eine tiefe und bereichernde Erfahrung, die Spaß und Erfüllung jenseits der Zweckrationalität des beruflichen Handelns bringt.

Wohngeld

Das Wohngeld ist ein von Bund und Ländern getragener Zuschuss zu den Wohnkosten. Es wird einkommensschwächeren Haushalten gemäß den Vorschriften des Wohngeldgesetzes gewährt, damit sie die Wohnkosten für angemessenen und familiengerechten Wohnraum tragen können. Wohngeld wird entweder als Mietzuschuss für Mieter oder als Lastenzuschuss für Haus- und Wohnungseigentümer geleistet. Die Höhe des Zuschusses richtet sich dabei nach der Haushaltsgröße, dem Familieneinkommen und der Mietbelastung. Ein Teil der Wohnkosten muss in jedem Fall vom Wohngeldempfänger getragen werden. Auf Grund der zum 01.01.2005 in Kraft getretenen Änderungen im Sozialrecht („Hartz IV") hat sich der Kreis der nach dem Wohngeldgesetz berechtigten Haushalte und damit auch der statistisch erfassten Wohngeldhaushalte im Berichtsjahr 2005 deutlich reduziert. Seit diesem Zeitpunkt entfällt der Wohngeldanspruch für EmpfängerInnen bestimmter Transferleistungen und für die Mitglieder der Bedarfsgemeinschaft (z. B. Arbeitslosengeld II, Hilfe zum Lebensunterhalt bzw. Leistungen der Grundsicherung im Alter und bei Erwerbsminderung nach dem SGB XII). Deren Unterkunftskosten werden nun im Rahmen der jeweiligen Sozialleistungen beim zuständigen Sozialleistungsträger berücksichtigt.

2.2.4 Die vierte Säule des Systems der sozialen Sicherung – das Existenzsicherungsrecht durch Sozialhilfe

Sozialhilfe

Sozialhilfe ist das letzte Netz der sozialen Sicherung, das erst in Kraft tritt, wenn alle anderen Ansprüche aus dem vorgelagerten System der sozialen Sicherung beispielsweise Sozialversicherungsansprüche, nicht greifen. Der Begriff der Sozialhilfe ist im Gegensatz zur öffentlichen Fürsorge der modernere Begriff (Fahlbusch 2007, 880-883). Die Sozialhilfe basiert auf dem Prinzip der individuellen Bedürftigkeit, ohne dass es auf den Entstehungshorizont der Bedarfssituation ankommt. Wesentlich ist, dass Leistungen nur an Bedürftige vergeben werden, die nicht in der Lage sind, ihren Lebensunterhalt aus eigenen Kräften zu bestreiten oder auf die Hilfe in besonderen Lebenslagen, auf Hilfen zu Gesundheit, Hilfe zur Pflege, Eingliederungshilfe für behinderte Menschen oder Krankenhilfe angewiesen sind. Die Leistungsformen werden nun im Einzelnen vorgestellt:

*Entstehungs-
horizont der
individuellen
Bedürftigkeit*

Leistungsformen der Sozialhilfe

*Leistungsformen
des SGB XII*

Zur Gestaltung und Sicherung der Sozialhilfe und verwandter Aufgaben Sozialer Arbeit werden nach SGB XII folgende Leistungsformen unterschieden:

3. Kapitel SGB XII: Hilfe zum Lebensunterhalt (§§ 27–40),

4. Kapitel SGB XII: Grundsicherung im Alter und bei Erwerbsminderung (§§ 41–46),

5. Kapitel SGB XII: Hilfen zur Gesundheit (§§ 47–52),

6. Kapitel SGB XII: Eingliederungshilfe für behinderte Menschen (§§ 53–60),

7. Kapitel SGB XII: Hilfe zur Pflege (§§ 61–66),

8. Kapitel SGB XII: Hilfe zur Überwindung besonderer sozialer Schwierigkeiten (§§ 67–69),

9. Kapitel SGB XII: Hilfe in anderen Lebenslagen (§§ 70–74).

Die Hilfe zum Lebensunterhalt als Sozialhilfe steht nur denjenigen Bedürftigen zu, die auf Grund anderer Rechtsvorschriften keinerlei Leistungen erhalten, weder Arbeitslosengeld II (als erwerbsfähige Personen im Alter von 15 bis 65 Jahren) noch dauerhafte Grundsicherung im Alter für über 65-Jährige oder für voll erwerbsgeminderte Personen. Hilfe zum Lebensunterhalt steht demzufolge Menschen im erwerbsfähigen Alter zu, denen keine Erwerbstätigkeit möglich ist, z. B. wegen Erwerbsminderung, längerfristiger Krankheit oder weil sie in einer Einrichtungen leben und dort betreut werden müssen (www.sozialhilfe24.de/grundsicherung-sozialhilfe/hilfe-zum-lebensunterhalt.html, 04.07.2009). *Hilfe zum Lebensunterhalt*

Auf Hilfe zum Lebensunterhalt hat Anspruch, wer seinen notwendigen Lebensunterhalt nicht oder nicht ausreichend aus eigenen Kräften und Mitteln, vor allem aus seinem Einkommen und Vermögen, beschaffen kann. Die Leistungen der Hilfe zum Lebensunterhalt umfassen:

- die Ernährung,

- die Unterkunft,

- die Kleidung,

- die Körperpflege,

- den Hausrat,

- die Heizung und

- die persönlichen Bedürfnisse des täglichen Lebens.
  (http://www.abc-recht.de/ratgeber/familie/tipps/sozialhilfe_umfasst.php, 01.08.2009)

Die Leistung der Grundsicherung nach Kapitel IV SGB XII soll den grundlegenden Bedarf für den Lebensunterhalt von Menschen absichern, die wegen ihres Alters oder auf Grund voller Erwerbsminderung endgültig aus dem Erwerbsleben ausgeschieden sind und deren Einkünfte für den notwen- *Leistung der Grundsicherung*

Abbildung 1-10

Ausgaben für die Sozialhilfe. Quelle: Arbeitsmappe Sozial- und Wirtschaftskunde, Erich Schmidt Verlag: Zahlenbilder der Sozialhilfe in Deutschland, 2006, 131

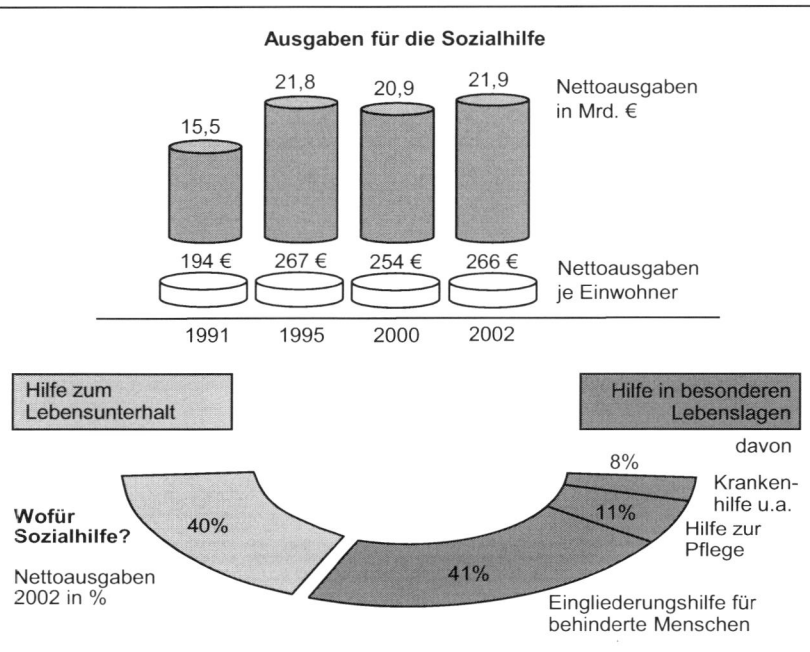

digen Lebensunterhalt nicht ausreichen. Die Zahlung von Sozialhilfe soll so vermieden werden. Im Gegensatz zur Sozialhilfe wird beim Grundeinkommen nicht auf das Einkommen der Kinder oder Eltern zurückgegriffen. Ob die Voraussetzungen für den Bezug von Grundsicherungsleistungen vorliegen, prüft der zuständige Rentenversicherungsträger im Auftrag der zuständigen Kreis-/Stadt- oder Gemeindeverwaltung (www.sozialhilfe24. de/grundsicherung-sozialhilfe/hilfe-zum-lebensunterhalt.html, 04.07.2009).

Eingliederungshilfe für behinderte Menschen

Die „Eingliederungshilfe für behinderte Menschen", im VI. Kapitel des SGB XII, umfasst verschiedene Leistungen des Sozialamtes, die mit den Rehabilitationsmaßnahmen der Kranken-, Renten- und Unfallversicherung vergleichbar sind. Der Anspruch auf Eingliederungshilfe besteht nur nachrangig, d. h. sofern die Hilfe nicht von einem vorrangig verpflichteten Leistungsträger gewährt wird. Anspruch auf Eingliederungshilfe für Behinderte haben solche Personen, die nicht nur vorübergehend, sondern länger als sechs Monate behindert sind. Dazu zählen Menschen mit körperlich erheblichen Beeinträchtigungen der Bewegungsfähigkeit, Seh- und Hörbehinderte, Menschen mit hirnorganisch bedingten Behinderungen, sprachbehinderte und taubstumme Menschen, bei denen die Eingliederung in esellschaftdie G erheblich beeinträchtigt wird. Seelische Formen der Behinderung sind körperlich nicht begründbare Psychosen, seelische Störungen als Folge von Krankheiten, Suchtkrankheiten, Neurosen und Persönlichkeitsstörungen. Diese Gruppen gelten als wesentlich behindert und/oder sind nach allgemeiner ärztlicher oder sonstiger fachlicher Erkenntnis von einer Behinderung bedroht und bedürfen nachhaltiger Unterstützungssysteme, z. B. durch ambulante Versorgungssysteme.

Hilfe zur Pflege wird nach dem Sozialgesetzbuch XII für den Gesamtpflegebedarf gewährt und zwar für alle Menschen, die nicht Mitglied in der sozialen Pflegeversicherung sind. Für den Erhalt der Hilfe zur Pflege gilt eine Einkommensgrenze nach § 85 I, 3 des SGB XII, nach dem der zweifache Eckregelsatz +70 % des Eckregelsatzes für jedes weitere Familienmitglied gilt. Die Kosten der Unterkunft im Rahmen der Hilfe zur Pflege werden im angemessenen Umfang erstattet (www.stmas.bayern.de/fibel/sf_p020.htm, 04.07.2009).

Hilfe zur Pflege

Hilfen zur Gesundheit sind nach SGB XII im Kapitel 5 geregelt. Im Rahmen der Hilfe zur Gesundheit sind Leistungen im Bereich der vorbeugenden Gesundheitshilfe, der Hilfe bei Krankheit, der Hilfe zur Familienplanung, Hilfe bei Schwangerschaft und Mutterschaft und Hilfe bei Sterilisation möglich. Diese Leistungen werden in Verbindung mit Bestimmungen des SGB V (GKV) erbracht. Hilfen zur Gesundheit werden auch für Personen erbracht, die über keinen Krankenversicherungsschutz verfügen, und in bestimmten Fällen Leistungen, die nach SGB V nicht vorgesehen sind.

Hilfen zur Gesundheit

Die Leistungsvergabe nach SGB XII gilt darüber hinaus, wie im 8. Kapitel des SGB XII ausgeführt wurde, für die Hilfe zur Überwindung besonderer sozialer Schwierigkeiten (u. a. für die Gruppe der Wohnungslosen) (§§ 67–69), 9. Kapitel SGB XII: Hilfe in anderen Lebenslagen (§§ 70–74). AsylbewerberInnen erhalten seit dem 01.11.1993 Leistungen nach dem Asylbewerberleistungsgesetz anstelle der Sozialhilfe. Hilfen in besonderen sozialen Situationen beziehen sich vorrangig auf ambulante Dienste und Beratungsstellen. Die größte Bedeutung kommt in der Freien Wohlfahrtspflege den Migrationsberatungsstellen (16 %), den Kleiderausgaben/Möbellagern/Sozialkaufhäusern (14 %) und den Schuldnerberatungs- und Verbraucherinsolvenzstellen (10 %) zu (Bundearbeitsgemeinschaft der Freien Wohlfahrtspflege (BAG) 2009).

Hilfe zur Überwindung besonderer sozialer Schwierigkeiten

Im nun anschließenden Kapitel werden die für die Umsetzung dieser Sozialleistungen relevanten Organisationstypen der Sozialwirtschaft vorgestellt.

3 Organisationstypen der Sozialwirtschaft

In diesem Kapitel werden die Arbeitsprinzipien, Trägerformen und Anbietergruppen der Sozialwirtschaft, deren Leitprinzipien und Rechtsformen, sowie allgemeine Informationen zur volkswirtschaftlichen Bedeutung und hinsichtlich ihrer Relevanz als eigenständiger Arbeits- und Beschäftigungssektor vorgestellt.

3.1 Arbeits- und Verfahrensprinzipien als Grundlage sozialwirtschaftlichen Handelns - das Subsidiaritätsprinzip

In der Leistungserstellung selbst sind die freien Träger, also privatgemeinnützige Träger und privatgewerbliche Anbieter, den öffentlichen Trägern subsidiär vorangestellt.

Freie Träger und öffentliche Träger

Geschichtlich ist das Subsidiaritätsprinzip auf ein gesellschaftspolitisches Gestaltungsprinzip zurückzuführen. Dieses Gestaltungsprinzip räumt der Eigenverantwortung des Einzelnen und der privaten Verantwortung Vorrang vor staatlicher Intervention ein. Das Subsidiaritätsprinzip hat zwei Wurzeln – in der politischen Programmatik des Liberalismus und als Handlungsanleitung der katholischen Soziallehre im 19. Jahrhundert. Das Programm des angelsächsischen Liberalismus ging und geht davon aus, dass staatliches Handeln nur in solchen Ausnahmesituationen stattfindet, in denen der Einzelne nicht mehr in der Lage ist, sich selbst zu helfen. Subsidiarität im politischen Verständnis des Liberalismus ist eine Beschreibung der Leistungsgrenzen des Einzelnen. Das staatliche Handeln ist, wie in der katholischen Soziallehre, nachrangig. Subsidiarität (lat. unterstützend) bedeutet in der katholischen Soziallehre die Erbringung von sozialer Hilfe zunächst und vorrangig als Aufgabe der Familie und der mit ihr in Verbindung stehenden Verwandtschaft, Nachbarschaft und Vereine. Der Subsidiaritätsbegriff der katholischen Kirche in der Auslegung der Sozialenzykliken „Rerum Novarum" von 1891 und der „Quadragesimo Anno" aus dem Jahre 1931 betont deshalb die Verantwortung der kleinen Gemeinschaft, insbesondere der Familie. Liberalismus und katholische Soziallehre stimmen darüber

Subsidiaritätsprinzip

überein, dass politische Entscheidungen nicht zentralisiert, sondern auf den unteren Ebenen der Staatsorganisation, den Kommunen, durchgeführt werden sollen. Dem Subsidiaritätsbegriff liegt ein föderal-korporatistischer Staatsbegriff zugrunde, der schon in der Weimarer Republik die Ausgestaltung sozialer Dienste bestimmte (Buestrich et al. 2008, 20 ff.).

Verpflichtung zur partnerschaftlichen Zusammenarbeit von öffentlichen und freien Trägern

Nach Ausführungen des Bundesverfassungsgerichts lässt sich das Subsidiaritätsprinzip als einfaches Vorrang- und Nachrangverhältnis beschreiben (Horcher 2008d, 988). Das Subsidiaritätsprinzip konstruiert das Verhältnis zwischen öffentlichen Kostenträgern und den privaten Leistungserbringern, die in einem finanziellen Abhängigkeitsverhältnis zu den Sozialleistungsträgern stehen. Das Subsidiaritätsprinzip beinhaltet die Verpflichtung zur partnerschaftlichen Zusammenarbeit von öffentlichen und freien Trägern und ist die Grundlage einer einzigartigen Form der Verbindung von Verbänden und Staatsaktivitäten, dem so genannten Korporatismus, vor allem in Bezug auf die Wohlfahrtsverbände und Kirchen:

- §§ 17, Abs. 3 und 28, Abs. 2 SGB I schreiben eine enge partnerschaftliche Zusammenarbeit der Sozialleistungsträger mit den freigemeinnützigen Einrichtungen und Organisationen vor; die ethische Wertehaltung der freien Träger ist zu fördern und in die eigenständige Durchführung der Arbeit ist staatlicherseits nicht einzugreifen.

- § 5 SGB XII wiederholt die oben genannten Grundsätze der Zusammenarbeit, Einrichtungen der freien Wohlfahrtspflege haben Vorrang vor der staatlichen Leistungserstellung (Subsidiarität). Darüber hinaus können die Verbände von den öffentlichen Sozialleistungsträgern an der Leistungserstellung entweder beteiligt werden oder die Aufgaben können ihnen vollständig übertragen werden.

- Die korporative Zusammenarbeit ist auch in den §§ 3 und 4 des SGB VIII bestimmt und gemäß § 69 ff. SGB VIII haben die Wohlfahrtsverbände in den Entscheidungsgremien (Jugendhilfeausschuss) ein Mitspracherecht hinsichtlich der Jugendhilfeplanung, der finanziellen Ausstattung und der Auswahl der zu fördernden Einrichtungen. Eine Mitwirkung im Jugendhilfeausschuss ist gewerbswirtschaftlichen Trägern nicht gestattet.

Weiterhin können auf der Bundes- und Landesebene Ausschüsse und Arbeitsgemeinschaften gebildet werden, welche die Weiterentwicklung des Sozialleistungsrechts gestalten und z. B. die landesweite Aushandlung von Leistungsvereinbarungen in gemeinsamen Pflegesatzkommissionen der Freien und öffentlichen Träger und Anbieter zur Aufgabe haben.

3.2 Das Sicherstellungsgebot als Grundlage der Sozialwirtschaftsorganisationen

Die rechtliche Grundlage der konkreten Leistungserbringung durch die frei-gemeinnützigen und privatgewerblichen Sozialwirtschaftsorganisationen basiert über das Prinzip der Subsidiarität hinaus auf den sozialrechtlichen Prinzipien der Daseinsvorsorge und des Sicherstellungsauftrags sozialer Hilfen. Sicherstellungsauftrag und Daseinsvorsorge ergeben sich aus den §§ 1 und 17 des SGB I. So sind die Aufgaben des Sozialgesetzbuches und der sozialen Rechte im SGB I – Allgemeiner Teil im ersten Abschnitt verfasst. Nach § 1 SGB I, in dem die Aufgaben des Sozialgesetzbuches bestimmt sind, heißt es:

Sicherstellungs-auftrag und Daseinsvorsorge

1. Das Recht des Sozialgesetzbuches soll zur Verwirklichung sozialer Ge-rechtigkeit und sozialer Sicherheit Sozialleistungen einschließlich sozia-ler und erzieherischer Hilfen gestalten. Es soll dazu beitragen,
   1. ein menschenwürdiges Dasein zu sichern, gleiche Voraussetzungen für die freie Entfaltung der Persönlichkeit, insbesondere auch für jun-ge Menschen, zu schaffen,
   2. die Familie zu schützen und zu fördern,
   3. den Erwerb des Lebensunterhaltes durch eine frei gewählte Tätigkeit zu ermöglichen und
   4. besondere Belastungen des Lebens, auch durch Hilfe zur Selbsthilfe, abzuwenden oder auszugleichen.

2. Das Recht des Sozialgesetzbuches soll auch dazu beitragen, dass die zur Erfüllung der in Absatz 1 genannten Aufgaben erforderlichen sozialen Dienste und Einrichtungen rechtzeitig und ausreichend zur Verfügung stehen. Die öffentlichen Träger (Sozialleistungsträger) als Teil der Exeku-tive haben die Verantwortung, dass nach § 17 Abs. 1 zu diesem Zweck genügend Sozialleistungen und soziale Dienste zur Aufgabenerfüllung und Sicherstellung zur Verfügung stehen:

Die Leistungsträger sind verpflichtet, darauf hinzuwirken, dass
   1. jeder Berechtigte die ihm zustehenden Sozialleistungen in zeitgemä-ßer Weise, umfassend und zügig erhält,
   2. die zur Ausführung von Sozialleistungen erforderlichen sozialen Dienste und Einrichtungen rechtzeitig und ausreichend zur Verfü-gung stehen,
   3. der Zugang zu den Sozialleistungen möglichst einfach gestaltet wird, insbesondere durch Verwendung allgemein verständlicher Antrags-vordrucke
   und

4. ihre Verwaltungs- und Dienstgebäude frei von Zugangs- und Kommunikationsbarrieren sind und Sozialleistungen in barrierefreien Räumen und Anlagen ausgeführt werden.

Im Übrigen ergibt sich das Verhältnis der öffentlichen Leistungsträger und ihre Beziehungen zu Dritten (freien Trägern) über § 17, Absatz 3 hinaus, aus § 97, Abs. 1, Satz 1–4 des X. Sozialgesetzbuches. Außerdem wird der Sicherstellungsauftrag/Versorgungsauftrag der Leistungserstellung ebenso wie die Zusammenarbeit der Leistungsträger mit den freien Trägern und Anbietern der Sozialwirtschaft in den speziellen Rechtsmaterien des § 69 SGB XI und in SGB V der §§ 72 und 72a; des § 73 SGB V und des § 109 SGB V hervorgehoben. Die partnerschaftliche Zusammenarbeit und Organisation sozialer Dienste der Freien und öffentlichen Träger basiert aus fachlicher Sicht der Sozialen Arbeit etwa in der Jugendhilfe des SGB XIII, auf Arbeitsprinzipien des Lebensweltbezuges, der Systemorientierung, Integration, Partizipation, Selbsthilfeorientierung und der Wirtschaftlichkeit und Wirksamkeit der psychosozialen Grundversorgung in den Wohngebieten und Stadtteilen der Gemeinde, dem so genannten Sozialraum (Horcher 2008a, 740).

3.3 Öffentliche Träger und freie Träger-/ Anbieterformen der Sozialwirtschaft im Überblick

Öffentliche Träger

Nach § 12 des Sozialgesetzbuches I (SGB) i. V. mit §§ 18-29 (SGB I) sind öffentliche Leistungsträger (Körperschaften, Anstalten und Behörden) zuständig für die Vergabe von einer Vielzahl von Sozialleistungen von A wie Ausbildung bis R wie Rehabilitation und Teilhabe behinderter Menschen.

Freie Träger

Freie Träger sind privatrechtliche Träger – entweder privatgemeinnützige Träger oder privatgewerbliche Anbieter. Privatgemeinnützige Träger haben durch gesetzliche Bestimmungen nach §§ 4 und 74 Abs. 1, 3 im Kinder- und Jugendhilfegesetz (KJHG/SGB VIII) ein eigenständiges Recht zum Handeln.

Unter § 17, Absatz 3 des SGB I wird von gemeinnützigen, freien Einrichtungen und Organisationen gesprochen, die gemeinsam mit den öffentlichen Leistungsträgern die Zusammenarbeit zum Wohl der Leistungsempfänger, dem Bürger als Nutzer sozialer Hilfen und Dienstleistungen, erzeugen sollen.

Neben die genannten Träger- und Anbieterformen treten noch zusätzlich privatfreiberufliche Anbieter, so dass insgesamt vier Organisationstypen für die Sozialwirtschaft im Allgemeinen und für die Soziale Arbeit im Besonderen zugeordnet werden können:

▓ die öffentlichen Träger (Behörden, z. B. das Jugendamt) und

▓ die freien Träger:

   ▓ Träger und Einrichtungen der Freigemeinnützigen Wohlfahrtspflege (z. B. die katholischen Kindergärten der Caritas),

   ▓ die gewerblichen Anbieter (z. B. private Altenheimbetreiber als eigenständige Leistungsersteller sozialer Dienstleistungen),

   ▓ freiberufliche und selbstständige Anbieter (z. B. Berufsbetreuer).

3.4 Überblick über die Organisationstypen der Sozialwirtschaft

Wie schon im theoretischen Konzept der intermediären Leistungsgestaltung sozialer Dienste und Dienstleistungen angesprochen, ergibt erst die Gesamtschau dieser Träger- und Anbietertypen Sozialer Arbeit und Gesundheitsdienste den Gesamtbegriff der Sozialwirtschaftsorganisationen.

Analytische Kriterien der Sozialwirtschaftsorganisationen beziehen sich auf die institutionelle Verfasstheit, die selbstgewählte und/oder zugewiesene Funktion und Aufgabe, die Eigentumsverhältnisse, auf Kriterien der Gewinnerzielungsabsicht und des Grades der Sachzielbestimmung, zum Beispiel der dienende haushaltswirtschaftliche Einsatz des Kapitals statt der betriebswirtschaftliche Einsatz zur gewinnorientierten Geschäftsfeldgestaltung (Brazda et al. 2006, 91). Aus dem Kriterium der Gewichtung des Kapitaleinsatzes und der Art und Weise der Herstellung der Hilfe in Bezug auf das soziale Handlungsziel der Sozialwirtschaftsorganisation wird anschaulich, welchem Leitbild bzw. welcher Mission der jeweilige Organisationstypus, zum Beispiel freigemeinnütziger oder gewerblicher Träger, folgt (s. Abb. 1-11). Weitere inhaltliche Kriterien der betriebswirtschaftlichen Leitung/Führung und/oder der mitgliedschaftlichen Steuerung werden über den selbst gewählten Grad des intermediär-gesellschaftlichen Engagements, des Bürgerengagements, im sozialpolitischen Raum bestimmt.

Sachzieldominanz sozialer Organisationen

Die öffentlichen Träger haben ggü. den freien Trägern die Kostenträgerfunktion inne und sind zugleich Träger eigener sozialer Dienste. Als öffentliche Sozialleistungsträger sind sie Gewährleistungsträger für die Leistungserstellung durch die freien Träger. Der Begriff „Leistungsträger" bezeichnet die jeweils staatlich zuständigen Sozialleistungsträger, die anders als die freien Träger nach dem Sozialgesetzbuch (SGB) gesetzlich zum Handeln verpflichtet sind.

Abbildung 1-11 | *Träger und Anbieter der Sozialwirtschaft.*

**Die hoheitliche Aufgabe öffentlicher Träger umfasst
die Gewährleistung, Koordination und Steuerung der Leistungserbringung
durch die Freien Träger**

Freie Träger der Sozialwirtschaft

privatfreigemein. Träger (NPO) privatfreiberufliche Anbieter privatgewerbliche Anbieter

Typ: Non-Profit-Organisationen mit und ohne Gewinnerzielungsabsicht	**Typ:** privatfreiberufliche Anbieter mit kleinen Organisationsgrößen	**Typ:** privatgewerbliche Anbieter mit Gewinnerzielungsabsicht
mitglieds- und dienstleistungsorientiert (z. T. schwindender mitgliedschaftlicher Einfluss)	dienstleistungsorientiert, bislang fehlendes freiberufliches Bild sozialer Arbeit (z. B. die Vertretung durch eine Kammer für freib. Soziale Arbeit) Selbstständigkeit kleine Trägervereine gGmbH	betriebswirtschaftliche Steuerung bzw. dienstleistungsorientierte Leistungserstellung
Multifunktionsorganisationen: Vereine und Kapitalgesellschaften		vorrangig Kapitalgesellschaften (GmbH, Aktiengesellschaften)
hohe sozialpolitische Einflussnahme und anwaltschaftliche Position für soziale Zielgruppen	geringe sozialpolitische Relevanz	mäßige sozialpolitische Relevanz.
Beispiel: Einrichtungen der Diakonie	Beispiel: freiberufliche Betreuer	Beispiel: private Kitas

Die freien Träger in der Organisationsform der Non-Profit-Organisationen (NPO) können aus organisationssoziologischer Sicht einerseits in höherschwellige Non-Profit-Organisationen, z. B. hoch professionalisierte Wohlfahrtsverbände und deren Einrichtungen, und andererseits in niederschwellige Non-Profit-Organisationen, zum Beispiel Formen der Selbsthilfe, der Eigenarbeit und der Freiwilligenengagements unterteilt werden (Evers/Olk 1996, 14 f.). Non-Profit-Organisationen können, wie die Sozialökonomie insgesamt, nur mehrdimensional beschrieben und aus multidisziplinärer Sicht begriffen werden. Dies beinhaltet die organisationssoziologische, systemtheoretische, betriebswirtschaftliche und die sozioökonomische Sicht auf die NPO. Begrifflich sind NPOen private Organisationen, i. d. R. ohne Erwerbszweck, die nicht mehr als die Hälfte ihres Einkommens aus Verkäufen beziehen dürfen. Sie sind primär dem Gemeinwohl verpflichtet. Ihnen sind keine Gewinne verwehrt, aber die Gewinnverwendung gilt i. d. R. der satzungsmäßig beschriebenen sozialen Mission. Darüber hinaus sind sie durch die Merkmale der Freiwilligkeit und Entscheidungsautonomie gekennzeichnet (Badelt 2007, 6 f.). NPOen interagieren mit dem Staatssektor und dem privatgewerblichen Markt. Sie folgen aber vorrangig der eigenen privatgemeinnützigen Organisationslogik und gemeinschaftlichen Gesellschaftszielen. Sie sind privatrechtlich verfasst und gemeinnützig ausgerichtet. Sie erhalten aus diesem Grunde Steuerprivilegien, die aus Rechtsbegriffen der Abgabenordnung – der Mildtätigkeit oder Selbstlosigkeit – abgeleitet werden können. Die zur Verfügung gestellten staatlichen Mittel sind demnach unmittelbar und zeitnah für soziale Zwecke zu verwenden (Abgabenordnung § 51 ff.). Die privatgemeinnützigen Träger sind derzeit die größten Arbeitgeber für Mitarbeiter der sozialen Berufe.

Privatgewerbliche Anbieter zeichnen sich im Gegensatz zu den öffentlichen und freigemeinnützigen Trägern sozialer Hilfe durch eine gewinnorientierte Dimension der Leistungserstellung und durch die Auftragserfüllung der jeweils vereinbarten Leistung aus. Die Auftragserfüllung und der damit verbundene Dienstleistungscharakter bestimmen diesen Organisationstypus der Sozialwirtschaft – den privatgewerblichen Anbieter. Im Gegensatz zu den privatgemeinnützigen Trägern fehlen insbesondere die anwaltschaftliche Funktion für die Nutzer der privatgewerblichen Unternehmen und der sozialpolitische Wille zur Gestaltung der sozialen Netzwerke. Der betriebswirtschaftliche Steuerungskern stellt die Anbieterfunktion und den Verdrängungswettbewerb in den Mittelpunkt der Wirtschaftstätigkeit. Insoweit ist es nur konsequent, auch begrifflich von privatgewerblichen Anbietern und Unternehmen zu sprechen und nicht von Trägern. Privatgewerbliche Anbieter haben zugespitzt formuliert und im Gegensatz zu freigemeinnützigen Trägern keine eigenen Gestaltungsrechte in der Durchführung der Leistungserstellung (Papenheim et al. 2006, 132 ff.).

Die gesetzlichen Bestimmungen des Sozialgesetzbuches (SGB I), des Bundessozialhilfegesetzes (BSHG) und des Kinder- und Jugendhilfegesetzes (KJHG) geben hingegen den Trägern und Einrichtungen der freigemeinnützigen Wohlfahrtspflege, insbesondere den Wohlfahrts- und Jugendverbänden, jenseits der reinen Auftragserfüllung (Leistungserstellung) ein eigenständiges Handlungsrecht. Zwar bewirkte die Novellierung des BSHG (§ 93, Abs. 1) eine stärkere wettbewerbspolitische Gleichstellung der gemeinnützigen und gewerblichen Träger beziehungsweise Anbieter. Die Pflegeversicherung hatte bereits im Jahr 1995 festgelegt, dass die freien Träger, d. h. sowohl privatgemeinnützige Träger als auch privatgewerbliche Anbieter, gegenüber den öffentlichen Trägern Vorrang haben (§ 11, Abs. 2, Satz 3 SGB XI). Zugleich wird aber die besondere Selbstständigkeit und der letztlich wertebezogene Gestaltungscharakter der kirchlichen und privatgemeinnützigen Wohlfahrtspflege und ihre soziale Beziehungsgestaltung zu kranken, gebrechlichen und pflegebedürftigen Menschen weiterhin hervorgehoben (vgl. § 11, Abs. 2, Satz 2 SGB XI, §§ 73 u. 74 KJHG). Die gemeinnützige und steuerrechtliche Privilegierung und die damit verbundenen Gestaltungsrechte der freigemeinnützigen Einrichtungen werden hingegen aus der Perspektive der privatgewerblichen Anbieter als wettbewerbsverzerrend und im Hinblick auf die marktwirtschaftliche Wettbewerbsordnung als modernisierungsbedürftig bezeichnet.

3.4.1 Öffentliche Träger

Das öffentliche Recht umfasst alle Rechtsgebiete, in denen das Verhältnis des Bürgers zum hoheitlich handelnden Staat und dessen staatlichen Organen, wie Sozialadministrationen und Sozialleistungsträgern, geregelt sind (§§ 18-29 SGB I; Roth 2007, 679). Der Begriff „öffentlicher Träger" ist kein Rechtsbegriff in eigentlichen Sinn. Er verbindet die sozialpolitisch unterschiedlichen sozialstaatlichen Aufgaben der öffentlichen Träger in der Auslegung der Sozialgesetze, basierend auf den genannten Geboten der Sicherstellung und Daseinsvorsorge und den Prinzipien des sozialen und demokratischen Rechtsstaats nach den §§ 20 und 28 des Grundgesetzes (GG). Öffentliche Träger verantworten Form, Inhalt, Organisation und Kontrolle der Sozialleistungen in Deutschland.

Es folgt eine Einführung in das komplexe System der öffentlichen Träger der Sozialwirtschaft, die insbesondere für die Soziale Arbeit wichtig sind.

3.4.1.1 Örtliche Träger der Sozialhilfe

Sozialämter

Örtliche Träger der Sozialhilfe sind die von den kreisfreien Städten und Landkreisen einzurichtenden Sozialämter. Nach § 3 des Bundessozialhilfegesetzes werden Träger der Sozialhilfe wie folgt beschrieben:

1. Die Sozialhilfe wird von örtlichen und überörtlichen Trägern geleistet.

2. Örtliche Träger der Sozialhilfe sind die kreisfreien Städte und die Kreise, soweit nicht nach Landesrecht etwas anderes bestimmt wird. Bei der Bestimmung durch Landesrecht ist zu gewährleisten, dass die zukünftigen örtlichen Träger mit der Übertragung dieser Aufgaben einverstanden sind, nach ihrer Leistungsfähigkeit zur Erfüllung der Aufgaben nach diesem Buch geeignet sind und dass die Erfüllung dieser Aufgaben in dem gesamten Kreisgebiet sichergestellt ist.

3. Die Länder bestimmen die überörtlichen Träger der Sozialhilfe.

3.4.1.2 Örtliche Träger der Jugendhilfe

Am 1.1.1991 trat das neue Kinder- und Jugendhilferecht als achtes Sozialgesetzbuch (SGB VIII) in den alten Bundesländern in Kraft. In den neuen Bundesländern erlangte es bereits mit ihrem Beitritt in die Bundesrepublik am 03.10.1990 seine Geltung.

Das Jugendamt ist landesrechtlich untergeordnete Behörde und unmittelbarer Bestandteil der allgemeinen Verwaltung der Kommune. Dieser Bereich der öffentlichen Träger widmet sich im Wesentlichen den hoheitlichen Verwaltungsaufgaben der Eingriffs- und Ordnungsbehörde. Ein- und Ausgaben der Jugendhilfe werden als Teil des kommunalen Haushalts im Gesamthaushalt verbucht. Jugendhilfe wird von öffentlichen und freien Trägern gemeinsam durchgeführt. Bei den örtlichen Trägern handelt es sich um das zweigliedrige Jugendamt bestehend aus Verwaltung und Jugendhilfeausschuss. Alle kreisfreien Städte und Landkreise, sowie aufgrund der Kreisgröße vereinzelt auch kreisangehörige Gemeinden haben nach dem Kinder- und Jugendhilfegesetz ein Jugendamt einzurichten. Die Zweigliedrigkeit des Jugendamtes ist in § 70 SGB VIII bestimmt und sieht in § 71 SGB III eine Beteiligung der freigemeinnützigen Träger vor.

Eltern und andere Erziehungsberechtigte haben nach dem Kinder- und Jugendhilfegesetz (KJHG) Anspruch auf Beratung, Förderung und Unterstützung, insbesondere bei erzieherischen Problemen und Konflikten. Die erzieherischen Hilfen reichen von institutioneller Beratung und Betreuung einzelner junger Menschen durch Erziehungsbeistände, Betreuungshelfer, soziale Gruppenarbeit, über die sozialpädagogische Familienhilfe, Erziehung in einer Tagesgruppe, Vollzeitpflege in einer anderen Familie sowie Heimerziehung und sonstige betreute Wohnformen bis hin zu intensiver sozialpädagogischer Einzelbetreuung. Über die Anzahl dieser Hilfen wird eine jährliche Bundesstatistik geführt. Das Kinder- und Jugendhilfegesetz regelt auch „andere Aufgaben" des Jugendamtes, zu denen vorläufige Schutzmaßnahmen, Adoptionen, Amtsvormundschaften, Amtspflegschaften und Beistandsschaften, Pflegeerlaubnisse sowie Sorgerechtsentziehungen zählen. Seit 2007 werden die Eingliederungshilfen für junge Menschen mit (drohender) seelischer Behinderung statistisch erfasst. Ausgewählte, mit öffentlichen Mitteln geförderte Maßnahmen der Jugendarbeit werden darüber hinaus alle vier Jahre erfasst und seit 2006 werden erstmals Daten zu Kindern und Fachpersonen in Tageseinrichtungen, öffentlich geförderter Kindertagespflege sowie die Plätze in Tageseinrichtungen seit 2006 in einem jährlichen Rhythmus gezählt. Die übrigen Einrichtungen der Kinder- und Jugendhilfe, z. B. Einrichtungen der Heimerziehung, Jugendzentren, Jugendkunst- und -musikschulen, Jugendzeltplätze, Beratungsstellen und Jugendämter, werden nach der Anzahl der vorhandenen Plätze und den dort tätigen Personen untergliedert alle vier Jahre erfasst. Die Ausgaben der öffentlichen Träger der Jugendhilfe einschließlich der Fördermittel für freie Träger werden jährlich nachvollzogen.

3.4.1.3   Überörtliche Träger der Jugend- und Sozialhilfe

Landesjugendamt

Landesjugendamt

Das Landesjugendamt ist eine nach § 69, Abs. 1, Satz 3 SGB XIII (Kinder- und Jugendhilfegesetz) einzurichtende Fachbehörde, u. a. zur Koordination, Planung und Förderung der örtlichen Jugendämter. Das Landesjugendamt ist wie das örtliche Jugendamt eine zweigliedrige Behörde, bestehend aus Landesjugendhilfeausschuss und einem Teil der Landesverwaltung.

Die Hauptaufgaben sind die Fach- und Organisationsberatung, die Vernetzung der örtlichen Zusammenarbeit von Jugendämtern und freien Trägern zur Erfüllung der Jugendhilfeaufgaben, die Qualifizierung und Weiterbildung der Mitarbeiter, die Entwicklung des Erfahrungsaustausches, die Beratung der Träger von Einrichtungen, der Ausbau der zentralen Adoptionsvermittlung sowie der gesamte Bereich der Landesjugendpläne und Jugendförderpläne, die eine Arbeitsgrundlage der Zusammenarbeit mit den freien Trägern und Verbänden darstellen.

Landessozialamt

Landessozialamt

Überörtliche Träger der Sozialhilfe in der Bundesrepublik Deutschland sind je nach Landesrecht entweder die Länder oder höhere Kommunalverbände.[16] Die Aufgaben und Zuständigkeiten sind in erster Linie im Sozialgesetzbuch Zwölf (SGB XII) geregelt. Der Schwerpunkt liegt vor allem bei Aufgaben von überregionaler Bedeutung und/oder besonderer finanzieller Tragweite. Auch die konzeptionelle Entwicklung von Hilfen fällt in den Aufgabenbereich der überörtlichen Träger der Sozialhilfe. Die überörtlichen Träger der Sozialhilfe sind in folgenden Bereichen schwerpunktmäßig tätig:

- Eingliederungshilfe für behinderte Menschen,

- Hilfe zur Pflege,

- Hilfe für Menschen mit besonderen sozialen Schwierigkeiten.

---

16 Übersteigen Umfang oder fachliche Anforderungen von Aufgaben die Leistungsfähigkeit der einzelnen Städte und Kreise, so kann ein Regionalverbund, insbesondere in großen Flächenländern üblich, diese Aufgaben wahrnehmen (z. B. der Landschaftsverband Rheinland oder Westfalen-Lippe).

3.4.1.4 Zusammenschlüsse öffentlicher Träger

Die Zusammenschlüsse öffentlicher Träger spielen in den Aushandlungsprozessen zur Sozialgesetzgebung, zur Kostenerstattung der gemeinnützigen und erwerblichen Träger, in der Infrastrukturbildung sozialer Dienste sowie in der Entwicklung von neuen fachlichen Angeboten eine herausragende Rolle. Die öffentlichen Träger der Jugend- und Sozialhilfe werden durch die Bundesvereinigung der kommunalen Spitzenverbände vertreten. Dazu gehören der „Deutsche Städtetag" (Spitzenverband der Großstädte), der „Deutsche Landkreistag" und der deutsche „Städte- und Gemeindebund", die zusammen mit den Sparkassen und dem „Verband der kommunalen Unternehmen" darüber hinaus auf der europäischen Ebene, z. B. im „Europabüro der deutschen kommunalen Selbstverwaltung", präsent sind. Die Bundesvereinigung der kommunalen Spitzenverbände beeinflusst wiederum die sozialpolitisch relevante Arbeit der Bundesarbeitsgemeinschaft der überörtlichen Träger der Sozialhilfe (BAGüS) und der Bundesarbeitsgemeinschaft der Landesjugendämter (BAGLJÄ), die ihrerseits die Entwicklung der sozialen Fachpolitiken und der Sozialgesetzgebung in ihren jeweiligen Arbeitsbereichen durch eigenständige Anregungen und Vorschläge vorantreiben.

Zusammenschlüsse öffentlicher Träger

3.4.2 Freie Träger und Anbieter der Sozialwirtschaft

Freie Träger grenzen sich gegenüber der obrigkeitsstaatlichen Behördenfunktion der öffentlichen Träger in erster Linie durch ihren privatrechtlichen Charakter ab.

Der Begriff „freie Träger" betont zunächst nur die Dichotomie staatlicher und privater Erstellung sozialer Hilfe. Freie Träger sind in diesem Verständnis zunächst private, nichtstaatliche Träger und Anbieter der Erstellung sozialer Hilfen und Dienstleistungen. Sie sind die quantitativ wichtigsten Produzenten professioneller sozialer Hilfen und sozialer Dienstleistungen. Die Angebote beziehen sich auf die Bereiche der Kinder- und Jugendhilfe, der Rehabilitation und Teilhabe, der Altenarbeit, Sozialhilfe und Pflege. Freie Träger unterscheiden sich von öffentlichen Trägern und Behörden durch ihre Rechtsformen: durch privatrechtliche Ausrichtung am Vereinsrecht, bürgerlichen Gesellschaftsrecht, Privatstiftungsrecht und Gemeinnützigkeitsrecht und sie stehen – im Unterschied zu hoheitlichen öffentlichen Trägern – untereinander im Wettbewerb; ein Wettbewerb zwischen privat(frei)gemeinnützigen Trägern und privatgewerblichen Anbietern und den jeweiligen Anbietern und Trägern untereinander (Schwarzer 2007, 344). Anders als privat-

„Freie Träger" in der Sozialwirtschaft

Tabelle 1-3

Marktanteile, Einrichtungsgrößen und Personaleinsatz in verschiedenen Arbeitsbereichen. Quelle: Boeßenecker 2005b, 284

Einrichtung	Jahr	FG	Öffentl.	Privat
		% an der jeweiligen Einrichtungsart		
Kindertageseinrichtung	2002	48,9	40,4	10,7
Jugendhilfeeinrichtung, sonstige	2002	62,2	9,2	28,6
Krankenhäuser (allgemein)	2001	40,3	36,2	23,5

gewerbliche Anbieter stehen bei den privat(frei)gemeinnützigen Trägern die Gemeinwohlorientierung und Gemeinnützigkeit und die damit verbundenen steuerlichen Vorteile im Vordergrund. Das gilt in besonderer Weise für den Teil der freien Träger, die der freien Wohlfahrtspflege (die Wohlfahrtsverbände AWO, Caritas, Diakonie, DPWV; Rotes Kreuz und die Zentralwohlfahrtsstelle der Juden in Deutschland) angehören und wertegebunden und unabhängig, aber partnerschaftlich subsidiär mit den öffentlichen Kostenträgern zusammenarbeiten und ehrenamtliche Mitarbeit in ihren Reihen fördern. Die „Marktverteilung"[17] von Einrichtungen, Platzangeboten und Beschäftigungsgrößen der unterschiedlichen Organisationstypen der Sozialwirtschaft gestaltet sich im Überblick des Bundesministeriums für Familie, Senioren, Frauen und Jugend im Jahr 2002 wie in Tabelle 1-3 dargestellt.

Unterscheidung For-Profit-Organisationen – Non-Profit-Organisationen obsolet?

Bis in die neunziger Jahre beschäftigte der Kampf um die subsidiäre Vorrangstellung der freigemeinnützigen Wohlfahrtspflege gegenüber öffentlichen Leistungsangeboten die sozialökonomische Debatte. Seit Mitte der 90er Jahre wurde durch die stärkere rechtliche Gleichbehandlung der beiden privatrechtlichen Leistungserstellertypen (freie Träger) die Marktkonkurrenz der privatgemeinnützigen Träger zu den privatgewerblichen Anbietern zum brisanten Thema (durch die Einführung der PVG 1995, die BSHG-Novellierung 1996 und die Novellierung des KJHG 1998). Vor diesem Hintergrund wird für Verbändeforscher, stellvertretend hierfür K. H. Boeßenecker, die Unterscheidung zwischen For-Profit-Organisationen und Non-Profit-Organisationen zunehmend „obsolet" (Boeßenecker 2008a, 380). Solange gemeinwohlorientierte Steuervorteile der Abgabenordnung und andere geldwerte Vorteile, beispielsweise über mitgliedschaftliche Engagements der freige-

---

17 Mit Marktverteilung ist die Konkurrenzbeschreibung in der Sozialwirtschaft vor dem Hintergrund des öffentlichen Lenkungsmechanismus zum Beispiel über Ausschreibungsverfahren angesprochen.

meinnützigen Träger, gelten, kann noch nicht von gleichwertigen Produktionsverhältnissen der beiden privaten Träger- und Anbietertypen gesprochen werden. Allerdings führt die öffentliche Vergabepolitik im Bereich der Finanzierungsform der Leistungsverträge in den letzten zehn Jahren dazu, dass die freien Träger wirtschaftlich in zunehmend gleichen Geschäftsfeldern und unter ähnlichen Bedingungen der sozialwirtschaftlichen und betriebswirtschaftlichen Steuerung arbeiten. Das gilt nicht für die Zuwendungsfinanzierung, die den privat-gemeinnützigen Trägern vorbehalten ist. Demzufolge bestimmt immer noch vorrangig die bedarfswirtschaftliche Funktionsbeschreibung die Produktionsweisen und Leistungserstellungsmodi der Sozialwirtschaft. Die finanzielle Situation der unterschiedlichen Anbieter- und Trägertypen stellt aber dessen ungeachtet zunehmend eine Gemengelage aus bedarfswirtschaftlichen und betriebswirtschaftlichen Steuerungsvorgaben dar.

3.4.2.1   Die privatgewerblichen Anbieter

Gewerbliche Anbieter sind gewinnorientierte Unternehmen und können in Folge dessen keine gemeinwohlbedingten Zuwendungen erhalten. Dennoch haben gewerbliche Träger an Bedeutung im Sozialsektor gewonnen. Insbesondere durch die Einführung der politisch gewollten, privatrechtlichen Leistungsverträge und die daraus resultierende Anbieterkonkurrenz des Quasimarktes,[18] aber spätestens seit der Einführung der Pflegeversicherung im Jahre 1995 gewinnen private Anbieter an Bedeutung. Die gewerblichen Träger arbeiten als Unternehmen und als soziale Dienstleister mit Gewinnerzielungsabsicht. Die privatgewerblichen Anbieter decken gemeinsam mit den freigemeinnützigen Trägern die Bedarfe der Zielgruppen sozialer und gesundheitlicher Dienstleistungen ab. Im Kernbereich der Sozialen Arbeit der Kinder- und Jugendhilfe sind gewerbliche Träger noch immer marginale Anbieter, ihr Marktanteil liegt bei

Privatgewerbliche Anbieter

Anbieterkonkurrenz des Quasimarktes

---

18 Steuerungstechnisch gleichbedeutend ist der Begriff des „Quasiwettbewerbes" (vgl. Leistungsvertrag, Abschn. 2.1.3.3). Der Begriff des „Quasimarktes" umschreibt die Funktion des Staates im Hinblick auf seine Koordinations- und Verteilungsfunktion im Rahmen seiner Haushalte und Bedarfsentscheidungen. Der öffentliche Leistungs- bzw. und Kostenträger reagiert stellvertretend für den Bürger als Nachfrager sozialer Dienste, indem er am „Sozialwirtschaftsmarkt" soziale Dienstleistungen einkauft und selbst als Ausfallbürge für die soziale Leistungserstellung auftritt. Der „Quasimarkt" ist kein Wettbewerb der sozialen Dienste um den Bürger als Kunden, sondern ein staatlich inszenierter Wettbewerb unter den öffentlichen und freien Trägern sozialer Hilfen und Dienstleistungen, also auf der Anbieterseite der Sozialwirtschaftsorganisationen. Diese marktliberale Ausrichtung basiert darauf, dass der Quasimarkt die staatliche Alleinstellung der Organisation sozialer Hilfe aufgibt und durch marktnähere Handlungs- und Entscheidungsindikatoren des Ressourcenverbrauchs bei knappen Kassen bestimmt.

knapp 2 % der Maßnahmen, hingegen im Bereich der privaten geführten stationären Einrichtungen der Kinder-, Jugend- und Sozialhilfe bei einem Marktanteil von ca. 11 %. Diese privaten Träger werden sozialpolitisch durch den Bundesverband der Kinder-, Jugend- und Sozialhilfe (VPK) vertreten (Horcher 2009a, 229). Privatwirtschaftliche Anbieter sind Mitte der 90er Jahre als kleine Anbieter mit ambulanten Pflegediensten in den Dienstleistungsmarkt eingedrungen.

Die Bedeutung der gewerblichen Träger im Sozialbereich, besonders im Pflegebereich, hat zugenommen, dies gilt insbesondere für die ambulanten Pflegedienste. In diesem Bereich machen die privatgewerblichen Anbieter einen Marktanteil von 58 % im Jahr 2005 aus (ebd.). Im Bereich der stationären Pflegeheime sind 38 % gewerbliche Anbieter, 55 % freigemeinnützige Träger und 7 % in öffentlicher Trägerschaft. Der größte privatgewerbliche Verband ist der ‚Bundesverband privater Anbieter sozialer Dienste' (bpa), der sich vorrangig um die Entwicklung ambulanter und stationärer Pflegeeinrichtungen kümmert. Dazu gehören 2.600 ambulante Pflegedienste mit 125.000 Plätzen und 2.700 stationäre Pflegedienste mit 175.000 Plätzen (ebd.).

Gewerbliche Anbieter refinanzieren sich über staatliche Leistungsentgelte und über privat finanzierte Dienstleistungen von so genannten Selbstzahlern, insbesondere im Marktsegment höherwertiger Angebote der Seniorenwirtschaft. Der Trend der privatgewerblichen Anbieter geht gegenwärtig dahin, dass sie sich zu neuen Anbietern in Form von Großbetrieben zusammenschließen, um eine gemeinsame strategische Ausrichtung und Geschäftspolitik unter zentraler Leitung und Steuerung einzurichten und Gemeinschaftskosten für Verwaltung und Management der Betriebe gering zu halten.

3.4.2.2 Die freiberuflichen Anbieter

Rechtliche Grund-
lage für die freibe-
rufliche Tätigkeit
einer(s) Selbststän-
digen

Rechtliche Grundlage für die freiberufliche Tätigkeit einer(s) Selbstständigen sind die §§ 18, Abs. 1, Nr. 1 Einkommensteuergesetz (EStG) sowie das Partnerschaftsgesellschaftsgesetz (PartGG). Das Partnerschaftsgesellschaftsgesetz beschreibt den Dienstleistungscharakter der Freiberufler und Selbstständigen. Freiberufliche Anbieter arbeiten vorrangig dienstleistungsorientiert und es überwiegt die auftragsbezogene Zweckzielorientierung der Leistungserstellung. Nach dem Partnerschaftsgesellschaftsgesetz wird demzufolge der preisgünstigste freiberufliche Anbieter, ähnlich wie bei privatgewerblichen Anbietern, den Zuschlag erhalten. Freiberufliche Tätigkeiten sind selbstständig ausgeübte wissenschaftliche, künstlerische, schriftstellerische, unterrichtende, erzieherische oder ähnlich gelagerte Tätigkeiten, die nicht der Gewerbeordnung unterliegen. Berufliche Qualifikation oder schöpferische Begabung und ein berufsständisches Kammersystem qualifiziert die freiberuflich selbstständige Tätigkeit. Typische Merkmale freiberuflicher Anbieter sind:

- steuerrechtliche Merkmale der Anmeldung und Prüfung durch das zuständige Finanzamt,

- die Erbringung von Dienstleistungen höherer Art (und zwar in persönlicher, eigenverantwortlicher und fachlich unabhängiger Weise) im Interesse der Auftraggeber und der Allgemeinheit,

- dass sie kein IHK-Pflichtmitglied werden,

- dass sie sich nicht ins Handelsregister eintragen lassen,

- dass sie die Umsatzsteuer erst bei Geldeingang abführen,

- dass keine doppelte Buchführung betrieben werden muss, und es sind

- Heilberufe, Rechts-, Steuer- und wirtschaftsberatende Berufe, informationsvermittelnde Berufe, Kulturberufe und naturwissenschaftliche und technische Berufe, für die kein Gewerbe anzumelden ist. Welche Tätigkeitsprofile im Einzelnen freiberuflich ausgerichtet sind, ergibt sich durch Einsicht in die jeweils berufsständisch geführten Listen bei den zuständigen Kammern (für freiberufliche Sozialarbeit gibt es noch kein Kammersystem).
(http://www.arbeitsratgeber.com/freiberuflichkeit-steuer-0265.html, 02.08.2008)

Für den Bereich der Sozialen Arbeit fehlt bislang eine Kammer für freiberufliche Sozialarbeit, da Soziale Arbeit vorrangig staatlich organisierte, koordinierte und kontrollierte Leistung ist. In dem Maße, wie soziale Dienstleistungen der öffentlichen Leistungsträger/Kostenträger durch Leistungsverträge ausgeschrieben werden und an freiberufliche Anbieter vergeben werden, steht allerdings die Forderung nach einem eigenen Kammersystem und damit verbunden Fachlichkeitskriterien für Soziale Arbeit auf der Tagesordnung. Gegenwärtig ist es eine sozialpolitisch höchst umstrittene Position, da ein eigenes freiberuflich ausgerichtetes Kammersystem mit den öffentlichrechtlichen Prinzipien der Daseinsvorsorge, dem Sicherstellungsgebot, den Gewährleistungspflichten und Qualitätssicherungen der öffentlichen Sozialleistungsträger kollidieren. Freiberufliche Angebote Sozialer Arbeit haben sich insbesondere in den sozialwirtschaftlichen Bereichen der privaten und betriebsbezogenen Kinderbetreuung, der Berufsbetreuung, in der Heilpädagogik, im Betrieb von Kleinstheimen in der Jugendhilfe sowie im Kontext der intensiv- und/oder erlebnispädagogischen Betreuung von Kindern und Jugendlichen ausgebildet (Wilfried Nodes, DBSH) (www.dbsh.de/selbstaen dige_vortrag.pdf, 02.2009). Nodes ging Anfang der 90er Jahre von insg.

240.000 beschäftigten SozialarbeiterInnen aus, von denen ca. 6 % freiberuflich tätig waren. Neugründungen beziehen sich gegenwärtig insbesondere auf kleinere und mittlere Unternehmensgründungen (Software- und Consultingangebote) sowie als Servicebetriebe der Betriebssozialarbeit (employee assistence) bzw. Angebote von selbstständigen SozialpädagogInnen und ErzieherInnen für kurzzeitige, mobile und flexible Kinderbetreuung, Kinderanimation und Bildungsangebote für Privathaushalte und Firmen (ebd.). Letztere verzeichnen in Kombination mit vorschulischer Erziehung eine erhöhte Nachfrage. Die freiberufliche Selbstständigkeit ist ein Wachstumsbereich der Sozialwirtschaft, der sowohl prekäre Arbeitsverhältnisse als auch gut funktionierende Einzelunternehmen aufweist.

Der Bereich der Selbstständigkeit ist empirisch ein wenig erschlossenes Forschungsgebiet, über deren Entwicklungstendenzen und Gründungschancen incl. angemessener Finanzierungsmodelle und Entlohnungssysteme der Sozialwirtschaft nur spekuliert werden kann (vgl. Kapitel 4).

3.4.2.3 Privatgemeinnützige Träger der freien Wohlfahrtspflege - Wohlfahrtsverbände

Privatgemein-
nützige Träger

„Freie Wohlfahrtspflege" umfasst die Gesamtheit aller sozialen Hilfen, die auf privatgemeinnütziger Verbandsgrundlage und in organisierter Form in der Bundesrepublik Deutschland geleistet wird. Die Wohlfahrtsverbände sind ein eigenständiger Trägertypus der Sozialwirtschaft.

Im Jahr 2004 waren allein im Segment der freien Wohlfahrtspflege 99.000 Einrichtungen mit der Produktion sozialer und gesundheitsbezogener Dienstleistungen befasst. Diese Einrichtungen beschäftigten im Jahr 2004 ca. 1,4 Mio. hauptamtliche MitarbeiterInnen und zusätzlich engagierten sich dort 2,5–3,0 Mio. Menschen ehrenamtlich für soziale Zwecke. Die freie Wohlfahrtspflege als Sozialwirtschaftssektor umfasst 36.000 Jugendhilfeeinrichtungen, 15.000 Altenhilfeeinrichtungen, 14.000 Einrichtungen der Behindertenhilfe, 7.000 Familienhilfeeinrichtungen und ca. 1.400 Krankenhäuser (www.bagfw.de/?id=538, 21.08.2009). Sie erwirtschaften erhebliche Eigenmittel durch Spenden und Sponsoringakquise und werden umfänglich über öffentliche Mittel, Zuwendungen und Leistungsentgelte refinanziert. Somit besteht eine erhebliche Abhängigkeit von den öffentlichen Kostenträgern. Die Spitzenverbände der freien Wohlfahrtspflege blicken auf eine lange Tradition sozialer Hilfe und fachlicher Kompetenz in der Kooperation mit den öffentlichen Trägern zurück.

3.4.2.4 Die Freie Wohlfahrtpflege

Auf Grund ihrer Leistungen für das Gemeinwesen sind die Spitzenverbände der freien Wohlfahrtspflege ein wichtiger Bestandteil des Sozialstaates (http://www.bagfw.de/?id=338, 21.08.2009). Das soziale Netz würde reißen, wenn es die Arbeit der freien Wohlfahrtsverbände nicht gäbe. In den Einrichtungen und Diensten der Wohlfahrtsverbände sind rund 1,5 Mio. Menschen hauptamtlich beschäftigt (Vollzeitäquivalente). Die ehrenamtlich engagierten Hilfen werden z. B. in Rettungsdiensten, Hilfswerken und verbandszugehörigen Selbsthilfegruppen organisiert (ebd.). Die Wohlfahrtsverbände sind föderalistisch aufgebaut, d. h. die Gliederungen und Mitgliedsorganisationen arbeiten überwiegend rechtlich selbstständig (ebd.). Sie haben sich in sechs Spitzenverbände der freien Wohlfahrtspflege zusammengeschlossen und sind geschichtlich den Weg der Professionalisierung zu komplexen Sozialwirtschaftsorganisationen gegangen (Arbeiterwohlfahrt, Caritas, Diakonie, Paritätischer Wohlfahrtsverband, Zentrale Wohlfahrtsstelle der Juden in Deutschland und das Deutsche Rote Kreuz).

Spitzenverbände der freien Wohlfahrtspflege

Die Verbände der freien Wohlfahrtspflege sind von unterschiedlichen weltanschaulichen oder religiösen Motiven und Zielvorstellungen geprägt. Allen gemeinsam ist die intermediäre Funktion der freien Wohlfahrtspflege, die unmittelbar an der Hilfsbereitschaft und Solidarität der Bevölkerung anknüpft und in den Verbänden professionell bspw. durch SozialarbeiterInnen unterstützt wird. Ursprünglich und in der historischen Entwicklung stand die kirchliche Mission, die politische Leitidee oder die Selbstorganisation der sozialen Hilfe im Zentrum der organisatorischen Entwicklung der Wohlfahrtsverbände. Im Zuge der Professionalisierung Sozialer Arbeit konzentrierten sie sich auf einen intermediär bestimmten Focus zwischen staatlicher Auftragskonstellation, Freiwilligenengagement und professioneller Dienstleistungserstellung.

intermediäre Funktion der freien Wohlfahrtspflege

Die freigemeinnützigen Träger der Wohlfahrtspflege weisen weitere Besonderheiten auf, die über Wirtschaftlichkeitskriterien hinausgehen (Ballhausen 2007, 345). Freigemeinnützige Trägerprinzipien sind der Solidarität, Subsidiarität und Personalität verpflichtet und erzeugen stets einen eigenständigen und zusätzlichen Beitrag der Verbände als Beitrag zur Gestaltung des Sozialstaates. Den freigemeinnützigen Träger wird deshalb ein eigener Stellenwert in der Durchführung der Leistungserstellung zugebilligt (Papenheim et al. 2008, 119 ff.; § 17, Abs. 3 SGB I). Die privatgewerblichen Anbieter sind, anders als gemeinnützige Träger, allein den Kontroll- und Weisungsrechten des Jugend- und Sozialamtes unterworfen. Die öffentlichen Sozialleistungsträger sind – im Gegensatz zur Handhabung bei den privatgewerblichen Anbietern – grundsätzlich nicht berechtigt, freigemeinnützige Träger an ihre Auffassung der Leistungserstellung zu bin-

Freigemeinnützige Trägerprinzipien: Solidarität, Subsidiarität und Personalität

Tabelle 1-4

Geschichte der Freien Wohlfahrtspflege in Deutschland.
Quelle: www.bagfw.de, 30.07.2009

1848	Aufruf zur Gründung des „Central-Ausschusses für die Innere Mission der deutschen evangelischen Kirche" als Vorgänger des Diakonischen Werkes der EKD (DW der EKD)
1866	Gründung der „Väterländischen Frauenvereine vom Roten Kreuz" als Vorläufer des Deutschen Roten Kreuzes (DRK)
1897	Gründung des „Caritasverbandes für das katholische Deutschland", des späteren Deutschen Caritasverbandes (DCV)
1917	Gründung der Zentralwohlfahrtsstelle der deutschen Juden, heute „Zentralwohlfahrtsstelle der Juden in Deutschland"
1919	Gründung der Arbeiterwohlfahrt (AWO)
1923	Gründung der „Deutschen Liga der Freien Wohlfahrtsverbände", aus der nach dem Zweiten Weltkrieg die Bundesarbeitsgemeinschaft der Freien Wohlfahrtsverbände hervorging
1924	Gründung des Paritätischen Wohlfahrtsverbandes („der Paritätische")
1933-1945	Verbot und Auflösung oder extreme Einschränkung der Tätigkeit der meisten Wohlfahrtsverbände durch die Nationalsozialisten
ab 1945	Wiederaufnahme der Tätigkeit der Wohlfahrtsverbände in Westdeutschland, Einschränkungen der Arbeit der Wohlfahrtsverbände in Ostdeutschland
ab 1990	Zusammenführung der ost- und westdeutschen Wohlfahrtsverbände

den. Das gilt in gleicher Weise für die Kirchen, bedingt durch Kriterien der Überzeugungs- und Weltanschauungsfreiheit (ebd., 126).

Ihre Tätigkeit erschöpft sich nicht allein in der staatlichen Aufgabenerfüllung als Leistungsersteller (ebd., 119 ff.). Die Träger der freigemeinützigen Wohlfahrtsverbände sind die Interessenvertreter ihrer Klienten und Mitglieder in Parlamenten, Verwaltung und Öffentlichkeit und bieten individuelle Hilfen und persönliche Anwaltschaften. Insofern unterscheidet sich diese sozialrechtliche Interpretation der Leistungserstellung erheblich von der behaupteten faktischen Gleichrangigkeit privatgewerblicher und privatgemeinnütziger Träger und Anbieter. Insbesondere im Jugendhilferecht haben die privatgemeinnützigen Anbieter eine bedingte Vorrangstellung.

Die freigemeinnützige Wohlfahrtspflege hat das Recht auf die Mitwirkung am Jugendhilfeausschuss und der Sozialplanung (§§ 4, 71, 73-78, 80 SGB VIII und § 5 SBG XII).

Freigemeinnützige Träger arbeiten in privaten Rechtsformen (Verein, GmbH, Stiftung, Genossenschaft etc.). Ideelle und ethische Motivationen sind charakteristisch für die gemeinnützigen Träger und für das sie umgebende gesellschaftliche Umfeld als sozialpolitischer Diskurs über die zukünftige Wertebasis der Gesellschaft. Die gesellschaftliche Entwicklung ist heute mehr denn je auf Orte der Sinn- und Wertegestaltung jenseits rein extrinsischer Motivationssteuerung über ökonomische Anreizsysteme hinaus angewiesen.

Non-Profit-Organisationen, NPO

Soziale Organisationstypen der hochschwelligen freigemeinnützigen und niederschwelligen selbsthilfeorientierten Non-Profit-Organisationen sind bedarfsorientierte Einrichtungen, Unternehmen, Vereine und Gruppenzusammenhänge, in denen die soziale Sachorientierung über die Gewinnorientierung dominiert. Dies ist von entscheidender Bedeutung für die Non-Profit-Organisationen, die als Träger der Jugend- und Sozialhilfe eine Anerkennung als gemeinnützige Organisation vorweisen, um staatliche Subventionen und Zuschüsse zu erhalten. Die fehlende Gewinnorientierung im Sinne einer Gewinnausschüttung an die Eigentümer oder Mitglieder der Sozialunternehmen führt dazu, dass die Gewinne in der Regel im Unternehmen verbleiben und dort für den sozialen Zweck reinvestiert werden. Das ist ein Grundsatz der klassischen freigemeinnützigen Wohlfahrtspflege in ihrer Funktion als Non-Profit-Organisationen (NPO).[19]

These des Markt- und Staats-versagens

Die Besonderheit der freigemeinnützigen Wohlfahrtsproduktion lässt sich auch aus der jeweils defizitär angelegten Steuerungsthese des Markt- und Staatsversagen[20] ableiten. Eine weitere intermediäre Funktion der NPOen wird dort sichtbar, wo staatliche und marktbezogene Institutionen nicht

---

19 Der Begriff der Non-Profit-Organisationen umfasst alle nicht primär auf Gewinne ausgerichteten Organisationen. Als solche zählen große Teile der Sozialwirtschaft, wie die Jugend- und Wohlfahrtsverbände, Selbsthilfegruppen etc. Der Begriff beinhaltet ebenfalls die so genannten Non-Governmental-Organisations, die insbesondere zur Bezeichnung von themenspezifischen Nichtregierungsorganisationen im internationalen Kontext verwendet werden (vgl. Vilain 2008, 135 f.).

20 Das klassische theoretische Konzept von Markt- und Staatsversagen. Demzufolge werden Leistungen der NPOen aus dem Staatsversagen abgeleitet, da dieser nicht in der Lage ist, öffentliche Güter entsprechend den Konsumentenpräferenzen bereitzustellen. Überall dort, wo der Staat Unterversorgung zulässt, würden demnach NPOen entstehen und das Staatsversagen heilen (Badelt 2007, 106). Marktversagen besteht immer dann, wenn die Steuerungs- und Verteilungsmechanismen der Marktes nicht in der Lage sind, für ausreichende Ressourcen, hier soziale Hilfe, zu sorgen, so dass neue Produzenten bspw. NPOen dafür sorgen müssen.

oder nicht in ausreichender Weise für die Nutzer sozialer Hilfe tätig werden können oder wollen. Die freigemeinnützige Wohlfahrtspflege engagiert sich seit mehr als 100 Jahren und bietet aufgrund ihrer Erfahrungen immer wieder aufs Neue privat begründete, gemeinnützig ausgerichtete und sozialpolitisch gestaltete intermediäre Einflusssphären durch ihr Politikmanagement auf der Ebene der Kommunalpolitik. Dieses Erfahrungswissen bietet auch gegenwärtig noch genügend Raum für spezifische Lösungs-, Macht- und Einflussstrategien der Verbände. Das ist ein wichtiger strategischer Vorteil der Verbände der freien Wohlfahrtspflege gegenüber sozialpolitisch schwächer ausgeprägten Interessensorganen durch privatgewerbliche Anbieter. Die Wohlfahrtsverbände im Einzelnen und die freie Wohlfahrtspflege in Gänze können strategisch besser als privatgewerbliche Anbieter sozialpolitische und wirtschaftliche Zieldimensionen miteinander kombinieren und für zivilgesellschaftliche Entwicklung einerseits und für ihre Marktbehauptung andererseits nutzen. Darauf beruht die Stärke der freigemeinnützigen Wohlfahrtspflege, die durch ihre intermediär vernetzte Machtstellung sozialpolitisch gestützt wird und ihre marktbeherrschende Stellung stabilisiert hat.

3.4.2.5 Dach- und Spitzenverbände der Freien Wohlfahrtspflege einzeln vorgestellt

Im Anschluss werden nun die Dach- und Spitzenverbände der freigemeinnützigen Wohlfahrtspflege im Einzelnen vorgestellt und auf Modernisierungspfade innerhalb des Sektors der freien Wohlfahrtspflege hingewiesen.

3.4.2.6 Die Arbeiterwohlfahrt(AWO)

AWO

Die Arbeiterwohlfahrt (AWO) gehört zu den sechs Spitzenverbänden der freien Wohlfahrtspflege in Deutschland. Mitbegründerin in der Zeit der Weimarer Republik war die Reichsabgeordnete Marie Juchacz. Der Bundesverband AWO vertritt die fachpolitischen Interessen des Gesamtverbandes auf bundespolitischer und europäischer Ebene. Die Arbeiterwohlfahrt entstammt dem sozialdemokratischen Milieu und wurde 1919 gegründet. Im Bundesverband sind derzeit 29 Landes- und Bezirksverbände, 480 Kreisverbände und 3.800 Ortsvereine mit insgesamt 600.000 Mitgliedern integriert, von denen 100.000 ehrenamtlich engagiert sind, und ca. 140.000 Arbeitnehmern (http://www.awo.org, 20.01.2009). Der Bundesverband arbeitet darüber hinaus in Stiftungen, Hilfswerken, anderen Fachverbänden und Netzwerken der nationalen und europäischen Ebene mit (ebd.).

Die AWO ist föderal organisiert. Die Aufgaben und Dienstleistungen ergeben sich aus dem Statut, der Satzung und dem Grundsatzprogramm. Die satzungsgemäßen Gremien und Organe des Bundesverbandes und des Gesamtverbandes sind:

1. die Bundeskonferenz (440 Delegierte),
2. der Bundesausschuss (90 Mitglieder),
3. der Bundesvorstand (19 Mitglieder).
   (ebd.)

Die Bundeskonferenz ist das oberste Beschlussorgan des Verbandes und setzt sich nach einem festgelegten Schlüssel aus gewählten Vertretern (Delegierten) des Gesamtverbandes, den Mitgliedern des Bundesvorstandes und Vertretern der korporativen Mitglieder zusammen. Die Bundeskonferenz tagt alle vier Jahre, nimmt die Rechenschaftsberichte entgegen, wählt den Bundesvorstand, beschließt über die Mitgliedsbeiträge, verabschiedet Anträge und legt Arbeitsschwerpunkte fest. Ihre Beschlüsse sind für den Gesamtverband bindend. Der Bundesausschuss setzt sich aus stimmberechtigten Vertreter/innen aller Landes- und Bezirksverbände und Vertreter/innen der korporativen Mitglieder zusammen. Er tagt mindestens einmal im Jahr und unterstützt die Arbeit des Bundesvorstandes. Er beschließt über Angelegenheiten des Gesamtverbandes, sofern die Rechte der Bundeskonferenz nicht tangiert sind (ebd.). Die AWO betreibt bundesweit Einrichtungen und Dienste mit insgesamt 330.000 Betten/Plätzen, darunter 2.100 Heime und WG's. Sie organisiert und stellt Räume für 4.000 Tagesstätten, z. B. 2.136 für Kinder und Jugendliche und 1.870 für alte Menschen. Sie betreibt 2.305 Beratungsstellen für Ausländer, Arbeitslose, Familien, Schwangere, Alte, Behinderte und Jugendliche sowie 1.800 ambulante Dienste, davon ca. 750 Pflegedienste. 3.490 Gruppen sind im Rahmen des Freiwilligenengagements aktiv und über 800 selbstständige Einrichtungen, Initiativen und Organisationen haben sich der AWO als korporative Mitglieder angeschlossen (ebd.).

Sozialwirtschaftliche Change-Management-Prozesse der freigemeinnützigen Träger am Beispiel der AWO

Stellvertretend für die gegenwärtigen ökonomischen Modernisierungsversuche der Binnenmodernisierung der freigemeinnützigen Wohlfahrt steht z. B. die Organisationsentwicklung der Arbeiterwohlfahrt. Hervorgerufen durch die Verwaltungsmodernisierung der „Neuen Steuerung" und den knappen Ressourcen in den neunziger Jahren wurde die Konkurrenzsituation zwischen den Wohlfahrtsverbänden verschärft. Die AWO hatte 1998 ein neues Grundsatzprogramm beschlossen, die das Verständnis des Bundesverbandes änderte. Das führte dazu, dass hauptamtliche Geschäftsführer nach § 26 des Grundsatzprogramms in den Vorstand aufgenommen wurden. Der Bundesverband hatte aber bezüglich des operativen Geschäftsbetriebs gegenüber ihren Einrichtungen keinen Einfluss, da diese verbandsföderal und rechtlich selbstständige Landes-, Bezirks- und Kreisverbände sind. Für den Bundesverband als moderierende Instanz stellte sich Ende der 90er Jahre die Frage, wie sich die Beziehungen zwischen den Gliederungen des

Modernisierung der freien Wohlfahrtspflege

Verbandes unter einem veränderten Leitbild von der Mitgliedsorganisation zur Unternehmensorganisation verändern kann (Boeßenecker 2005b, 172). In diesem Zusammenhang wurde die Frage der „AWO-Organisationsreform" aufgeworfen. Hinsichtlich der Auseinandersetzung zwischen ehrenamtlicher Vorstandstätigkeit und hauptamtlicher Geschäftsführung fand eine Diskussion über die zukünftige Rechtsform und Verantwortlichkeit hinsichtlich der Geschäftsfeldentscheidungen statt. Weiterhin stellte sich die Frage, ob soziale Dienste im vereinsrechtlichen Rahmen der Mitgliederorganisation betrieben werden oder ob sie zukünftig als ausgelagerte, rechtlich eigenständige GmbH-Gesellschaften agieren. Zugespitzt wurde dieser Konflikt in der Formulierung „wollen wir zukünftig Mitgliederverband oder Betriebsorganisation sein" (ebd., 173). Dazu wurde im März 2004 ein Kongress mit dem Thema „Verbandsentwicklung braucht Strategie" durchgeführt und verschiedene Optionen der Verbands- und Unternehmensstruktur diskutiert (Vereinsstruktur, Franchise-System, branchenbezogenes Spartenmodell). Die strategische Auflösung zwischen Mitgliederverband und Sozialunternehmen wurde, z. B. in Schleswig-Holstein, durch ein themenbezogenes Spartenmodell gelöst (s. Tabelle 1-5).

Das aufgeführte Organisationsmodell des LV SH sah eine Neuordnung vor, die auf der einen Seite die föderalen Verbandsstrukturen erhält und gleichartige Einrichtungen, beispielsweise der Pflege oder Jugendhilfe, in einer Sparte zusammenfasst und auf der Grundlage eines Geschäftsbesorgungsauftrages bewirtschaftet. Außerdem wurde bundesweit auf ein Verständnis der Förderung des Bürgerengagements und der Freiwilligenarbeit gesetzt, das nicht unbedingt eine Mitgliedschaft in der AWO voraussetzt, sondern gemeinsam mit anderen NPOen an einem Netzwerk der Freiwilligenförderung beteiligt sein möchte. Boeßenecker (2005b) ging davon aus, dass es im Zuge der fortschreitenden Autonomie der Einzel- und Trägerverbände zu weiteren Fusionen und Konzentrationen der AWO kommen wird. Ob das unter dem Dach der Vereinskonstruktion geschieht, war für Boeßenecker im Jahr 2005 noch eine offene Frage (ebd., 186). Mit den Magdeburger Beschlüssen im Dezember 2007, die ausschließlich der AWO-Verbandsentwicklung dienten, ist der Diskussionsprozess zu einem vorläufigen Ende gekommen und der Umsetzungsprozess konnte bundesweit in Gang gesetzt werden. In den Jahren 2005–2007 wurden acht Regionalkonferenzen durchgeführt. Rainer Brückers, geschäftsführendes Vorstandsmitglied des Bundesvorstandes, fasst die Voraussetzungen, die zur Organisationsreform und zum Neubeginn der AWO als Betriebsorganisation führten, wie folgt zusammen:

- Mehr als ein Drittel der sozialen Dienste sind GmbHs, dies widerspricht faktisch der Vorstellung, ein Verband zu sein.

- Mit den traditionellen Tarifen sind die Dienste im Wettbewerb nicht mehr zu betreiben.

Beispiel AWO Landesverband Schleswig-Holstein e. V.
Quelle: Boeßenecker 2005b, 176

Tabelle 1-5

Ortsvereine mit 23.000 Mitgliedern																	
KV NF	KV SI-FL	Stadt FL	KV Kiel	KV Plön	KV NMS	KV Rd-Eck	KV HI	KV Stor	KV Hrz.-Lau	KV OH	KV SE	KV Pi	LV Stbg.	KV Dith.

Nordverbund 1 % Beteiligung	Region Mittelholstein 16 % Beteiligung	Region Südholstein 16 % Beteiligung	Region Unterelbe 16 % Beteiligung

Landesverband Schleswig-Holstein e.V. – 51 % Beteiligung

Verlagerung des operativen Geschäfts in die

AWO Schleswig-Holstein gGmbH
Beschäftigte: 276
Umsatz p. a.: 13,2 Mio. Euro

Fachbeirat Nord- verbund	AWO Mittel- holstein gGmbH	AWO Süd- holstein gGmbH	AWO Unter- elbe gGmbH	AWO-Pflege Schleswig- Holstein gGmbH
	Beschäftigte: 371 Umsatz p. a.: 9,3 Mio. Euro	Beschäftigte: 468 Umsatz p. a.: 17,7 Mio. Euro	Beschäftigte: 885 Umsatz p. a.: 27,9 Mio. Euro	Beschäftigte: 1.162 Umsatz p. a.: 40,4 Mio. Euro
Beschäftigte insgesamt: 3.187 Umsatz: 108,5 Mio. Euro				

- Der Anstieg der Insolvenzen ehrenamtlicher Vorstände führte zu den monetär relevanten Herausforderungen u. a. der privaten Haftung.

- Der hohe Altersdurchschnitt der Mitglieder (ca. 63 Jahre) konnte nicht gestoppt werden.

- An die Führungskräfte werden hinsichtlich der betriebswirtschaftlichen und personalwirtschaftlichen Steuerung erhöhte Anforderungen gestellt.

- Seit 1995 stehen einige Unternehmensentscheidungen der Vereinsarbeit diametral gegenüber.
  (Brückers 2008, 92)

Mit den Magdeburger Beschlüssen wurde die entscheidende Frage der Entflechtung von Verbandsstruktur und Unternehmensgestaltung wie folgt beantwortet:

1. Es bleibt bei der traditionellen Vereinsform mit ehrenamtlichem Vorstand und bestelltem Geschäftsführer nach § 30 BGB,

2. zudem wird aber ein weiterer Geschäftsführer als hauptamtliches und kooptiertes Vorstandsmitglied aufgenommen,

3. es wird die Ausgliederung von Einrichtungen und Diensten in Form von zumeist Kapitalgesellschaften mit verbindlichen QM-Systemen und externer Zertifizierung durchgeführt. Ausgegliederte Unternehmen unterliegen einem einheitlichen AWO-Unternehmenskodex,

4. es gibt die Möglichkeit, zukünftig einen hauptamtlichen Vorstand zu bestellen.
(ebd., 94 f.)

Ein modifiziertes Spartenmodell wurde demzufolge 2008 eingeführt, um die fachlich begründeten Sparten (Pflege, Jugendhilfe) mit ihrem jeweiligen Leistungsspektrum sozialräumlich zu organisieren. Zudem war es notwendig, den Gebietsschutz zu verändern und eine Entscheidungskommission einzurichten, die einen verbandseigenen Verdrängungswettbewerb zwischen Gliederung und Sparte weitestgehend verhindert.[21] Ein Prozess, der unter dem drastischen Stichwort „verbandseigener Kannibalismus" thematisiert wird. Die hauptamtlichen Vorstände der AWO sollen sich zukünftig stärker auf sozialpolitische Lobbyarbeit und das verbandspezifische Einflussmanagement konzentrieren und so die Freiwilligenarbeit der hauptamtlichen Mitarbeiter unterstützen, z. B. Akquisitionskonzepte der Mitglieds- und Förderergewinnung erarbeiten (im Gegensatz zur früheren mitgliedschaftlichen Verbandsarbeit und dessen Motto: „Ehrenamtliche gewinnen Ehrenamtliche").

Die Zukunftsgestaltung der AWO soll durch ausgebildete Masterabsolventen des Fachs Sozialmanagement befördert werden, so dass sich hier ein interessantes Arbeitsmarktsegment für Hochschulabsolventen dieser Fachrichtung eröffnet (ebd., 98).

---

21 Gebietsschutz verweist hier auf die verbandsinternen Verfahren zur Marktsegmentierung und zum Bestandsschutz bestehender Einrichtungen hin.

3.4.2.7 Die Caritas

„Im jungen Priester Lorenz Werthmann fanden katholische Sozialpolitiker, die seit der Mitte des 19. Jahrhunderts einen katholisch-karitativen Zentralverband forderten, die Person, die dieses Ziel realisierte" (www.caritas.de, 20.01.2009). Werthmann bereitete mit dem im Frühjahr 1895 in Freiburg gebildeten ‚Charitas-Comité' die Gründung des ‚Charitasverbandes für das katholische Deutschland' vor. Diese wurde am 9. November 1897 in Köln vollzogen:

> „Der neue Verband engagierte sich auf vielen Gebieten sozialer Not: für Saisonarbeiter, Seeleute, Tippelbrüder, Trinker. Für körperlich und geistig behinderte und für geschlechtskranke Menschen setzte er sich ebenso ein, wie für Kindergärten, Fürsorgeerziehung, Mädchenschutz, Krankenpflege und Frauenfragen, die in den folgenden Jahrzehnten das Tätigkeitsprofil der Caritas bestimmten" (ebd.).

Von 1950–1990 kamen im Aus- wie im Inland neue Schwerpunkte hinzu. Ende der 50er Jahre leistete die deutsche Caritas erstmals internationale Not- und Katastrophenhilfe. Die Erinnerung an die Unterstützung, die Deutschland nach dem Zweiten Weltkrieg aus dem Ausland erhalten hatte, ist dafür eine starke Motivation gewesen. Heute leistet die „Caritas International" als Teil des Deutschen Caritasverbandes – beauftragt von den deutschen Bischöfen – Not- und Katastrophenhilfe für die Länder Europas und der Dritten Welt (ebd.).

Nach eigenen Angaben weist die Caritas folgenden Grundsatzcharakter auf:

▨ Der Deutsche Caritasverband ist Teil der Sozialbewegung (katholischer Werteverband);

▨ der Deutsche Caritasverband ist Dienstgeber;

▨ der Deutsche Caritasverband ist sozialpolitisch agierender Dachverband und Verein;

▨ der Deutsche Caritasverband hat persönliche, korporative und assoziierte korporative Mitglieder.
(ebd.)

Der Caritasverband stärkt und fördert die Selbstvertretungs- und Mitwirkungsmöglichkeiten seiner Mitglieder. Er ist der Wohlfahrtsverband der katholischen Kirche mit Organisationseinheiten, die aus 27 Diözesan-Caritasverbänden mit 636 Orts-, Kreis- und Bezirksverbänden, 262 Ordensgemeinschaften und 19 Fachverbänden bestehen. Die Caritas bietet 1.200.000 Plätze in ca. 26.000 Einrichtungen und beschäftigt rund eine halbe Mio. Menschen. Der Caritasverband ist gegenwärtig der größte Wohlfahrtsverband in Deutschland, der das gesamte Spektrum der sozialen Dienstleistungen abbildet (Horcher 2009a, 226).

Diakonie

3.4.2.8   Die Diakonie

Die Diakonie stellt in einer Selbstbeschreibung die „Diakonie als die soziale Arbeit der evangelischen Kirchen" dar.

> „Auf Grund der Überzeugung, dass der Glaube an Jesus Christus und praktizierte Nächstenliebe zusammen gehören, leisten diakonische Einrichtungen vielfältige Dienste am Menschen. Sie helfen Menschen in Not und in sozial ungerechten Verhältnissen. Sie versuchen, die Ursachen von Notlagen zu beheben. Die Bezeichnung ‚Diakonie' leitet sich vom griechischen Wort für Dienst ab. Das ‚Diakonische Werk der Evangelischen Kirche in Deutschland' ist ein gemeinnütziger Verein. Ihm gehören als Mitglieder die Diakonischen Werke der 22 Landeskirchen der Evangelischen Kirche Deutschlands (EKD), neun Freikirchen mit ihren diakonischen Einrichtungen sowie 81 Fachverbände verschiedener Arbeitsfelder an. Diese sozialwirtschaftlich relevanten Mitgliedsorganisationen arbeiten in knapp 27.500 selbstständigen Einrichtungen unterschiedlicher Rechtsform und Größe und mit mehr als einer Million Betreuungsplätzen" (www.diakonie.de, 20.01.2009).

Die Diakonie beschäftigt „mehr als 435.000 hauptamtliche MitarbeiterInnen, die in diesen Einrichtungen voll- oder teilbeschäftigt sind. Ferner gibt es etwa 3.600 diakonische Selbsthilfe- und Helfergruppen. Die diakonische Arbeit wird von den rund 18.000 Gemeinden der Landes- und Freikirchen mit getragen. Rund 400.000 ehrenamtliche Mitarbeiter/innen sind in der Diakonie aktiv" (ebd.). Da die Diakonie bundesweit als eingetragener Verein organisiert ist, sind die organisatorischen Informationen über die Organe des Vereins in der Vereinssatzung niedergeschrieben. Zu den nachfolgend beschriebenen Organen gehören:

Die „Diakonische Konferenz"

Diakonische Konferenz

> „Die Diakonische Konferenz beschließt die allgemeinen Grundsätze für die Arbeit der Diakonie als Gesamtorganisation in Deutschland. Sie wählt die Mitglieder des Diakonischen Rates und den Präsidenten bzw. die Präsidentin des Diakonischen Werkes. Sie entscheidet über den Wirtschaftsplan und den Jahresabschluss, die Mitgliedschaft von Einrichtungen und Verbänden"

im Gesamtverband (ebd.).

Der Diakonische Rat

Diakonischer Rat

Der Diakonische Rat besteht aus der:

1. der Vorsitzenden der Diakonischen Konferenz, der Landespastorin,

2. dem vom Rat der EKD in die Diakonische Konferenz entsandten Mitglied,

3. 16 weiteren, von der Diakonischen Konferenz gewählten Mitgliedern. (ebd.)

Die ‚Diakonische Arbeitsgemeinschaft evangelischer Kirchen'

„Die ‚*Diakonische Arbeitsgemeinschaft evangelischer Kirchen*' ist das Verbindungsgremium zwischen dem Diakonischen Werk der EKD und den Freikirchen, die in der Diakonischen Konferenz mitarbeiten. Ihre Aufgabe besteht in der Abstimmung und Koordination gemeinsamer Aktivitäten (z. B. die Gestaltung der ‚Ökumenischen Diakonie')" (ebd.).

Diakonische Arbeitsgemeinschaft evangelischer Kirchen

Dieser hierarchische und verbändetypische Aufbau zeigt den Willen zur demokratischen Beteiligung einerseits in Verbindung mit einem hohen Kontrollbedürfnis der vereinsbezogenen Steuerung und Aktivitäten andererseits. Durch die Neugründung einer dienstleistungsorientierten Einrichtungs- und Verbandskonstruktion hat die Gruppe Norddeutsche Gesellschaft für Diakonie (NGD-Gruppe) ab 2000 eine betriebswirtschaftliche und leitbildbezogene Organisationsreform in Gang gesetzt.

Gruppe Norddeutsche Gesellschaft für Diakonie (NGD)

Die NGD ist ein dezentrales diakonisches Dienstleistungsunternehmen im norddeutschen Raum. Zur NGD-Gruppe gehören neben dem Diakonie-Hilfswerk Schleswig-Holstein (DHW), die Norddeutsche Gesellschaft für Diakonie e.V. (NGD e.V.) und weitere Gesellschaften. Die NGD beschreibt ihr leitbildbezogenes Einrichtungsideal als individuelle Hilfen für Jung und Alt vor dem Hintergrund einer Lebenswelt gestaltenden Sozialen Arbeit, die auf der Grundlage des christlichen Auftrags seelisch, körperlich oder sozial in Not geratene Menschen auf ein menschenwürdiges Leben und auf aktive Teilhabe an unserer Gesellschaft vorbereiten und unterstützen. Die Komplexität der heterogenen Einrichtungsverflechtungen wird in Abbildung 1-12 der Aufbauorganisation der Gruppe NGD veranschaulicht (www.ngd. de, 20.04. 2009).

Norddeutsche Gesellschaft für Diakonie

Zur NGD-Gruppe gehören unter anderem Berufsbildungs- und Jugendaufbauwerke, Altenhilfeeinrichtungen, Werk- und Wohnstätten, Kinder- und Jugendwohngruppen, Sprach- und Entwicklungsförderungen, Kindertagesstätten sowie Integrationsfirmen. Die NGD-Gruppe versucht, aus der gemeinsamen Leitbildgestaltung für Verband und Einrichtungen das daraus entstehende Vertrauenskapital für die Leistungsempfängerbindung zu nutzen und durch ein einheitliches Format des Marketings und Brandings (der verbandseigenen Marke) zu gestalten.

Abbildung 1-12 *Organigramm der Norddeutschen Gesellschaft für Diakonie.
Quelle: www.ngd.de, 20.04.2009*

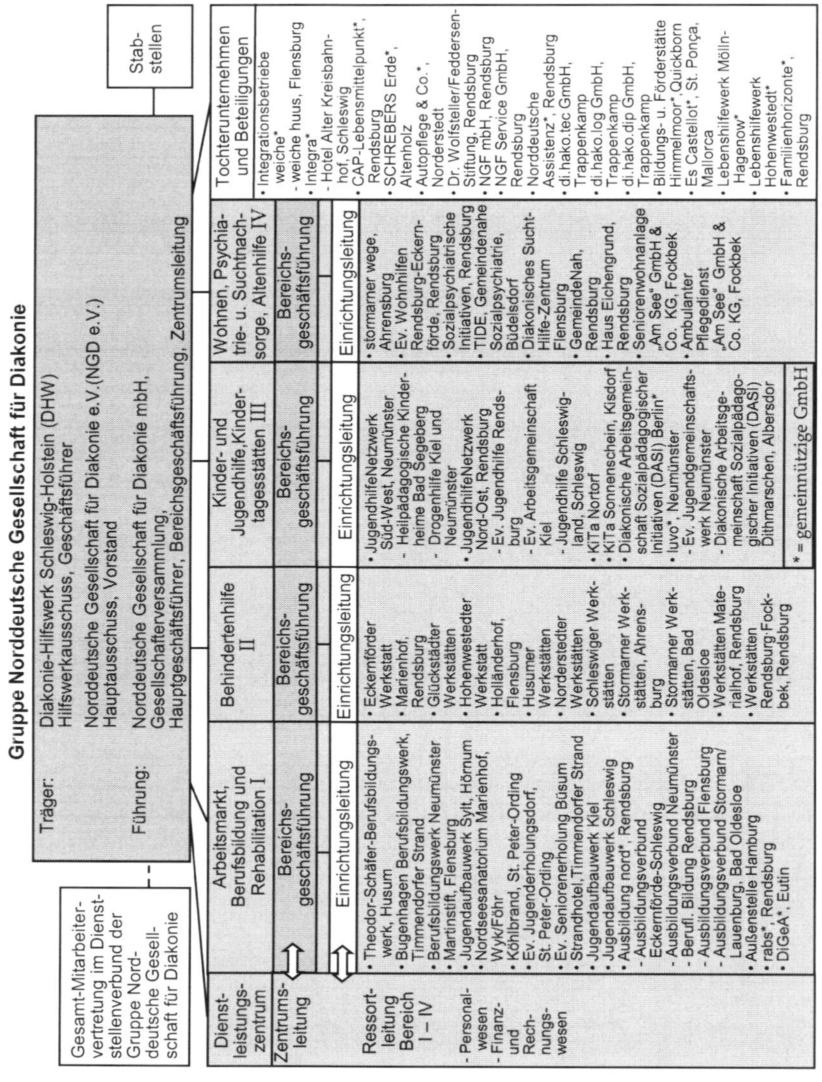

3.4.2.9 Der ‚Paritätische Wohlfahrtsverband' (Der ‚Paritätische')

Der ‚Paritätische Wohlfahrtsverband' ist einer von sechs Spitzenverbänden der Freien Wohlfahrtspflege in der Bundesrepublik. Der Paritätische ist der Gesamtverband von nahezu 10.000 eigenständigen Organisationen, Einrichtungen und Gruppierungen im Sozial- und Gesundheitsbereich. Mit seinen 15 Landesverbänden und mehr als 280 Kreisgeschäftsstellen unterstützt der Paritätische Wohlfahrtsverband die Arbeit seiner Mitglieder (www.dpwv.de, 20.09.2008).

Der ‚Paritätische'

Der Paritätische im Überblick:

- 1 Million Menschen, die sich ehrenamtlich engagieren,
- hauptamtlich Beschäftigte: ca. 150.000 Vollzeitäquivalente,
- 13.500 Zivildienstleistende,
- 5.100 junge Frauen und Männer im Freiwilligen Sozialen Jahr,
- mehr als 10.000 Mitgliedsorganisationen,
- 43.000 Einrichtungen und Dienste,
- 235 Kreisgruppen und
- 15 Landesverbände.
  (http://www.der-paritaetische.de/fileadmin/dokumente/der_paritaeti
  sche.pdf, 07.10.2009; Zimmer et al. 2009, 130)

Er repräsentiert und fördert seine Mitgliedsorganisationen in ihrer fachlichen Zielsetzung und ihren rechtlichen, gesellschaftlichen und wirtschaftlichen Belangen. Durch verbandseigene Institutionen trägt er zur Erhaltung, Zusammenarbeit und einer Vielzahl von Neugründungen von Organisationen und Einrichtungen der Sozialarbeit bei (www.dpwv.de, 20.09.2008). Der Paritätische weist eine große Nähe zu niederschwelligen intermediären Engagements der Selbsthilfeorganisationen auf und ist ein aktiver Förderer des Bürgerengagements. Der Verband zeigt sich in starkem Maße engagiert durch die Herausgabe des Armutsberichts und durch eine offensive Haltung in Fragestellungen des Wohlfahrtsniveaus, die in der sozialpolitischen und medial vermittelten Auseinandersetzung Gehör und Beachtung findet. Darüber hinaus vertritt der Paritätische ein gemeinsames Bündnis deutscher Hilfsorganisationen durch die „Aktion Deutschland hilft", welche im Fall von Katastrophen und Notsituationen im Ausland gemeinsame Hilfe leisten. Der Paritätische Gesamtverband vertritt in diesem Bündnis, und das ist für ihn typisch, die Interessen kleinerer Mitgliedsorganisationen (ebd.).

3.4.2.10 Die Zentralwohlfahrtsstelle der Juden in Deutschland (ZWST)

ZWST

Zentralwohlfahrtsstelle der Juden in Deutschland (ZWST) bildet den Zusammenschluss der jüdischen Wohlfahrtspflege in Deutschland. Heute ist die ZWST Dachorganisation der Wohlfahrtspflege für 17 Landesverbände und sechs selbstständige Gemeinden mit insgesamt etwa 100 jüdischen Gemeinden (2008: rund 108.000 Gemeindemitglieder, 1989: knapp 30.000). Hinzu kommt der ‚Jüdische Frauenbund' mit 1.000 Mitgliedern organisiert in 34 Vereinen (www.zwst.org, 02.08.2009). Seit Anfang der 90er Jahre hat sich die Struktur der ZWST vergrößert und personell verstärkt, um den durch die Zuwanderung aus der ehemaligen Sowjetunion hervorgerufenen Veränderungen gerecht werden zu können. Dafür wurden Zweigstellen in Berlin, Sachsen und Mecklenburg-Vorpommern eingerichtet. In Potsdam wurde eine überregionale Beratungsstelle aufgebaut und im Jahr 2003 das Integrationszentrum „Kibuz" gegründet. Zu den Einrichtungen der ZWST gehören das 1993 eröffnete jüdische Kurhotel ‚Eden-Park' und die Freizeit- und Bildungsstätte ‚Max-Willner-Heim' in Bad Sobernheim.

Die ZWST vertritt als Dachorganisation die jüdischen Gemeinden und Landesverbände auf dem Gebiet der jüdischen Sozialarbeit (ebd.). Zentrale Aufgaben sind die Förderung einer integrativen und professionellen Sozialarbeit, die Unterstützung der jüdischen Gemeinden in Deutschland und der Ausbau der Infrastruktur der Gemeinden durch die:

▓ Stärkung jüdischer Identitäten,

▓ Integration der jüdischen Zuwanderer aus den Ländern der ehemaligen Sowjetunion,

▓ Hilfe zur Selbsthilfe,

▓ sozial- und jugendpolitische Vertretung und

▓ zielgerechte Beratung und Betreuung. (ebd.)

Die ZWST wurde 1917 als „Zentralwohlfahrtsstelle der deutschen Juden" gegründet, um als „Dachverband die vielfältigen sozialen Einrichtungen und Wohlfahrtsorganisationen der jüdischen Gemeinschaft zu koordinieren. Den äußeren Anstoß gab Bertha Pappenheim (1859-1936), die Gründerin und Vorsitzende des Jüdischen Frauenbundes (1904). Im Nationalsozialismus wurde die ZWST zwangsweise aufgelöst (1939). Im Jahr 1951 wurde der Verband unter seinem heutigen Namen ‚Zentralwohlfahrtsstelle der Juden in Deutschland' (ZWST) erneut gegründet, primär um die Not der Überlebenden des Holocausts zu lindern" (ebd., 13.07.2009). Die Gründer der ersten Stunde waren Bertold Simonsohn, Max Willner und Alfred Weichselbaum. Sie übernahmen nacheinander die Leitung der ZWST. Von 1961 bis

1989 bestimmte der langjährige Vorsitzende Heinz Galinski die Politik des ZWST. Im Jahr 1953 wurde das Sozialreferat der ZWST eingerichtet, kurze Zeit später das Jugendreferat (ebd.).

Ziel der Arbeit vor diesem auch sozialwirtschaftlich relevanten Hintergrund, war in erster Linie der Neuaufbau der jüdischen Gemeinschaft in Deutschland. Da den kleineren jüdischen Gemeinden nur wenige ausgebildete Sozialarbeiter zur Verfügung standen, musste die ZWST von Anfang an selbst zur Qualifizierung der Gemeindemitarbeiter beitragen. Bis heute bildet die Aus- und Fortbildung im sozialen Bereich einen der Schwerpunkte in der Arbeit der ZWST. Durch die Zuwanderung der Juden aus der ehemaligen Sowjetunion nach dem Mauerfall im Jahr 1989 hat sich die Aufgabenstellung und Struktur der ZWST gewandelt. Heute ist die Integration jüdischer Zuwanderer ein zentrales Aufgabengebiet der ZWST"(ebd.).

„Zedaka - Das jüdische Verständnis von Wohltätigkeit"

Das verbindende Element besteht in der Tradition der jüdischen Wohlfahrt vor und nach der Nazidiktatur und wird mit dem hebräischen Begriff ‚Zedaka' beschrieben. Jüdische Sozialarbeit wurzelt in der jahrtausende alten Sozialethik des Judentums und hat sich auf der Basis dieser religionsgesetzlich verankerten Wohltätigkeit der Zedaka entwickelt, das als Leitbild der ZWST bis heute aktuell ist. Sozialarbeit ist im Judentum kein freiwilliger Akt, sondern eine der wichtigsten religiösen Pflichten (eine ‚Mitzwa'). Sie beinhaltet eine sozialethische Handlungsanweisung und steht für soziale Gerechtigkeit. Wohltätig zu sein heißt, Hilfe nicht nur in Form von Almosen zu leisten, sondern im Sinne einer ausgleichenden Rechtsordnung zu handeln (ebd., 20.07. 2009).

Zedaka

3.4.2.11 Das ‚Deutsche Rote Kreuz' (DRK)

Das Rote Kreuz ist stark als Rettungsdienst und in der Auslandshilfe (internationale Hilfen) engagiert. Der Einsatz im Ausland, als Bergwacht, im Betreuungsdienst, Rettungshundearbeit, Blutspendedienst, Sanitätsdienst, Erste-Hilfe-Programm, Suchdienst, Flugdienst, Technik und Sicherheit, Führungskräftequalifizierung, Verbreitungsarbeit (Genfer Konvent), Hilfszug, als Wasserwacht, Katastrophenschutz und Zivilschutz sind vorrangige Aufgaben des Deutschen Roten Kreuzes (www.drk.de, 20.01.2009). Der Charakter als Rettungsgesellschaft und der Rettungsdienste stehen aufgrund der internationalen Aufgabenstellung des DRK und bezüglich der historischen Gründungstradition durch Henri Dumont im Vordergrund. Auf der Grundlage der Genfer Konvention wurde das Deutsche Rote Kreuz zunächst als Teil einer international tätigen Hilfsgesellschaft für „verwundete und kranke Soldaten im Kriege" gegründet (Merchel 2003, 111). Die erste nationale Rotkreuz-Gesellschaft in Deutschland wurde 1863 im Königreich Württemberg

DRK

gegründet und markiert den Ursprung des ‚Deutschen Roten Kreuzes'. 1869 gründeten die bestehenden deutschen Landesvereine ein Zentralkomitee mit Sitz in Berlin (www.drk.de, 20.01.2009). Diese lediglich föderative Arbeitsgemeinschaft bestand bis 1921. Am 25. Januar 1921 schlossen sich die Landesvereine und Landesfrauenvereine vom Roten Kreuz zusammen und wurden zum ‚Deutschen Roten Kreuz' mit Sitz in Berlin. Das DRK wurde im September 1945 von den Alliierten aufgelöst. Am 4. Februar 1950 wurde es in der Bundesrepublik, am 23. Oktober 1952 in der DDR neu gegründet (ebd.). Das DRK ist mit 4.000.000 Mitgliedern der formal mitgliedschaftlich größte Verband Deutschlands, hauptamtlich sind hingegen nur relativ wenige MitarbeiterInnen beim DRK beschäftigt (75.000), hingegen aber mehr als 400.000 ehrenamtliche HelferInnen. Sie engagieren sich bzw. arbeiten in 19 Landesverbänden, 529 Kreisverbänden, 5.000 Ortsvereinen und im ‚Verband der Schwesternschaften' mit (Horcher 2009a, 227).

Der ‚Verband der Schwesternschaften vom DRK e. V.'

Der ‚Verband der Schwesternschaften vom DRK e. V.' wurde 1882 gegründet und hat sich als Mitgliedsverband des DRK zum Ziel gesetzt, die professionelle Pflege weiter zu entwickeln und für eine qualitativ hochwertige und menschenwürdige Gesundheitsversorgung einzutreten (www.drk.de, 20.01. 2009). Der Verband fungiert als Dachorganisation und vertritt bundesweit 34 DRK-Schwesternschaften mit insgesamt 21.000 Rotkreuzschwestern, die sowohl in eigenen Einrichtungen der DRK-Schwesternschaften als auch über die Mitgliedschaft in Einrichtungen anderer Träger tätig sind. Der ‚Verband der Schwesternschaften vom Deutschen Roten Kreuz e. V.' gehört zum ältesten Teil der Rotkreuzbewegung (ebd.).

3.4.3 Vom Multifunktionsunternehmen zum Multiproduktionsunternehmen – das intermediäre Leitbild der freigemeinnützigen Wohlfahrtspflege/ Non-Profit-Organisationen

Vor dem Hintergrund der beschriebenen Erfahrungen und Entwicklungsprozesse ergibt sich ein gesteigerter Professionalisierungsbedarf hinsichtlich der Führung und des Managements der Wohlfahrtsverbände und deren Einrichtungen. Da Management und Führung an die organisationskulturelle Ausgestaltung und Mission der Organisation gebunden sind, rückt die Debatte um die Leitbildgestaltung, die Geschäftsorganisation und Themen der Organisationsentwicklung weiter in den Mittelpunkt der Modernisierungsauseinandersetzung der freigemeinnützigen Organisationen und Wohlfahrtsverbände.

Die sozioökonomische Organisationstheorie verortet die NPOen zwischen Markt und Staat im so genannten dritten Sektor. NPOen erbringen vor dem Hintergrund der Theorie des Markt- und Staatsversagens Leistungen, die in diesen Wohlfahrtsproduktionssphären nicht oder nicht angemessen bereit gestellt werden können (Badelt 2007, 135).

Die moderne NPO-Theorie und Verbändeforschung kennzeichnet den Modernisierungsfocus der freigemeinnützigen Non-Profit-Organisationen, insbesondere der Wohlfahrtsverbände und Wohlfahrtspflege, als Multiproduktionsunternehmen (Badelt 2007, 105; Weisbrod 1998a, 481). Die zukünftige Produktionsweise der privatgemeinnützigen Wohlfahrt, ihre intermediären Produktionsmöglichkeiten und zivilgesellschaftlich geschätzten Funktionen machen die NPOen und insbesondere die freigemeinnützigen Wohlfahrtsverbände zu einem einzigartigen Anbieter, der weit über die betriebswirtschaftlich verfasste Dienstleistungsfunktion und mikroökonomische Unternehmensfunktion der privatgewerblichen Anbieter und reiner Dienstleistungsproduzenten sozialer Hilfe hinausgeht.

Multiproduktionsunternehmen

In dem Maße, wie es den Wohlfahrtsverbänden gelingt, ihre professionelle Dienstleistungsproduktion mit einer Revitalisierung der mitgliedschaftlichen Freiwilligenarbeit zu verbinden, werden die Einrichtungen und Verbände um ihre Marktposition nicht fürchten müssen. Hierin liegt der eigentliche Modernisierungsfocus, der die betriebswirtschaftliche Perspektive und das gestaltende Produktionskapital der Wohlfahrtsverbände nutzt und sowohl gewinn- als auch gemeinwohlorientierte produktive Formen als Multifunktionsunternehmen neu gestaltet. Die unterschiedlichen Produktionsfunktionen der freigemeinnützigen Non-Profit-Organisation im Kontext der theoretisch konzeptionellen Perspektive der Multifunktionsunternehmen sind in Abbildung 1-13 zusammengefasst.

Produktionsfunktionen der freigemeinnützigen NPOen

Insoweit ist die multifunktionale und multiproduktive Aufgabe der Freien Wohlfahrtspflege sowohl durch die sozialpolitische Gestaltung und betriebswirtschaftliche Service- und Dienstleistungsfunktion als auch durch die Produktionssteigerung der Netzwerkaktivitäten im Zusammenhang mit der gesellschaftspolitischen Gemeinwohl- und Werteproduktion bestimmt.

Die traditionellen, auch mitgliedschaftlichen Funktionen der NPOen können zur Behauptung ihrer Marktposition weiterhin eine zentrale Rolle spielen, wenn es ihnen gelingt, das Einflussmanagement im den Raum der politischen Steuerung zu erweitern, die sozialräumliche Orientierung der Leistungsgestaltung gemeinsam mit den öffentlichen Trägern fachlich weiter zu entwickeln, die betriebswirtschaftlichen Steuerungsinstrumente und das

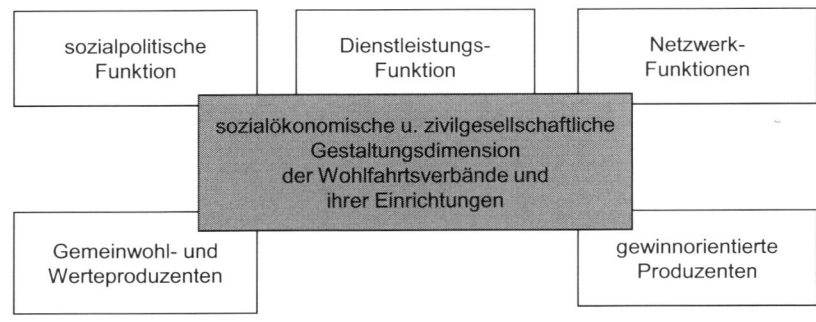

Controlling zu professionalisieren sowie die soziale Netzwerkgestaltung als ihren höchst eigenen Beitrag der sozialpolitischen Gestaltung der Netzwerkökonomie, jenseits der Einrichtungs- und Verbandsegoismen, ernst zu nehmen und weiter zu gestalten. Danach sind die freigemeinnützigen Träger als Multifunktionsunternehmen in der Lage, sichtbarer Motor humaner Gestaltung der Lebenswelten zu sein, der zudem der vermeintlich unabdingbaren Normalisierung ohne Alternative als betriebswirtschaftliches Unternehmensprofil und der damit verbundenen Entpolitisierung widersteht und ein eigenes, gemeinnützig und betriebswirtschaftlich gestaltetes Unternehmensprofil zu kreieren lernt.

4   Markt und Wettbewerb in der Sozialwirtschaft

4.1   Marktsituation

Die internationale Finanzkrise macht vor den Sozialwirtschaftsorganisationen nicht halt, der Kreditmarkt für die gemeinnützigen Anbieter wird schwieriger und die Geschäftsfeldanalyse umso anspruchsvoller. Die Veränderungen in der Sozialwirtschaft auf mikro- und makroökonomischer Ebene haben unterschiedliche Konsequenzen für das Change Management der Träger und Betriebe der Sozialwirtschaft. Der Wandel der Sozialunternehmen innerhalb der Rahmenbedingungen des „Quasiwettbewerbs" führt dazu, dass die privatgemeinnützigen Träger ihre breiten „Gemischtwarenangebote" überprüfen. Die privatgemeinnützigen Träger betreiben neben Krankenhäusern, Altenheimen, Behindertenwerkstätten und Hospizen eine Vielzahl niederschwelliger, ehrenamtlicher Angebote. Sie sind in der Lage, Angebote aus einer Hand anzubieten, so dass viele öffentliche Kostenträger die Leistungserstellung noch immer eher an freigemeinnützige Träger und Einrichtungen als an privatgewerbliche Unternehmer vergeben. Nichtsdestotrotz haben in der letzten Dekade, im Zeitraum von 1998–2008, die freigemeinnützigen Träger im Rahmen ihrer „Portfolioanalysen"[22] geprüft, welche Geschäftsfelder weiter entwickelt werden können (www.bagfw.de, 17.06.2009).

Der wirtschaftlich bedingte Strukturwandel trifft mit der Einführung der krankheitsbasierten und fallgruppenabhängigen Kostenerstattung (DRG's) die Finanzierung des Akutkrankenhaussektors. Die Anzahl der gemeinnützigen Krankenhäuser hat sich seit Ende der 90er Jahre in einigen Regionen Deutschlands fast verdoppelt. Seit Beginn des neuen Jahrtausends drängen private Holdings und Ketten in den staatlichen und freigemeinnützig betriebenen Krankenhausmarkt, insbesondere durch die Strategie der Übernahme defizitärer kommunaler Krankenhäuser. Gewichtige gewerbliche Anbieter des Krankenhaussektors sind in Tabelle 1-6 dargestellt.

Krankenhaussektor

---

22 portafoglio (lat.), zusammengesetzt aus portare – tragen und foglio – Blatt. Die Portfolioanalyse verbindet die Analyse des Geschäftsfeldes mit Empfehlungen des Managements zur Geschäftsfeldentwicklung (hier der Träger der Sozialwirtschaft).

Tabelle 1-6

Gewerbliche Träger im Krankenhaussektor. Quelle: Boeßenecker 2005a, 14

Unternehmen	Mitarbeiter	angeschlossene Einrichtungen/Betriebe	Umsatz p. a. 2002
Helios Kliniken GmbH, Fulda www.helios-kliniken.de	9.578	21 Kliniken mit 6.131 Betten, Marktführer in der Privatisierung von Großkrankenhäusern	717,7 Mio. €
MediClin AG, Frankfurt a.M. www.mediclin.de	10.000	44 Einrichtungen, überwiegend Kliniken, auch Alters- und Pflegeheime, insges. 9.600 Betten	371 Mio. €
Sana Kliniken GmbH, München www.sana.de	24.169	57 Krankenhäuser mit 4.567 Betten; 21 Seniorenpflegeheime, insges. 31.900 Plätze	1,645 Mrd. €
Rhön-Kliniken AG, Bad Neustadt/Saale www.rhoen-kliniken-ag.com	12.852	29 Kliniken, 21 Standorte in 8 Bundesländern, insges. 8.055 Betten	916,7 Mio. €
Maternus-Kliniken, Langenhagen www.maternus.de	2.088	20 Einrichtungen mit 3.926 Betten, Kerngeschäft: Senioreneinrichtungen, 2 Rehakliniken	105,8 Mio. €

Profit-Centerbildung

Die freigemeinnützigen Träger können ihre beherrschende Marktstellung in der Kinder- und Jugendhilfe zumindest mittelfristig beibehalten, demgegenüber wird der Klinik- und Altenpflegemarkt unter dem Druck der privaten Anbieter bereinigt und die Anzahl der Krankenhäuser insgesamt sinken (Boeßenecker 2005a, 5 f.). Die Forderung von Betriebswirten nach einer Systematisierung der Geschäftsbereiche unter dem Aspekt „Profit-Centerbildung"[23] und einer Spezialisierung in Form von neuen Trägergesellschaften stehen allenfalls kartellrechtliche Bestimmungen entgegen. Betriebswirtschaftlich bieten sich die Zusammenschlüsse von Einzelhäusern an, um Synergien am Beschaffungsmarkt in gemeinsamer Labornutzung und anderen Leistungsbereichen zu nutzen und so die Kosten zu senken (ebd., 16; Schmitz/Schottke 2008, 19 f.). Die Synergienutzung kann den branchen- oder verbandsspezifischen Kannibalismus (Verdrängungswettbewerb im eigenen Verband) verhindern und zugleich die zentralen Vermarktungsmöglichkeiten in der regionalen Anbieterlandschaft erhöhen.

---

23 Profit-Center sind ein organisatorischer Teil eines Unternehmens, für den ein eigener Periodenerfolg ermittelt wird.

4.1.1 Rehabilitation und Teilhabe

Ein weiterer „Change-Management-Sektor" der Träger und Anbieter der Sozialwirtschaft ist der Hilfebereich der Rehabilitation und Teilhabe, in dem erhebliche Zunahmen psychisch kranker Erwachsener und eine stetig zunehmende Anzahl behinderter älterer Menschen zu verzeichnen ist (Peters/Evers-Meyer 2008, 20). Die Sozialhilfe für den Bereich der Eingliederung und Teilhabe dieser Zielgruppen wird demzufolge mehr Geld aufwenden müssen als bisher. Hinzu kommt die politische Zielstellung, die durch die Einführung des persönlichen Budgets unter dem Leitbild der Inklusion einen Wechsel in der Behindertenpolitik eingeleitet hat, was zu neuen Leistungsvereinbarungen und Rahmenvereinbarungen mit den freien Trägern und privatgewerblichen Anbietern führt. Die stationäre Heimunterbringung wird zu Gunsten ambulanter sozialräumlich gestalteter Versorgungssysteme zurückgehen. Demzufolge werden die Kostensätze für Heimunterbringungen sinken und mehr Geld in die ambulanten Versorgungssysteme fließen (ebd., 20 ff.). Somit erhöht sich der Bedarf nach flexiblen Beschäftigungsformen und Hilfeleistungen. Für die MitarbeiterInnen ergibt sich die Chance, ein Angebot als freiberufliche Dienstleister zu erbringen. Der behinderte Mensch wird zum Kunden und Nachfrager sozialer Dienstleistungen. Seine Wunsch- und Wahlrechte werden durch das Modell des persönlichen Budgets gestärkt (vgl. Teil II, Abschn. 2.1). Der Einsatz von FallmanagerInnen und die Technologisierung von behindertengerechten Hilfsmitteln stellen zusätzliche Anforderungen an die sozialen Dienstleister und SozialarbeiterInnen hinsichtlich:

Rehabilitations-markt

Persönliches Budget

- der Realisierung inklusionsorientierter Dienstleistungen;

- der Abkehr vom klassischen Wohnheim hin zum Angebot von Assistenzleistungen. Wohnverbundsysteme sollen Klienten ein durchlässiges Angebot von ambulanten und stationär begleiteten Formen bieten;

- der freien Wahl der Klienten, welche Form der Assistenz im Sozialraum zu wählen ist (Familie, Nachbarschaft, Profi).
  (ebd., 21)

Der Inklusionsansatz stellt den gesellschaftlichen Zustand der Nichtausgrenzung und die Selbstbestimmung, behinderter wie nicht behinderter Menschen, in den Mittelpunkt. In Abgrenzung zur individuell wiedereingliedernden Integrationsleistung dient der Inklusionsansatz dem Ziel der gleichberechtigten Teilhabe in Gesellschaft und Arbeitsleben. Arbeitsinstrumente der inklusionsbasierten Sozialen Arbeit sind die Sozialraumorientierung, die Netzwerkarbeit und das Case Management.

Inklusionsansatz

Peters/Evers-Meyer verweisen diesbezüglich auf die Feststellung: „Neu ist, dass Sozialpädagogen sagen, ich muss nicht jeden Lebensentwurf verstehen.

Sozialräumliche Inklusionsmodelle

Denn jeder ist Experte seines eigenen Lebens. Professionelle Hilfe durch Sozialarbeit erhält demzufolge organisierenden und moderierenden Charakter" (ebd., 20 ff.). Die Inklusionsorientierung erfordert eine berufliche Qualifizierung der Sozialarbeiter unter dem Aspekt sozialräumlicher Inklusionsmodelle und des Ausbaus marktnaher Arbeitsplätze, beispielsweise in Integrationsunternehmen, welche die berufliche Bildung einerseits und das persönliche Selbstwertgefühl der Mitarbeiter andererseits steigern.

Sog. ‚trainings on the job' und darüber hinausgehend gemeindenahe Unterbringung im gewohnten sozialen und familiären Umfeld haben für die kommunale Strategie der Eingliederungshilfen eine Brückenfunktion in den Arbeitsmarkt. Kreative Arbeits- und Beschäftigungsmöglichkeiten in virtuellen Werkstätten, z. B. der Ausbau von künstlerischen Produkten, erhöhen die wirtschaftliche Verwertbarkeit im Sektor der Rehabilitation und Teilhabe (ebd., 21). Seit Beginn des Jahres 2008 ist in diesem Beschäftigungssegment das schon angesprochene persönliche Budget eingeführt worden, mittels dessen der Budgetnehmer Hilfestellungen einkauft, somit eigene Marktmacht nutzt und selbst Arbeitsplätze schaffen kann. (vgl. Teil II, Abschn. 1.9).

4.1.2 Rettungsdienste

Rettungs-dienstleistungen

Ein weiterer Schwerpunkt der Veränderung zielt auf die Rettungsdienste (DRK, Malteser, Johanniter, Arbeitersamariterbund) (ebd., 20 ff.). Nach der Entscheidung des EuGH im Jahr 2008 müssen Rettungsdienstleistungen nun europaweit ausgeschrieben werden. Insoweit wird der Preisdruck in diesem Sozialwirtschaftssegment zum entscheidenden Instrument und wird zentrales Vergabekriterium der Rettungsdienstleistungen. Der Kreistag als die zuständige haushaltswirtschaftende Behörde, erteilt i. d. R. bislang noch hiesigen Wohlfahrtsverbänden den Zuschlag, aber die weitere Zukunftsgestaltung ist wirtschaftlich ungesichert.

Die Johanniter Unfallhilfe im Kreis Berlin-Brandenburg hat in ganz eigener Weise mit der Gestaltung neuer Preistarife auf den Preisdruck reagiert. Nach dem Ausstieg aus dem TvöD (Tarifvertrag öffentliche Dienste) wurden eigene arbeitsvertragliche Richtlinien gestaltet, die u. a. den Wegfall des 13. Monatsgehaltes, eine Absenkung des Bruttoarbeitslohns und die Reduktion der sozialräumlich verankerten Rettungswachen zur Folge hatte (ebd., 20 ff.). Ein Teil der Rettungsdienste tendiert aus diesem Grund zur vertraglichen Zusammenarbeit der freigemeinnützigen Anbieter. So arbeiten das DRK und die Johanniter Unfallhilfe in der Weise zusammen, dass sie ihre jeweiligen Tarifverträge zum Nachteil der Mitarbeiter an den jeweilig niedrigeren Tarif des Konkurrenten angepasst haben und somit einen Dumpingwettlauf der Löhne in Gang setzten.

So wurde jedoch der Zugriff ausländischer Anbieter auf deutsche Rettungsdienste verhindert, was wiederum zu Klagen der EU in Hinblick auf die Vergabepraxis in Deutschland führte. Andererseits ist das sensible, politisch bestimmte korporatistische Gebilde des Rettungswesens weiterhin auf gegenseitige und verlässliche Strukturen angewiesen. Setzt sich allerdings die von der EU geforderte Marktliberalisierung durch, kann das privatgemeinnützige Kartell gemeinsamer Absprachen sehr schnell ins Wanken geraten (ebd., 20-23). So will die EU laut des zuständigen Binnenmarktkommissars Charly McCreevy durchsetzen, dass die Aufträge des Rettungssektors keine Ausnahmen der Ausschreibung zulassen. Das lässt vermuten, dass multinationale Rettungsdienstanbieter, wie der europäische Marktführer Flack (Dänemark), erhebliche Übernahmepotenziale in Deutschland ausmachen und realisieren können.

4.1.3   Altenhilfebereich

Im Bereich der Altenhilfe sind zwei Segmente durch das neue Pflegeversicherungsgesetz besonders betroffen. Das Pflegeweiterentwicklungsgesetz fördert ab 01.01.2009 den Aufbau unabhängiger Beratungsstellen (Pflegestützpunkte) und den Ausbau der Tagespflege für an Demenz erkrankte Menschen. Dies erfordert eine Erhöhung der ambulanten Versorgungsangebote und zusätzlichen Bedarf an Pflege- und Betreuungskräften. Im stationären Bereich werden nun Betreuungsassistenten für demenzerkrankte Menschen finanziert. Die freigemeinnützigen Leistungsersteller greifen bei der Versorgung im Altenhilfebereich in mehr als 60 % der Fälle auf sog. ‚1-€-Jobber' als Betreuungsassistenten zurück, was für freigemeinnützige Leistungsersteller den Vorteil hat, dass die Agentur für Arbeit kostenwirksam die Schulung der Betreuungsassistenten übernimmt.

Pflegeweiterentwicklungsgesetz

Betreuungsassistenten

Vor den fachlichen Bewertungshorizonten der Altenpflege und der Sozialen Arbeit hingegen werden die kostentechnische Dominanz in der Betreuung und die Vernachlässigung der Fachlichkeit kritisiert. Die Ausgaben der Assistenten werden künftig als fester Bestandteil in die Pflegesätze einkalkuliert. Die Pflegekassen werden einen zusätzlichen Betreuungsassistenten für jeweils 25 Bewohner finanzieren.

Weitere Elemente der Marktänderung in der Sozialwirtschaft durch das Pflegeweiterentwicklungsgesetz vom 01.07.2008 erfordern neue Strategien für die Altenhilfe. An erster Stelle ist die Mitarbeiterqualifizierung für diese Zielgruppen zur Vermeidung der vollstationären Pflege zu nennen. Aus diesem Grund soll die Tages- und Nachtpflege ausgebaut werden. Die Sachleistungen für die Tages- und Nachtpflege werden schrittweise angehoben und die unterschiedlichen Trägertypen werden in den Wettbewerb um die Einrichtung von Pflegestützpunkten eintreten. Jeder Pflegestützpunkt erhält eine Anschubfinanzierung in Höhe von 45.000 € aus Bundesmitteln, unter der Voraussetzung, dass Sozialhilfeträger der Kommunen sich am weiteren Ausbau des Pflegeberatungsnetzwerkes und der Pflegestützpunkte beteiligen. Pflegenetzwerke können aber auch direkt beim Leistungserbringer (Pflegeeinrichtungsträger) angesiedelt werden. Für die selbstständig wirtschaftenden, organisatorisch miteinander verbundenen Einrichtungen eines Pflegeeinrichtungsträgers kann ein einheitlicher Versorgungsvertrag gemäß § 72 SGB XI abgeschlossen werden. Im Rahmen einer Verbundeinrichtung sind dann mehrere Einrichtungen einer Pflegeleitung unterstellt, was Synergieeffekte beinhaltet und zu Kosteneinsparungen in der Personalführung führen kann.

4.1.4   Jugend- und Sozialhilfebereich

Leistungen der Kinder- und Jugendhilfe

Im Bereich der Jugend- und Sozialhilfe sind seit dem 01. Januar 2008 die Steuerbefreiungen neu geregelt worden. So sind nach § 4 Nr. 25 des Umsatzsteuergesetzes (UstG) nahezu alle Leistungen der Kinder- und Jugendhilfe von der Umsatzsteuer befreit. Vorher galt diese Befreiung nur für die Leistungen der stationären Jugendhilfe. Freiberufliche Sozialarbeiter können seit 2008 Leistungen steuerfrei erbringen, sofern sie mehr als 50 % ihrer Einnahmen von steuerbegünstigten Trägern bzw. gemeinnützigen Trägern erhalten, was die Tendenz zum freiberuflichen Subunternehmertum von Sozialer Arbeit fördert.

Die Zahl der Einrichtungen der Kinder- und Jugendhilfe ist von 26.900 im Jahr 2002 auf 28.200 Einrichtungen im Jahr 2006 angewachsen. Der Anteil der freien Träger in diesem Segment der Sozialwirtschaft wuchs von 19.800 auf 21.500, während der Anteil der öffentlichen Träger von 7.200 auf 6.700 zurückging (2002–2006). Die Anzahl flexibler Arbeit im Kinder- und Jugendhilfebereich wuchs von 139.200 Mitarbeitern im Jahr 2002 auf 142.400 Mitarbeiter im Jahr 2006, während die Anzahl der Vollzeitarbeitsplätze von 136.000 Mitarbeitern auf 121.600 Mitarbeiter gesunken ist (vgl. Dortmunder Arbeitsstelle Kinder- und Jugendhilfestatistik AKJ 2008).

Marktumfeld der Kinder- und Jugendhilfe

Das Marktumfeld der Klientel der Kinder- und Jugendhilfe ist schwieriger geworden.[24] Die demografische Entwicklung führt zu einer abnehmenden Anzahl von Kindern und Jugendlichen, woraus über eine sinkende Inanspruchnahme von Jugendhilfeleistungen spekuliert werden könnte. Dies ist

---

24   Die Leistungen der Kinder- und Jugendhilfe werden im Regelfall bis zum 21. Lebensjahr gewährt.

allerdings vor dem Hintergrund der steigenden Anzahl von Familien mit multiplen Hilfebedarfen eine zu hinterfragende These. So ist nach dem Armutsbericht der Bundesregierung (2008) jede vierte Familie arm. Daraus ergibt sich zukünftig ein eher höherer Hilfebedarf durch die Träger und Unternehmen der Kinder- und Jugendhilfe (BMFSFJ 2008). In der weitaus überwiegenden Zahl der Fälle ist das Jugendamt Nachfrager von Kinder- und Jugendhilfeleistungen; da die Jugendämter aber zugleich Kostenträger und Leistungserbringer sind, prüfen sie insbesondere die Kapazitäten im stationären Jugendhilfesektor strikt.

4.1.5   Schlussfolgerungen

Die Konkurrenz unter den freien Trägern und privatgewerblichen Anbietern der Sozialwirtschaft um diese knappen Mittel wird wachsen. Die freigemeinnützigen Leistungsersteller in der Jugendhilfe, deren Personalkosten mehr als 70 % ausmachen, sind deshalb zunehmend auf die Fremdmittelakquise aus privaten Finanzierungsquellen, z. B. Spenden oder Sponsoring, angewiesen. Im Hinblick auf die Vergabe von Aufträgen sind die Mitarbeiter des Jugendamtes weiterhin der strategisch wichtigste Kooperationspartner für das Spektrum der Kinder- und Jugendhilfeträger. Große und breit aufgestellte freie Träger der Jugendhilfe arbeiten in eigenen umfassenden Jugendhilfenetzwerken ambulanter, teilstationärer und stationärer Hilfen. Sie sind als sozialpolitisch effektiv arbeitende Kooperationspartner im Sozialraum anerkannt und sind somit in diesem Segment der sozialen Dienstleistungsproduktion gegenüber privatgewerblichen Anbietern noch im Vorteil, allerdings holen die privaten Anbieter auf und erweitern auch in der Kinder- und Jugendhilfe ihre Marktanteile.

Steigender Bedarf an Fremdmittelakquise

Für kleinere freigemeinnützige Anbieter stellt sich in diesem Zusammenhang die Frage, ob sie sich einem größeren Dachverband anschließen oder eine ökonomisch inspirierte Fusion mehrerer, kleinerer freiberuflicher Anbieter anstreben, um sich zukünftig behaupten zu können. Des Weiteren besteht gerade für die freiberuflichen Anbieter die Möglichkeit, spezialisierte Angebote von Schulsozialarbeit, Suchtberatung, Kunst-, Reit- oder Maltherapie vorzuhalten oder diese in einem Verbund anzubieten, in dem jeder Anbieter seinen eigenen Angebotscharakter entfalten kann, bzw. spezialisierte Hilfen anbietet, die jeweils gesondert durch ein eigenes Sozialmarketing beworben werden. Eine weitere Strategie bezieht sich auf Produkte, wie die Arbeit mit traumatisierten Menschen oder die muttersprachliche Migrationsarbeit. Insgesamt erfordert das Markgeschehen die Schärfung des jeweiligen Trägerprofils, die gemeinsame Produktentwicklung mit den Klienten, z. B. in Kita, Kindergarten und Hortbereich. Konzepte der Kundenorientierung und Kundenbindung sind gegenwärtig auch vor dem Hintergrund

Fusionen kleiner Anbieter

Spezialisierte Angebote

Flexible Angebote im Hort-, Kita- und Kindergarten- bereich

veränderter Finanzierungsformen, z. B. dem Kita-Gutschein, von erheblicher Bedeutung (vgl. Teil II, Abschn. 2.1.3.11 und Abb. 2-15).

Im Kindergartenbereich werden zudem verstärkt privatgewerbliche Unternehmen tätig, sei es in flexiblen Angeboten der Betriebskindergärten oder in der Beschäftigung von Honorarkräften für spezialisierte Fremdsprachen- oder Computerkurse. Die Unternehmen finanzieren flexible Betreuungsangebote in ihren Betrieben, um ihren Mitarbeitern ein attraktives Dienstleistungsangebot vorzuhalten und sie ans Unternehmen zu binden. Die wirtschafts- und sozialpolitisch gewollte Verknüpfung von Kinderbetreuung und Beschäftigungsförderung wird dadurch zusätzlich gefördert (BMFSFJ 2008).

Das zentrale methodische Modernisierungsinstrument der Koordination leistungsbezogener Angebote und deren Vertragsgestaltung, welche die beschriebene Marktentwicklung der freien Träger und gewerblichen Unternehmen beschleunigt, war die Einführung des Neuen Steuerungsmodells (NSM). Durch das Neue Steuerungsmodell wurde ein Instrument der Koordination des vertragsorientierten Gegenleistungsprinzips mit ursprünglich rein öffentlich-rechtlichem Gestaltungscharakter geschaffen, das allein auf die Binnenmodernisierung der Kommunalverwaltung gerichtet war. Im Laufe seiner Weiterentwicklung wurde es mit Blick auf die Vergabepraxis an die freien Träger der Sozialwirtschaft zugleich zur Grundlage der externen Vertragsgestaltung der Kommunalverwaltung. Im folgenden Kapitel erfolgt eine kritische Auseinandersetzung mit deren Auswirkungen, Modifizierungen und Bewertungen.

5 Von der Neuen Steuerung zur Leistungsverwaltung – Change Management in der Sozialwirtschaft

Durch die Umsetzung der Neuen Steuerung in den Kommunalverwaltungen wurde der Aufschwung der wettbewerblichen und leistungsvertraglichen Regelungen gefördert. Mit dem Neuen Steuerungsmodell (NSM) wurde ein „betriebswirtschaftliches Modell" von der Input- zur Output-Steuerung in die öffentliche Verwaltung eingeführt (Brülle/Reis 2001; Trube 2001 u. a.).

Neues Steuerungs-modell (NSM)

> „Eine Steuerung der Organisationseinheiten erfolgt demnach nicht mehr über die Zuweisung von Haushaltsmitteln, zum Beispiel es gibt x Mio. Euro für das Personal des Stadttheaters (input), sondern über die Definition des zu erwartenden outputs. Beispiel: Mit den zugewiesenen Haushaltsmitteln wird das Theater der Stadt Hamburg im kommenden Haushaltsjahr x Vorstellungen mit y Zuschauern und einer durchschnittlichen Steigerung der Sitzplatzauslastung um z % anbieten". (ebd.)

Daraus ergibt sich dann eine im Vorhinein kalkulierte, output-orientierte Budgetgröße.

Der betriebswirtschaftliche Terminus des NSM lautet Output-Orientierung oder output-orientierte Steuerung von Verwaltungsleistungen. Den dezentralen Organisationseinheiten der Verwaltung werden zur Erstellung des Outputs der Produkte die erforderlichen Ressourcen nicht mehr einzeln zugewiesen werden (z. B. ein Kindergarten erhält Verbrauchsmittel für den Overheadprojektor auf Einzelantrag), sondern die hierarchisch betrachtet mittleren Organisationseinheiten erhalten Ressourcenverantwortung für eigene Budgets. Sie entscheiden dann im Rahmen der sozialrechtlichen Möglichkeiten selbst, welche Mittel sie zur Erfüllung ihrer Aufgabe verausgaben. Damit sie diese Mittel nicht sachfremd einsetzen, musste der Output dieser Produkte entsprechend definiert und die Einhaltung solcher Vereinbarungen im Rahmen eines Kontraktmanagement gesichert werden (http://www. Neues_Steuerungsmodell, 24.07.2009).

Output-orientierte Steuerung von Verwaltungs-leistungen

Die Neuen Steuerungsmodelle stehen in der Tradition liberaler und neoliberaler Umbauvorschläge zur staatlichen Verschlankung sowie der kundenorientierten Reorganisation der Verwaltungen. Vorbilder waren Ansätze der

Verwaltungsreformen in den USA, Großbritannien und Neuseeland und das Umbaumodell der niederländischen Stadt Tilburg, das als Matrize der Neuen Steuerung hierzulande gilt (vgl. Naschold et al. 1998, 76).

NSM wurde 1993 in Deutschland auf Initiative der Kommunalen Gemeinschaftsstelle für Verwaltungsvereinfachung (KGSt) eingeführt. Die heutige „Kommunale Gemeinschaftsstelle für Verwaltungsmanagement (KGSt)" (bis 2005 „Kommunale Gemeinschaftsstelle für Verwaltungsvereinfachung") ist das von Städten, Gemeinden und Kreisen gemeinsam getragene Zentrum der kommunalen Organisationsentwicklung. Die KGSt wurde 1949 in Köln gegründet. Die wissenschaftliche Begleitung erfolgte durch die Verwaltungshochschule Speyer. Die Bertelsmann-Stiftung unterstützte den Prozess der NSM in finanzieller und wissenschaftspublizistischer Hinsicht. Ursprünglich wurde mit dem Prozess lediglich der Fokus der Umgestaltung der Verwaltung in ein produktorientiertes, effektives „Dienstleistungsunternehmen" angestrebt und zwar aus der Erkenntnis, dass die kameralistische Haushaltsführung – also die bürokratische Verwaltung des Haushalts und dessen fehlende Leistungs- und Kostenkontrolle – der eigentliche Verursachungsgrund für die kommunalen Verwaltungsverschuldungen sind (KGSt Berichte 1993 bis 2003; Naschold/Oppen/Wegener 1998; Trube 2001; Bogumil/Holtkamp/ Kißler 2001). Mittlerweile haben alle deutschen kreisfreien Städte, Landkreise und deren Kommunalverwaltungen verschiedene Umsetzungsstadien und Umsetzungserfolge der Neuen Steuerung durchlaufen. Die beschriebene Funktion des „Quasiwettbewerbs" bedarf der Neuen Steuerung und beschreibt die Steuerungsfunktion des Staates im Hinblick auf seine Koordinations- und Verteilungsfunktion über Vertragskonstruktionen (Leistungsverträge u. a. vgl. Teil II). Der öffentliche Leistungsträger und Kostenträger reagiert stellvertretend für den Bürger als Nachfrager sozialer Dienste, indem er am „Sozialwirtschaftsmarkt" soziale Dienstleistungen einkauft und selbst als Ausfallbürge für die soziale Leistungserstellung auftritt. Das NSM umfasst dementsprechend die nachfolgend beschriebenen Elemente der dezentralen Ressourcenverwaltung, der Produktorientierung, des Kontraktmanagements, des Controllings, der Budgetsteuerung, des Leitbilds der Bürger- und Kundenorientierung sowie weitere zu beschreibende Modifikationen (vgl. Neuer Haushaltsplan in Teil II, Abschn. 1.2.3 und Abb. 2-4).

5.1 Sozialpolitischer Leitbildwandel der Verwaltung der 1990er und 2000er Jahre – von der Kameralistik zum Unternehmen Kommune?

Die ursprüngliche Intention der Einführung der NSM in die Kommunalverwaltungen war, den Bürger als Kunden des „Unternehmens Kommune/ Stadt" zu begreifen und damit eine grundsätzlich andere, paradigmatisch geänderte Sicht auf den Bürger als Kunden und als Dienstleistungsempfänger zu entwerfen. Übergangsweise wurden kameralistische Elemente der öffentlichen Haushaltsführung und betriebswirtschaftliche Elemente des Controllings und doppelten Haushaltsführung im Rahmen der NSM nebeneinander betrieben.[25] Der Bürger ist Auftraggeber kommunaler Leistungserstellung (in seiner Rolle als Wähler) und zugleich, im Falle der Bedürftigkeit, Empfänger professioneller Leistungen der Sozialdienste, die durch die Fachverwaltungen organisiert werden (u. a. Soziale Arbeit) (vgl. Abb. 1-15).

Bürger als Kunden des Unternehmens Kommune

Im Zuge der Qualifizierung neuer Leitungs-, Führungs- und Fachkräfte sind insbesondere Elemente des Controllings, der dezentralen Ressourcenverantwortung und Budgetierung im NSM-Steuerungsmodell umgesetzt worden. Politik und Verwaltungsspitzen befassten sich mit der strategischen mehrjährigen Planung und Umsetzung sowie der politischen Zielformulierung in Form eines Leistungsprofils und der daran gebundenen Budgets (z. B. in Hinblick auf Sozial-Jugendhilfemaßnahmen). Die Fachverwaltungen (z. B. die Jugendämter) waren im weiteren Verlauf mit der Ausführung dieser Zielvorgaben der operativen Umsetzung durch Produktbildung und der Konstruktion eines produktbezogenen Haushaltes als bürgerorientierte Dienstleistung beschäftigt. Die im Vorhinein festgestellte Bewilligung der Finanzmittel orientiert sich hier an den zu erbringenden Leistungen und Produkten, dem Output, im Gegensatz zur Input-Bewirtschaftung von Haushaltstiteln und zeitlich nachgelagerter Feststellung der Verausgabungen im

---

25 In optimistischer Auslegung der Übertragbarkeit betriebswirtschaftlicher Managementmodelle auf das Verwaltungshandeln wurde Anfang der 90er Jahre u. a. von Verwaltungspraktikern und Verwaltungskritikern eine Reihe von Veröffentlichungen herausgebracht, z. B. zur Anwendung des Lean Managements in der Öffentlichen Verwaltung von Dirk Bösenberg und Heinz Metzen (1993) oder von Dirk Martens, Friederich-Karl Thiel und Harald Zanner (1998) mit ihrem Buch „Konzern Stadt" zur Fokussierung der Verwaltung als wettbewerbsfähige Organisation. Diese Veröffentlichungen enthielten schon Diskurse der heutigen Modernisierungsdebatte des Wettbewerbspluralismus im öffentlichen Sektor.

Abbildung 1-14   *Das NSM-Steuerungsmodell. Quelle: Bäcker et al. 2008b, 565*

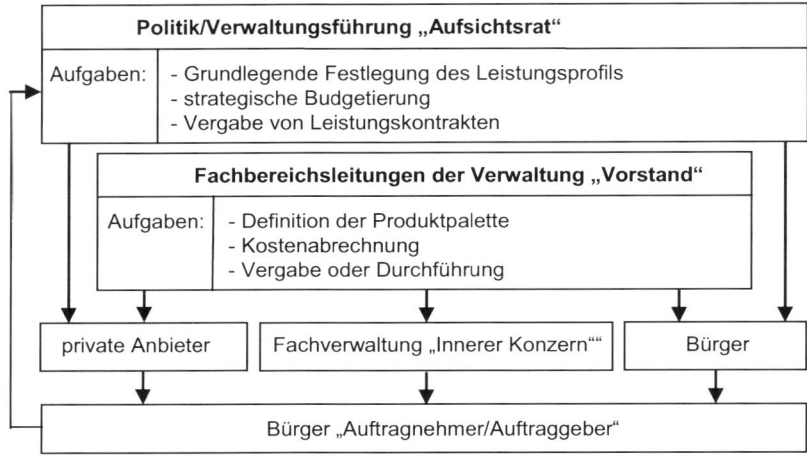

kameralen Haushalt. In der Abkehr von der traditionellen Input-Steuerung, der Kameralistik, ist ein wesentliches Anliegen des modernen „Managements öffentlicher Angelegenheiten" (NSM) verwirklicht worden (www. olev.de, 22.07.2009). Soweit sich Produkthaushalte im engeren Sinn auf die Bewilligung der Finanzmittel für die Leistungserstellung, die Produkte beschränken, wurde das Konzept einer modernen Verwaltungssteuerung oftmals nicht vollständig und konsequent verwirklicht bzw. zu Ende gedacht. Gegenwärtig werden über die Output-Funktion hinaus die Verknüpfung der Finanzmittel mit erwarteten Wirkungen der sozialen Hilfe bzw. Dienstleistungen in Beziehung gebracht: die so genannte Outcome-Orientierung der Verwaltung (ebd.). Kameralistisch verfügte Haushaltsmittel hingegen wurden bislang mit einer Zweckbestimmung nach der Einnahme-/Ausgabeart unabhängig von der Produktbeurteilung oder der Wirkung der Leistung vergeben.

5.1.1   Dezentrale Ressourcenverantwortung

Fach- und Ressourcen- verantwortung

Das NSM ermöglicht die Zusammenführung von Fach- und Ressourcenverantwortung in den Fachbereichsleitungen der Kommunalverwaltung, z. B. in den Allgemeinen Sozialen Dienst (ASD). Der ASD oder der Kommunale Soziale Dienst (KSD) sind in allen Verwaltungen der kreisfreien Städte und Landkreise bundesweit eine Institution Sozialer Arbeit. ASD/KSD stellen die sozialpädagogische Basisversorgung der Bürger, zum Beispiel für erzieherische Hilfen sicher. Die Organisationsstrukturen und Aufgabenspektren sind regional äußerst unterschiedlich geprägt (Maly 2007, 15). Die Alltagspraxis der Fach- und Leitungskräfte des ASD/KSD ist durch einen permanenten Spagat zwischen der Gewährleistung von Fachlichkeit und Effizienzanforderungen gekennzeichnet (vgl. http://www.bag-asd.de, 21.08.2009).

Die Fachverantwortung wird über die Qualitätskontrolle der entsprechenden Leistungen ausgeübt. Die dezentrale Ressourcenverwaltung und Ressourcenverantwortung erfolgt über das Budget. Bei der dezentralen Ressourcenverantwortung wird den nachgeordneten Behörden (z. B. ASD) der Kommune die Steuerung der Hauptressourcen (Personal, Sachmittel, Organisation und Finanzmittel) weitgehend selbst überlassen. Sofern sie konsequent angewandt wird, erlaubt die dezentrale Ressourcenverwaltung eine durchgängige Bewirtschaftung durch die Fachbereiche der Verwaltung auf der mittleren Ebene der Verwaltungshierarchie. Die Verwaltung und die Ebenen der Verwaltungshierarchie wurden verkleinert, um die dezentrale Selbststeuerung in Form angemessener Organisationsgrößen zu gestalten (Fachbereiche, Abteilungen). Da die Mitarbeiter dort selbst jedoch keinen Einfluss auf die Ressourcenverwendung hatten, handelt es sich aus Sicht der Organisationsentwicklung nicht um einen grundsätzlichen, kulturellen Wandel der Verlagerung von bürokratischen Machtressourcen auf die dezentralen Arbeitsebenen. Das NSM ist in dieser Hinsicht ein leitungszentriertes Modell der Ressourcenverwendung. Ein grundsätzlicher Schwachpunkt des NSM resultiert aus dieser leitungszentrierten Sichtweise, da die Mitarbeiter, die den besten Überblick über die Kostenreserven und Mittelverwendungen haben, nicht bzw. in nicht ausreichender Weise an der Steuerung der Ressourcenverwaltung beteiligt werden.

Das nachfolgend beschriebene modernisierte Kontraktmanagement und Controlling könnte diesem Umstand abhelfen und eine stärkere Beteiligung der Mitarbeiterebene ermöglichen.

5.1.2   Kontraktmanagement

Im Kontraktmanagement werden Zuteilungen der Teilbudgets an die nachgeordneten Behörden im Rahmen des öffentlichen Gesamthaushaltes (Globalbudget) festgelegt. Somit steuert das Kontraktmanagement die Leistungsvertragsverhältnisse mit den inneren Verwaltungsebenen (Fachbereiche, Ämter, Abteilungen) der Kommunalverwaltung. Das NSM beeinflusst also damit die Entscheidungen der Verwaltung und ihre Beziehungsgestaltung zum Kommunalparlament. Die Kommunalpolitik hat die Funktion der strategischen Zielsetzung, d. h. der Bestimmung/Benennung dessen, was von der Verwaltung zu tun ist. Die kommunalpolitischen Instanzen entscheiden

*Kontrakt-
management*

im Haushaltsplan über die Budgetaufstellungen und die beantragten Ressourcen der Ämter bzw. Fachbereiche. Die politisch Verantwortlichen budgetieren den Einsatz von Geld, Personal und Sachmitteln aus dem Gesamt- bzw. Globalhaushalt der Kommune. Die Fachbereiche managen mit dieser monetären Grundlage die Funktion der Zielerreichung ihrer Dienstleistungen. Im Rahmen der vorgegebenen Budgets erhalten sie größere Freiräume in der Wahl der spezifischen Problembearbeitung.

Beispiel: Das Gesundheitsamt entscheidet nun selbst darüber, welche Mittel zukünftig in welchem Umfang in die präventiven Felder der Gesundheitsförderung fließen. Die Verwaltung bestimmt durch die Verringerung zuwendungsrechtlicher Verausgabungen zur Vergabe von Leistungsverträgen die genaue Art der Intervention, deren Umfang und die Qualität Sozialer Arbeit der freien Träger mit. Zur Verringerung der eigenen Angebotspalette nutzen die öffentlichen Träger deshalb die betriebswirtschaftliche Form der Ausgliederung eigener Angebote (Outsourcing oder Sub-contracting) und übertragen die Leistungserbringung mittels Leistungsverträgen an preisgünstigere Anbieter, z. B. in der sozialpädagogischen Familienhilfe. So gelangen die regionalen Dienstleistungsanbieter in diesem Marktsegment unter Wettbewerbsdruck. Das Instrument der Kontraktsteuerung erfährt gegenwärtig durch die Sozialraumorientierung und das Case Management (CM) als Teilgebiet des Sozialmanagements und hinsichtlich relativ neuer Finanzierungsformen, z. B. Sozialraumbudgets für die Soziale Arbeit, eine Ausweitung.

5.1.3   Budgetierung

Budget

Ein Budget ist die Bildung eines Finanzrahmens, in dem die Budgetbereiche (z. B. Fachbereiche, Ämter) für einen bestimmten Planungszeitraum ihre Einzelansätze unter Berücksichtigung ihrer Sachziele und im Rahmen eines Gesamtbudgets der Kommunalverwaltung (Globalbudgets) weitgehend selbstständig festlegen können (http://www.juraforum.de/lexikon/Verwaltungsreformmodell%20-%20Produktbudgets, 20.08.2009). Unter Budgetierung versteht man die Art der Mittelzuteilung an Verwaltungseinheiten, für die im Rahmen der Haushaltsaufstellung ein jährlicher Festbetrag zur Verfügung steht. Über die Verwendung entscheiden die Fach- und Servicebereiche eigenverantwortlich, unter Berücksichtigung ihrer zwingenden Vorgaben im Rahmen des Neuen Steuerungsmodells. Im Gegensatz zur bisherigen Form der Haushaltsaufstellung, die mit den Mittelanmeldungen ("Bedarfsmeldung") der Ämter beginnt, steht am Anfang eines budgetierten Haushalts ein „Willensakt" der politischen Führung. Diese weist den Dezernats- und Referatsbudgets die Finanzmasse des kommenden Jahres zu. Die Fach- und Servicebereiche melden ihre Haushaltsmittel sozusagen im Gegenstromprinzip an, nachdem die Zuteilung der Finanzmittel durch die Dezernenten bzw. Referenten erfolgt ist. Die Haushaltspositionen der Fachbereiche im Rahmen der NST sind im Unterschied zur Kameralistik gegenseitig deckungsfähig. Eine Überschreitung von Haushaltspositionen muss durch Einsparungen an anderer Stelle aufgefangen werden. Auf diese Weise ist sichergestellt, dass die Aus(f)gabenseite das zu erwartende Finanzvolumen der Kommune nicht übersteigt. Die notwendige Transparenz wird durch Produktbudgets gewährleistet, welche die anzustrebenden Ergebnisse der Verwaltungstätigkeit mit den dafür dezentral zur Verfügung stehenden Budgets koppeln (ebd.).

Durch das Kontraktmanagement im Rahmen der NSM soll die outputorientierte Steuerung abgesichert werden. Die operative Budgetierung umfasst die „vollständige mengen- und wertmäßige Zusammenfassung der erwarteten und/oder gewollten Entwicklung der Unternehmung in der zukünftigen Planungsperiode (in der Regel ein Jahr). Die strategische Budgetierung hingegen umfasst sämtliche Pläne zur Existenzsicherung der Gesamtverwaltung auch über das Haushaltsjahr hinaus" (http://www.controllingportal.de/Fachinfo/Budgetierung, 20.03.2009).

Operative Budgetierung

Strategische Budgetierung

Bis heute zeichnet sich das klassische Rechnungswesen der Verwaltung der Kameralistik hingegen durch eine bürokratisch geprägte Aufstellung des Haushaltsplans aus. Die Kameralistik ist durch den Haushaltsplan geprägt, dem Prinzip der Jährlichkeit, so dass die Mittel im Laufe eines Jahres verbraucht werden mussten und so die Prinzipien der Wirtschaftlichkeit und Sparsamkeit unterliefen. Kameralistik zeichnet sich durch die fehlende Flexibilität in Bezug auf die zweckgebundene Deckungsfähigkeit der Mittel und der Nichtbeachtung anderer beteiligter Leistungsanbieter aus (vgl. auch Rieger/Bojanowsky/Meier 2006, 7-11). Eine wesentliche Folgeerscheinung des so verfassten Sozialleistungsrechts ist die Erhöhung der Herstellungskosten öffentlicher Dienstleistungen der Verwaltung. Zudem erlaubt das Haushaltsrecht aus betriebswirtschaftlicher Sicht kein rasches Reagieren auf veränderte Prioritätensetzungen der Haushaltspolitik. Außerdem wird die Einnahmeseite in der kameralistischen Haushaltswirtschaft nicht berücksichtigt. Nach dem Grundsatz der Gesamtdeckung dienen alle Einnahmen als Deckungsmittel für den gesamten Ausgabebedarf. Es war daher grundsätzlich unzulässig, durch eine bestimmte Haushaltseinnahme zweckgebunden zur Deckung einer bestimmten Haushaltsausgabe beizutragen. Somit fehlten Anreize zur Erzielung von Mehreinnahmen und das eigenverantwortliche Handeln der Mitarbeiter wurde hinsichtlich der Kostengestaltung eingeengt, was sich als motivationshemmend und kostenträchtig erwies.

Kameralistik

In diesem Zusammenhang bestehen die Gefahr der Festschreibung überkommener Strukturen und die Förderung des Denkens primär in Sparsamkeitsdimensionen. Infolge der mangelnden Kostentransparenz des kameralistischen Systems, das auf reiner Einnahmen-Ausgabenrechnung nach Kostenarten basiert, waren die öffentlichen Verwaltungen nicht in der Lage, die tatsächlichen Kosten im Rahmen einer Aktivitätendarstellung, die nach Kostenträgern geordnet ist, darzustellen und die exakten Kosten abzubilden und ihre Dienstleistungen und Produkte unmittelbar auszuweisen (Rieger/Bojanowsky/Meier 2006, 7-11).

Demgegenüber zeichnet sich die Budgetierung im Rahmen der Neuen Steuerung durch die Elemente

▦ Flexibilisierung der Mittelverwendung,

▦ Durchbrechung der Jährlichkeit,

▦ Planungssicherheit und

▦ Einbeziehung der Einnahmeseite und Budgetierung von Ausgaben aus. (ebd.)

Wenn eine Plankostenrechnung für Produkte erstellt wird, kann eine Budgetierung auf Produktbasis erfolgen. Da in der Praxis häufig noch keine internen Verrechnungen vorgenommen und kalkulatorische Kosten gar nicht oder nur teilweise einbezogen wurden, ist die dabei angewandte Kostenrechnung jedoch keine abgeschlossene Vollkostenrechnung. Die Integrationsphasen der Ausbaustufen des NSM zur Vollkostenrechnung bzw. Budgetierung sieht z. B. folgende Ausbaustufen vor:

▦ laufende Ausgaben,

▦ Produktkosten,

▦ interne Verrechnungen,

▦ kalkulatorische Kosten und

▦ Investitionsmittel. (ebd.)

Die Weiterentwicklung der Finanzinstrumente erfolgte in einem schwierigen und bundesweit uneinheitlichen, erheblich verzögerten Umsetzungsprozess, der erst im Jahr 2010 in Form des „Neuen kommunalen Finanzmanagements" zu einem vorläufigen Ende gekommen ist (vgl. Abschn. 1.2.4).

5.1.4 Controlling

Die Funktion des Controllings ist die Aufbereitung von Daten und Informationen, die den Führungs- und Leitungskräften der Verwaltung zu Verfügung gestellt werden. Controlling liefert das statistische Methodenwissen für die Interpretation des zur Verfügung gestellten Datenmaterials.

Datenquellen für das Controlling. Quelle: Koch 2008, 1

Tabelle 1-7

Datenquellen	Informationen
Finanzbuchhaltung	Liquidität, Forderungsbestand, -alter und -struktur, weitere Bilanzkennzahlen
Kostenrechnung	Deckungsbeitrag bzw. Ergebnis der Kostenstellen, Struktur der Kosten und Erlöse, Selbstkosten bei Kostenträgerrechnung
Leistungsabrechnung	Leistungsmengen, Auslastung, Erlösstruktur, Kosten je Leistungseinheit, Neukunden
Personalabrechnung	Stellenplan und -besetzung, Alter, Qualifikation, Fluktuation, Krankenstand, Überstunden, Urlaubsanspruch
Wirtschaftsplan	Planabweichungen in Geld, ggf. auch in Mengen
Mitgliederstatistik	Bestand, Altersstruktur, Entwicklung
Spender	Gruppen nach Spendengröße, Zu- und Abgänge
Befragungen	Zufriedenheit der Zielgruppe, Erwartungen, konkrete Mängel
Qualitätsmanagement	Qualitätsindikatoren, Zahl von Beanstandungen bei interner Nachschau, Beschwerden

Der Controllingkreislauf vergleicht den Ist-Zustand des Leistungsaufwandes mit Zielen der Soll-Dimension in einem Berichtwesen. Daraus ergeben sich dann geeignete Interpretationsempfehlungen für die Entscheidungsebenen der Verwaltung, die daraufhin die zukünftigen Fach- und Budgetplanungen mitbestimmen bzw. dementsprechende Empfehlungen für die politische Entscheidungsebene vorbereiten. Damit hat das Controlling eine strategische Bedeutung in der Formulierung langfristiger Haushaltsziele der Verwaltung und erstattet Bericht über den kurzfristigen Informationsbedarf bzw. den Aufwand und Verbrauch der Verwaltungsleistungen. Das betriebswirtschaftlich inspirierte Controlling speist sich aus verschiedenen Datenquellen, die in der Tabelle 1-7 dargestellt sind.

Controlling-kreislauf

Die Definition von Produkten und der Aufbau eines Kennzahlensystems, die Einführung einer Kosten-/Leistungsrechnung und des kaufmännischen Rechnungswesens zählen zu den Elementen des Verwaltungscontrollings der NSM (www.hfv-speyer.de, 07.06.2009). Der unmittelbare finanzwirksame Beitrag der Neuen Steuerung zur Konsolidierung öffentlicher Haushalte ist aber begrenzt, da die Finanzierung der Pflichtaufgaben der Sozialverwaltung, wie die Sozial- oder Jugendhilfe, keinen oder nur geringen Gestaltungsspielraum ermöglichen (ebd.). Mittels der transparenten Darstellung der Mittel und ihrer Verwendungen unterstützt das Controlling die Eigenverantwortung in den dezentralen Facheinheiten der Sozialverwaltung. Die strategische Planung und Kontrolle obliegt den Verwaltungsspitzen (Bürgermeister, Wahlbeamte der Dezernatsleitungen) sowie dem Kreistag und den Stadtparlamenten als obersten politischen Organen der Selbstverwaltung, die in den politischen Entscheidungsprozessen auf valide Daten angewiesen sind (http://www.hfv-speyer.de/hill/Aufgabenkritik/Steuerung.htm, 20.09. 2008).

Verwaltungs-controlling

Das Verwaltungscontrolling auf der Grundlage des NSM verfolgt politische Zielsetzungen, personalpolitische Zielvorgaben, die Erfüllung der Finanzierungsziele und die Abbildung produktbezogener Leistungsziele. Die politische Zielsetzung bestimmt den Einsatz und Aufwand der Mittel sowie den Einsatz und die Ausgestaltung der Instrumente der Zielüberprüfung. Die Personalziele sind im Hinblick auf die Zufriedenheit der Mitarbeiter und die Qualität ihrer Arbeit auszurichten. Die Finanzierungsziele dienen der kostendeckenden Prüfung, der Minimierung des Prüfungsaufwandes und der Optimierung des Kostenaufwandes für Infrastrukturleistungen der Kommunalverwaltung im Rahmen der produktbezogenen Leistungszielabbildung (vgl. Abb. 1-15). Die Zufriedenheit der politischen Auftraggeber, der Kostenaufwand der Leistungsrealisierung, die Optimierung der Prüfungsprozesse und die abschließende Nutzenbewertung, beispielsweise externer Leistungersteller, ist für die Verwaltung und die Bürger als Endverbraucher

Abbildung 1-15

(Verwaltungs-)Controlling.
Quelle: http://content.grin.com/binary/wi24/102864/1.gif, 20.08.2009

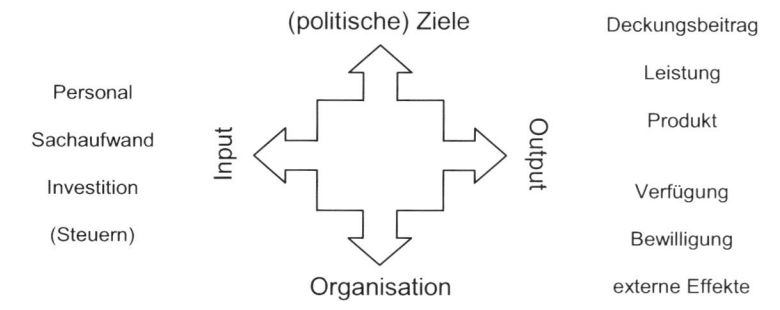

Kennzahl = Verknüpfung von Input/Output/Zielen/Organisation

sozialer Dienste ebenfalls relevantes „Prüfziel" der Produktbildung und der Leistungserfüllung (http://www.michael-broetje.de/images/pruefu2.gif, 20.09.2009).

5.1.4.1 Reichweite des Controllings hinsichtlich sozialer Dienstleistungen

Grenzen des Controllings sind bezüglich der Mission und der Ausbildung des Leitungsbildes gegeben, wenn die Mitglieder der Organisationen oder die MitarbeiterInnen das Leitbild nicht mittragen oder die gesellschaftspolitischen Ziele der Sozialwirtschaftsorganisationen nicht als Zielbildungszweck der Sozialpolitik oder Sozialer Arbeit anerkannt werden. Kennzahlenmodelle des Controllings bilden letztlich eine homogene Abstraktion der(s) Zielerreichung(sgrades) nur dann ab, wenn das Organisationsziel und seine beabsichtigten Wirkungen der Leistungserstellung seitens der Bürger akzeptiert werden. Sozialpolitische Zielsetzungen sind demgegenüber häufig auf den verschiedenen Ebenen der Regierungs-, Partei- und Gesellschaftspolitik umstritten und umkämpft. Dies entspricht dem machtbasierten Charakter sozialpolitischer Umverteilung, einer permanenten Auseinandersetzung und Skandalisierung ihrer politisch zu legitimierenden Zieldimensionen. So konfligieren die Controllinginstrumente permanent mit sozialrechtlichen Programmen und gesellschaftlichen Wertkonstruktionen in der politischen Arena und darüber hinaus mit den individuellen Anspruchshaltungen der Bürger.

Die Aufgaben des allgemeinen Controllings innerhalb der Neuen Steuerung haben sich zu einem ausgebauten Fachcontrolling weiterentwickelt. Das Fachcontrolling hat sozialräumlichen Gestaltungscharakter und soll zumindest theoretisch-konzeptionell den Beteiligungsgrad der Bürger an der sozialen Dienstleistungserstellung verbessern. Am Beispiel der Tätigkeitsprofilbeschreibung des Dezernates Soziales, Jugend und Gesundheit und des Fachamtes Sozialraummanagement (SR) der Hansestadt Hamburg (2003) werden nachfolgend die Aufgaben und Funktionen des sozialräumlichen Fachcontrollings vorgestellt:

Fachcontrolling

> „Zu den Aufgaben des Fachamtes SR gehört u. a. die Planung und Steuerung des Ressourceneinsatzes der Sozialleistungen und Angebote im Bezirk. Auf der Grundlage einer umfassenden Datenaufbereitung und Analyse sollen Bedarfe der einzelnen Stadtteile und Gebiete besser erkannt, der entsprechende Mitteleinsatz geplant und in seiner Wirkungsweise überprüft werden. Dieser ämter- und dezernatsübergreifende Ansatz ist relativ neu. Dementsprechend werden neben vorhandenen Prozessen wie z. B. Benchmarking im Bereich der Grundsicherung und Sozialhilfe (Auswertung der PROSA-Daten) neue Verfahren zur Datenerhebung und Analyse entwickelt (z. B. Sozialdaten-Monitoring im Rahmen der Integrierten Stadtteilentwicklung)."
> (vgl. http://www.hamburg.de/contentblob/117550data/globalrichtlinie12-2003.pdf).

Eine sozialräumliche Datenerhebung führte in der Hamburger Bürgerschaft bereits im Jahr 2002 zu einer „Großen Anfrage" von fünf GAL-Abgeordneten bezüglich des individualrechtlichen Schutzes der betroffenen Bürger im Projekt ‚Job Plan'. Trägerbezogene Aufschlüsselungen der erwünschten Daten sind Angaben, die zu den Betriebsgeheimnissen der Assessmentträger bspw. auf der Systemebene des Case Managements zählen. Diese Daten unterliegen bis dato der Geheimhaltungspflicht und den allgemeinen Grundsätzen des Sozialdatenschutzes (Einverständniserklärung, Amtshilfeverfahren u. a.). Die Aufgaben des Fachamtes Sozialraummanagement (SR) bestehen diesbezüglich in der Zusammenführung des zu verantwortenden Datenmanagements.

Sozialraum-
management
(SR)

Das Fachamt SR wirkt aktiv an den Planungs- und Steuerungsprozessen Jugendhilfe-, Sozial- und Gesundheitsplanung mit und ist zugleich für die übergreifenden Budgetbereiche der drei Fachämter „Grundsicherung und Soziales", „Jugend- und Familienhilfe" und „Gesundheit" verantwortlich. Das Fachamt SR befasst sich im Einzelnen mit folgenden Aufgaben:

- „datenbasierte Unterstützung der Sozialplanung durch Datenaufbereitung, Datenbankpflege (Bevölkerungsentwicklung, Monitoring usw.);

- datengestütztes Fachcontrolling (Grundsicherung, Jugendhilfe), z. B. bei der Bestimmung interner Steuerungsfelder, beim Prozesscontrolling und der Begleitung des Veränderungsmanagements;

- Steuerung und Koordinierung aller bezirklichen Aktivitäten des Fachamtes sowie die damit verbundene Projektbegleitung (Zielbildung, Maßnahmeentwicklung, Informationsbedarfe klären, Kennzahlen bilden, Indikatoren definieren, Auswertungszeiträume festlegen, Projektcontrolling unterstützen, Ergebnisse analysieren usw.);

- Erstellung, Auswertung und Präsentation von Unterlagen zu komplexen Themen wie Benchmarking, Entwicklung und Fortschreibung von Kennzahlen, Entwicklung und Fortschreibung von Verteilerschlüsseln, z. B. bei Rahmenzuweisungen, Bearbeitung weiterer haushaltsrechtlicher Angelegenheiten (z. B. Ermittlung von Einsparpotenzialen und Einwerbung neuer Titel);

- Erarbeitung von Arbeitszielen des Dezernates unter Berücksichtigung der Steuerungsaufgaben des Fachamtes Sozialraummanagement, vorbereiten und begleiten von Veränderungsprozessen im Zuge des weiteren Aufbaus des Fachamtes;

- Begleitung der Steuerung und Koordinierung von bezirklichen Aktivitäten des Fachamtes;

▓ Weiterentwicklung der IT-Unterstützung; Erarbeiten von Antworten zu Großen und Kleinen Anfragen aus verschiedenen Gremien".
(vgl. http://www.hamburg.de/fachamt-personalservice/1587802/sr-fach controlling-a11-egr11.html)

Hinzu kommen der Ausbau und die Gestaltung des E-Governments[26] und der E-Democracy-Prozesse der Kommunalverwaltung und die Einbeziehung der Bürger in (kommunale) politische Entscheidungsprozesse. Das E-Governmnt gilt in diesem Zusammenhang als Grundlage und Beteiligungsverstärker für E-Democracy-Politik (Tabatt-Hirschfeldt 2009b, 157). Das E-Government ist die Voraussetzung für die Einbeziehung der informellen und formellen Hilfeprozesse, zum Beispiel die Einbeziehung des Freiwilligenengagements als Angehörigenhilfe, Selbsthilfeunterstützung oder Prozesse kommunaler Gesundheitsförderung durch Gesundheitszentren. E-Democracy-Prozesse bilden die Grundlage der Gestaltung selbstorganisierter Hilfe (Case- und Care-Aspekte). E-Government bietet die Grundlage zur Steigerung der persönlichen Wissensökonomie der Bürger und unterstützt die Einzelorganisation bei der übergreifenden Vernetzung der professionellen Dienste mit informellen Hilfen im intermediären Netzwerk der Sozialleistungen. Dabei kann eine sozialräumlich orientierte kommunale Leistungsverwaltung auf das Modell eines Multikanalvertriebes von Verwaltungsleistungen zurückgreifen, die für den Bürger mehrere Zugänge zur Verwaltung eröffnet:

E-Government
E-Democracy

1. das Internet mit allgemeinen Informationen (Basisinformationen),

2. der Betrieb von kommunalen Callcentern zur fachspezifischen Erstinformation,

3. die Schaffung mobiler Zugänge zu Verwaltungsleistungen durch das Prinzip mobiler und flexibler Angebote im Sozialraum (aufsuchende Soziale Arbeit),

4. die konsequente Einrichtung dezentraler Bürgerbüros in den Stadtteilen, welche vielfältige Leistungen vor Ort und aus einer Hand anbieten. (ebd., 159)

Dieser Multikanalbetrieb des E-Governments stellt ein Element des intermediären Sozial(raum)-Managements dar und erweitert die adressatengerechte Ansprache und Mitwirkung der Bürger (ebd.). Fachcontrolling, E-Government und E-Democracy-Prozesse verändern den Output-Charakter der Neuen Steuerungsmodelle und ermöglichen grundsätzlich den Wandel zu einem

---

26 „E" steht für „electronic" und in diesem Kontext für datengestützte Verwaltungsleistungen, zum Beispiel die online-Beantragung und online-Bearbeitung.

Modell einer bürgerorientierten und sozialräumlichen Outcome-Steuerung sozialer Dienste im Hinblick auf Wirkungsziele der Verwaltung.

In der Sozialen Arbeit kann jedoch nicht über Effektivität und Effizienz geredet werden, ohne die involvierten Interessen und Machtverhältnisse zu berücksichtigen. Im Rahmen der Mikropolitik des Sozialmanagements und der Governance-Debatte befassen sich u. a. Kessl oder Grunwald mit dem daraus resultierenden Blick auf die Machkonstellationen der Sozialwirtschaftsorganisationen. Grunwald kennzeichnet diesen Prozess des Managements des Sozialen als eine „Verschaltung zwischen Organisation und Gesellschaft" (Kessl 2009, 57; Grunwald 2009, 9). Der Glaube an die Steuerungsfähigkeit von gesellschaftlichen Prozessen durch Mittel der Organisationssoziologie wird durch Instrumente des betriebswirtschaftlichen Controllings ergänzt. Grunwald weist in diesem Zusammenhang auf die „Steuerungsgläubigkeit *Sozialtechnizismus* der 70er Jahre" hin. Der so genannte „Sozialtechnizismus" könnte bspw. durch Instrumente des Fachcontrollings im Kontext der sozialräumlichen Ausrichtung der Kommunalverwaltung und Sozialer Arbeit wieder an Bedeutung gewinnen. Dem Sozialtechnizismus soll deshalb methodisch bspw. durch systemisch rekursive Praktiken der Sozialen Arbeit und wiederum durch gesteigerten Bürgereinfluss und Bürgerbeteiligung begegnet werden. Dazu soll ein insgesamt höherer Selbststeuerungsgrad der Bürger in der Inanspruchnahme sozialer Dienste und Hilfen beitragen. Die organisatorische Voraussetzung hierzu ist der beschriebene sozialräumliche ausgerichtete Organisationswandel der Kommunalverwaltung von einer rein hoheitlich bestimmten Behörde zu einer moderierenden Bürgerverwaltung. Die Bürger als Klienten und/oder Kunden sozialer Dienstleistungen, u. a. Sozialer Arbeit, erhalten demzufolge datengestützten Zugriff auf die in ihrer Lebenswelt hergestellten Versorgungsangebote der professionellen Netzwerke der Sozialwirtschaft.

Positioning Theory Aus der Sicht der „Positioning Theory" verweist Kessl hingegen auf die nicht „markierbaren" Merkmale Sozialer Arbeit, d. h. „Lücken", die nicht durch zweckrationale Steuerung (Sozialmanagement) beherrschbar sind. Kessl betont den kritischen Beitrag einer machtpolitisch erweiterten ‚positioning analysis' als Basis für ein theoretisches Wissenschaftsverständnis Sozialer Arbeit und Sozialmanagement bzw. Management des Sozialen und deren darin enthaltenen Ungleichgewichte der Machtpositionen zwischen Bürger und kommunalem Sozialstaat. So sind in den personengebundenen Dienstleistungsbereichen der Sozialen Arbeit oft die Effekte unbeabsichtigter Handlungsfolgen Sozialer Arbeit nicht abgebildet (Kessl 2009, 57 f.; Grunwald 2009, 9 f.).

Finis-Siegler gibt diesbezüglich Ende der 90er Jahre für die Ambivalenz betriebswirtschaftlicher Steuerungsfolgen ein schönes Beispiel:

> „Der Rechtsanspruch auf einen Kindergartenplatz lässt sich z. B. durch eine Zunahme der Gruppengrößen realisieren. Ohne das Personal aufstocken zu müssen, können mehr Plätze angeboten werden. Das ist aus der Sicht der Kommunen eine effiziente Handlungsweise. Mit dem vorhandenen Input lässt sich mehr Output produzieren. Aus der Sicht der Erzieher und Eltern wird in diesem Vorgehen eher eine Verschlechterung der Situation gesehen werden, weil die Betreuungszeit pro Kind abnimmt und der pädagogische Output der Erziehungsleistung sinkt, während der betriebswirtschaftliche Output. bzw. Kosteneinsparung steigt" (Finis-Siegler 1997, 128).

Dadurch könnten die Qualität und die Wirksamkeit/der Erfolg der fachlichen Begleitung und der Outcome – die Nachhaltigkeit Sozialer Arbeit – sinken. Soziale Arbeit bedarf deshalb gemeinsamer, freiwillig verfasster klientenzentrierter Arbeitsbündnisse von professionellen Leistungserstellern (freien Trägern) und Verbraucherschutzorganisationen der Leistungsempfänger (Nutzern), die aus der Nutzerperspektive eine Machtbegrenzung – ein Gegengewicht zu institutionellen Definitionsmacht der Kommunalbehörden – darstellen. Das gilt insbesondere, wenn die Kommunalverwaltung auf politischer Ebene der Selbstverwaltungsgremien für die Formulierung der kommunalen und sozialpolitischen Inklusionsziele allein verantwortlich ist. Insoweit ist die Bürgerbeteiligung in der Zielformulierung zum Beispiel eines Bürgerhaushalts eine unabdingbare Voraussetzung für den Erhalt einer demokratischen Gestaltung kommunaler Sozialpolitik und einer bürgerschaftlich legitimierten Handlungsweise der Kommunalverwaltungen.

Der Bürgerhaushalt ist so eine Beteiligungsform, die die Rechenschaftslegung des kommunalen Haushalts und den Umgang mit Haushaltsmitteln mit Vorschlägen der Bürger konfrontiert, beteiligt und beratschlagt. Bürgerorientiertes Finanzmanagement ist die Grundlage für dieses Zukunftsmodell der intermediären Versorgung zwischen der Verwaltung, dem professionellen Netzwerk der Sozialwirtschaftsanbieter und den Hilfenetzwerken der Bürger. Die bürgernahe Gestaltungskontrolle bestimmt strategische Entscheidungsspielräume der Verwaltung demzufolge mit.

Ambivalenz betriebswirtschaftlicher Steuerungsfolgen

Bürgerhaushalt

5.1.5 Zusammenfassende Bewertung

Neue Steuerungsmodelle und ihre Modifizierungen waren und bleiben der Katalysator im Wandel der Kommunalverwaltungen. Die Neue Steuerung hat Reformen oft nur in der Form von Teilumsetzungen erbracht. Die Konzentration in den 90ern galt der Budgetierung sozialer Leistungserstellung, während der Focus nach der Jahrtausendwende auf den Ausbau der Controllinginstrumente gerichtet wurde. Trotz aller widersprüchlichen Teilumsetzungen war und sind die Neuen Steuerungsmodelle die Initialzündung für die Implementierung ökonomischer Instrumente in der Kommunalverwaltung von der Input- über die Output-Steuerung zur outcomeorientierten Wirkungssteuerung.

Implementierung ökonomischer Instrumente in der Kommunalverwaltung

Das Neue Steuerungsmodell hat die klassische Aufbauorganisation der Verwaltung im Wesentlichen beibehalten und die daraus resultierende Verwaltungsmodernisierung war hinsichtlich der Mitarbeiterbeteiligung und der Bürgerorientierung nur eine halbe Modernisierung. Die Aufbauorganisation der Kommunalverwaltung ist häufig auch weiterhin eine klassische Stab-Linien-Organisation und damit ist die Abschottung der kommunalen Hierarchieebenen geblieben. Der Wandel der Organisationskultur gegenüber dem Bürger wurde also nicht kommuniziert und konnte aus diesem Grund vom Bürger nicht nachvollzogen werden (Tabatt-Hirschfeldt 2009b, 32).

Das Neue Steuerungsmodell hat die Einführung der Kennzahlensteuerung im Rahmen der dezentralen Ressourcenverwaltung befördert. Zielvorgaben und Ergebnisziele müssen demnach zeitlich dimensioniert werden, was ohne Messung von Zielen nicht möglich ist. Bieker formulierte im Jahr 2004 die Erwartung wie folgt:

> „Die kontinuierliche Ausstattung der kommunalen Entscheidungsebenen mit relevanten Informationen auf der Grundlage der Steuerung über Indikatoren und Kennzahlensteuerung ist nicht neu. Sie bezieht sich im Bereich sozialer Dienstleistungen, etwa im SGB VIII, auf Grunddaten und Daten zum Leistungsumfang, z. B. betreute Familien oder Plätze in Tagesgruppen. Zusätzlich beziehen sich diese Kennzahlen auf die Wirkung der ambulanten Erziehungshilfe. Dazu gehören die Zahl der Übergänge von ambulanter zu stationärer Hilfe, die durchschnittliche Wartezeit von der Entscheidung bis zum Hilfebeginn und die erfolgreiche Beendigung des ambulanten Erziehungshilfeangebotes. Diese sind wirkungsorientierte Kennziffern. Sie werden durch Finanzkennzahlen, d. h. den Kosten je Fall und Hilfeform, versehen. Das führt dazu, dass in regelmäßigen Abständen – z. B. in Form von Quartalsberichten – absolute und relative Fallzahlen sowie qualitative, harte und weiche Kennzahlen – z. B. die Attraktivität eines Stadtteils ausgedrückt in der Zu- und Wegzugsquote – kombiniert werden. Diese Kennziffern sind Voraussetzung für eine Weiterentwicklung der Neuen Steuerung hin zu wirkungsorientierter Steuerung sozialer Dienstleistungen, insbesondere der Sozialarbeit."
> (vgl. Bieker 2004, 117 ff.)

Einen aktuellen Versuch der wirkungsorientierten Verwaltungssteuerung führt gegenwärtig die Stadt Kiel durch, die derzeit bundesweit als Vorreiter der wirkungsorientierten Verwaltungssteuerung gilt und diese bis 2011 verbindlich einführen möchte (Brünger/Storms FAZ Nr. 278, 30.11.2009). Übergeordnetes Ziel des wirkungsorientierten Kommunalhaushaltes ist die Neuordnung der kommunalen Finanzpolitik verbunden mit dem Prinzip der intergenerativen Gerechtigkeit. Mittel- und langfristige Ziele der Kommune sollen für alle Bürger in ihren intergenerativen Wirkungen und hinsichtlich der Vereinbarkeit von Beruf und Familie nachvollziehbar, messbar und verbindlich gemacht werden. Danach darf eine Generation nur so viele Ressourcen verbrauchen, wie Erträge in derselben Finanzierungsperiode erwirtschaftet werden, um nachfolgende Generationen nicht zu belasten. Die Abkehr von der Kameralistik hin zur Doppik, dem kaufmännisch ausgerichteten Rechnungswesen, verbindet Aussagen zum Ressourcenverbrauch/Ressourcenaufkommen mit der Vermögensbilanz inkl. Abschreibungen, Rückstellungen bspw. für Investitionen und der Bewertung der Eigenkapitalausstattung der Kommune. Wirkungsorientierte Steuerung setzt die vorhandenen Mittel dort ein, wo sie am dringendsten gebraucht werden und ihre beste Wirkung entfalten (ebd.).

Die Beurteilung von Wirkungen ist eine schwierige Bewertungsaufgabe. Dessen ungeachtet fordern Brünger/Storms, um das Inklusionsziel „Familienfreundlichkeit" herzustellen, eine Abkehr von lediglich inputorientierten Steigerungsgrößen zum Beispiel hinsichtlich der Platzzahl in Kindertageseinrichtungen (ebd.). Vielmehr soll durch den wirkungsorientierten Haushalt ein Angebot erstellt werden, das zum Beispiel die täglichen Öffnungszeiten von Krippen so gestaltet werden, dass die angestrebte Wirkung von Vereinbarkeit von Beruf und Familie tatsächlich erreicht werden kann (ebd.). Ein wirkungsorientierter Haushalt erfordert von den kommunalpolitischen Entscheidungsebenen der Ausschüsse und Selbstverwaltungsorgane nicht nur Leistungsvereinbarungen im Hinblick auf Qualität, Art und Umfang der Leistungen, sondern zusätzlich die vertragliche Formulierung von Wirkungszielen der Kommunalpolitik und den Fachbereichen der Verwaltung, wie die Ziele zu erreichen sind, und Aussagen darüber, welche Verantwortlichkeiten für Zielerreichung vorliegen und welcher Zielerreichungsgrad angestrebt wird (ebd.).

Sowohl diese Formen der Weiterentwicklung des Kontraktmanagements und des controlling-zentrierten Umbaus der Kommunalverwaltungen und anderer Kostenträger der Sozialen Arbeit, als auch „radikale Umbaumodelle" der wirkungsorientierten Finanzierung sind in der bundesweiten Praxis Sozialer Arbeit bislang kaum umgesetzt. Der wissenschaftliche Diskurs im sozialpädagogischen Raum hierzu ist heterogen, unübersichtlich und bislang widersprüchlich (vgl. Kettiger/Schröder 2001; Oelerich/Schaarschuch

*Wirkungs-
orientierte
Verwaltungs-
sieuerung*

2005). In der Praxis der Leistungssteuerung Sozialer Arbeit sind bisher nur wenige wirkungsorientierte Leistungsvereinbarungen unterzeichnet worden, z. B. im Jugendhilfeverbund Blinkfeuer des DRK-Kreisverbandes Rostock oder in der Leverkusener Altenhilfe (vgl. Frey 2008, 113 und http://www.wirkungsorientierte-jugendhilfe.de/seiten/Lokale-Partner/Tandems/konzepte/wojhkonzept_tandem_rostock.pdf, 30.01.2009).

Wirkungsorientierte Zielvereinbarungen

Wirkungsorientierte Zielvereinbarungen zwischen den Leistungserstellern und Kostenträger können, so die zentrale Aussagen der Protagonisten dieses Ansatzes, eine Stärkung der Klienten als Nutzer sozialer Dienste darstellen, indem die Wirkungen vom Endverbraucher her als „wirksam" oder „weniger wirksam" beurteilt werden. Wirkungsorientiertes Steuern bedeutet zu überprüfen, ob die Wirkung(en) tatsächlich erzielt werden bzw. worden sind. Daher ist es für die Kommune unwichtig, wie (d. h. unter Einsatz welcher Ressourcen) die jeweilige Wirkung erzielt wird. Hauptsache, der Erfolg ist gewährleistet. Auf eine grundsätzliche professionelle Klärung, ob Netzwerkhilfe oder Einzelhilfe und auf welche Art der Erfolg herbeigeführt wurde, wird z. B. im Leverkusener Modell ausdrücklich verzichtet. Es ist nicht mehr von Interesse, ob ein Mahlzeitendienst oder eine Nachbarin die Versorgung der Nutzer und die damit verbundene Sicherheit gewährleistet. Entscheidend ist nicht das wie, sondern ob eine beabsichtigte Wirkung erzielt werden konnte (http://www.bmfsfj.de/bmfsfj/generator/RedaktionBMFSFJ/Abteilung3/Pdf-Anlagen/, 30.01.2009).

Nachhaltigkeit sozialer Dienstleistungen

Auf die Beschreibung eines fachlich wirksamen Herstellungsmodus und die methodische (Selbst)Kontrolle der Zielerreichung kann im Sinne der Nachhaltigkeit sozialer Dienstleistungen jedoch nicht verzichtet werden. Wirkungsorientierte Verträge, der oben beschriebenen Art, können zur unreflektierten Instrumentalisierung von Laienarbeit und so zur Disqualifizierung professioneller sozialer Dienste führen. In dieser radikal betriebswirtschaftlichen Auslegung der Wirkungssteuerung als Ergebnissteuerung sozialer Leistungserstellung werden die Dimensionen der Prozess- und Strukturqualitäten Sozialer Arbeit nicht mehr benannt, da nur das vorher festgestellte Wirkungsergebnis zählt.

Zentrales Kennzeichen für professionelle erbrachte Fachlichkeit gegenüber der Laienarbeit ist die theoriegeleitete, prozessorientierte und nachhaltig wirkende Handlungskompetenz Sozialer Arbeit. Soziale Arbeit wird nur im Prozess mit dem Klienten wirksam, indem die Ziele der jeweilig individuellen Lebenspraxis des Nutzers Sozialer Arbeit akzeptiert werden und gemeinsam bestimmte Arbeitsziele erreicht bzw. verändert werden (Familienhilfe, Schuldnerberatung). Prospektive, d. h. im Vorhinein konstruierte, Zielsteuerungen und schon gar prospektive, wirkungsorientierte Zielformulierungen der Leistungserstellung reichen allein nicht aus, sondern sie müssen durch Kriterien der reflexiven Leistungserstellung und Leistungsbewertung im performativen Gestaltungsprozess der Hilfekonstruktion reflektiert und modifiziert werden. Insoweit bleibt Fachlichkeit die empirische Basis einer professionellen Sozialen Arbeit, die diesen Namen auch verdient. Die Debatten um die wirksamkeitsorientierte Steuerung bringen Bewegung in die Auseinandersetzung über die gemeinsame Gestaltung der Einschätzung dessen, „was hier das soziale Problem/Thema ist" (Assessment) und wie gemeinsam mit dem Klienten formulierte Hilfeziele in Hilfeplanungsprozessen zur „Lösung" führen können. In der gegenwärtigen Professionalisierungsdebatte Sozialer Arbeit ist in eine erneute Auseinandersetzung über die Qualität der Netzwerkangebote und deren Fachlichkeit im Hinblick auf die Moderation der Sozialen Arbeit im Sozialraum mit Methoden der Netzwerkarbeit in Gang gesetzt worden (vgl. Budde/Früchtel/Hinte 2006; Reutlinger/Kessl/Deinet 2007).

Wie von Martens/Thiel/Zanner u. a. Anfang der 90er Jahre gefordert, ist aus der Kommunalverwaltung kein Gesamtunternehmen bzw. Konzernmodell geworden, lediglich in einigen Segmenten der Kommunalverwaltung, z. B. im Bereich des Finanzmanagements und Controllings, deutet sich eine diesbezüglich relevante Umsetzung an. Durch die Installation der beschriebenen Teileelemente zum Neuen Kommunalen Finanzmanagement oder die Einrichtung von fachspezifischem Controlling wurden die Voraussetzungen geschaffen, um einen wirkungsorientierten Haushalt einzurichten und für die Gestaltung der Verträge mit den externen Leistungserstellern den freien Trägern der Sozialwirtschaft verpflichtende Leistungskontrolle abzuverlangen. Die Quasimarktorientierung im Sozialwirtschaftssektor nimmt demzufolge zu und befördert die weitere gegenseitige Durchdringung von Markt und Staat im Sozialwirtschaftssektor. Sie verstärken den Trend zur produkt- und dienstleistungsorientierten Herstellung sozialer Hilfen und fördern ausschreibungsbezogene Finanzierungsformen wie die Fachleistungsstunden, Fallbudgetbildungen und die gesetzlich geforderte Einrichtung von Qualitätsmanagementsystemen und detaillierte Leistungsbeschreibungen. Der beschriebene Quasiwettbewerb wird die Anbieterkonkurrenz weiter steigern!

Die Grenzen der Markfähigkeit sozialer Hilfe bzw. sozialer Dienstleistungen liegen hingegen und notwendigerweise im gesetzlich garantierten Anspruch auf Teilhabe und Inklusion (Horcher 2009b, 252). Soziale Dienstleistungen sind diesbezüglich nicht marktfähig im Verständnis der klassischen Wirtschaftswissenschaften. Marktfähigkeit setzt im volkswirtschaftlichen und betriebswirtschaftlichen Verständnis auf die permanente Vermehrung des Leistungs- und Güterverbrauchs (Wachstum) mit Zielen der Kundenbindung und der daraus entstehenden Gewinnerwirtschaftung. Das Ziel der bedarfswirtschaftlichen Organisationen ist vorrangig die Lösung sozialer Probleme und damit verbunden die Senkung der Klientenzahlen (eben keine „Kundenbindung"), welche auf der Grundlage sozialpolitisch gesteuerter Inklu-

Grenzen der Markfähigkeit sozialer Dienstleistungen

sionsprogramme mit dem Ziel der Erhöhung des Autonomiegrades der Klienten durchgeführt werden (Horcher 2009b, 252).

Nachfragemacht der Klienten

Der Versuch der Steigerung der Marktfähigkeit sozialer Hilfe/Dienstleistungen führt demnach zu sehr ambivalenten Ergebnissen: So kann mit der Stärkung der Wunsch-Wahlrechte die Nachfragemacht der Klienten und der Wettbewerb der Anbieter gesteigert und der Anbieterwechsel erleichtert werden, was allerdings zu erheblichen Verwerfungen und Verdrängungen unter den Trägern und Anbietern der Sozialwirtschaft führen würde und wiederum die Sicherstellung und Daseinsvorsorge durch soziale Hilfeangebote nach §§ 1 und 17 des SGB I als sozialstaatliche Prinzipien in Frage stellt. Auch die Einrichtung von einem unabhängigen „Sozial TÜV" als Verbraucherschutz und Beratung zum Anbieterprofil, z. B. im Kontext der Pflegestützpunkte, wird zwar die Autonomie der Klienten als Kunden der Sozialwirtschaftsanbieter weiter stärken, aber letztlich nur eine kosmetische Erscheinung bleiben, solange die tatsächliche Marktfähigkeit sozialer Güter auf die Angebotsseite beschränkt ist. Insoweit gilt es über neue Modelle nachzudenken und solche zu erproben, die einerseits die Wettbewerbsfähigkeit der Sozialwirtschaftsorganisationen erhöhen und andererseits in diesem Rahmen die Wunsch- und Wahlrechte für Menschen steigern. Inwieweit wirkungsorientierte Modelle diesen Ansprüchen tatsächlich genügen und sich in der Sozialen Arbeit flächendeckend durchsetzen können, wird die Zukunft weisen. Ein weiterer Schritt in die Richtung der wirkungsorientierten Steuerung sind sozialraumorientierte Strategien des Sozial(raum)managements, z. B. der Ausbau eines Leistungsgrenzen überschreitenden und intermediär gestalteten Case Managements auf der Systemebene der Sozialwirtschaftsorganisationen.

6 Sozialraummanagement – Modelle und Strategien zur Modernisierung der kommunalen Sozialwirtschaft

6.1 Sozialraumorientierte Hilfeorganisation durch Sozial- und Case Management

Die Sozialraumorientierung zielt auf die sozialräumlichen und organisationsübergreifenden Dimensionen Sozialer Arbeit, die durch die Perspektiven der Sozialwirtschaft, des Sozialmanagements und des Case Managements auf die bereits existierenden Ressourcen der öffentlich dominierten Infrastrukturebene und des informellen Sektors zurückgreifen und diese effektiver und effizienter nutzen und vernetzen.

Der Ursprung der Sozialraumorientierung liegt in der Jugendhilfe und der Entwicklung integrierter Formen dezentraler Sozialer Arbeit zum Beispiel im Allgemeinen Sozialen Dienst (ASD). Ausgehend von einer kritischen Bewertung der Wirkungen Sozialer Arbeit, insbesondere ihrer spezialisierten Angebote, wurde die Integration von fallspezifischer, fallübergreifender und fallunspezifischer Sozialer Arbeit eingefordert (stellvertretend dafür stehen u. a.: Hinte/Littges/Groppe 2003; Hinte/Lüttringhaus/Oelschlägel 2001; Budde/Früchtel/Hinte 2006). Kritik an der bisherigen Arbeitsweise wurde an der Spezialisierung und „Verinselung" der Einzelangebote und der daraus resultierenden Angebotsvielfalt geübt. Weitere Kritikpunkte sind die Versäulung und Verrechtlichung der Sozialen Arbeit, die Herrschaft des Einzelfalls und die Dominanz der Intervention über die Prävention (Luckey 2009, 149). Der erhöhte Legitimationsdruck und Dokumentationsaufwand verursacht durch Evaluations- und Qualitätssicherungsanforderungen der NSM verknappen die Zeit für klientenbezogene Arbeit. Schließlich verändern die Entwicklung der individuellen Bedarfe der Klienten und der Kostendruck auf Sozialwirtschaftsanbieter die Qualität und Quantität der Angebote Sozialer Arbeit. Die Wiederentdeckung der Sozialraumorientierung gründet in der klassischen Gemeinwesenarbeit, die bislang als Teilgebiet des Sozialmanagements vernachlässigt wurde (ebd., 150). Weitere theoretische und methodische Anregungen für Sozialraumorientierung und Sozialmanagement kommen aus der theoretischen Perspektive der Lebenswelttheorie und den Inklusions-

Sozialraum-orientierung

diskursen (Thiersch 1992; Boenisch 1985; Scherr 2002) und aus der Dienstleistungsdebatte (Bauer 2001; Schaarschuch 2003; Galuske/Thole 2006; Bogumil/Holtkamp/Kißler 2001) und der Auseinandersetzung um das Neue Steuerungsmodell (u. a. Naschold et al. 1998; Trube 2001).

Ansatz einer vergesellschaftenden Sozialpolitik

Durch die demographische Entwicklung wurde in den 90er Jahren der Ansatz einer vergesellschaftenden Sozialpolitik verfolgt.[27] Auf Grundlage des kommunitaristischen „Modells der Zivilgesellschaft" wurde vergesellschaftete Sozialpolitik nicht als Sparprogramm, sondern als qualitative Weiterentwicklung des Sozialstaates zum herkömmlichen öffentlichen Sozialleistungssystem erörtert (Brinkmann 1998, 14 ff.). Das Konzept der Zivilgesellschaft führt die getrennten Bereiche von Staat und Gesellschaft näher zueinander. Das gilt insbesondere für die Bereiche Zivilgesellschaft und Sozialpolitik, die durch kommunitaristische Vertreter als vergesellschaftete Sozialpolitik eingefordert wurden (Brinkmann 1998, 18 f.).

Neue Wohlfahrts-arrangements

Die Implementation eines Sozial(raum)managements ermöglicht neue Wohlfahrtsarrangements. Neue Arrangements der vergesellschaften kommunalen Sozialpolitik erfordern auch neue Trägerkonstruktionen, welche das klassische korporatistische Modell der drei Trägertypen privatgemeinnützige, privatgewerbliche und staatliche Anbieter ergänzen. Die Aufwertung des Sozialraumes gegenüber der reinen Einzelfallhilfe auf Grundlage der bedarfs- und benutzerorientierten regionalen Infrastrukturentwicklung zielt auf ein bürgerorientiertes Wissensmanagement, statt der weiteren Versäulung und Abschottung der einzelnen Hilfesysteme durch sozialrechtliche Leistungsbestimmungen. Die beteiligungsfreundliche Bürgerkommune und deren Finanzierung muss durch ein Sozialmanagement intermediär ausgestaltet und durch folgende Konzepte befördert werden:

- Gestaltung von Lebensräumen durch Sozialmanagement und Managing Diversity,[28]

- innovative Trägerstrukturen und einrichtungsübergreifende Arbeitsformen durch vernetzte Steuerungsprozesse,
- Flexibilisierung der Hilfen,

- ganzheitliche Wirkungsforschung, QM-Konzepte und Controlling,

---

27 Kommunitaristisch inspirierte Theorieansätze der Sozialpolitik, u. a. von Amitai Etzioni, Michael Walzer, Chris Barber.

28 Managing Diversity organisiert den Umgang mit sozialen Konstrukten der Verschiedenheit und Gleichbehandlung hinsichtlich der ethnischen Herkunft, Religion, Weltanschauung, Geschlecht, Alter, Behinderung und der sexuellen Identität. Auf der sozialrechtlichen Ebene der Gleichstellung bspw. der Antidiskriminierungsgesetze gab es schon in den 70ern betriebliche Vorbilder in den USA bezüglich der Integration und Gleichbehandlung schwarzer Bürger in Unternehmen und Organisationen (http://www.ikud-seminare.de/content/view/33/36, 20.5.2009).

▦ Entwicklung von Modellen neuer Finanzierungsressourcen.
(Luckey 2009, 152)

Ein Konzept hierfür könnte die intermediäre Steuerung sozialer Hilfen und Leistungsarten im Netzwerk des kommunalen Sozialraums sein. Die Nutzung der einzeleinrichtungsübergreifenden Angebote und Netzwerke erfordert diesbezüglich die Zusammenführung fallunabhängiger und fallabhängiger Leistungsarten und deren Finanzierung durch Formen der intermediären Steuerung im Sozialraum durch das Verfahren des Case Managements.

6.2 Case Management – ein Modell der intermediären Steuerung der Leistungsarten in der kommunalen Sozialwirtschaft

Eine Anwendung und Vertiefung der Formen der Wirkungskontrolle auf der Grundlage von Zielvereinbarungen auf der Nutzerebene und gemeinsamer Konstruktion von Hilfeleistungen durch professionell gestaltete Sozialarbeit der Bürger/Nutzer im Netzwerk professioneller und informeller Hilfestellung ist das Case Management. Case Management ist eine klienten- und patientenzentrierte Arbeitsweise und Perspektive im Kontext des Sozial- und Gesundheitssystems, welche die Leistungen der Nachfrager und Hilfesuchenden gemeinsam definiert, herstellt und stützt. Insoweit kann Case Management keine einseitige, ökonomisch verkürzte Organisationseinheit der Kostenträger sein; obwohl auch diese aufgrund der hohen Passgenauigkeit und Wirksamkeit von dieser Art der Hilfeproduktion profitieren. Case Management kann die materielle Grundlage sozialraumorientierter Hilfeangebote verbessern und die Hilfeangebote hinsichtlich der Feinsteuerung auf der Sozialleistungsebene justieren. Case Management ist darüber hinaus im besten Sinne Sozialer Arbeit reflexive Klienten- und Organisationsberatung und zugleich Förderung und Infrastrukturentwicklung zur Selbstorganisation der Hilfesuchenden, wenn diese denn gewünscht ist.

So sind in der integrierten Versorgung oft mehrere Ärzte und Heil- und Hilfsberufe an der Behandlung chronischer Erkrankungen beteiligt (vgl. §§ 140a-d). Es kann dadurch zu Abstimmungsproblemen und Anreizverzerrungen kommen. Traditionelle Lösungen und standardisierte Behandlungspfade, Fallkonferenzen etc. stoßen bei langen und variablen Verläufen mit rekursiven Elementen der Behandlung an ihre Grenzen. Für solche multiplen Indikationen kann z. B. ein Case Manager eingesetzt werden, der im-

---

Abbildung 1-16

Case Management als Kontraktmanagementmodell am Beispiel der Kommunalverwaltung. Quelle: Brinkmann 2006, 9

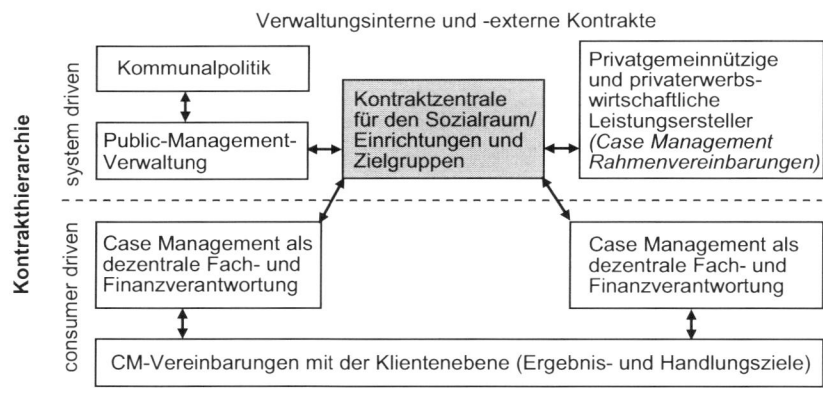

mobile Patienten regelmäßig ambulant besucht oder mobile Patienten in seine Sprechstunde einlädt.

Case Manager

Case Manager gestalten im Idealfall gemeinsam mit den Patienten und Klienten und den an den Maßnahmen beteiligten Therapeuten und sozialen Diensten den gesamten Prozess der Leistungserstellung (Koproduktionscharakter des Case Managements, z. B. im Hinblick auf die formulierte Zieldimension der „Steigerung der Lebensqualität"). Für Patienten und die an der integrierten Versorgung (IV-Vertrag) beteiligten Leistungserbringer spielt das Case Management eine zentrale Rolle für die gesundheitliche Versorgungsqualität in der Zusammenarbeit mit den sozialen Hilfesystemen (vgl. Evaluationsergebnisse IV-Modell „Endoprothetik Münster"). Hinsichtlich des präventiven Erfolges der sozialräumlichen Kontraktsteuerung fehlt es bislang allerdings noch an sozialökonomischen Bilanzen der Effizienz des Case und Care Managements. Case Management verlagert die Maßnahmen der dienstleistungsorientierten Prozesssteuerung der Organisationsebene auf die Subjektebene des Sozialmanagements der Fallsteuerung in professionellen und informellen Hilfenetzwerken. Case Management kann soziale Hilfe und Dienstleistung über die Überprüfung der rechtmäßigen Vergabe der Leistung hinaus zur Einhaltung gegenseitig beabsichtigter und vereinbarter Wirkungsziele auf der Fall- und Systemebene führen (vgl. Abb. 1-16).

Case Management verbindet die Fall- und Systemsteuerung der Hilfe

Das Case Management verbindet demzufolge die Fall- und Systemsteuerung der Hilfe mit oder ohne übergeordnetes Kontraktmanagement miteinander. Die Einordnung des Case Managements in eine sozialpolitische/sozialökonomische Kontrakthierarchie der Leistungsverträge und Zielvereinbarungen der Sozialwirtschaftsorganisationen, z. B. organisiert durch die Kommunal-verwaltungen auf der Systemebene[29] – ggfs. mit einem eigenen Budget aus-gestattet –, wäre für die individuelle Hilfeplanung mit oder ohne nachhalti-gen Wirkungsnachweis ebenso so wichtig, wie die dadurch entstehende Qualitätsbewertung der Netzwerkstruktur sozialer Hilfen. Zielvereinbarun-gen sind Kontrakte, z. B. ergebnisorientierte Leistungsaufträge. Es handelt sich in der Regel um zeitlich begrenzte Kontrakte, welche die zu erbringen-den Leistungen (Output) und die zu erbringenden Wirkungen (Outcome) zwischen mindestens zwei Kontraktpartnern vereinbaren. Die Zielvereinba-rungen werden zudem auf unterschiedlichen Hierarchieebenen abgeschlos-sen und zwar, um Ziel, Ausstattung und akteursbezogene Leistungsprofile (wer, womit, wann und wozu) zu beschreiben. Vereinbarungen, die nicht mehr auf einem Ordnungs- oder Unterordnungsverhältnis beruhen, werden, wenn auch nicht einheitlich, zu Leistungsvarianten des Kontraktmanage-ments.[30]

Hinzu tritt das intermediäre Engagement der kommunalen Leistungsver-waltung, welche die Ziele und Wirkungen Sozialer Arbeit zum Gegenstand der Kommunikation mit allen Beteiligten insbesondere der Bürgerschaft ma-chen. „Darin liegt die Motivation und die gemeinsame Zielbildung zwischen allen am Prozess Beteiligten, von den politischen Entscheidungsträgern bis hin zu den jungen Menschen, die unsere Angebote annehmen." (Jutta Weiss, Kommunale Kinder-, Jugend- und Familienhilfe, Frankfurt am Main, http://www.bmfsfj.de/bmfsfj/generator/Redaktion, 20.06.2009).

Wie schon in der Entwicklung der Neuen Steuerung zur sozialräumlichen Leistungsverwaltung angelegt, kann das Prinzip der zielbildenden Vertrags-steuerung durch das Verfahren des Case Managements von der Systemebe-ne auf die Klientenebene erweitert werden. Erst dieser Schritt macht die Effektivitäts- und Effizienzsteigerung des professionellen, personenbezoge-nen Managements in sozialen Dienstleistungsorganisationen möglich. Eine Interpretation der Kontraktsteuerung durch ein Case Management wäre der Anfang vom Einstieg in eine intermediäre „Managed Case und Care Organi-sation sozialer Dienstleistungen". Mögliche Auswirkungen auf die regional-sozialräumlich gestaltete Marktentwicklung durch das Case Management werden in Tabelle 1-8 zusammengefasst.

Marktentwicklung durch Case Management

---

29 Es sind insbesondere auch unabhängige und übergreifende Trägerkonstruktionen denkbar und wünschenswert, die eine alleinige öffentlich-rechtliche Verteilungs-dominanz vermeiden.

30 Vgl. hierzu die Ausführungen zu Leistungsverträge und Leistungsvereinbarungen in Teil II, Abschn. 2.1.3.3.

Tabelle 1-8	*Marktentwicklung durch Case Management?*
	▨ Setzt eine Stärkung des Quasimarktes durch Vertragssteuerung voraus (Organisations- und Klientenebene).
	▨ Verstärkung der Leistungstiefensteuerung zur Unterstützung familiärer Hilfen und Netzwerke.
	▨ Braucht den Ausbau einer unabhängigen CM-Struktur, z. B. durch priv. Stiftungsmodelle.
	▨ Führt zu einem erhöhten Bedarf an Controllinginstrumenten zur Beurteilung von Netzwerkwirkungen.
	▨ Benötigt die Verbesserung der Beteiligungsrechte durch ein verbessertes Wunsch- und Wahlrecht der Nutzer.
	▨ Case Manager sind in diesem Sinne „Agenten" für beste Lösungen im Hilfesystem im Auftrag der Klienten.

Mehr noch als im Krankenhaussektor und im Modell der integrativen Versorgung müsste massiv in eine flächendeckende, sozialpolitische, einrichtungsübergreifende „intermediäre Managed-Case/Care-Funktion" mit externen freigemeinnützigen und erwerblichen Anbietern investiert werden. Zu dem Sozialleistungsgrenzen überschreitenden, intermediären Gestaltungsbedarf der Sozialleistungen kann zukünftig ein entsprechender intermediärer Ansatz neuer Finanzierungsformen der Sozialwirtschaft (IFM) hinzutreten, der mit den etablierten Finanzierungssystemen (Subvention, Leistungsentgelte) der Sozialleistungsträger kompatibel fungiert. Diese inflexiblen Finanzstrukturen der Träger und Unternehmen der Sozialwirtschaft werden durch Formen der intermediären Finanz- und Leistungsgestaltung ergänzt und verbessert werden. Hier gilt es, zukünftig Finanzierungsmodelle zu schaffen, welche die Herstellung Sozialer Arbeit produktiver gestalten und geeignete Finanzierungsformen der öffentlichen Sozialleistungsträger mit den privaten Finanzformen kombinieren (vgl. Tabelle 1-8).

Intermediäre Finanzierungsmodelle (IFM)

Intermediäre Finanzierungsmodelle (IFM) stellen eine konzentrierte Organisationsreform fallbezogener und fallungebundener Leistungsartensteuerung auf der kommunalen Sozialwirtschaftsebene dar. IFM haben zum Ziel, einzelne Leistungstatbestände des Sozialrechts zu überschreiten und sinnvoll, d. h. die fachliche Aufgabe Sozialer Arbeit stützend, Finanzmittel der Regelfinanzierung mit privaten und gemeinwesenökonomisch hergestellten Finanzmitteln zu ergänzen. Durch die zunehmende Ausgestaltung der Beziehungen zwischen Leistungs-/Kostenträger und Trägern/Anbietern über einen Kontrakt der Leistungsvereinbarungen und Leistungsverträge, steigt

Intermediär gestaltetes Finanzmanagement im kommunalen Sozialraum.

Abbildung 1-17

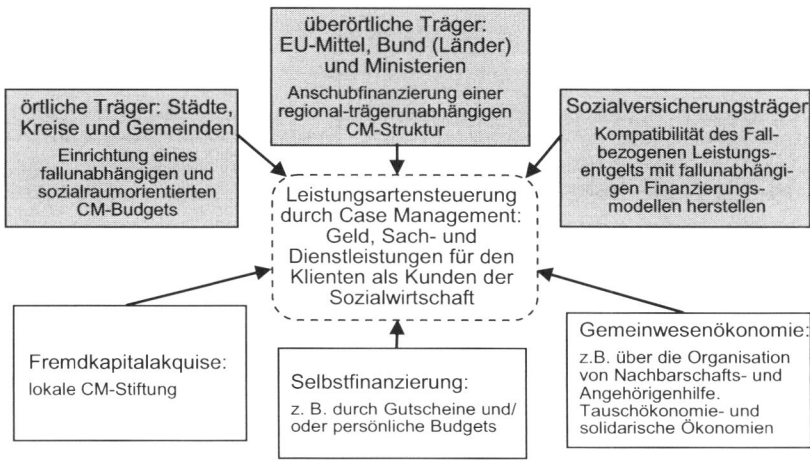

die Realisationschance und Ausweitung der Leistungsgrenzen überschreitende Modelle (vgl. Abb. 1-17).

Das Modell eines intermediär gestalteten Finanzmanagements im kommunalen Sozialraum basiert auf dem Management in der Sozialwirtschaft, umfasst über das Sozialmanagement einzelner Organisationen hinaus das gesamte Spektrum sozialwirtschaftlicher Organisationen und deren mehrwertige, sozialprofessionelle wie betriebswirtschaftliche Managementlogiken zur intermediären Gestaltung, zumeist lokaler Wohlfahrtsarrangements, durch die kommunale Leistungsverwaltung. Dazu müssen die Organisationsmuster lernfähig und wissensbasiert gestaltet werden. Dies sind Voraussetzungen für die Kostenträger und Leistungsersteller der Sozialwirtschaft, um den gegenwärtigen Herausforderungen einer inklusionsorientierten Sozialpolitik zu entsprechen. Das Leistungsgrenzen übersteigende, intermediäre Modell der Finanzierungen ist ein Konzept, um den Mitteleinsatz und nachhaltige Wirkung sozialer Hilfen zu verbessern. Der wirkungsorientierte Haushalt erhöht die inhaltliche und strategisch-politische Anforderung der Selbstreflexion der Funktionsträger in Verwaltung und Politik und benötigt aus machtanalytischer Sicht mehr denn je die Legitimation durch die Bürger. Finanzierungsformen haben erheblichen Einfluss auf den Wirkungsgrad und die Ausgestaltung der Hilfeangebote. Die Designs der derzeit geltenden, sozialrechtlich bestimmten Finanzierung der Sozialwirtschaftsorganisationen werden in Teil II unter dem Titel „Finanzierung der Sozialwirtschaft" vorgestellt.

Teil II

Finanzierung der

Sozialwirtschaft und

der Sozialen Arbeit

1 Finanzierungsfunktionen der öffentlichen Träger

Rechtsgrundlage für die Einnahmen – und Ausgaben – der öffentlichen Hand sind die Rechtsmaterien des Systems der sozialen Sicherung und andere Vorschriften des öffentlichen und privaten Rechts. Zu nennen sind die Sozialgesetzbücher SGB I–XII, das Bürgerliche Gesetzbuch (BGB), das Staats- und Verfassungsrecht, das Grundrecht, die Landesverfassungen (Art. 106 GG), der Einigungsvertrag, das Steuer- und Abgabenrecht und das föderale Organisations- und Verwaltungsrecht (Papenheim et al. 2006, 15).

Die privatgewerblichen wie die privatgemeinnützigen Anbieter und Träger der Sozialwirtschaft sind auf die Refinanzierung durch die öffentlichen Sozialleistungsträger (Kostenträger) angewiesen und das Spektrum ihrer Leistungsangebote ist davon abhängig. Insoweit nehmen die öffentlichen Finanzierungsformen für die freien Träger der Sozialwirtschaft in diesem Buch den größten Raum des Teils II „Finanzierung der Sozialwirtschaft" ein, ohne die wachsende Bedeutung der Eigenmittelwirtschaftung, der Fremdakquise sowie der Gemeinwesenökonomie zu vernachlässigen.

1.1 Bund und Länder

Die Haushalte des Bundes und der Länder sind in der Regel über Steuereinnahmen refinanziert (Dahme et al. 2008, 115). Wesentliche Grundlagen ergeben sich aus den nachfolgenden Rechtsgebieten und der Praxis des Verwaltungshandelns, dem Staats- und Verfassungsrecht, dem Grundgesetz, den Landesverfassungen, dem Einigungsvertrag sowie den Landesverwaltungsrechten und dem Kommunalrecht. Aufgabe des Bundes ist es, für den Bürger, auch im Sinne der Daseinsvorsorge, nach 72 III für gleichwertige Lebensverhältnisse einzutreten, damit die Rechts- und Wirtschaftseinheit im Sinne des Gesamtstaates gewährleistet ist. Demgegenüber gewinnt das Recht der Europäischen Gemeinschaft an Bedeutung, welches zum Teil andere wirtschaftsliberalere Prämissen der Wirtschafts- und Sozialeinheit bestimmt, die es im supranationalen Kontext über die Rechtsinstanzen des Bundesverfassungsgerichts sowie des Europäischen Gerichtshof auszutarieren gilt. Die Europäische Union bietet, wie Bund und Länder auf deutscher Seite, wenig eigene soziale Dienstleistungen an.

1.2 Kommunen und Gemeinden[31]

Angelegenheiten der örtlichen Gemeinschaft

Nach Art. 28 II des Grundgesetzes obliegt es vorrangig den Gemeinden, alle „Angelegenheiten der örtlichen Gemeinschaft im Rahmen der Gesetze in eigener Verantwortung zu regeln" (Selbstverwaltungsgarantie und eigenes Hoheitsrecht der Kommunen/Gemeinden). In den jeweiligen Landesverfassungen und Gemeindeordnungen sind weitere Bestimmungen zum Selbstverwaltungsrecht der Kommunen geregelt. So liegt die Gesetzgebungskompetenz für die „Tätigkeit der Gemeindeorgane" bei den Ländern und basiert auf dem Kommunalrecht, Art. 70 ff. GG. Das Rechtskriterium „alle Angelegenheiten" ist ein offener Rechtsbegriff, der die „Allzuständigkeit" der Kommunen für die Aufgaben der örtlichen Gemeinschaft im Rahmen konkurrierender Gesetzgebung[32] bzw. Gesetzgebungshierarchie regelt. Die Kommunen werden von Bund und Ländern zur Erfüllung und Umsetzung sozialer Gesetzgebungen herangezogen (Pflichtaufgaben). Bundesgesetze, insbesondere die Sozialgesetze, der kommunalen Daseinsfürsorge und deren Durchführungen sind bis ins Detail geregelt, so dass hier nur ein begrenzter Ermessensspielraum für die Ausführung der Leistungsgesetze gegeben ist und dadurch z. B. in NRW 90 % aller kommunalen Aufgaben durch Gesetze, Verordnungen und Erlasse geregelt sind (Bieker 2006, 14 ff.).

Die wichtigsten kommunalen Aufgaben der Finanzierung der kommunalen Sozialwirtschaft liegen im Bereich der Jugend- und Sozialhilfe (SGB VIII/ SGB XII). Hier sind mit 24 % auch die höchsten Ausgabesegmente des Kommunalhaushaltes zu verzeichnen (BMFSFJ 20.01.10). Eine Hauptursache kommunaler Verschuldung war bislang die fehlende Beachtung des Konnexitätsprinzips. Seitens der Kommunen wird aus diesem Grunde gegenwärtig und in stärkerem Maße als früher gefordert, dass hinsichtlich der übertragenen Aufgaben das Konnexitätsprinzip eingehalten wird. Das Konnexitätsprinzip stellt sicher, dass keine kostenintensiven Aufgaben vom Land auf die kommunale Ebene übertragen werden können, ohne dass die Kommunen für diese Mehrbelastung vom Land einen entsprechenden Ausgleich erhalten. „Wer bestellt, der bezahlt". Den Kommunen soll das Konnexitätsprinzip, welches gesetzlich noch nicht verbindlich geregelt ist, eine nachhaltige und langfristige finanzielle Sicherheit gewährleisten (http://www.fm.rlp.de/finan zen/konnexitaetsprinzip, 11.01.2010). Gemäß dessen dürften bspw. die Län-

Konnexitätsprinzip

---

31 Die Begriffe Kommune und Gemeinde werden im vorliegenden Text deckungsgleich verwendet.

32 Konkurrierende Gesetzgebung: Alle Gesetze, die auf Bundesebene erlassen sind (§ 72 GG I), dürfen nicht von den (Bundes)Ländern (§ 70 GG) erlassen werden. Bundesrecht bricht in diesem Sinn Landesrecht. Eine bereits bestehende Gesetzgebung der Länder wird demnach durch ein entsprechendes Bundesrecht außer Kraft gesetzt.

der Aufgaben nur dann übertragen, wenn für die Kommunen die Finanzierung der Durchführung sichergestellt ist (Papenheim et al. 2006, 43; Art. 78, Abs. 3 LV NRW).

1.2.1 Einnahmen und Ausgaben der Kommunen

Die Kommunen finanzieren den Aufwand für die soziale Daseinsfürsorge aus eigenen Mitteln. Das gilt für freiwillige und für Pflichtaufgaben gleichermaßen (Bäcker 2008b, 553). Die Einnahmen setzen sich aus einem Finanzierungsmix von Einnahmen aus dem föderalen Steuerverbund der Gemeinschaftssteuern bestehend aus Einkommens- und Umsatzsteuer nach Art. 106, Abs. 7 GG, andere zweckgebundene Zuweisung von Bund und Ländern, Einnahmen aus Gebühren, Beiträgen und Entgelten, Verkauf, Vermietung und Krediten zusammen. Darüber hinaus haben sie das Recht zur Einnahme von Grund- und Gewerbesteuern sowie Verbrauchs- und Aufwandssteuern nach Art. 106 Abs. 3 GG.

Im Jahr 2008 betrugen die Einnahmen der Kommunen in Deutschland 175,75 Mrd. €. Die Ausgaben lagen auf Grund der guten konjunkturellen Entwicklung der Jahre 2006–2008 bei 166,25 Mrd. € (2008) was auf ein steigendes Gewerbesteueraufkommen, einen hohen Gemeinschaftssteueranteil und verringerte Ausgaben für soziale Leistungen zurückzuführen war. Seit 2009 und mit der Finanzkapitalmarktkrise steigen die Ausgaben und die Verschuldung der Kommunen teilweise überdurchschnittlich an.

Die Federführung der Mittelverwendung der Einnahmen für den eigenen Leistungshorizont (öffentlicher Haushalt) und insbes. für die Finanzierung delegierter Leistungserstellung durch privatgewerbliche Anbieter und privatgemeinnützige Träger liegt bei den jeweiligen kommunalen Kostenträgern, zum Beispiel dem Jugendamt (Rauch 2007, 11 f.).

Die subsidiäre Ordnungsfunktion der kommunalen Sozialpolitik basiert wirtschaftlich darauf, dass der Staat letztlich nur komplementäre Rahmenbedingungen der Leistungsvergütung schafft und im subsidiären Verständnis die Dinge übernimmt, welche die privatgemeinnützigen Träger und die privatgewerblichen Anbieter nicht erbringen können oder wollen. Der Nachrang der öffentlichen Träger in der Leistungserstellung ist ebenso zu beachten, wie die Selbstständigkeit in der Durchführung vermittels der privatgemeinnützigen Träger und privatgewerblichen Anbieter (SGB I § 17, Abs. 3).

1.2.1.1 Einnahmen der Kommunen

Öffentliche Einrichtungen der Sozialadministration – wie Jugendamt, städtische Kitas, aber auch Kirchengemeinden und öffentliche Zweckbetriebe – sind haushaltsführende Einrichtungen. Haushaltsführende Stellen der Kommunen haben – wie Bund und Länder – eigene Steuereinnahmemöglichkeiten oder Beitragseinnahmen. Die Steuereinnahmen fließen allerdings nie direkt in Einrichtungen der Kommune oder in die Einrichtungen der delegierten Leistungsersteller, sondern stets in den allgemeinen Haushalt der Kommune. Darin werden dann die verschiedenen Finanzströme im Sinne des kommunalen Selbstverwaltungsrechts gelenkt. Die unterschiedlichen kommunalen Einnahmen sind in Abbildung 2-1 dargestellt.

Einnahmequellen der Kommunen

Steuereinnahmen stellen eine Zwangsabgabe dar. Steuern sind in einer sehr vereinfachenden Funktionsbeschreibung der „Preis der Zivilisation", den es gemeinhin dafür zu entrichten gilt (Rauch 2007, 11 mit Verweis auf R. Wagner). Konkreter und nach der Abgabenordnung sind Steuern Geldleistungen, die nicht eine Gegenleistung für eine besondere Leistung darstellen, sondern von einem öffentlich-rechtlichen Gemeinwesen zur Erzielung von Einnahmen allen auferlegt werden, bei denen der Tatbestand zutrifft, an den das Gesetz die Leistungspflicht knüpft. Die Erzielung von Einnahmen kann Nebenzweck sein (§ 3 der Abgabenordung AO).

Eigenes Steuerheberecht der Kommunen für die Grundsteuer und Gewerbesteuer

Gebühren

Den Kommunen steht, wie anderen öffentlichen haushaltsführenden Stellen auch, ein „Steuererfindungsrecht" zu, wie es im § 7 des Kommunalabgabengesetzes bzw. durch die Hebesätze in den nachfolgend aufgeführten Steuerarten zum Ausdruck kommt (Dahme/Schütter/Wohlfahrt 2008, 115). Nach Art. 106 Abs. 3 des Grundgesetzes stehen den Gemeinden die Grundsteuer und Gewerbesteuer in voller Höhe zu. Sie haben das Recht, Verbrauchs-, Aufwands- und Vergnügungssteuern (Spielautomatensteuer, Hundesteuer, Jagdsteuer usw.) zu erheben (Papenheim et al. 2006, 43). Gebühren stellen einen konkreten individuellen Nutzen für den Bürger dar. Dieser Nutzen ergibt sich aus dem Verwaltungshandeln. Gebühren werden nur bei tatsächlicher Inanspruchnahme fällig, zum Beispiel für die Benutzung öffentlicher Einrichtungen wie dem Schwimmbad. Folgende Gebühren und Beiträge sind voneinander zu unterscheiden:

- *Verwaltungsgebühr*
  Gesetzlich geregelte Geldleistung für eine besondere Inanspruchnahme der Verwaltung. Die Leistung kann eine Amtshandlung oder eine sonstige Tätigkeit der Verwaltung sein, die den Gebührenpflichtigen unmittelbar begünstigt oder die er veranlasst hat.

- *Benutzungsgebühr*
  Ist eine gesetzlich oder satzungsmäßig (ortsgesetzlich) geregelte Geldleistung, die von einem Gemeinwesen als Gegenleistung für die tatsäch-

Abbildung 2-1

Einnahmequellen der Kommunen.
Quelle: eigene Darstellung in Anlehnung an Papenheim et al. 2008, 53

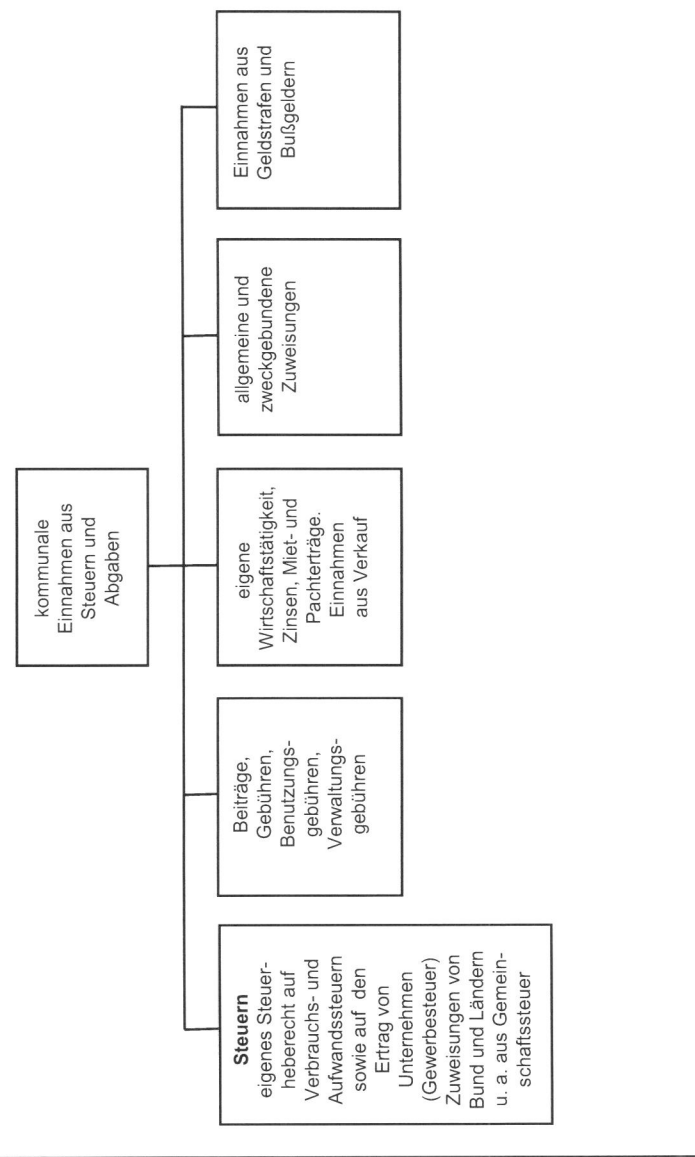

liche Inanspruchnahme einer öffentlichen Einrichtung oder Anlage erhoben wird.

Beiträge

Beiträge sind eine Geldleistung für die mögliche Inanspruchnahme von öffentlichen Leistungen, die einer abgrenzbaren Gruppe von Bürgern zugeordnet werden können (z. B. Erschließungsbeiträge von Grundstücken oder Abwasserentsorgungseinrichtungen). Ob oder in welchem Ausmaß z. B. Anlieger die Abwasserentsorgung nutzen, ist für Beitragspflicht und Beitragshöhe nicht bedeutsam. Entscheidend ist, dass der Anlieger die Anlage (Abwasserentsorgung) nutzen kann. So können Gemeinden aufgrund landesrechtlicher Ermächtigung Beiträge erheben (Kommunalabgabengesetz u. a.). Beiträge sind satzungsmäßig (kommunalgesetzlich) geregelte Geldleistungen, die dem Ersatz des Aufwandes für die Herstellung, Anschaffung, Erweiterung und Verbesserung öffentlicher Einrichtungen und Anlagen dienen.

Zuweisungen

Zuweisungen des Bundes und des Landes werden als allgemeine oder zweckgebundene Zuweisungen vergeben. So sind ca. 32 % aller Einnahmen (57 % neue Bundesländer (nBL) und 27 % alte Bundesländer (aBL)) der Kommunen Zuweisungsmittel (Bieker 2006, 68-71). Allgemeine Zuweisungen unterteilen sich in Schlüsselzuweisungen, Bedarfszuweisungen, Investitionspauschalen und Zweckzuweisungen, die an bestimmte Maßnahmen und Projekte gebunden sind.

Entgelte

Entgelte im engeren Sinne sind immer Gegenleistungsverhältnisse der Bürger, z. B. für die Pflege im kommunalen Altenheim, oder beispielsweise Entgelte aus Vermietung oder Verpachtung, folglich aus der Wirtschaftstätigkeit der Kommunen.

Bußgelder

Zudem werden Einnahmen aus Geldstrafen und Geldbußen zur Refinanzierung der Kommunen genutzt.

Teil der Gemeinschaftssteuern

Die Gemeinden erhalten weiterhin einen Teil der Gemeinschaftssteuern aus Lohn-/Einkommensteuern, Zinsabschlagsteuer und Umsatzsteuern des Bundes als allgemeine und nicht zweckgebundene Zuweisung, um die Tätigkeit der Kommunen sicherzustellen (Art. 106, Abs. 7).

Kredite

Kredite werden in der Regel in zwei Formen genutzt: zur Refinanzierung durch langfristige Kreditnahmen am Finanzkapitalmarkt (z. B. im Bereich der Investitionen, die im Vermögenshaushalt der Kommune verbucht werden), während Kassenkredite zur kurzfristigen Überbrückung im Zahlungsverkehr des Verwaltungshaushaltes eingesetzt werden (Schwarting, 1999, 4; 99). Kommunen können im Zuge antizyklischer bzw. regionaler „Konjunkturpolitik", wie andere öffentliche Träger auch, Finanzkapitalkredite für Investitionen oder für Umschuldungen in günstigere Zinsleistungen nutzen. In finanzschwachen Kommunen werden Kredite immer häufiger als Kassenkredite direkt bei den Geschäftsbanken in Anspruch genommen, um so sicherzustellen, dass Verwaltungspersonalkosten bezahlt werden können (http://www.innovations-report.de/html/berichte/statistiken/bericht-70739.html, 12.02.2009).

Eine weitere eigenständige Form der Einnahmeerzeugung ist die Wirtschaftstätigkeit der Kommunen durch ihre Kommunalunternehmen, die als Anstalten des öffentlichen Rechts selbstständig mit eigener Rechtsfähigkeit und Finanzrechnung ausgestattet sind, beispielsweise städtische Jugendzentren, städtische Pflegeheime, Versorgungsbetriebe der Stadtwerke, Verkehrsbetriebe oder in Form von Beteiligungen an Abwasser- und Kläranlagen, die in regionalen gemeindeübergreifenden Zweckbetrieben unterhalten werden. Oder über Unternehmen in privater Rechtform (GmbH, AG), deren Geschäftspolitik von der Kommune über die Mehrheit an den Gesellschafteranteilen bestimmt und beeinflusst wird. Die eigenständige Mittelbewirtschaftung der großen oder wirtschaftsintensiven Betriebseinheiten lässt sich dezentral kostengünstiger betreiben.

Formen der Einnahmeerzeugung durch eigenständige Wirtschaftstätigkeit

Davon abzugrenzen sind zwei Formen öffentlicher Unternehmen, die Eigenbetriebe und die Regiebetriebe. *Regiebetriebe* sind rechtlich, organisatorisch und wirtschaftlich unselbstständiger Teil der Kommunalverwaltung. Alle Einnahmen und Ausgaben sind Bestandteil des allgemeinen Verwaltungshaushalts. Eine gewisse Selbstständigkeit im Hinblick auf die Rechnungslegung wird nur bei größeren Einrichtungen, bspw. kommunalen Krankenhäusern, zugestanden, die eine, wenn auch geringe, eigenständige Betriebsführung gestattet, die aber nicht zur kompletten Selbstständigkeit führt (Schick 2009, 436 f.). *Eigenbetriebe* sind im Gegensatz zum Regiebetrieb organisatorisch eigenständige Betriebe mit eigener Buchführung und (Werks-)Leitung (z. B. Abfallbeseitigungsunternehmen). Aber auch sie bleiben ein Teil des kommunalen Gesamthaushalts, der dort in Form eines Sondervermögens ausgewiesen wird. Eigenbetriebe werden auf der Grundlage des Eigenbetriebsgesetzes durch die Selbstverwaltungsorgane der Kommune gegründet (Kreistag, Gemeinderat, Rat der kreisfreien Stadt) (ebd.).

Regiebetriebe

Eigenbetriebe

Darüber hinaus werden zweckgebundene Fördermittel und Investitionen seitens des Bundes, der Länder und der Europäischen Gemeinschaft häufig für die Gestaltung von Projektfinanzierungen und Innovationen eingesetzt. Insoweit ist die Refinanzierung der öffentlichen Träger hinsichtlich ihrer sozialwirtschaftlichen Funktionsbeschreibung ein Mischfinanzierungsmodell, ebenso wie die Finanzierung der privatgemeinnützigen Träger und privatgewerbswirtschaftlichen Anbieter durch die unterschiedlichen öffentlichen Kostenträger.

Zweckgebundene Fördermittel

1.2.1.2 Ausgaben der Kommunen

Die Ausgaben der Kommune beziehen sich im Wesentlichen, wie andere Staatsausgaben auch, auf Personal-, Zins-, Sach- und Investitionsausgaben und Rückzahlungen für aufgenommene Kreditschulden.

Abbildung 2-2

Explosion der Kassenkredite von Kommunen (ohne Stadtstaaten).
Quelle: Statistisches Bundesamt

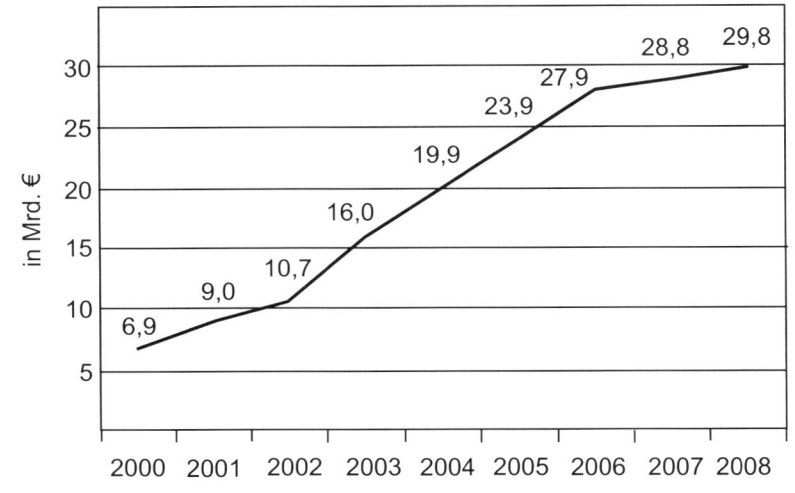

Die Sachausgaben lagen (2006) bei ca. 14,9 Mrd. € und die Personalausgaben bei ca. 19,1. Mrd. €. Es wurden Sachinvestitionen in Höhe von 7,0 Mrd. € und 5,1 Mrd. € z. B. für Bauinvestitionen verausgabt (http://www.innova tions-report.de/html/berichte/statistiken/bericht-70739.html, 12.02.2009). Im Jahr 2006 erreichten die Kreditmarktschulden der Kommunen 82,9 Mrd. €. Insbesondere der Stand der kurzfristigen Kassenkredite erhöhte sich um 18,4 % auf 27,6 Mrd. €, im Jahr 2008 bis auf 29,8 Mrd. € (ebd.; www. destatis.de, 12.02.2009, s. Abb. 2-2). Zusammen mit den allgemeinen Krediten und Rückstellungen dienen Kassenkredite der Schuldenregulierung bzw. Sicherstellung des Verwaltungshaushaltes (www.destatis.de, 12.02.2009). Die Sozialausgaben der Kommunen im Jahr 2006 beliefen sich auf ca. 38 Mrd. €.

Rückzahlungen von Darlehen und die Entnahmen aus Rücklagen

Die Krediteinnahmen und Rückzahlungen von Darlehen und die Entnahmen aus Rücklagen sind eine Besonderheit der kommunalen Haushaltssatzungen. Im Gegensatz zur betriebswirtschaftlichen Finanzierung werden sie zur laufenden Finanzierung eingesetzt (Schellberg 2004, 18). Auf Grund der angespannten Finanzlage greifen die Gemeinden in der Praxis immer öfter auf Kassenkredite zu, um den Vermögenshaushalt nicht nachhaltig zu schädigen. Der Anteil der Kreditfinanzierung ist in den letzten Jahren stetig gestiegen, so dass die belastenden und Schulden verursachenden Refinanzierungsarten der Kreditfinanzierung für viele Kommunen bedrohlich, aber zugleich für die Aufrechterhaltung des laufenden Betriebes überlebensnotwendig sind (Schellberg 2004, 18; www.destatis.de, 01.02.2009). Die Kredit-situation der Kommunen wird sich gegenwärtig unter dem Eindruck der Finanzkapitalmarktkrise noch weiter verschärfen, allein z. B. die Stadt Wuppertal hat im Laufe der Jahre ein desaströses Schuldenkontingent von insgesamt über 1,5 Mrd. € angehäuft. Zudem hat sich das Ausgabentempo insgesamt beschleunigt. Die Schere zwischen Einnahmen und Ausgaben wächst so, dass die Kommunen insgesamt allein für das Jahr 2009 ein Defizit von 4,6 Mrd. € auszuweisen hatten. Die Kommunen sind nicht allein in der Lage, diese Situation zu meistern, und sind dringend auf Hilfen der Länder und des Bundes sowie in erhöhtem Maße auf weitere Kreditfinanzierungen angewiesen, so dass sich die Schuldenspirale diesbezüglich weiterdreht, bzw. die Situation zum eklatanten Abbau kommunaler Daseinsvorsorge führen kann.

1.2.2 Pflichtleistungen und freiwillige Leistungen

Pflichtleistungen sind gesetzlich festgelegte Leistungen, auf die ein Anspruch dem Grunde und der Höhe nach entsteht. Pflichtleistungen erfolgen dann – wie es „Mussformulierungen" zum Beispiel im Sozialgesetzbuch verdeutlichen –, wenn ein subjektiver Rechtsanspruch des Hilfeempfängers gegeben ist. Pflichtleistungen können aber auch als Objektfinanzierungen der Sozialwirtschaftsorganisationen als Zuwendung für Bau, Ausstattung und Betrieb von Tageseinrichtungen in der Kinder- und Jugendhilfe erfolgen (Flierl 1992, 84).

Pflichtleistungen der Gebietskörperschaften

Freiwillige Leistungen sind sog. „Kann-Leistungen", d. h. Leistungen, bei denen ein Ermessensspielraum besteht. Ermessen liegt vor, wenn keine eindeutige „Wenn-dann"-Beziehung besteht und der öffentliche Kostenträger zwischen Verhaltensweisen wählen kann. Der ausdrücklich im Gesetz verzeichnete Hinweis auf das „Ermessen" wird durch Wortbedeutungen wie „kann" oder „darf`" verdeutlicht. Freiwillige Leistungen sind solche Kann-Leistungen, an deren Erbringung ein öffentliches bzw. ein erhebliches öffentliches Interesse besteht, etwa die Einrichtung eines kommunalen Büros für Gesundheits- und Selbsthilfeförderung. Solche Leistungen können deshalb durch öffentliche Zuschüsse oder Subventionen finanziert werden. Nach § 23 der Haushaltsordnungen von Bund und Ländern (BHO/LHO) werden Zuschüsse nur dann gewährt, wenn die jeweilige Aufgabe ohne diese Zuschüsse gar nicht oder nur unbefriedigend ausgeführt werden kann (Flierl 1992, 86). Freiwillige Leistungen sind ein unmittelbarer Ausdruck des politischen Willens der Gebietskörperschaften und in der gegenwärtigen Finanzsituation der Kommunen besonders gefährdet.

Freiwillige Leistungen der Gebietskörperschaften

1.2.3 Haushaltsplan und Haushaltswirtschaft

Der klassische, traditionelle Haushalt und der Haushaltsplan der Kommune folgen der Kameralistik bzw. einer kameralistischen Buchführung. Anders als die kalkulatorisch auf Gewinnerzielung gerichtete Betriebswirtschaftslehre folgt die Haushaltswirtschaft bislang dem Bedarfsdeckungsprinzip und dem Ausgleich von gesellschaftspolitisch bewertetem und sozialpolitisch begründetem Unterstützungsbedarf durch finanzielle Mittel. Die Durchführung des Haushaltsplans erfolgt im Vorhinein auf Grundlage geschätzter Bedarfsgrößen. Der Haushaltsplan bildet finanzielle Größen lediglich als Einnahmen und Ausgaben ab. Die Kommune ist zur stetigen Aufgabenerfüllung auf ein vorausschauendes Kostenmanagement und einen sparsamen Einsatz der Finanzmittel angewiesen, um einen ausgeglichenen Jahreshaushalt zu erreichen (Papenheim et al. 2006, 43 f.).

1.2.3.1 Funktionen des Haushalts

Die traditionelle Haushaltswirtschaft umfasst außerdem weitere Funktionen der Gestaltung der kommunal-öffentlichen Daseinsvorsorge, die auch für die doppische/betriebswirtschaftliche Form der Haushaltsführung weiterhin von Bedeutung sind (s. Teil II, Abschn. 1.2.4 und Tabelle 2-1).

Grundsätzlich dient der öffentliche Haushalt zur Gestaltung der Daseinsvorsorge durch eine entsprechende Vorhaltung von Ressourcen, die durch politische Gremien des Rates oder Landkreistages priorisiert und hinsichtlich der Ausführung durch die Verwaltung kontrolliert werden. Die gesamtwirtschaftliche Funktion folgt in einem gewissen Umfang einer Keynes'schen antizyklischen Fiskalpolitik, das heißt die öffentlichen Haushalte sollen prinzipiell immer dann Geld verausgaben, wenn die private Nachfrage schwach ist, und Ausgaben vermeiden, wenn die Konjunktur privater Güter die öffentlichen Kassen füllt – frei nach dem biblisch inspirierten Motto „Spare in guten Zeiten – dann hast Du in der Not", an das sich allerdings die wenigsten Kommunen gehalten haben oder halten konnten.

Der Haushalt der Kommune unterliegt hinsichtlich der genannten Haushaltsfunktionen dem Prinzip der Jährlichkeit. Das heißt, der Mittelverbrauch für ein Jahr wird im Voraus geplant und die eingesetzten Mittel sind während des Haushaltsjahres zu verbrauchen, was in früheren Zeiten zum sog. „Dezemberfieber" oder „Schweinsgalopp", also der oftmals nicht sachgerechten Verausgabung der Finanzierungsmittel zum Jahresende, führt(e). Dies widerspricht dem Haushaltsgrundsatz der sparsamen Mittelverwendung, konterkariert somit wirtschaftliche Verhaltensregeln und ist ein Be-

Funktionen des Haushaltes. Quelle: Schwarting 1999, 18

Tabelle 2-1

Finanzwirtschaft-liche Ordnungs-funktion	politische Programm-funktion	Kontroll-funktion	gesamt-wirtschaftliche Funktion
Ausgleich von Bedarf und Ressourcen	Setzung von Prioritäten der Aufgaben-erfüllung	– Handlungs-rahmen der Verwaltung – Grundlage der Rechnungs-prüfung	– Transparenz und Vergleich-barkeit öffent-licher Haushalte – Konjunktur-politische Lenkung

weggrund zur Einführung eines Neuen kommunalen Finanzmanagements (vgl. Teil II, Abschn. 1.2.4).[33]

1.2.3.2 Haushaltssatzung und Haushaltsplan

Der Haushalt der Kommune besteht aus der Haushaltssatzung und dem Haushaltsplan. Die Haushaltssatzung wird durch Ratsbeschluss der Gemeinde rechtsverbindlich und umfasst die Beträge der Ein- und Ausgaben der Kommune. Diese werden unterteilt in den Verwaltungs- und Vermögenshaushalt, die geplante Kreditaufnahme, Verpflichtungsermächtigungen, Kassenkredite und die Höhe der Steuer- und Hebesätze, zum Beispiel durch die Gewerbesteuer (Bieker 2006, 77). Kredite werden im Allgemeinen dem Vermögenshaushalt zugeordnet. Mit Ausnahme kurzfristiger Kassenkredite finanzieren sie keine laufenden Ausgaben des Verwaltungshaushaltes. Der Haushaltsplan ist systematisiert in Abbildung 2-3 dargestellt.

Haushaltssatzung

Der Haushaltsplan beinhaltet ein Haushaltssicherungskonzept, falls es der Kommune nicht gelingt, einen ausgeglichenen Haushalt zu gestalten. Nach den Vorgaben des Haushaltssicherungskonzeptes und durch die Gemeindeverordnungen der Länder (GemVO) ist den Kommunen aufgetragen, die finanzielle Ist-Situation zu beschreiben, die Ursache und Herkunft der Fehlbeträge auszuweisen und den Haushalt im Rahmen eines Fünfjahresplans auszugleichen und nachhaltig zu sichern (ebd., 94).

Haushaltsplan

Der Gesamtplan des Haushaltes beinhaltet darüber hinaus die Gruppierungsübersicht. Diese hat die Form eines Gruppierungsplans, der in Hauptgruppen, Gruppen und Unterabschnittgruppierungen gegliedert ist. Der Gruppierungsplan differenziert nach Einnahme- und Ausgabearten. Auf der

Gesamtplan des Haushaltes

Gruppierungsplan

---

33 Vgl. auch die Ausführungen zum Neuen kommunalen Finanzmanagement im Teil I, Kapitel 5.

| *Abbildung 2-3* | *Traditioneller Haushaltsplan einer Kommune. Quelle: Bieker 2006, 87* |

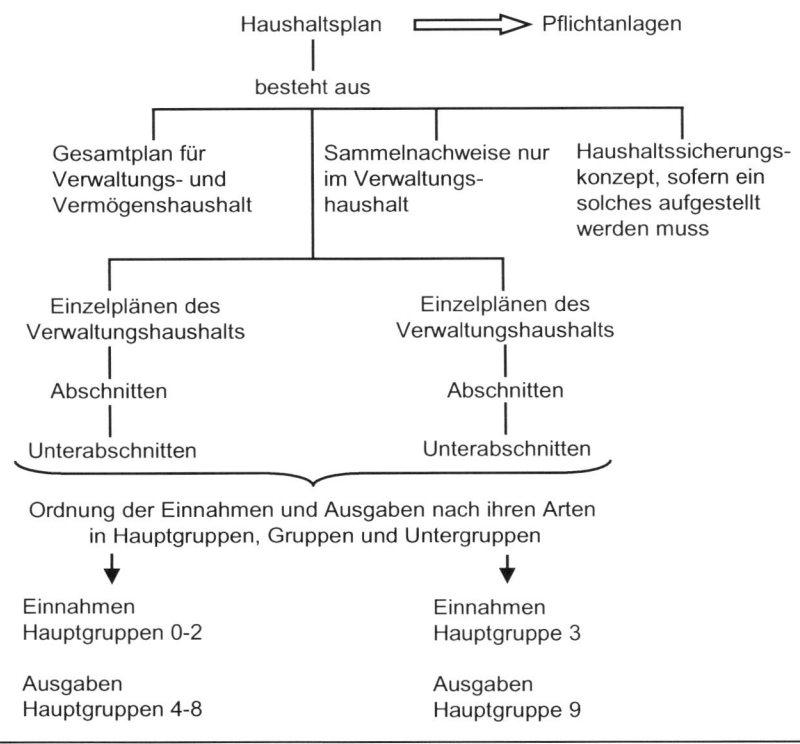

Einnahmeseite sind die Zuführungen vom Verwaltungshaushalt zum Vermögenshaushalt, Einnahmen aus der Veränderung des Anlagevermögens, Entnahmen aus den Rücklagen, Zuweisungen für Investitionen, Beiträge und Entgelte Dritter, Kredite und innere Darlehen verzeichnet. Auf der Ausgabenseite stehen Tilgung für Kredite, innere Darlehen, Zuweisungen und Verpflichtungen und Zuführungen aus Rücklagen sowie Zuführungen zum Verwaltungshaushalt (Schwarting 1999, 22) (s. Tabelle 2-2).

Vermögens- und Verwaltungs- haushalt

Die Einnahmen und Ausgaben des Vermögens- und Verwaltungshaushaltes sind grundsätzlich untereinander deckungsfähig. Der Verwaltungshaushalt umfasst alle laufend anfallenden Kosten, die das Gemeindevermögen weder belasten noch erhöhen (Kosten für Kindertageseinrichtungen, Schulen, Altenheime u. a.).

Im Vermögenshaushalt sind alle Einnahmen und Ausgaben verzeichnet, die den Vermögensbestand verändern: Investitionsvorhaben für den Ausbau

Haushaltsstruktur (nach der Gruppierungsübersicht). Quelle: Schwarting 1990, 22 | *Tabelle 2-2*

Verwaltungshaushalt

Einnahmen	Ausgaben
– Grundsteuern (→ Rz 57 ff.)	– Personalausgaben
– Gewerbesteuer (→Rz 50 ff.)	– sächlicher Verwaltungs- und Betriebsaufwand
– Anteil an der Einkommenssteuer (→ Rz 60 ff.)	– Sozial- und Jugendhilfe (→ Rz 99)
– Anteil an der Umsatzsteuer (→ Rz 65 ff.)	– sonst. lfd. Zuwendungen und Zuschüsse
– sonstige Steuern (→ Rz 43)	– Erstattungen an Dritte
– Zuweisungen aus dem Finanz- ausgleich (→ Rz 81 ff.)	– Zinsausgaben (→ Rz 41)
– Erstattungen von Dritten	– Umlagen an Gemeindeverbände (→ Rz 95)
– Gebühren und Entgelte (→ Rz 70 ff.)	– Gewerbesteuerumlage (→ Rz 53)
– Vermögenserträge, Konzessions- abgaben (→ Rz 27 ff.)	– Deckungsreserve (→ Rz 135)
– sonstige Einnahmen	– sonstige Ausgaben
– innere Verrechnungen, kalkulatori- sche Einnahmen (→ Rz 72 ff.)	– innere Verrechnungen, kalkulatori- sche Kosten (→ Rz 72 ff.)
– (Zuführung aus dem Vermögens- haushalt) (→ Rz 112)	– Zuführung an den Vermögens- haushalt (→ Rz 110 ff.)

Vermögenshaushalt

Einnahmen	Ausgaben
– Zuführung vom Verwaltungshaus- halt (→ Rz 110 ff.)	– (Zuführung zum Verwaltungshaus- halt) (→ Rz 112)
– Rückflüsse von Darlehen	– Grunderwerb
– Veräußerung von Vermögen (→ Rz 142)	– Erwerb beweglichen Anlage- vermögens
– Beiträge (→ Rz 77 ff.)	– Baumaßnahmen (→ Rz 39 ff.)
– Zuweisungen und Zuschüsse (→ Rz 81 ff.)	– Erwerb von Beteiligungen, Kapital- einlagen
– Kreditaufnahme (→ Rz 96 ff.)	– Gewährung von Darlehen
– sonstige Einnahmen des Vermögenshaushalts	– Zuweisungen für Investitionen Dritter
– Entnahme aus der Rücklage (→ Rz 144)	– sonstige Ausgaben der Vermögens- haushalts
	– Tilgung (→ Rz 98)
	– Zuführung an die Rücklage (→ Rz 144)

Rücklage

einer Schule oder eine Beteiligung an den städtischen Versorgungsbetrieben. Gegenseitige Zuweisungen und Mittelzuführungen des Verwaltungs- und Vermögenshaushaltes sind nach § 1 der Gemeindehaushaltsverordnung (GemHVO) geregelt. Zuführungen aus dem Verwaltungshaushalt werden entsprechend der Gemeindehaushaltsverordnung als Ausgaben und als Einnahmen des Vermögenshaushaltes verbucht. Mittelzuführungen aus dem Vermögenshaushalt in den Verwaltungshaushalt werden dort als Einnahmen verbucht (Bieker 2006, 80). Finanzierungen öffentlicher Einrichtungen entstehen in zwei Grundsatzvarianten: erstens als unmittelbarer Verwaltungsbestandteil und zweitens in „ausgelagerten" Betriebsformen, z. B. Eigenbetriebe mit eigenständiger Rechnungsführung und Leitung (Schellberg 2004, 18). Die Einrichtung als unmittelbarer Bestandteil des jeweiligen Haushaltes und der Verwaltung wird im Haushaltsplan als Teil des Haushaltes (Abschnitt, Unterabschnitt) geführt (ebd.). Dies trifft auf die eigenen Verwaltungsabteilungen, wie das Jugend- und Sozialamt, zu. Eigenständige Einrichtungen werden auch „selbstabschließende Einrichtungen" genannt, die, wie schon angesprochen, einen eigenen (Teil)Haushalt verwalten und die als Sondervermögen im Gesamthaushalt der Kommune auszuweisen sind.

1.2.3.3 Einzelpläne in der Kommunalverwaltung

Die Gliederung der unmittelbaren Verwaltungsbestandteile des Haushaltes entspricht im Wesentlichen der Aufgabenverteilung der Kommune, die sich in der Aufbauorganisation der Dezernate, Fachbereiche und Abteilungen widerspiegelt. Im Rahmen der Gliederung werden zehn Einzelpläne bzw. Aufgabenbereiche der Verwaltungsbehörde ausgewiesen (s. Tabelle 2-3).

Pflichtzuführung

Herausragende Bedeutung kommt dem Einzelplan 9, der „Allgemeine(n) Finanzwirtschaft", zu. Der Einzelplan 9 enthält auf der Einnahmeseite die allgemeinen Deckungsmittel (Steuern und allgemeine Zuweisungen) im Verwaltungshaushalt. Im Vermögenshaushalt enthält er die Kreditfinanzierung und die aus dem Verwaltungshaushalt abgeführten Überschüsse (Schwarting 1999, 23). Die Trennung von Verwaltungs- und Vermögenshaushalt macht eine Verbindungsregel notwendig. Der Überschuss, d. h. die Ausgaben übersteigenden Einnahmen aus dem Verwaltungshaushalt, sind dem Vermögenshaushalt zuzuführen (Pflichtzuführung, sog. „freie Spitze"). Überschüsse aus dem Vermögenshaushaushalt fließen in der Regel in die Rücklage. Sie können aber auch zur Deckung des defizitären Verwaltungshaushaltes genutzt werden – etwa durch Verkauf von städtischen Immobilien zur Stützung der Ausgaben im Verwaltungshaushalt.

Gliederung der Verwaltungsbehörde. Quelle: Schwarting 1999, 23   *Tabelle 2-3*

0	Allgemeine Verwaltung
1	Öffentliche Sicherheit und Ordnung
2	Schulen
3	Wissenschaft, Forschung, Kulturpflege
4	Soziale Sicherung
5	Gesundheit, Sport, Erholung
6	Bau- und Wohnungswesen, Verkehr
7	Öffentliche Einrichtungen, Wirtschaftsförderung
8	Wirtschaftliche Unternehmen, allgemeines Grund. und Sondervermögen
9	Allgemeine Finanzwirtschaft

Ein weiteres Element der behördlichen Finanzwirtschaft ist das Instrument der Verpflichtungsermächtigung.[34] Eine Verpflichtungsermächtigung ist die Verpflichtung einer Verwaltung, für kommende Haushaltsjahre Mittel für Investitionen und Modernisierungen zurückzulegen. Die Verpflichtungsermächtigung repräsentiert Ausgabeverpflichtungen zu Lasten künftiger Haushaltsjahre. Um über das Haushaltsjahr hinaus planen zu können, wird eine Ausgabeverpflichtung nicht im Jahr der Veranschlagung, sondern erst später kassenwirksam. Somit ist die Verpflichtungsermächtigung im Hinblick auf größere Investitionen (Modernisierungsvorhaben) besonders wichtig. Rückstellungen werden aus diesem Grund im Vermögenshaushalt – und zwar unter dem Titel „Investitionen" – verbucht.

Verpflichtungs-ermächtigung

Die Einzelpläne sind unterteilt in Abschnitte und Unterabschnitte. Die Unterabschnitte sind die Ebene der Systemsteuerung der Kostenverwaltung. Die Unterabschnitte enthalten die einzelnen Haushaltsstellen. Mit der Haushaltsstellennummer ist jede Einnahme- und Ausgabeposition der Kommune im Gesamthaushaltsplan ausgewiesen. Die Haushaltsstellennummer setzt sich aus den Ziffern, die dem entsprechenden Unterabschnitt zugeordnet sind, und der Gruppierung zusammen, wie das folgende Beispiel verdeutlicht:

Einzelpläne

Funktion der Haushaltsstellen-nummer

350.171
Gem. Gliederungsplan: Volkshochschule (350)
Gem. Gruppierungsplan: Einnahmen aus Landeszuweisungen (171)

(Schwarting 1999, 24)

Gemäß Gliederungsplan gehört die VHS der Abteilung Wissenschaft, Forschung und Kultur (3) als Unterabschnitt an und ist dort der Nummer 350 zugeordnet. Die Einnahmen aus Landeszuweisungen werden dem Gruppie-

---

34 Verpflichtungsermächtigungen sind die quantifizierte „Vorbelastung" einzelner Haushaltstitel in zukünftigen Jahren (www.wirtschaftslexikon.gabler.de, 29.01.2010).

rungsplan entsprechend mit den Endziffern einbezogen (171). Die Einnahmen für die VHS aus Landesmitteln können somit unter der Haushaltstellennummer 350.371 verbucht bzw. „identifiziert" werden. Unterabschnitte sind Grundlage einer jeden Haushaltsberatung der kommunalen Gremien des Kreistages oder der Städteparlamente. Hier erschließt sich der jeweilige Zuschussbedarf – Überschuss –, über den die politischen Beschlussgremien in Haushaltsberatungen befinden müssen (Entlastung, Haushaltsbericht, Nachtragshaushalte).[35] Das System der öffentlichen Rechnungslegung, der Kameralistik, wird gegenwärtig von der doppischen bzw. betriebswirtschaftlichen Buchführung des Neuen kommunalen Finanzmanagements abgelöst bzw. um sie erweitert.

1.2.4   Neues kommunales Finanzmanagement (NKF/NKFG/NKRS/NKR)

Das Neue kommunale Finanzmanagement basiert auf der flexibleren Finanzgestaltung des laufenden Verwaltungs- und Vermögenshaushaltes der Kommunen und deren Eigenbetriebe und Eigengesellschaften.

NKF Neues kommunales Finanzmanagement

Das Neue kommunale Finanzmanagement bildet den Ressourcenverbrauch und das Ressourcenaufkommen ab. So soll der kommunale Vermögensbestand nachgewiesen werden. Unter dem Begriff „Neues kommunales Finanzmanagement" (NKF) – ab 2004 Neues kommunales Finanzmanagement in Gemeinden Nordrhein-Westfalens (NKFG GO NRW), „Neues kommunales Rechnungs- und Steuerungssystem" (NKRS) in Hessen oder „Neues kommunales Rechnungswesen" (NKR) in Niedersachsen – werden alle Bestrebungen zusammengefasst, die nach dem Prinzip der Kameralistik geführten Haushalte der Kommunen auf betriebswirtschaftliche modifizierte Rechnungslegung bzw. auf das Prinzip der Doppik umstellen. Der sog. NKFG-Gesamtabschluss der Modellprojekte in NRW im Neuen kommunalen Finanzmanagement ist im August 2009 aus einer Phase modellhafter Anwendung der gesetzlichen Anforderungen in seine praktische Umsetzung gelangt (http://www.nkf-gesamtabschluss.de/downloads/Abschlussveranstaltung_Duesseldorf_090622.pdf, 20.01.2009).

Eröffnungsbilanz/ Gesamtabschluss

Mit der Einführung des NKFG GO NRW in Nordrhein-Westfalen im Jahr 2004 sind die Kommunen verpflichtet, eine Eröffnungsbilanz aufzustellen und den Haushalt nach den Grundsätzen der doppelten Buchführung zu bewirtschaften. Bis spätestens 31. Dezember 2010 ist ein Gesamtabschluss

---

35   Auf der Grundlage der jeweiligen Haushaltssatzung beschließen die Organe der kommunalen Selbstverwaltung (der Gemeinderat) die rechtmäßige Verwendung der Hausmittel.

Der neue kommunale Haushaltsplan. Quelle: Bieker 2006, 104 f.

Abbildung 2-4

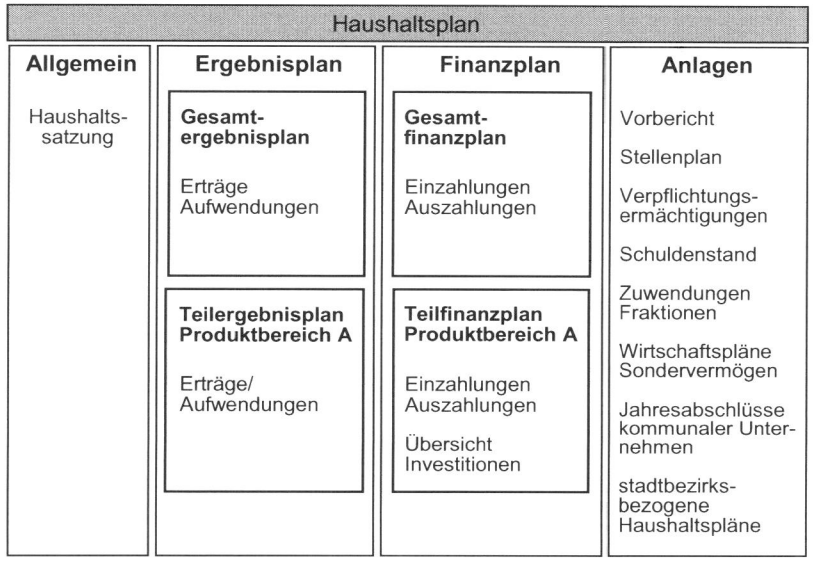

aufzustellen, der wie ein Konzernabschluss in der Privatwirtschaft die ver-
selbstständigten Aufgabenbereiche und die Beteiligungen einbezieht. Eröffnungsbilanz und Gesamtabschluss sollen den Kommunen einen vollstän-
digen Überblick über ihr Vermögen, ihre Schulden sowie ihrem Ressourcenverbrauch verschaffen. Sie bilden die methodische Grundlage für eine
verbesserte Gesamtsteuerung der Kernverwaltung und der dezentral ver-
selbstständigten Aufgabenbereiche (s. Abb. 2-4). Laut Beschluss der Innen-
ministerkonferenz haben die Kommunen die Möglichkeit, zwischen erweiterter Kameralistik oder Doppik zu wählen. Beide Optionen sind auf die
kalkulatorische Gestaltung der Kosten und Leistungsprozesse ausgerichtet
(ebd.).

Das Neue kommunale Finanzmanagement hat gegenüber der alten Kameralistik folgende Vorteile:

- die Darstellung des Gesamtressourcenaufkommens und -verbrauchs,

- die Darstellung des Vermögens der Kommune,

- die Hervorhebung der Ziele und Ergebnisse des Verwaltungshandelns,

- die Unterstützung einer flexiblen Mittelbewirtschaftung,

▨ die Aufhebung der Fragmentierung des Rechungswesens zwischen Kernverwaltung und Eigen- und Beteiligungsgesellschaften bzw. Sondervermögen. (vgl. NKF 2002, 26)

Neuer kommunaler Haushaltplan

Mit der Einführung eines Neuen kommunalen Finanzmanagements ändert sich das öffentliche Rechnungswesen vom Geldverbrauchskonzept zum periodengerechten Ressourcenverbrauchskonzept. Im Zentrum steht der Neue kommunale Haushaltplan auf der Grundlage eines Ergebnis- und Finanzplans. Der Ergebnisplan beinhaltet die Ergebniskonten und Ergebnisrechnung, der Finanzplan die Investitionsplanung, die Kreditaufnahmen und Kredittilgungen. Sowohl der Ergebnis- wie auch der Finanzplan werden in produktorientierte Teilpläne gegliedert, die wiederum eigene Verantwortungsbereiche und Leistungsfelder der kommunalen Verwaltung umfassen. Insgesamt sind bundeseinheitlich 17 Produktbereiche (inkl. Produktgruppen und Produkte) der Kommunen und Kommunalverwaltungen einzurichten (Bieker 2006, 104 f.) (s. Abb. 2-4)).

Ergebnisorientiertes Controlling

Der Neue kommunale Haushaltsplan beinhaltet die voraussichtlich anfallenden Erträge und Einzahlungen, die Aufwendungen und Auszahlungen wie die Verpflichtungsermächtigungen des Haushaltsjahres (vgl. § 79 I, GO NKFG). Als Grundlage für das ergebnisorientierte Controlling orientiert sich die doppelte Buchführung an dem Reformziel eines den Ressourcenverbrauch messenden, einheitlichen Rechnungswesens und dem Anschluss an die internationalen Vorschriften der Buchführung.[36] Darüber hinaus sind weitere wichtige Aspekte zu nennen:

▨ die gute Unterstützung der inhaltlichen Reformziele durch ein geschlossenes, ressourcenverbrauchsorientiertes Rechnungskonzept,

▨ die Vereinheitlichung des Rechnungswesens,

▨ den erleichterten Einsatz betriebswirtschaftlicher Software einschließlich aller unterstützenden Steuerungsinstrumente.

Damit nähert sich nach fast zwei Dekaden mühsamer politischer Willensdurchsetzung ein wesentlicher Bestandteil der Umsetzung der Neuen Steuerung der verbindlichen Integration in die Kommunalverwaltungen. http://www5.dortmund.de/index.php?content=stadtverwaltung&eid=0&ncode=startseiten.stadtverwaltung&nid=0&smi=4.0, 20.09.2009).

---

36 „International Financial Reporting Standards" (IFRS) sind internationale Rechnungslegungsvorschriften. Sie umfassen die Standards des „International Accounting Standards Board" (IASB), die „International Accounting Standards" (IAS) des „International Accounting Standards Committee" (IASC) und die Interpretationen des „International Financial Reporting Interpretations Committee" (IFRIC) bzw. des ehemaligen „Standing Interpretations Committee" (SIC) (vgl. http://.IFRC.net, 17.01.2009).

Zeitplan der Umsetzung der Neuen Steuerung.
Quelle: Tabatt-Hirschfeldt 2009b, 303

Abbildung 2-5

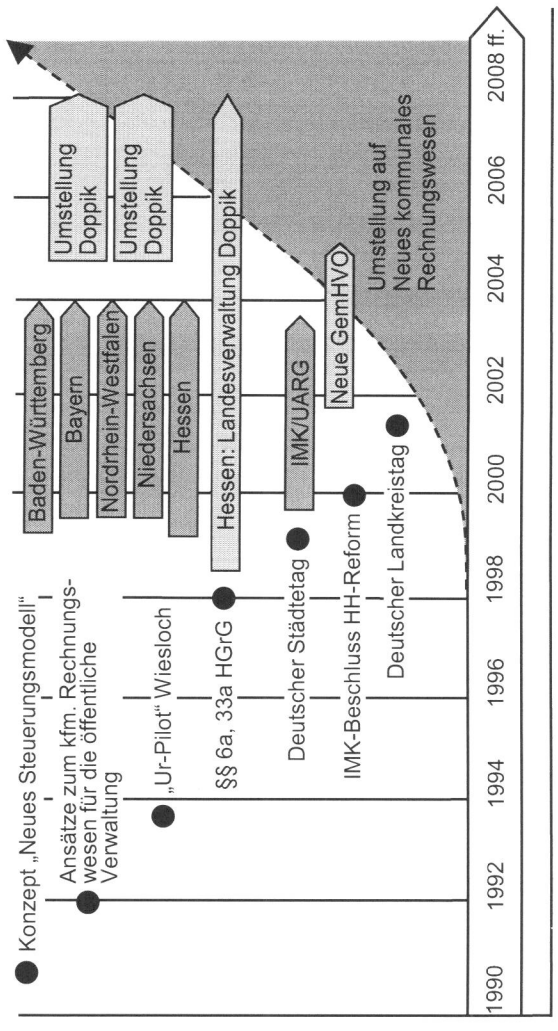

1.2.5 Kostenerstattung unter öffentlichen Trägern – am Beispiel der Jugendhilfe

Mit den Regelungen der Zuständigkeit und der Kostenerstattung der öffentlichen Träger untereinander werden zentrale, für die Jugendhilfe relevante Fragen geklärt: Welcher Leistungsträger hat zu handeln und welcher Jugendhilfeträger trägt die Kostenverantwortung für die soziale Dienstleistung, z. B. Maßnahmen nach §§ 86 ff. des KJHG.[37] Im Vordergrund der gesetzlichen Systematik der Jugendhilfe steht die effektive Aufgabenwahrnehmung, die mittels der räumlichen Nähe des Jugendamtes zur Lebenswelt des Kindes bzw. des Jugendlichen gesichert wird. Diese Orientierung führt nicht immer zu einer gleichmäßigen Belastung der kommunalen Gebietskörperschaften, der Kreise und kreisfreien Städte, untereinander etwa im Hinblick auf die Unterbringung von Jugendlichen in Heimen und betreutem Wohnen, die außerhalb der territorialen Zuständigkeit des jeweiligen Jugendamtes in anderen Gebietskörperschaften vorgehalten werden muss. Ein Ausgleich erfolgt aus diesem Grunde über die Regelungen zur Kostenerstattung, beispielsweise über den Kreisfinanzausgleich.[38]

---

37 Der sozialrechtliche Begriff der Maßnahme entspricht aus sozialökonomischer Bewertung dem Begriff der Durchführung einer sozialen Dienstleistung.

38 Finanzieller Ausgleich zwischen Gebietskörperschaften zur Angleichung unterschiedlicher Lebensverhältnisse innerhalb des föderalen Staatsgebildes. Dies kann in horizontaler und vertikaler Hinsicht geschehen. Beim Finanzausgleich zwischen Kreisen und kreisfreien Städten handelt es sich demnach um einen horizontalen Finanzausgleich.

2 Der Finanzierungsmix der freien Träger der Sozialwirtschaft

Zur Systematisierung der Finanzierungsquellen für die freien Träger der Sozialwirtschaft, den gemeinnützigen und privatgewerblichen Sozialwirtschaftsorganisationen, ist die sozialwirtschaftliche Finanzierung nach ihren jeweiligen Finanzierungsquellen zu unterscheiden: durch öffentlich finanzierte Sozialleistungen, die Selbstfinanzierung der Sozialwirtschaftsorganisationen und die Akquise privater Mittel (Schellberg 2004, 13). Diesem Modell von Schellberg hat der Autor noch die Gemeinwesenökonomie hinzugefügt (s. Abb. 2-6).

Finanzierungsquellen – öffentliche Finanzierungsformen der Sozialwirtschaft. Quelle: in Anlehnung an Schellberg 2004, 13

Abbildung 2-6

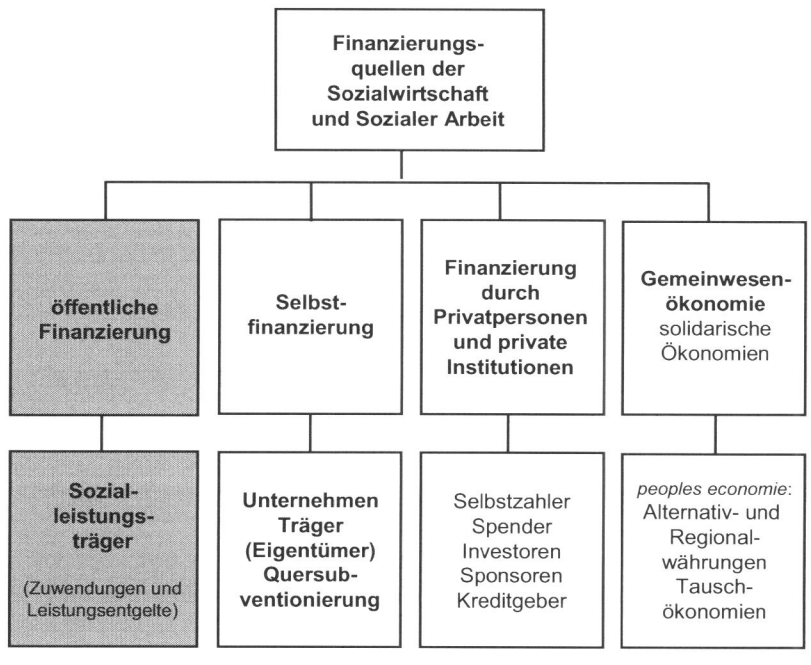

Im Kern entstehen erst mit der zunehmenden Liberalisierung des Quasi-marktes Sozialwirtschaft ein bedeutenderer Anteil von Selbstfinanzierungen und eine Steigerung der Akquise von Fremdmitteln privater Herkunft im Finanzierungsmix der freien Träger. Darüber hinaus gewinnen für Maßnahmen der Sozialen Arbeit und sozialer Netzwerkbildung Tauschökonomien und solidarische Ökonomien sowohl in Ergänzung als auch in Abgrenzung zum korrespondierenden System der öffentlichen Finanzierung als Form der Selbstversorgung an Bedeutung. Alle in Abbildung 2-6 aufgeführten Finanzierungsformen der freien Träger der Sozialwirtschaft werden nun kapitelweise und im Einzelnen ausführlich vorgestellt.

2.1 Teil I des Finanzierungsmixes der freien Träger der Sozialwirtschaft

Öffentliche Finanzierungsformen als dominante Refinanzierungsinstanz für die privatgemeinnützigen Träger und privatgewerblichen Anbieter der Sozialwirtschaft (freie Träger)

Gegenstand des folgenden Abschnitts ist die Darstellung der wichtigsten Regelfinanzierungsformen der freien Träger und Anbieter der Sozialwirtschaft (Leistungserbringer) durch die öffentlichen Leistungsträger (Kostenträger). Die öffentliche Finanzierung privatgemeinnütziger wie privatgewerblicher Träger in Sozialwirtschaft und Sozialer Arbeit basiert grundsätzlich auf zwei Finanzierungsformen: Entgelte/Kostenerstattungen und Zuwendungen/Subventionen.

2.1.1 Objekt- und subjektorientierte Finanzierungsformen der freien Träger der Sozialwirtschaft

Im Rahmen der institutionellen Subsidiarität finanzieren die öffentlichen Leistungsträger (Kostenträger) die privatgewerblichen Anbieter und privatgemeinnützigen Träger der Sozialwirtschaft (Leistungsersteller).[39] Soweit in den Leistungsgesetzen des Sozialgesetzbuches aufgeführt (SGB I–XII) sind den Leistungserstellern grundsätzlich alle entstehenden Aufwendungen nach §§ 91 SGB X, i.V. § 97, Abs. 2 SGB X zu erstatten.

---

39 Vgl. hierzu auch die Ausführungen zur Subsidiarität Teil I.

2.1.1.1 Objektfinanzierung

Die Objektfinanzierung der Sozialwirtschaftsorganisationen ist die direkte Finanzierung durch Subventionen, Zuwendung, Zuwendungs- und Leistungsverträge oder Aufwendungsersatz. Adressat der öffentlichen Zuwendung ist die Einrichtung, Institution oder das Projekt – nicht der Klient.

Objektfinanzierung der Sozialwirtschaftsorganisationen

2.1.1.2 Subjektfinanzierung

Die Subjektfinanzierung der Sozialwirtschaftsorganisationen wird über den Hilfebedarf des Leistungsempfängers über Leistungsentgelte im Einzelfall finanziert. Die unterschiedlichen Formen der Leistungsentgelte (Subjektfinanzierung) werden über den Klienten oder Patienten abgewickelt. Durch diese indirekte Vollfinanzierung sind die laufenden Kosten einer Einrichtung in der Regel gedeckt – zum Beispiel in Form von Tagesentgelten, Pflegesätzen, Fachleistungsstunden, Fallpauschalen, Leistungsgrenzen überschreitenden Komplexpauschalen und neuen Finanzierungsformen, die im Einzelnen noch vorgestellt werden. Hier ist der sozialgesetzlich anerkannte Bedarf des Hilfebedürftigen mit Bezugsrechten von Leistungen ausgestattet. Der Leistungsempfänger erhält dann die jeweilig benötigte Leistungsart in Form von Geld-, Sach- und/oder persönlichen Hilfeleistungen. Der Leistungsempfänger ist „Kunde" der Sozialwirtschaftsorganisationen im Rahmen eines, wenn auch begrenzten, Wunsch- und Wahlrechts.[40]

Subjektfinanzierung der Sozialwirtschaftsorganisationen

2.1.2 Das duale Finanzierungssystem aus Objekt- und Subjektfinanzierungen

Das System der Objekt- und Subjektfinanzierungen der Zuwendungen/Subventionen und der Leistungsentgelte/Kostenerstattungen sind gegenwärtig die Hauptfinanzierungsformen der freien Träger. Zuwendungen und Entgelte können allein oder gemeinsam als duale Finanzierung vergeben werden.[41] Im dualen Finanzierungssystem sozialer Dienste und Einrichtungen können ggfs. die Investitionen über Zuwendungen und die Betriebskosten über die Entgelte refinanziert werden. So wurden die laufenden Kos-

Duales Finanzierungssystem

---

40 Die Leistungsberechtigten können grundsätzlich zwischen verschiedenen Anbietern auswählen, z. B. im Rahmen der Maßnahmen der Hilfe zur Erziehung (HzE) nach § 36 KJHG. Den Wünschen wird nur entsprochen, sofern dies nicht mit erheblichen und unverhältnismäßigen Mehrkosten verbunden ist (§ 5 SGB VIII, § 9 Abs. 2 SGB XII).

41 Überfinanzierungen sind auszuschließen. Ziel ist die angemessene Finanzierung ihres jeweiligen Regelangebotes, welche im Rahmen der Rechenschaftspflicht auszuweisen und gegenüber dem Kostenträger offenzulegen ist.

Abbildung 2-7

Das duale System der objekt- und subjektbezogenen Finanzierungsformen.
Quelle: Merchel 2003, 189

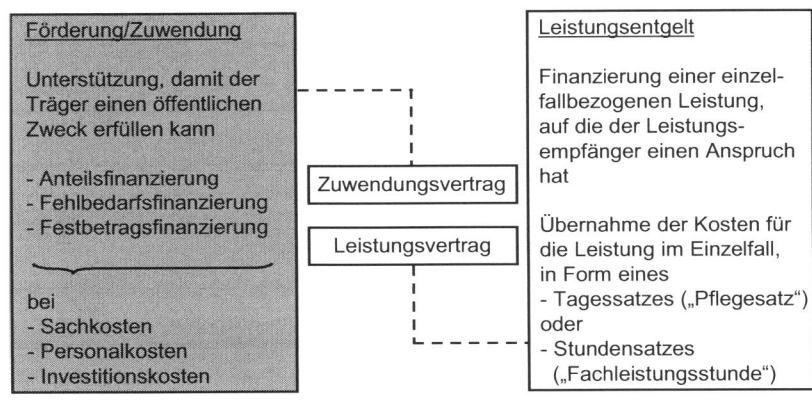

ten der Krankenhäuser lange über die Entgelte der Krankenversicherung aufgewendet, während Modernisierungsmittel gesondert durch Länderfinanzierung und Zuwendungen erstattet wurden.

Das duale Finanzierungssystem der Zuwendungen und Leistungsentgelte ist Ende der 90er Jahre durch vertragsbezogene Finanzierungsformen, dem Zuwendungs- und dem Leistungsvertrag erweitert worden (Merchel 2003, 189) (s. Abb. 2-7).

Gegenwärtig sind die freien Träger mit weiteren neuen Finanzierungsformen der öffentlichen Entgeltvergabe konfrontiert, z. B. das Gutscheinmodell im Bereich der Kindertagesstätten (SGB VIII) oder durch das Pflegebudget im Bereich der Rehabilitation und Teilhabe (SGB IX). Diesen neuen subjektorientierten Finanzierungsformen, die mit wachsender „Marktmacht" des Klienten einhergehen, sind nach der Erörterung der tradierten Finanzierungsformen ‚Zuwendung/Subvention' und den unterschiedlichen Formen der Leistungsentgeltfinanzierungen, in diesem Teil des Finanzierungsmixes (öffentliche Finanzierungsformen), jeweils eigene Abschnitte gewidmet.

2.1.3 Die öffentlichen Finanzierungsformen einzeln vorgestellt

2.1.3.1 Zuwendungen (Fördermittel)

Zuwendungen sind Geldleistungen des Bundes, eines Landes oder einer Kommune an Dritte. In der Sozialen Arbeit sind vor allem Länder und Kommunen Zuwendungsgeber (Horcher 2008b, 1107). Auch das Erbringungsinteresse des Leistungsempfängers ist zu beachten. In der Regel wird eine angemessene Eigenleistung des Zuwendungsnehmers erwartet, wenn die eigene monetäre Leistungsfähigkeit dies zulässt (74 I, SGB VIII).

Zuwendungen

Relevante Rechtsgrundlagen der Zuwendungsfinanzierung sind, neben der Landes- und Bundeshaushaltsordnung nach §§ 23, 44 der BHO/LHO, die Allgemeinen Nebenbestimmungen (ANBest) und die Verwaltungsverfahrensordnungen der Länder (VV). Darauf basierend werden regelmäßig Förderrichtlinien erlassen. Förderrichtlinien sind ergänzende oder abweichende Verwaltungsvorschriften (VV). Ein Beispiel: Ein Träger der öffentlichen Verwaltung, wie die öffentliche Jugendhilfe, gewährt einer Stelle außerhalb der Verwaltung, z. B. einem gemeinnützigen Träger der Jugendhilfe, finanzielle Mittel zur Förderung der Erziehung in der Familie oder zur Durchführung von Maßnahmen der Jugendarbeit und Jugendsozialarbeit.

Rechtsgrundlagen der Zuwendungsfinanzierung

Zuwendungen sind im Kern Ausgaben und Verpflichtungsermächtigungen des öffentlichen Kostenträgers. Zuwendungen definieren sich darüber hinaus, dass sie keine Sachleistungen, keine Entgelte (Gegenleistungsverhältnisse) und kein Ersatz von Aufwendungen sind (vgl. Nr. 1.2. des Verwaltungsverfahrensgesetzes (VV) i. V. LHO der Freien und Hansestadt, des Landes, Hamburg). Zuwendungen dürfen nur vergeben werden, wenn der Zuwendungsnehmer eine zweckentsprechende Verwendung der Mittel garantiert (§§ 23 u. 44 BHO/LHO). Zuwendungen aus öffentlichen Kassen, die ausschließlich auf Grund des Haushaltsrechts und den dazu erlassenen Allgemeinen Nebenbestimmungen vergeben werden, sind grundsätzlich echte Zuschüsse. Sie unterliegen nicht der Steuerpflicht und sind der Prüfung der bewilligenden Behörde (Innenrevision) und den jeweilig zuständigen Landesrechnungshöfen unterworfen (Nagel 2003, 1 u. 12 f.). Zuwendungen können auf Grund eines staatlichen Hoheitsaktes in Form eines Verwaltungsaktes[42] oder in Form eines öffentlich-rechtlichen Vertrages (Zuwendungsvertrag) vergeben werden. Zuwendungen werden als Voll- oder Teilfinanzierung entweder als dauerhafte institutionelle Zuwendungsart oder

---

42 Ein Verwaltungsakt ist „jede Verfügung, Entscheidung oder andere hoheitliche Maßnahme, die eine Behörde zur Regelung eines Einzelfalles auf dem Gebiet des öffentlichen Rechts trifft und die als unmittelbare Rechtswirkung nach außen gerichtet ist" (§ 31 SGB X und 35 VwVfG; Papenheim et al. 2006, 279 f.).

durch eine zeitlich begrenzte Zuwendung in der Art der Projektfinanzierung vergeben. Bei der Teilfinanzierung erfolgen die Zuschüsse in den Finanzierungsarten der Anteilsfinanzierung, der Festbetragsfinanzierung oder der Fehlbedarfsfinanzierung (Nagel 2003, 2 ff.; Schellberg 2004, 48-50; Papenheim et al. 2006, 72 ff.; Bäcker et al. 2008b, 556; Dahme/Schütter/ Wohlfahrt 2008, 119; Halfar 1999, 48 ff.; Kolhoff 2003, 11-13; Horcher 2008b, 1107).

Zuwendungs-
antrag

Die Zuwendungsförderung in der Sozialwirtschaft bezieht sich immer auf die Einrichtung oder auf das Projekt, nicht auf die Person, von der das betreffende Projekt durchgeführt wird. Formal erfordert die Vergabe von Zuwendungen einen begründeten Zuwendungsantrag, der das öffentliche Anliegen verdeutlicht. Dem Antrag muss eine entsprechende Kostenkalkulation beigefügt sein. Basierend auf dem Zuwendungsantrag werden die Höhe und die Finanzierungsart des Zuschusses bestimmt und im Zuwendungsbescheid unter der Auflage der sparsamen Mittelverwendung vergeben.

Wirtschaftlichkeit
und Sparsamkeit

Wirtschaftlichkeit und Sparsamkeit leiten sich aus Art. 114, Abs. II und hinsichtlich der Vorgaben zur Ausführung eines Haushaltsplanes nach § 7, Abs. I der Bundeshaushaltsordnung und entsprechenden Ausführungen aus den Landeshaushaltsordnungen ab. Der Sachverhalt Wirtschaftlichkeit strebt die beste Relation von Mitteleinsatz und angestrebtem Zweck an. Das Leitbild der Sparsamkeit gibt vor, die eingesetzten Mittel auf den notwendigen Umfang zu begrenzen, der zur Erfüllung der Maßnahme erforderlich ist.

Verwendungs-
nachweis

Zuwendungen können im Rahmen dieser rechtlichen Auffassung sowohl zweckgebunden als auch ohne Zweckbindung vergeben werden. Die Rechenschaftspflicht bzgl. der ordnungsgemäßen Mittelverwendung erfolgt im Nachhinein durch den Verwendungsnachweis. Mit Ablauf des Bewilligungszeitraumes muss der Träger der Maßnahme die Verwendungsnachweise und -belege bei der Bewilligungsbehörde einreichen. Im Fall von fehlerhafter oder nicht dem Förderungszweck entsprechender Verwendung von Zuwendungsmitteln können die Zuwendungen aufgehoben und zurückgefordert werden (vgl. § 44a, Abs.1 der BHO/LHO, Allgemeine Nebenbestimmungen ANBest P/I/G[43]; Nagel 2003, 2 ff.).

Ein Kritikpunkt an Zuwendung und Verwendungsnachweis besteht in der Tatsache, dass die Mittelkontrolle nicht unmittelbar erfolgt und so einen Spielraum für missbräuchliche Verwendung lässt. In der Regel gilt der Zuwendungsbescheid für ein Haushaltsjahr (vgl. Nagel 2003, 2 ff.; Papenheim et al. 2006, 72 ff., 119; Halfar 1999, 48 ff.; Kolhoff 2003, 11-13).

Eigenleistungen

Eine angemessene Eigenleistung auf der Grundlage einer Einzelentscheidung durch den Kostenträger soll jedoch die unterschiedliche Leistungskraft

---

43 P steht für Projekte, I für institutionelle Förderung, G für Gemeinde.

und Finanzkraft des Leistungserstellers berücksichtigen (vgl. u. a. § 74, Abs. 1, Nr. 4 KJHG).

Die Zuwendung kann auch als Darlehen, Bürgschaft oder Sicherung vergeben werden. Finanzschwache Einrichtungsträger können Teile der Eigenleistung durch „ehrenamtliche oder bürgerschaftliche Engagements" als geldwerte Leistung in Form von Zeitkontingenten sonst unentgeltlicher Arbeit erbringen. An dieser Stelle wird die mitgliedschaftliche Funktion der gemeinnützigen Träger in Abgrenzung zu privatgewerblichen Trägern besonders deutlich. Höhe, Art und Umfang der Zuwendungsentscheidung unterliegt dem Zuwendungsgeber, in der Praxis werden die beantragten Kostengrößen bei angemessener und plausibel nachvollziehbarer Kostenkalkulation in der Regel erstattet. Ein einklagbarer Rechtsanspruch besteht auch diesbezüglich nicht. Die Zuwendung erfolgt zudem als Ermessensentscheidung. Ein Ermessen ist in der Auslegung der Zuwendungshöhe im Rahmen der herrschenden Rechtsauffassung vorzunehmen, d. h. die Ablehnung darf nicht willkürlich getroffen werden (Horcher 2008b, 1108).

Ermessensentscheidung

Systematik der Zuwendungsfinanzierung

Die Zuwendungen werden in projektbezogene und institutionelle Formen der Finanzierung unterschieden. Zuwendungen werden häufig als projektbezogener Zuschuss gewährt, da Projektfinanzierungen von vorneherein eine zeitlich begrenzte Verpflichtung des öffentlichen Auftrags- und Kostenträgers, eine Zweckverwendung und eine Begrenzung der Ziel-Kosten-Relation beinhalten, während die institutionelle Zuwendung eine Dauerbezuschussung zu den Betriebskosten darstellt und der Deckung der gesamten Ausgaben des Zuwendungsempfängers dient (Horcher 2008b, 1107).

Institutionelle Förderung

Die institutionelle Förderung unterstützt i. d. R. dauerhaft den öffentlichen oder am Gemeinwohl orientierten Zweck, der in der Satzung oder Geschäftsordnung beschrieben ist, und nicht die einzelne Arbeitsleistung bzw. einzelne Leistungsinhalte. Der Kostenträger überprüft Haushalts-, Organisations- und Stellenpläne bzgl. der regelgerechten Mittelverwendung (Nagel 2003, 6).

Institutionelle Förderung

Obwohl die institutionelle Förderung im Budgetzyklus des Bundes bzw. Landes jährlich erneut bewilligt werden muss und somit auch jährlich eingestellt werden kann, baut sich für den Zuwendungsgeber (Kostenträger) faktisch – besonders im Personalbereich – eine längerfristige Dauerverpflichtung auf, die ein Folgekostenrisiko für ihn birgt (Halfar 2003, 375).

Abbildung 2-8	*Zuwendungsformen und Finanzierungsarten.* *Quelle: Nagel 2003, 2; Halfar 1999, 48*

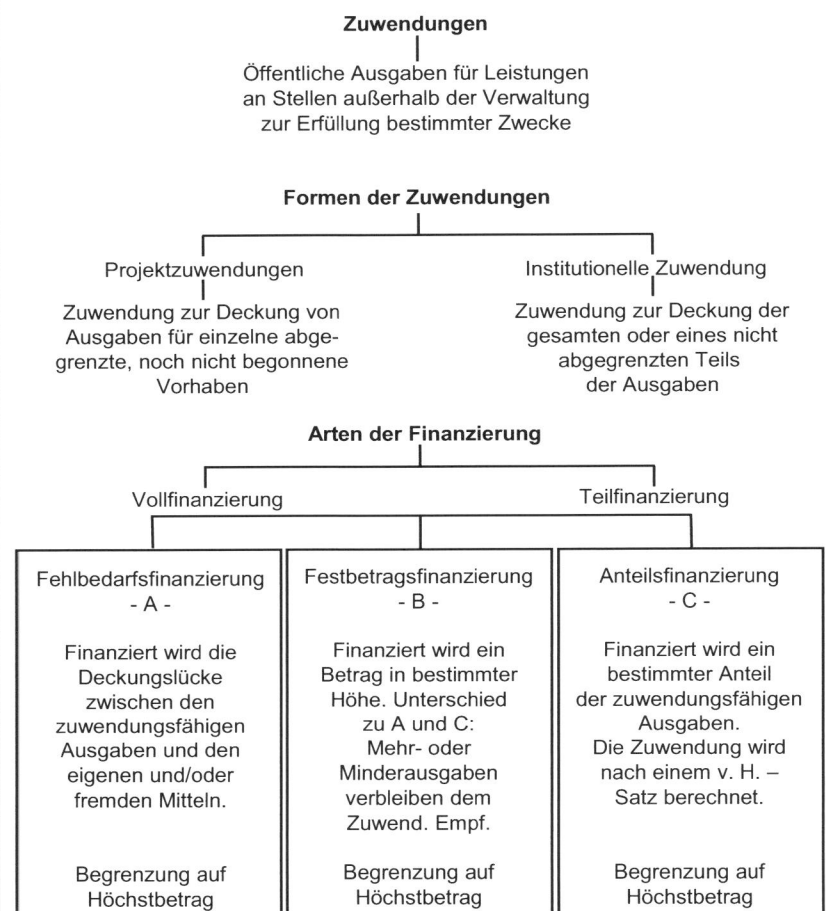

Zuwendungen

Öffentliche Ausgaben für Leistungen
an Stellen außerhalb der Verwaltung
zur Erfüllung bestimmter Zwecke

Formen der Zuwendungen

Projektzuwendungen

Zuwendung zur Deckung von
Ausgaben für einzelne abge-
grenzte, noch nicht begonnene
Vorhaben

Institutionelle Zuwendung

Zuwendung zur Deckung der
gesamten oder eines nicht
abgegrenzten Teils
der Ausgaben

Arten der Finanzierung

Vollfinanzierung

Teilfinanzierung

Fehlbedarfsfinanzierung - A -	Festbetragsfinanzierung - B -	Anteilsfinanzierung - C -
Finanziert wird die Deckungslücke zwischen den zuwendungsfähigen Ausgaben und den eigenen und/oder fremden Mitteln.	Finanziert wird ein Betrag in bestimmter Höhe. Unterschied zu A und C: Mehr- oder Minderausgaben verbleiben dem Zuwend. Empf.	Finanziert wird ein bestimmter Anteil der zuwendungsfähigen Ausgaben. Die Zuwendung wird nach einem v. H. – Satz berechnet.
Begrenzung auf Höchstbetrag	Begrenzung auf Höchstbetrag	Begrenzung auf Höchstbetrag

Projektförderung

Projektförderung

Förderungen im Rahmen der Projektförderung sind einzelne Vorhaben, die sich zeitlich und kostenmäßig abgrenzen lassen. Die öffentliche Hand entscheidet sich hier für ein Projekt, dessen Arbeitsorganisation und Mitteleinsatz mit der gewünschten fachlichen Aufgabenerfüllung bestmöglich und kostengünstig verwirklicht wird. Das (Folgekosten-) Risiko des Kostenträgers ist demnach, anders als in der institutionellen Zuwendung, von vorneherein begrenzt (Papenheim et al. 2006, 73) (s. Abb. 2-8).

Finanzierungsarten: Voll- und Teilfinanzierung

Weiterhin sind die Finanzierungsarten Vollfinanzierung und Teilfinanzierung voneinander zu unterscheiden (s. Abb. 2-8). Die öffentlichen Kostenträger erwarten im Rahmen der Subsidiarität einen Eigenmittelanteil. Daher stellt die Teilfinanzierung aus Sicht des begrenzten Kostenaufwandes für die Leistungsträger die häufigste Form der Zuwendungsfinanzierung dar. Die Eigenmittel privatgemeinnütziger Träger können durch Mitgliedsbeiträge, Spenden, geldwerte Leistungen, durch ehrenamtliche (freiwillige) Soziale Arbeit und kirchliche Zuwendungen erwirtschaftet werden. Eine Vollfinanzierung erfolgt nur, wenn die Erfüllung des öffentlichen Zwecks im Sinne der Daseinsfürsorge sich nicht anders realisieren lässt – etwa die Umsetzung des Betreuungsanspruchs für Kinder vor dem Hintergrund des Tagesbetreuungsausbaugesetzes. Dann trägt der öffentliche Kostenträger alle notwendigen Kosten (Halfar 2003, 48 f., Papenheim et al. 2006, 73).

Voll- und Teilfinanzierung

Vollfinanzierung

Der Zuwendungsgeber deckt die vollen zuwendungsfähigen Ausgaben ab. Ein Höchstbetrag wird festgelegt. Weder Eigenmittel noch fremde Mittel werden eingesetzt. Die Vollfinanzierung ist nur dann möglich, wenn der Zuwendungsempfänger ein lediglich geringes wirtschaftliches Interesse hat oder die Erfüllung des Zwecks ausschließlich bei voller Kostenübernahme durch die öffentliche Stelle möglich ist (Nagel 2003, 2; Papenheim et al. 2006, 73).

Teilfinanzierungen

Hier wird nur ein Teil der zuwendungsfähigen Kosten abgedeckt. Es werden drei Finanzierungsarten unterschieden:

1. Anteilsfinanzierung,
2. Fehlbedarfsfinanzierung und
3. Festbetragsfinanzierung.
   (ebd.) (s. Abb. 2-8)

Anteilsfinanzierung

Anteilsfinanzierung ist die Bezuschussung eines bestimmten Prozentwertes der zuwendungsfähigen Ausgaben. Sie wird häufig als Projektförderung vergeben. Die Anteilsfinanzierung kann zweckgebunden vergeben werden, etwa für einen bestimmten Aufwand des Personal- bzw. Sachmitteleinsatzes. Anteilsfinanzierungen werden oft an finanzstarke Einrichtungen vergeben, um diese zu veranlassen, neue Geschäftsfelder zu erschließen (Impulsierungsfunktion), z. B. die Förderung von Weiterbildungsangeboten für ehrenamtliche Helfer. Die Zuwendungen werden immer für das laufende Haus-

Anteilsfinanzierung

haltsjahr vergeben und mit einer Zuwendungsobergrenze ausgestattet. Die im Zuwendungsvertrag festgelegte maximale Obergrenze entspricht der Bezugsgröße der Anteilsfinanzierung (ebd.).

Fehlbedarfsfinanzierung

Fehlbedarfs-
finanzierung

In dieser Finanzierungsart finanziert der Zuwendungsgeber lediglich solche Kosten, die nach Ablauf des Zuwendungszeitraumes nicht durch Eigenmittel der Träger oder andere Mittel gedeckt sind. Es wird die Finanzierungslücke abgedeckt, die nach Ausschöpfung aller anderen Finanzierungsquellen verbleibt (Bäcker 2008b, 556). Diese Finanzierungsart eignet sich besonders für Einrichtungen, die gute Selbstzahler akquirieren können, jedoch das Risiko für die Auslastung eines Weiterbildungskurses nicht allein tragen wollen. Nach Abschluss der Maßnahme wird ein etwaiger Fehlbetrag vom öffentlichen Kostenträger gedeckt. Zur Vermeidung einer versteckten Vollfinanzierung wird der Zuschuss von vorneherein begrenzt. Der Antrag auf Fehlbedarfsfinanzierung sollte nicht zu hoch sein, um einem Selbstfinanzierungsanreiz nicht entgegen zu wirken. Der Zuwendungsnehmer verpflichtet sich, wie es in den anderen Finanzierungsarten der Zuwendung üblich ist, sämtliche Einnahmen offen zu legen. Dazu gehört auch die Offenlegung der Erträge aus angelegtem Kapitaleinkommen (ebd.).

Festbetragsfinanzierung

Festbetrags-
finanzierung

Die Festbetragsfinanzierung ist die Zusage einer fixen Zahlungsgröße. Oft werden Festbetragsgrößen pro Teilnehmer vergeben, um den Anreiz für eine hohe Auslastung der Maßnahme zu fördern (ebd.). Beispielsweise wird sich die Durchführung eines Weiterbildungskurses erst lohnen, wenn eine bestimmte Teilnehmerzahl erreicht wird.

Zuwendungsbescheid

Zuwendungs-
bescheid

Nachdem der Leistungsträger/Kostenträger den Zuwendungsantrag positiv entschieden hat, wird er in Form eines Zuwendungsbescheides an den Zuwendungsempfänger gerichtet und beinhaltet die Abbildung 2-9 dargestellten Pflichtbestandteile.

Pflichtbestandteile

Kritik an Zuwen-
dungsfinanzierung

Die Zuwendungsfinanzierung wird von Kritikern als unwirtschaftliches und intransparentes Verfahren bewertet, da sie kaum effektive Anreizstrukturen für wirtschaftliches Verhalten bietet und ihre Abrechnungsverfahren lediglich Plausibilitätskontrollen und unterworfen sind (Bieker 2006, 115). Auch die Mittelzuweisung an die Zuwendungsempfänger erfolgt erst spät mit dem Eingang des Zuwendungsbescheides. In der Praxis der Sozialwirtschaftsorganisationen fallen aber bereits vorher Personalkosten für die Projektvorbereitung an.

Abbildung 2-9

Pflichtbestandteile eines Zuwendungsbescheides. Quelle: Nagel 2003, 12

Bewilligung der Zuwendung

Zuwendungsbescheid	**Zuwendungsvertrag**
- begünstigender Verwaltungsakt	- öffentlich-rechtlicher Vertrag *
- für die Verwaltung gelten die Vorschriften Nr. 4 1-6.5 VV zu § 44 LHO	- Vorschriften für Bescheid gelten sinngemäß (zusätzlich gelten die Vorschriften des BGB)
- grundsätzliche Rechtsbelehrung	- Rechtsbelehrung entfällt
- Die Verwaltung sendet eine Kopie an den Rechnungshof und teilt Änderungen mit.	- Die Verwaltung sendet eine Kopie an den Rechnungshof und teilt Änderungen mit.
- Voraussetzung für die Auszahlung von Zuwendungen	- Stets erforderlich** bei - Z. f. d. Erwerb von Grundstücken - Z. in Form von Darlehen

*s. dazu Nr. 4.3 VV zu § 44LHO; **auch §§52-62 HmbVwVfG; 4.3 Abs. 4 VV zu § 44 LHO

(Pflicht-)Bestandteile des Bescheids*

1. genaue Bezeichnung des/ der Zuwendungsempfängers/ in,
2. Art und Höhe der Zuwendung,
3. genaue Bezeichnung des Zuwendungszwecks,
4. Art und Form der Finanzierung und Umfang der zuwendungsfähigen Ausgaben,
5. Zeitraum der Bewilligung,
6. anzuwendende, allgemeine Nebenbestimmungen (AN Best...)**,
7. Zweckbindung der aus Zuwendungen angeschafften Gegenstände,
8. Grad der Verbindlichkeit des Wirtschafts- bzw. Finanzierungsplans,
9. Bedingungen für
- Mehr- Einnahmen und Minder- Ausgaben,
- die Bildung von Rücklagen und Rückstellungen,
- die Verwendung nicht verbrauchter Zuwendungen,
10. Besserstellungsverbot,
11. Rechtsbehelfsbelehrung.

* Nr. 4 VV zu § 44 LHO; ** Nr. 5 VV zu § 44 LHO

2.1.3.2 Zuwendungsvertrag

Der Zuwendungsvertrag hebt für den Zuwendungsempfänger die Unsicherheit der jährlichen Anschlussbewilligungen auf, indem er Sicherheit über den Vereinbarungszeitraum bzw. über das Haushaltsjahr hinaus gewährleistet (vgl. Abb. 2-9). Die öffentlich-rechtlichen Vertragskonstruktionen sind

Zuwendungs-vertrag

nach §§ 53, 55 des SGB X; § 54 des Verwaltungsverfahrensgesetzes (VwVfG) lückenhaft geregelt. Beim Zuwendungsvertrag handelt es sich rechtlich um eine Vereinbarung von zwei zumindest formal eigenständigen Vertragspartnern. Der Zuwendungsvertrag ist allerdings kein Leistungstausch zweier übereinstimmender Willenserklärungen im privatrechtlichen Sinn, sondern ein öffentlich-rechtlich dominierter Koordinierungsvertrag (Dahme et al. 2008, 121). Der Zuwendungsvertrag wird in der Regel mit der Auflage vergeben, eine ausgehandelte Zielstellung von Leistungsmerkmalen und Leistungsanforderungen, zum Beispiel die Einhaltung fachlicher Standards, zu verlangen (Papenheim et al. 2008, 276). Der Vorteil eines Zuwendungsvertrages besteht für die Zuwendungsnehmer in der Verringerung der Bestimmungen aus dem Rechtskontext der Haushaltsordnungen (BHO/LHO) und den Allgemeinen Nebenbestimmungen (ANBest). Der Zuwendungsvertrag ermöglicht darüber hinaus:

▦ die mehrjährige Vergabe der Zuwendung,

▦ die Übertragbarkeit der Zuwendung in das nachfolgende Haushaltsjahr,

▦ die Spezifizierung des öffentlichen Prüfungsrechts,

▦ die Nichtanrechnung und Rückzahlung erwirtschafteter Eigenmittel. (Merchel 2003, 194)

Es besteht bezüglich des Zuwendungsvertrags weder eine Pflicht zur Ausschreibung, noch gilt eine Umsatzbesteuerung. Rechtstreitigkeiten können nur aus dem vereinbarten Vertragsinhalt abgeleitet und geklärt werden.

Subordinations-prinzip

Am grundsätzlichen, einseitigen Abhängigkeitscharakter der staatlichen Alimentation des privatgemeinnützigen Trägers ändert sich nichts (Subordinationsprinzip). Für den jeweiligen Zuwendungsnehmer als Vertragspartner der öffentlichen Hand ist jedoch der erhöhte Gestaltungsgrad in den vertraglichen Rahmenbedingungen beachtlich.

2.1.3.3 Leistungsvertrag

Leistungsverträge können unabhängig von den gesetzlichen Bestimmungen des Sozialgesetzbuches geschlossen und gegenüber Dritten erbracht werden. Auch Sozialleistungen der Sozial- und Jugendhilfe können durch Leistungsverträge finanziert werden. Rechtliche Grundlage hierzu ist die Vergabe nach der Verdingungsverordnung VOL/A und VOL/B.[44] Dem Abschluss von Leistungsverträgen geht i. d. R. eine Ausschreibung des Auftrags voraus

---

44 Verdingungsordnung für Leistung (VOL) ist durch den Deutschen Verdingungsausschuss in der Umsetzung europäischen Wettbewerbsrechts bestimmt. VOL/A steht für die Bedingungen der Vergabe und VOL/B steht für die Ausführungsbestimmungen der Leistung.

und es dürfen lediglich Anbieter gewählt werden, die eine erforderliche Fachkunde, Leistungsfähigkeit und Zuverlässigkeit besitzen. Demzufolge wird dem wirtschaftlichsten und nicht dem billigsten Anbieter der Zuschlag erteilt (§ 25 Nr. 2 und 3 VOL/A). Der Leistungsvertrag hat im Gegensatz zum Zuwendungsvertrag überwiegend privatrechtlichen Vereinbarungscharakter (Kolhoff 2003, 6; Mehls/Salas-Gomez 1999, 7; BBJ Consult 1997, 37).[45] Wettbewerbsbezogene Leistungsverträge sind grundsätzlich für alle Arbeitsfelder der Sozialen Arbeit möglich (Dimmel 2006; Dahme et al. 2008, 195).

Je konkreter die Beschreibung der Leistungs- und Ergebnisinhalte erfolgt, desto eindeutiger ist es ein Leistungsvertrag. Im Unterschied zum Zuwendungsvertrag ist der Leistungsvertrag auf einen echten Austausch von Leistungsinhalten ausgerichtet (Gegenleistungsprinzip). Der öffentliche Träger erkauft vom gemeinnützigen Träger oder privatgewerblichen Anbieter die Leistungserstellung, für die der öffentliche Träger im Rahmen des Sicherstellungsauftrages ansonsten selber zuständig wäre (§ 17 SGB I). Anders als im Zuwendungsrecht ist nicht die eigene Zielstellung oder die Realisierung des eigenen Konzeptes Gegenstand des Leistungsvertrages, sondern die Auftragserfüllung. Diese ergebnisorientierte Dienstleistungserstellung und Ergebnisverantwortung gegenüber den öffentlichen Kostenträgern bestimmt den Inhalt des Leistungsvertrages (z. B. § 52 JGG).

Unterschied zum Zuwendungsvertrag

Außerdem weist der Leistungsvertrag gegenüber der Leistungsvereinbarung nach 78a-78g SGB VIII einen ausgeprägten Vorhaltecharakter seitens des Sozialleistungsträgers auf, zum Beispiel durch den Kauf eines bestimmten Stundenkontingents von flexibler Beratung in der Suchtkrankenhilfe, ohne den Nutzungsgrad zu kennen (Bieker 2006, 118).

Leistungsvertrag gegenüber der Leistungsvereinbarung

Leistungsverträge sind typischer Teil von Zielvereinbarungen, wie sie im Rahmen des Kontraktmanagements der Neuen Steuerung organisiert werden (Mehls 1999, 6). Der Leistungsvertrag beinhaltet in der Regel die Möglichkeit, Überschüsse zu erwirtschaften. Sofern keine Öffnungsklauseln vereinbart wurden, verbleibt das Risiko der Leistungserfüllung immer allein beim Leistungsersteller. Im Sinne der Kostenkonsolidierung werden Öffnungsklauseln zur nachträglichen Veränderung und Anpassung der Leistungsverträge seitens der Kostenträger restriktiv gehandhabt. Der Begriff

---

45 Anders Kunkel bewertet die Leistungsverträge vorrangig als öffentlich-rechtliche Verträge, stellt infolgedessen eine ordnungspolitische Wettbewerbsfunktionspflicht durch Ausschreibung in Frage und betont den Sonderstatus der privatgemeinnützigen Träger: „Die Trägervielfalt ist ausdrücklich demzufolge an deren Wertorientierung geknüpft. Daraus ergibt sich, dass privat-gewerbliche Träger nicht mit freigemeinnützigen Trägern auf eine Stufe gestellt werden können" (http://www.sgbviii.de/S40.html, 20.08.2009).

des Leistungsvertrages wurde erstmals im § 24 KitaG vom 19.10.1995 verwendet (Kolhoff, 2002, 74; Art. 1 Abs. 8 Haushaltsstrukturgesetz Berlin).

Wirtschafts-politische Ordnungsfunktion und Wettbewerbs-orientierung

Neben der öffentlichen Versorgungsleistungsdeckung sind Leistungsverträge durch ihre wirtschaftspolitische Ordnungsfunktion und hinsichtlich der Wettbewerbsorientierung darauf ausgerichtet, mehr Bewegung in den Quasi-Markt der privatgemeinnützigen und privatgewerblichen Träger und Anbieter zu bringen und insgesamt mehr Wettbewerber durch Ausschreibungsverfahren zu beteiligen (Gesetz gegen Wettbewerbsbeschränkungen GWB § 97 Abs.1). Halfar unterscheidet die Funktionsziele der Ausschreibungsverfahren nach:

▨ Leistungsmenge und Leitungsart (Geld-/Sach- und Dienstleistungen) – sie werden ausgeschrieben: Es entsteht somit ein Preiswettbewerb unter den Anbietern.

▨ Leistungsart und der Preis stehen fest – so konkurrieren die Anbieter allein über die Leistungsmenge.

▨ dem besten Lösungspotenzial für das soziale Problem – in diesem Fall würden die Angebote basierend auf Problemlösungsfähigkeit, Preis, Leistungsmenge und Leistungsqualität ausgeschrieben, verglichen und die Vergabe demgemäß entschieden werden.
(Halfar 1999, 60)

Kritik am Ausschreibungs-verfahren

Kritiker der Ausschreibungsverfahren sehen eine mögliche Gefahr darin, dass große Anbieter und Billiganbieter europaweit den Markt der Leistungsverträge beherrschen könnten und dass europäische Wettbewerbsanbieter die bereits national bestehende Spirale des Preis- und Lohndrucks exponentiell erhöhen könnten (Papenheim et al. 2006, 81). Kleine nationale und insbesondere regionale Anbieter könnten so vom Markt verschwinden und die im Sozialrecht angestrebte Trägerpluralität und der partnerschaftliche Umgang der öffentlichen Kostenträger mit der freien Wohlfahrtspflege würden demgemäß leiden. Statt des politisch gewollten Wettbewerbspluralismus könnte eine Monopolisierung des Wohlfahrtsmarktes einsetzen, die das Wunsch- und Wahlrecht der Klienten einschränken würde (ebd.). Mit Ausnahme der Personalserviceagenturen und Eingliederungsmaßnahmen (SGB III) kann aber gegenwärtig von einem deregulierten Ausschreibungsmarkt sozialer Dienstleistungen in Deutschland nicht die Rede sein (ebd., 99 f.). Ferner darf das Vergaberecht der Ausschreibung von Leistungsverträgen (Dienstleistungskonzessionen) nicht im sozialrechtlichen Dreiecksverhältnis (Leistungsvereinbarungen), dem Kernleistungsbereich der Angebote der Kinder- und Jugendhilfe, angewendet werden (vgl. § 77, Satz 2 i.V. 78a, Abs. 1 des SGB VIII). Die Mehrzahl der Gegenleistungsverfahren erfolgt derzeit noch über die freihändige Vergabe (nach § 3 der VOL/A Nr. 4; Bieker 2006, 119). Freihändige Vergabe nach VOL/A (Allgemeine Bestimmungen für

Freihändige Vergabe

die Vergabe von Leistungen) besagt, dass diese nur unter engen Voraussetzungen der Kriterien der Transparenz und dem Willkürverbot möglich ist und für die Leistung aus besonderen Gründen und für bestimmte Ausführungsarten nur bestimmte Unternehmen in Betracht kommen, die besondere Erfahrungen und Zuverlässigkeit nachweisen können.

Die Vorteile des Leistungsvertrages bestehen hingegen in der Standardisierung, Transparenz, Evaluationsfähigkeit und der höheren Planungssicherheit für Kostenträger und Leistungsersteller. Ein weiterer Vorteil des Leistungsvertrages für die Leistungsersteller besteht im Leistungsanreiz, Überschüsse zu erwirtschaften und sich im jeweiligen Leistungssegment dauerhaft zu positionieren. Die Vergabe sozialer Dienstleistungen über die Leistungsverträge nimmt zu, wird aber seitens der Bundesländer in ihrer Vergabepraxis sehr unterschiedlich gehandhabt (ebd., 120).

2.1.3.4 Aufwendungsersatz

Die Finanzierungsform des Aufwendungsersatzes kommt nur dann zu Stande, wenn öffentliche Leistungsträger hoheitliche Aufgaben stellvertretend durch einen geeigneten freien Träger erbringen lassen möchten und wenn dieser damit einverstanden ist (§ 97 I, SGB X, i.V. §§ 76 und 5, SGB XII). Dies ist grundsätzlich möglich, wenn der Aufwendungsersatz in der Form eines kooperationsrechtlichen Vertrages vereinbart wird und der öffentliche Träger die anfallenden Kosten vollständig übernimmt (§§ 670 und 675 BGB) – zum Beispiel ein Jugendamt, das mit einem freien Träger vereinbart, dass dieser stellvertretend eine Jugendschutzstelle nach § 42 SGB VIII einrichtet. Es handelt sich um eine Form der Objektfinanzierung.

*Aufwendungs-
ersatz*

2.1.3.5 Leistungsentgelte

Die quantitativ wichtigste Form der Finanzierung sind Leistungsentgelte auf gesetzlicher oder vertraglicher Grundlage.[46] Entgeltfinanzierungen bzw. Leistungsentgelte sind über den Rechtsanspruch des Leistungsberechtigten begründet. Diese Finanzierungsformen sind grundsätzlich auf den Einzelfall bezogen und somit subjektorientierte Finanzierungsquellen der Sozialwirtschaft. Diese Leistungsentgelte sind in den zentralen Sozialrechtsmaterien der Sozialgesetzbücher SGB II, III, V, VIII, XI und XII verankert und die zentrale Refinanzierungsquelle und Form der Kostenerstattung der Sozialwirtschaftsorganisationen. Der sozialwirtschaftliche Leistungserbringer, zum Beispiel ein regionaler Kinder- und Jugendhilfeverbund, hat Anspruch

*Entgeltfinanzie-
rungen bzw.
Leistungsentgelte*

---

46 Der Begriff der Leistungsentgelte wird wie der Begriff der Entgeltfinanzierungen als Vergütungselement der Subjektfinanzierung und Gegenleistung gleichbedeutend verwendet.

auf die staatliche Refinanzierung nach dem Umfang der tatsächlichen Inanspruchnahme seiner Dienste durch die Leistungsberechtigten. Leistungsberechtigt ist der bedürftige Bürger. Es entsteht ein sozialrechtliches Dreiecksverhältnis zwischen dem Bürger als Leistungsempfänger (Leistungsberechtigter/Leistungsnehmer), dem öffentlichen Leistungsträger (Kostenträger) und der sozialwirtschaftlichen Einrichtung als Leistungsersteller (Kolhoff 2002, 18 ff.). Die Kostenerstattungen im Einzelfall sind Entgelte, auf die der Leistungsersteller über den Leistungsempfänger einen subjektiv-öffentlichen Rechtsanspruch hat (Bieker 2006, 116). Entgelte werden vom öffentlichen Kostenträger teilweise oder vollständig übernommen. Der Entgeltbezug ist abhängig vom Eintritt der Bedürftigkeit des Leistungsempfängers. Bedürftigkeit entsteht wenn die betroffene Person oder deren Familienangehörige nicht oder nicht ausreichend in der Lage sind, ihren notwendigen Lebensunterhalt aus eigenen Kräften und Mitteln zu beschaffen. Im Fall fehlender Anspruchsvoraussetzungen zur Bedürftigkeit werden die Kosten der Leistungserstellung vollständig oder teilweise auf den Leistungsempfänger übertragen (zum Beispiel durch „pauschalisierte Kostenbeteiligung" nach § 90 SGB VIII; „individuelle Kostenbeteiligung" oder Überleitungsansprüche nach §§ 91-95 SGB VIII). Ansonsten werden die Entgelte entsprechend den Leistungsvereinbarungen vom jeweiligen Sozialleistungsträger erstattet. Die diesbezüglich anfallenden Leistungsarten sind die persönliche Hilfe (personenbezogene Dienstleistungen), Geldleistungen und/oder Sachleistungen.

Beim Leistungsentgelt handelt es sich um eine öffentlich-rechtliche Vertragsbeziehung zwischen Leistungs- und Kostenträgern und um ein privatrechtliches Verhältnis zwischen dem Leistungsberechtigten und dem Leistungserbringer, zum Beispiel einer sozialen Einrichtung (Kolhoff 2002, 18 ff.). So werden privatrechtliche Pflegeverträge mit den Leistungsempfängern in Pflegeeinrichtungen und Betreuungsverträge in Betreuungseinrichtungen abgeschlossen. Bei Betreuungseinrichtungen leitet sich die Kostenverpflichtung der Sozialleistungsträger aus den Betreuungsverträgen der Leistungsempfänger ab (Papenheim et al. 2006, 78 f.). Auf Grund der entsprechenden gesetzlichen Regelungen des Sozialgesetzbuches kann der Leistungsempfänger einen Anspruch auf Kostenerstattung oder Versicherungsleistungen gegenüber einem Kostenträger geltend machen. Sofern die Anspruchsvoraussetzungen erfüllt sind, hat der Leistungserbringer stets eine Leistungsverpflichtung gegenüber dem Leistungsempfänger und einen Anspruch auf eine Refinanzierung durch den jeweiligen Sozialleistungsträger im Rahmen des sozialrechtlichen Finanzdreiecks (s. Abb. 2-10).

So schließt das Jugendamt eine Vereinbarung für erbrachte Fachleistungsstunden (FLS) oder Pflegesätze mit einem Träger der Jugend- und Familien-

Das sozialrechtliche Finanzdreieck.
Quelle: Bäcker et al. 2008b, 560; Papenheim et al. 2006, 78 f.

Abbildung 2-10

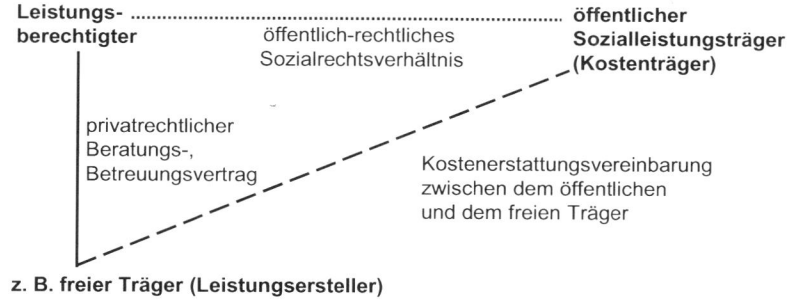

hilfe (Leistungsentgelte). Dauer und Intensität der Betreuung werden im Hilfeplanverfahren festgelegt.

Die Höhe der jeweiligen Leistungsentgelte für die Leistungserbringer, zum Beispiel die Anzahl der Fachleistungsstunden, werden in Form von Leistungsvereinbarungen ausgehandelt und vereinbart. Sie haben prospektiven Entgeltcharakter, das heißt, sie werden im Vorhinein hinsichtlich der Inhalte, Art und Umfang der Leistung aufgrund einer Leistungsbeschreibung vereinbart, um Nachforderungen durch Leistungserbringer weitgehend auszuschließen und um so eine Kostenkonsolidierung der öffentlichen Träger zu erreichen (Münder 2002, 115). Im Gegensatz zum alten, input-orientierten Selbstkostendeckungsprinzip,[47] das im Nachhinein auf der Grundlage der

Prospektiver Entgeltcharakter

---

47 Das Selbstkostendeckungsprinzip ist das den Leistungsentgelten vorhergehende „alte System" der Kostenerstattung. Das Selbstkostendeckungsprinzip wurde ab 1995 und im Bundessozialhilfegesetz (BSHG) ab dem 01.01.1999 durch die Finanzierungsformen der Leistungsentgelte zuerst im Pflegeversicherungsgesetz (PVG) ersetzt. Vor der Implementierung des PVG war die Beziehung von Leistungserstellern (Träger von Einrichtungen) und Kostenträgern allein durch die nachträgliche Kostenerstattung geregelt. Von den Leistungserstellern (Einrichtungen) wurde lediglich verlangt, „Vereinbarungen über die Kostenübernahme" anzustreben. Vor dem Hintergrund dieser offenen Formulierung entwickelten sich heterogene „länderspezifische Pflegesatzvereinbarungen" als Kalkulationsgrundlage für das Selbstkostendeckungsprinzip. Danach legten beispielsweise Einrichtungen der Altenpflege dem betreffenden Kostenträger ein Selbstkostenblatt zur Erstattung vor, welches lediglich Personalkosten, aufgeschlüsselte Sachkosten und Abschreibungen ex post, also im Nachhinein, erstattete. Zusätzlich wurden allgemeine Kostensteigerungen, Inflationsausgleich und tarifvertragliche Lohnsteigerungen berücksichtigt. Das Kostenerstattungsprinzip der Finanzierung der Sozial-

tatsächlichen Kostennachweise erstattete, wird die Kostenerstattung durch Leistungsentgelte auf die Output-Seite der Leistungserstellung verlagert, d. h. der Sozialleistungsträger erstattet nur, was vorher in der Leistungsvereinbarung festgelegt wurde.

*Leistungs-
vereinbarungen*

Leistungsvereinbarungen sind öffentlich-rechtliche Austauschverträge, zum Beispiel über Leistungen mit einer sozialen Einrichtung – in Form einer Einzelvereinbarung – oder gebräuchlicher, um Sozialdumping zu vermeiden, mit Sparten oder Branchen der Sozialwirtschaft in Form von Rahmenverträgen – unter anderem der Eingliederungshilfen für behinderte Menschen SGB IX oder bzgl. der Heimunterbringung von Jugendlichen aus dem SGB VIII (Papenheim et al. 2006, 79).[48] Daraus entsteht jeweils ein Entgeltanspruch des Leistungserstellers gegenüber den öffentlich-rechtlichen Kostenträgern im Rahmen des Jugendhilferechts und des Rechts auf Rehabilitation und Teilhabe (Münder 2002, 114).

Entgeltregeln und Landesrahmenvereinbarungen

*Landesrahmen-
vereinbarungen*

Die Spitzenverbände der öffentlichen Kostenträger treffen Rahmenvereinbarungen mit den Verbänden der Leistungserbringer, den privatgemeinnützigen Trägern und privatgewerblichen Anbietern auf kommunaler, regionaler und auf Landesebene.[49] In der Praxis existiert derzeit eine Anzahl von Leistungsvereinbarungen, die ohne Bezug auf den landesweiten Rahmenvertrag als einzelvertragliche Regelung zustande gekommen sind, z. B. in Landeseinrichtungen der psychiatrischen Versorgung bzw. auf der Grundlage der Bundespflegeverordnung (BPflV). Der überwiegende Teil der Entgeltfinanzierungen basiert jedoch auf Landesrahmenverträgen (http://www.bmfsfj. de/RedaktionBMFSFJ/Abteilung5/Pdf-Anlagen/rahmenvertr_C3_A4ge-_C2

---

wirtschaftsorganisationen ist mittlerweile fast zur Gänze in den Leistungsbereichen des SGB durch Leistungsentgelte ersetzt worden (vgl. Bäcker 2008b, 557).

48 Der schriftliche Umfang der Leistungsvereinbarungen liegt bei durchschnittlich ca. 17,5 Seiten. Die wesentlichen Inhalte der Leistungsvereinbarungen stimmen in weiten Teilen überein, z. B. die Angaben zum Leistungsanbieter, die Hilfeart, der Adressatenkreis, eine Beschreibung der angebotenen Grundleistungen. In allen Verträgen werden sowohl Angaben zu Personal, Räumlichkeiten und Qualität fixiert als auch Aspekte zusätzlicher Regelungen zu Sonder- bzw. Zusatzleistungen, sowie die Erörterung der pädagogischen Grundausrichtung des Leistungsanbieters. (vgl. Münder/Tammen Leistungsvereinbarungen nach 78a ff. KJHG).

49 Verhandlungspartner sind u. a. der Städtetag, der Landkreistag oder die jeweiligen Städte- und Gemeindebünde in den jeweiligen Ländern, die Spitzenverbände der privaten Krankenversicherungen, die Arbeitsgemeinschaft der Spitzenverbände der gesetzlichen Krankenkassen und auf der Leistungserstellerebene die Verbände Wohlfahrtspflege oder Bundesarbeitsgemeinschaften wie die Hilfe für Behinderte e. V., Düsseldorf.

_A778,property, 30.04.2009).[50] Eine Funktion der Landesrahmenverträge zielt auf die Vereinheitlichung von Standard der sozialen Dienstleistungsproduktion und eine andere auf den sparsamen und wirtschaftlichen Umgang mit öffentlichen Mitteln ab. Die folgenden Ausführungen von Rainer Kröger machen deutlich, dass die Landesrahmenverträge zu einer Erhöhung von Planbarkeit, Rechtssicherheit und Vergleichbarkeit sozialer Dienstleistungen führten und eine stärkere Qualitätsorientierung der Leitungsentgelte begründeten (www.sgbviii.de/S46.html, 22.02.2009). Landesrahmenvereinbarungen weisen darüber hinaus folgende Vorteile auf:

1. Der Bundesgesetzgeber hat den jeweiligen Ländern einen hohen Gestaltungsspielraum eingeräumt, den diese unter Berücksichtigung der bestehenden Besonderheiten in jedem Bundesland gestalten.

2. Durch Rahmenverträge wird sichergestellt, dass Chancengleichheit zwischen den unterschiedlichen Leistungsanbietern und Transparenz erzeugt werden. Bzgl. der Einrichtungen bedeutet dies, dass sie relativ einheitlich behandelt werden und es zu keiner Bevorzugung bzw. Benachteiligung einzelner Einrichtungen kommt.

3. Rahmenverträge legen fest, nach welchen allgemeinen Grundsätzen Entgelte für die vereinbarten Leistungen vereinbart werden. Dabei ist es sinnvoll, gemeinsam die Regelungstiefe festzuhalten.

4. Rahmenvereinbarungen bieten eine Hilfestellung für die Vereinbarungspartner.

5. Die Möglichkeit der Konsensbildung durch Kommunikation in den Verhandlungsrunden ist nicht zu unterschätzen. Es besteht der Zwang zur Vereinbarung und damit der Zwang, sich zu treffen und in Hinblick auf eine landesweite, einheitliche Regelung miteinander zu kommunizieren.

6. Die Neustrukturierung der Kommunikation zwischen Einrichtung, Jugendamt und Landesjugendamt kann durch Rahmenverträge im positiven Sinne neu genutzt werden.

7. In Rahmenverträgen ist darzustellen, auf welche Grundprinzipien der Entgeltkalkulation man sich unter Berücksichtigung von Leistungsfähigkeit, Wirtschaftlichkeit und Sparsamkeit verständigt hat.

8. Rahmenverträge sind Mustervorlagen sowohl für Jugendämter als auch für Einrichtungen.

---

50 Die Spitzenverbände der öffentlichen Leistungsträger und freien Wohlfahrtspflege sind in Arbeitsgemeinschaften zusammengeschlossen (vgl. bspw. . § 79, SGB XII).

9. Rahmenverträge sind nicht nur eine Handlungsanleitung für die Vertragsparteien vor Ort, sondern werden auch als Grundlage für Schiedsstellenentscheidungen herangezogen.
(ebd.)

Rahmenverträge erfüllen folgende Funktionen:

- Vorbildfunktion,
- Orientierungsfunktion,
- Konsensfunktion,
- Entlastungsfunktion.
  (ebd.)

In den Rahmenverträgen sind folgende grundsätzliche Regelungen vorhanden:

- eine Auflistung der Leistungen, für die der Rahmenvertrag gilt. Das gilt besonders für solche Leistungen, die über die in § 78a SGB VIII genannten Leistungen hinausgehen;

- die Definition der Vertragspartner (z. B. Einrichtungsbegriff);

- die nähere Definition von Leistungsbeschreibungen an Hand von Mustern;

- die Definition der Bestandteile des Entgeltes als:
  Grundlagen der Berechnung der Personalkosten;
  Grundlagen der Berechnung der Sonderaufwendungen im Einzelfall;
  Grundlagen der Berechnung der Sachkosten und der Investitionsfolgekosten;

- Aussagen zum Auslastungsquotienten;

- Beschreibung der Grundlagen der Qualitätsentwicklungsvereinbarung;

- Klärung der Zahlungsmodalitäten.
  (ebd.)

Entgeltregeln in der Sozialhilfe (§§ 75 u. 79 SGB XII)

*Leistungsverein-
barungen in der
Sozialhilfe*

Das Bundessozialhilfegesetz (SGB XII) gestaltet die Finanzierung der Leistungen, die privatgemeinnützige Träger und privatgewerbliche Anbieter in ihren Einrichtungen erbringen, nach den Bestimmungen der §§ 75 und 79 des SGB XII. Halfar fasst die grundlegenden Funktionen und Instanzen einer Rahmenvereinbarung in Abbildung 2-11 zusammen.

Pflegesatzvereinbarung nach § 75 Einrichtungen und Dienste i.V. § 79 Rahmen-vereinbarungen SGB XII. Quelle: in Anlehnung an Halfar 2003, 383

Abbildung 2-11

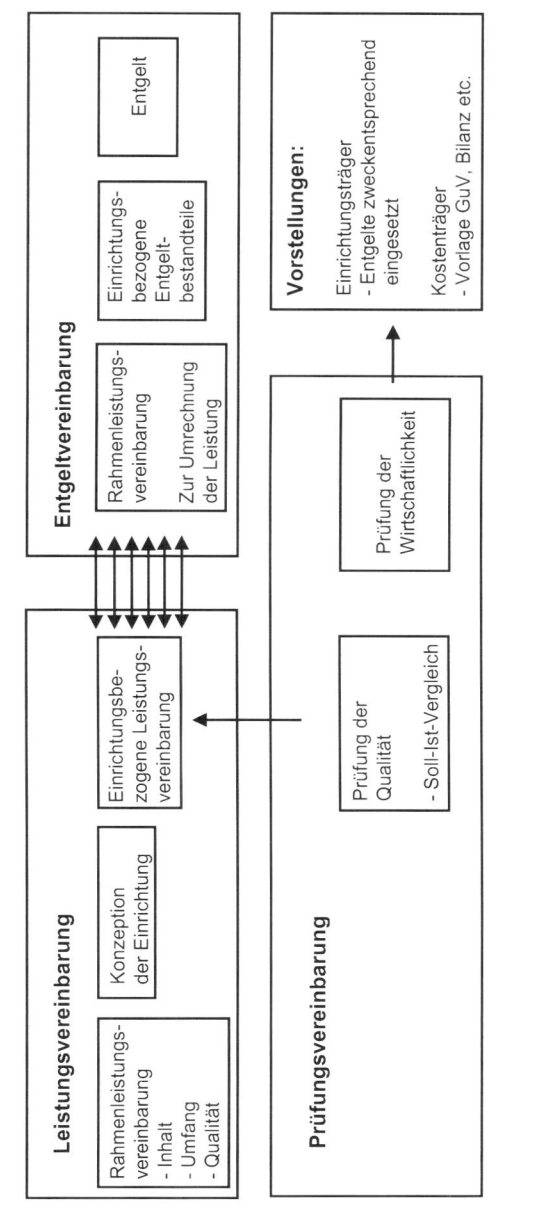

Die Leistungserstattung der Pflegesätze stationärer und teilstationärer Einrichtungen ist in der Regel so bemessen, dass der Leistungsersteller erst ab einem bestimmten Auslastungsgrad die Kosten seiner Einrichtung tragen kann (Halfar 2003, 381). Vergütungen der Pflegesätze umfassen nach § 76 SGB XII die Grundpauschale (Unterkunft und Verpflegung), den Investitionsbetrag und gruppenspezifische Maßnahmepauschalen der Hilfevergütung. Nach § 75, Abs. 2, i.V. § 79 SGB XII vereinbaren privatgemeinnützige und privatgewerbswirtschaftliche Leistungsersteller ihre Leistungsvereinbarungen mit den Kostenträgern der Sozialhilfe. Diese Leistungsvereinbarungen werden auf Grundlage des Personalschlüssels, des Gruppenprofils und der Bettenfreihaltegelder kalkuliert. Individuelle Maßnahmepauschalen bilden einen fachlich bzw. therapeutisch begründeten zusätzlichen Hilfebedarf ab. Die Maßnahmepauschalen werden nach Hilfegradbedarfen vergleichbarer Gruppen erstattet. Diese Vergütung erfolgt auf Grundlage des Hilfebedarfs, der in der Hilfeplanung und von Pflegekommissionen festgestellt worden ist und der die vorher verhandelten und vereinbarten Leistungsniveaus abbildet. Diese Leistungsvereinbarung besteht, wie in Abb. 2-11 dargestellt, wiederum aus drei Teilvereinbarungen: der Leistungsbeschreibung, der Entgeltvereinbarung (Preisgestaltung) und der Prüfvereinbarung (Einhaltungs- und Qualitätssicherungskosten). Maßnahmen der Rehabilitation und Teilhabe basieren auf diagnostischen Einschätzungsskalen des Hilfebedarfs und der fachlich begründeten Kategorisierung nach Hilfebedarfsgruppen gemäß § 79 des SGB XII und einer Maßnahmepauschale nach § 76, Abs. 2, SGB XII. In Konfliktfällen ist gem. § 80 SGB XII eine Schiedsstelle anzurufen (Halfar 2003, 381 ff.).

Entgeltregeln in der Kinder- und Jugendhilfe (§ 78 a-g SBG VIII)

Leistungsverein-barungen in der Kinder- und Jugendhilfe

Im Geltungsbereich des Kinder- und Jugendhilfegesetzes (KJHG) gestaltet sich die Finanzierung der Träger und Anbieter für ihre teilstationären und stationären Leistungen in Einrichtungen gemäß den Bestimmungen zu den Rahmenvereinbarungen des § 77 i. V. mit §§ 78a-g KJHG. Es bestehen Gemeinsamkeiten zu den entsprechenden Regelungsbereichen im SGB XII. Der Träger der öffentlichen Jugendhilfe und der Einrichtungsträger schließen eine Leistungsvereinbarung ab. Dazu gehören auch die Bestimmung des Personenkreises, der in einer Einrichtung betreut wird, Aussagen über die sachliche und personelle Ausstattung der Einrichtung und Festlegungen zur Qualifikation des Personals. In einer Entgeltvereinbarung wird das Entgelt für Leistungen auf dem gemeinsam angestrebten Qualitätsniveau und die dafür erforderlichen betriebsbedingten Investitionen festgelegt. So werden die Kosten über den Entgeltsatz gedeckt. Entgeltfähige Grundleistungen sind Wohnen, Lebensunterhalt, individuelle Förderung, Elternarbeit oder schulische Angebote. Individuelle Zusatzleistungen sind zum Beispiel therapeutische und heilpädagogische Therapien und spezielle schulische Einzelförderungen (vgl. Bieker 2006, 117). Das bedeutet, dass die örtlichen Kostenträger der Kinder- und Jugendhilfe im Falle einer stationären Unterbringung den vereinbarten Entgeltsatz pro Tag und Kind an die Einrichtung zu zahlen haben. Die Zusammensetzung des Pflege- bzw. Tagessatzes wird in den Entgeltvereinbarungen entsprechend mit dem zuständigen Jugendamt festgelegt. Nach der Einleitung des Hilfeplanverfahrens durch die Erziehungsberechtigten und der Bewilligung durch das (fall)zuständige Jugendamt werden darüber hinaus die Kosten inkl. individueller Maßnahmepauschalen für die stationären Hilfeleistungen durch die örtlichen Träger der Jugendhilfe übernommen (http://www.leo-lionni-haus.de/aktuelles/pflegesatz_und_kosten.htm, 05.01.2009). In Konfliktfällen ist gem. § 78g KJHG eine Schiedsstelle anzurufen.

Entgeltfinanzierungen/Kostenerstattungen nach § 77 SGB VIII

Entgelte können in der Kinder- und Jugendhilfe nach § 77 SGB VIII zur Grundlage der Kostenerstattung über ein so genanntes leistungsgerechtes Entgelt vereinbart werden. Finanzierungsformen sind Fachleistungsstunden oder Pauschalerstattungen. Entgeltfinanzierungen auf der Grundlage des § 77 des SGB VIII kommen dann zustande, wenn zum Beispiel die Anonymität des Ratsuchenden gewährleistet sein soll (Wohnungslose oder bei illegalem Aufenthalt). Hier führt – anders als bei den Leistungsvereinbarungen nach §§ 78 a-g – nur die tatsächliche Inanspruchnahme zum Entgelt. Nach § 77 können pauschalierte Beratungskosten, die sich nach dem Durchschnitt der anfallenden Kosten eines Beratungskontaktes in der Erziehungsberatung richten, mit dem örtlichen Kostenträger der Kinder- und Jugendhilfe abgerechnet werden. Die Abrechnung über die jeweilige Anzahl der Beratungskontakte i. V. mit den am durchschnittlichen Kostenaufwand orientierten Fallpauschalen bildet dann in Summe den einrichtungsbezogenen Bedarf in Form eines Globalbudgets ab. Die Form der Kostenerstattung, die sich nur nach der tatsächlichen Inanspruchnahme richtet, führt dazu, dass die Einrichtungen als Leistungsersteller über keine exakte kalkulatorische Planungssicherheit verfügen. Für den öffentlichen Träger hingegen ergeben sich durch eine ggfs. verringerte Nachfrage von Beratungsleistungen ein verminderter Kostenaufwand und eine größere Variabilität der Kostenerstattung.

In weiterer Verlauf werden nun die öffentlich-subjektorientierten Finanzierungsformen der Leistungsentgelte der Fachleistungsstunde, der Pflege- und Tagessätze und relativ neue Finanzierungsformen wie diagnoseorientierte Fallpauschalen (DRG´s), Gutscheine, Pflege- und Vermittlungsbudgets im Einzelnen vorgestellt.

Leistungsentgelt Fachleistungsstunde (FLS)

Die FLS kann als Berechnungsgröße und Kostenberechnung der unterschiedlichsten – auch unkonventionellen – Hilfearrangements sozialer Arbeit eingesetzt werden. Die Finanzierungsform der FLS ist flexibel als Instrument ambulanter Hilfen einzusetzen. So kann die Aufstockung der FLS für die aufsuchende Familienhilfe schnell und unbürokratisch durch die federführende SozialpädagogIn im Rahmen eines Hilfeplangesprächs vereinbart und mit anderen ambulanten Angeboten, welche ebenfalls über FLS abzurechnen sind, im Rahmen des Jugendhilfebudget miteinander kombiniert werden. Die FLS soll demnach strukturell geeignet sein, Hilfen zur Erziehung besser zu organisieren, was letztlich mit fachlichen und nicht mit rechnerischen Maßstäben zu definieren ist. Die Jugendhilfe insgesamt wird durch FLS durchlässiger und damit wirksamer, was allerdings mit höheren Anforderungen an Soziale Arbeit und deren Organisationsfähigkeiten einhergeht (http://www.berufsbetreuer.de/engels/fachleis.htm, 30.01.2009).

Finanzierungsform der Fachleistungsstunde (FLS)

Die Fachleistungsstunde (FLS) ist ein flexibel einsetzbares Leistungsentgelt, das in ambulanten, teilstationären und stationären Hilfeleistungen sowie intermediären Netzwerkleistungen des „Sozial- und Gesundheitssektors" zur Kostenberechnung herangezogen werden kann. Als Finanzierungsform Sozialer Arbeit ist die FLS in den Hilfen zur Erziehung etabliert (§§ 27 ff. und § 77 SGB VIII, i.V. §§ 53 u. 55 SGB X). Weitere Anwendung findet FLS in der Frühförderung behinderter Kinder, in der Betreuung selbstständig wohnender behinderter Menschen, in der sozialpädagogischen Familienhilfe oder erzieherischen Zusatzleistungen (Halfar 2008, 362). Die Fachleistungsstunde kann grundsätzlich in allen Arbeitsgebieten der Sozialwirtschaft und der Sozialen Arbeit eingesetzt werden. Die Fachleistungsstunde beinhaltet alle laufenden, betriebsnotwendigen Aufwendungen (Personal- und Sachkosten, Investitionskosten und kalkulatorische Kosten/Bereitschaftskosten, Anteil an den Gemeinschaftskosten) einer Einrichtung, die mit Inanspruchnahme derselben pro Betreuungsstunde verbunden sind (Bruttoaufwendungen des Arbeitgebers). Der Kostensatz der Fachleistungsstunde wird aus den Gesamtkosten ermittelt, indem die Summe der jährlichen Aufwendungen durch die Anzahl der jährlich erbringbaren Betreuungsstunden der sozialpädagogischen MitarbeiterInnen dividiert wird.

Das Kalkulationskonzept der Fachleistungsstunde weicht vom Konzept des Tagespflegesatzes ab. Die wichtigsten Unterscheidungsmerkmale bestehen darin, dass die Fachleistungsstunde ausschließlich Aufwendungen repräsentiert, die zur Vorhaltung der Betreuungskapazitäten einer Einrichtung und deren Personal- und Sachkosten für die Mitarbeiter erforderlich sind. Zusätzliche Aufwendungen, die erst bei der Durchführung bestimmter Hilfearrangements entstehen, wie Unterbringungs- und Unterhaltskosten und weitere Personalkosten bei teil- bzw. vollstationären Hilfen, werden – anders als beim „maßnahmebezogenen Tagespflegesatz" – gesondert ermittelt. Mit der Fachleistungsstunde können die konkreten Aufwendungen einer Einrichtung oder freiberuflicher Anbieter auf die zeitlichen Ressourcen ihrer sozialpädagogischen MitarbeiterInnen umgerechnet werden (http://www.berufsbetreuer.de/engels/fachleis.htm, 30.01.2009).

Die Kalkulation der FLS-Entgelte erfolgt nach der Ermittlung der Netto-Jahresarbeitszeit:

Netto-Jahresarbeitszeit (Std.) = [(365 ./. Samstage, Sonntage und Feiertage) ./. allgemeine Minderzeiten] * tarifliche Tagesarbeitszeit.

Allgemeine Minderzeiten resultieren aus tarifrechtlichen Regelungen (Urlaub) und durchschnittlich ermittelten Ausfallzeiten wie Krankheitstagen, Fehlzeiten durch Feuerwehreinsätze, Wehrübungen, Mutterschutz etc. Von der Netto-Jahresarbeitszeit werden wiederum die fach- und fallspezifischen Aktivitäten abgezogen, um die persönliche Betreuungszeit zu errechnen:

Netto-Jahresarbeitszeit ./. fachspezifische Aktivitäten/ fallspezifische Aktivitäten = persönliche Jahresbetreuungszeit.

Als fachspezifische Aktivitäten gelten:

- Praxisberatung und -anleitung,
- Supervision,
- Teamsitzungen,
- pädagogische (Gesamt)Konferenzen,
- Planungs- und Grundsatzarbeiten für die Einrichtung oder das Unternehmen,
- Arbeitsgemeinschaften und Facharbeitskreise.

Als fallspezifische Aktivitäten gelten:

- Hilfeplankonferenzen,
- Kontakte zu Behörden und Institutionen,
- Einzelfallsupervision,
- Dokumentation und Berichtswesen,
- fehlgeschlagene Kontakte,
- Wartezeiten,
- Überbrückungszeiten und – soweit nicht anders vereinbart –
- Fahrt- und Wegzeiten.

Schematisch stellt sich die Kalkulation wie in Abbildung 2-12 vorgestellt dar.

Bei ca. 35.000,– € Jahreseinkommen dividiert durch 1.373,00 Std. ergibt dies den Basiskostensatz von 25,45 €. Von möglichen 2.010 Jahresarbeitsstunden stehen jeder/m MitarbeiterIn schließlich 1.373 Nettojahresarbeitsstunden als

Abbildung 2-12	*Berechnung Fachleistungsstunde.* *Quelle: http://www.berufsbetreuer.de/engels/fachleis.htm, 30.01.2009*

Bruttojahresarbeitszeit (52,2 Wo. × 38,5 Std.)   =   **2.010,0 Std.**

abzüglich **ArbeitnehmerInnenzeit**:

– 30 Urlaubstage × 7,7 Std.	=	231,0 Std.
– 2 AZV-Tage × 7,7 Std.	=	15,4 Std.
– 8 Feiertage × 7,7 Std.	=	61,6 Std.
– 0 Bildungsurlaubstage × 7,7 Std.	=	0,0 Std.
– 5 Fortbildungstage × 7,7 Std.	=	38,5 Std.
– 5 Krankheitstage × 7,7 Std.	=	38,5 Std.

abzüglich **PädagogInnenzeit**:

– Teilnahme in 42 Arbeitswochen an:		
Teamsitzungen × 2,0 Std.	=	84,0 Std.
Erziehungskonferenzen × 1,0 Std.	=	42,0 Std.
Supervision × 1,5 Std.	=	63,0 Std.
Sonstigem × 1,5 Std.	=	63,0 Std.

Nettojahresarbeitszeit: =   **1.373,0 Std.**

Betreuungszeit für und mit den KlientInnen zur Verfügung. Dieses Stundenvolumen ist dem Kostenträger gegenüber abrechnungsfähig.

Eine weitere Finanzierungsform der auf Leistungsentgelt bezogenen Vergütung, die dem Grundsatz nach in allen Bereichen der stationären Sozial-, Jugend- und Gesundheitshilfe eingesetzt werden kann, sind die Tages- und Pflegesätze.

Tagesentgelte und Pflegesätze für den teilstationären und stationären Bereich des Sozial- und Gesundheitssektors

Im Gesundheitswesen bezeichnet der Pflegesatz den tagesgleichen Entgeltsatz – eine Form der Vergütung. Der Pflegesatz ist eine gleichbleibende Vergütung für jeden Kalendertag der Verweildauer eines Patienten in einer stationären Einrichtung (Krankenhaus, Tagesklinik). Tages- bzw. Pflegesätze waren bis zur Einführung der Fallgruppenfinanzierung (s. DRG-Ausführungen hierzu weiter unten) auch in der Akutkrankenpflege der Allgemein-Krankenhäuser von Bedeutung. Tagesentgelte werden strukturgleich im Bereich der Jugend- und Sozialhilfe in Einrichtungen der Kinder- und Jugendhilfe, der Behindertenhilfe, Frauenhäusern, Obdachlosenheimen, Suchtkliniken, Psychiatrien, für pädagogische Einrichtungen oder in der Wohnungslosenhilfe angewandt (Halfar 2008, 360).

Tagesentgelte/Pflegesätze für stationäre Psychiatrie und Psychosomatik

Für die stationäre Psychiatrie und Psychosomatik und deren voll- und teilstationären Bereiche sind tagesgleiche Pflegesätze (Basis- und Abteilungspflegesätze) gem. § 13 Abs. 3/4 BPflV zu vereinbaren, zum Beispiel:

Basispflegesätze

▓ Basispflegesatz vollstationär: 54,10 €

▓ Basispflegesatz teilstationär: 41,50 €

Abteilungspflegesätze

▓ Klinik für Psychiatrie und Psychotherapie: 147,97 €

▓ Klinik für Kinder- und Jugendpsychiatrie und -psychotherapie: 244,07 €

▓ Psychiatrische Tagesklinik: 103,48 €

▓ Tagesklinik für Kinder- und Jugendpsychiatrie: 148,66 €
(vgl Entgeltkatalog des Aachener Klinikums, www.ukaachen.de/go/show
?ID=4675054&DV=0&COMP=download&NAVID=1026132&NAVDV=0,
31.10.08)

Die Basis- und Abteilungspflegesätze werden für den Aufnahmetag und jeden weiteren Tag des Krankenhausaufenthaltes berechnet. Mit Ausnahme der teilstationären Behandlung werden der Entlassungs- und Verlegungstag nicht berechnet. Bei einer Gesamtverweildauer von weniger als 24 Stunden wird ein voller Tag in Rechnung gestellt. Bei den berechneten Tagen spricht man von sog. Belegungstagen. Nimmt der Patient vom Krankenhaus angebotene Leistungen gar nicht oder nur teilweise in Anspruch, tritt keine Minderung des Pflegesatzes ein.[51]

Die Pflegesätze in psychiatrischen Kliniken werden 2013 von DRG bezogenen Entgelten (Fallpauschalen) abgelöst (siehe Ausführungen zu DRG weiter unten).

Bis Ende 2009 diente das DRG-System (krankheitsbasierte Fallpauschale) ausschließlich der Finanzierung somatischer Akutkliniken. Ab dem Jahr 2013 wird auch in psychiatrischen und psychosomatischen Akutkliniken nach dem DRG-System abgerechnet. Diese Umstellung wird gegenwärtig intensiv vorbereitet. Seit dem 01.01.2010 wird die Arbeit von SozialarbeiterIn-

---

51 Die Pflegekosten im Rahmen der sozialen Pflegeversicherung des SGB XI sind hingegen in der Finanzierungsform einer monatlichen Pauschale festgelegt, die sich nach dem diagnostizierten Einschränkungsgrad und der zugehörigen Pflegestufe richtet (Horcher 2008c, 783). Pflegestufen beziehen sich auf vollstationäre, teilstationäre und ambulante Pflege, die mit je unterschiedlichen Pauschalsätzen nach Einschränkung/Schweregrad erstattet werden.

Operationen- und
Prozeduren-
schlüssel

nen und SozialpädagogInnen in den Krankenhäusern nach § 17d des Gesetzes zur wirtschaftlichen Sicherung der Krankenhäuser und zur Regelung der Krankenhauspflegesätze (KHG) von den Akutkrankenhäusern auf die Bereiche Psychiatrie, Kinder- und Jugendpsychiatrie sowie Psychosomatik übertragen. Krankenhaussozialarbeit wird somit zum Teil des DRG-Systems auf der Grundlage von Diagnosen und Assessments im Rahmen eines Operationen- und Prozedurenschlüssels (OPS/Orbis) (www.dimdi.de und www.bag-pva.de).

Im Allgemein-Krankenhaussektor haben seit mittlerweile einer halben Dekade Diagnose basierte Fallpauschalen (DRG) als Leistungsentgelte die Pflegesätze abgelöst, welche darüber hinaus im Hinblick auf die Übertragbarkeit auf andere Felder der Sozialwirtschaft, konkret der Sozialen Arbeit, im Weiteren thematisiert werden.

Diagnosebezogene Entgelte nach Fallgruppen (Fallpauschalen)

,Diagnosis Related
Groups'

Die Fallgruppen sind ein Klassifikationssystem für Patienten in der Krankenhausversorgung, in Allgemein-Akutkliniken. Die ,Diagnosis Related Groups', eine medizinisch-ökonomische Klassifizierung (diagnosebezogene Fallgruppen, G.-DRG-Version 2006),[52] beschreiben ein Fallgruppensystem von Krankheiten, das therapeutisch-evidenzbasierte Behandlungen und daran gebundene Leistungsentgeltzahlungen auf Grundlage eines Maßnahmekataloges vornimmt. Die Fallpauschalen sind Leistungsentgelte, die im Rahmen des sozialrechtlichen Dreiecksverhältnisses erstattet werden. Im Jahr 2005 wurde das Abrechnungssystem zwischen Krankenkassen und Krankenhäusern von Pflegesätzen endgültig auf Fallpauschalen umgestellt. Die politische Auseinandersetzung über die DRG war geprägt von einem Streit über die grundsätzliche Richtung der Ökonomisierung der Gesundheitsgüter und die Furcht vor einer nicht mehr patientengerechten Versorgung.

Wolfgang Albers stellt den politischen Diskurs zu Beginn der Einführung der DRGs folgendermaßen dar:

Kritik am
DRG-Modell

> „Nehmen wir an, für eine Blinddarmoperation zahlt die Kasse einen festen Satz von 3000 € an das Krankenhaus. Für die Operation selbst gibt das Krankenhaus 800 € aus. Jeder Liegetag kostet das Krankenhaus 500 €. Das heißt, bis zu einer Liegezeit von vier Tagen macht das Krankenhaus Profit. Ab Tag fünf zahlt es drauf. Dadurch ist natürlich ein Anreiz geschaffen, die Patienten möglichst schnell aus dem Krankenhaus hinauszuschaffen."... „Dadurch werden viele Patienten buchstäblich „blutig entlassen". Das ist gefährlich, weil die meisten Komplikationen erst einige Tage oder eine Woche nach der Operation auftreten" (http://www.linksruck.de/artikel_1726.html, 01.10.2008).

---

52 „G" steht für die deutsche Variante der Fallgruppen DRG.

Diese sog. Patienten-Klassifikationssysteme (PCS) ordnen Behandlungsfälle Behandlungsfallgruppen (Patientenkategorien) zu, welche Behandlungen von Patienten enthalten sollen, deren klinische Probleme sich gleichen und deren Behandlungen erwartungsgemäß ähnliche Kosten verursachen werden. Die DRGs sind ein Krankheiten beschreibendes Mittel der Kostenerstattung und Kostendämpfung. Ökonomisch betrachtet wird somit, anders als in der Selbstkostendeckung, Gesundheit zum knappen Gut und die Behandlung unterliegt politisch strategischen und ökonomisch begrenzten Mittelvergaben.

Der Gesetzgeber hat mit der Einführung der DRGs in Deutschland ein institutionelles Globalbudget (Krankenhaus) mit einem persönlichen Budget kombiniert, um die jeweiligen personenbezogenen Fallkosten für die Kostenträger kalkulierbar zu machen. Somit wird auch in dieser Form des Leistungsentgeltes ein Wandel von der nachgelagerten Kostenerstattung (präskriptiv) des Selbstkostendeckungsprinzips zur vorher vereinbarten Entgelterstattung (prospektiv) organisiert. Die sog. DRGs sind im australischen Gesundheitssektor als Maßnahme der Kostenrestriktion innerhalb der voll- und teilstationären Leistungen des Krankenhausbereiches entstanden. DRG werden in Form von Rahmenvereinbarungen zwischen den Spitzenverbänden, der Krankenhausgesellschaft als Leistungsträger und den Kostenträgern, den Krankenkassen, ausgehandelt. Entsprechend der Systematik der DRG und gem. § 17b des Krankenhausfinanzierungsgesetzes bemisst sich das konkrete Entgelt nach den individuellen Voraussetzungen des Krankheitsfalles.

Dabei sind verschiedene Kategorien der Einstufung eines Krankheitsfalles von Bedeutung. Das wichtigste Kriterium ist die Hauptdiagnose samt den dafür erforderlichen Verfahren (Operationen, diagnostische oder therapeutische Leistungen). Die Nebendiagnosen, die den Schweregrad des jeweiligen Krankheitsfalles bestimmen, sind gleichermaßen relevant. Neben diesen Faktoren können weitere Spezifizierungen in der Fallpauschalenberechnung eine Rolle spielen, etwa das Alter oder die Entlassungsart. Sie können die Zuweisung in eine entsprechende DRG-Fallpauschale beeinflussen und kostentechnisch erhöhen oder mindern. Die jeweilige DRG-Fallpauschale ist deshalb mit einem Relativgewicht bewertet, welches variieren kann und daher jährlich und fortlaufend angepasst wird. Dem Relativgewicht ist ein Basisfallwert (ein fester, in Euro bestimmter Wert einer Bezugsleistung) zugeordnet. Aus der Multiplikation von Relativgewicht und Basisfallwert ergibt sich der Preis für den jeweiligen Behandlungsfall (s. Beispiel in Tabelle 2-4).

Haupt-, Nebendiagnosen und Relativgewichte

Tabelle 2-4

Beispiel eines Ermittlungsschemas der G.-DRG-Version 2006 in Relativgewicht und Basisfallwert. Quelle: G.-DRG-Version 2006

DRG	DRG-Definition	Relativgewicht	Basisfallwert	Erlös
103C	Hüftgelenksersatz ohne Begleiterkrankungen	4,0	2.900,– €	11.600,– €
103B	Hüftgelenkersatz mit Begleiterscheinungen	4,9	2.900,– €	14.210,– €

Verschiebung der Kosten-verantwortung

Die oben beschriebene DRG-Systematik setzt voraus, dass die jeweilige krankheitsspezifische Verweildauer weder unter- noch überschritten wird. Bei Über- oder Unterschreitung dieser Verweildauer werden Zu- oder Abschläge für den Krankenhausträger erhoben. Somit muss der Krankenhausträger gem. § 17 Abs. 1, Satz 12 KHG, d. h. insbesondere die Selbstverwaltungspartner, schon während des diagnostischen Verfahrens darauf achten, die Erfordernisse und Liegezeiten der spezifischen Fallgruppen keinesfalls zu überschreiten. Die GKV-Spitzenverbände, der Private Krankenkassenverband (PKV) und die Krankenhausgesellschaft können Zusatzentgelte für Leistungen, Leistungskomplexe oder Arzneimittel vereinbaren. Das gilt auch für die Höhe der Gesamtentgelte (G.-DRG-Version 2006).

Außerdem können krankenhausindividuelle Zusatzentgelte vereinbart werden, die zusätzlich zu den DRG-Fallpauschalen abgerechnet werden. Die Zusatzentgelte werden in einem Zusatzentgeltkatalog zusammengefasst. So können mit den zuständigen Kostenträgern fall- bzw. tagesbezogene Entgelte vereinbart werden, die gesondert in einem Entgeltverzeichnis verzeichnet sind (ebd.). Dazu gehören auch Entgelte für neuere Untersuchungs- und Behandlungsmethoden und gem. § 115a SGB V Entgelte für vor- und nachstationäre Behandlung. Vorstationäre Behandlungen werden nur in Ausnahmefällen abgerechnet. Eine nachstationäre Behandlung wird zusätzlich zur DRG berechnet, falls sie die Summe aus den stationären Belegungstagen, den vor- und nachstationären Behandlungstagen und die Grenzverweildauer der addierten Fallpauschale überschreitet (ebd.). Ferner können im Entgeltverzeichnis die Qualitätskosten, die Finanzierung der Selbstverwaltungsaufgaben und Entgelte für sonstige Leistungen, wie die Ausstellung einer Todesbescheinigung, vereinbart und aufgelistet werden. Eine weitere Form der Einnahmesteigerung besteht in der Selbstbeteiligung des Patienten (vgl. ebd.).

Zur Übertragbarkeit der Fallpauschale in andere Felder Sozialer Arbeit

Die Übertragbarkeit der Fallpauschalen und der Kostengewichtung aus dem klinischen Segment in den Kontext der Jugendhilfe wurde im Jahr 2009 u. a. im Rahmen eines Pilotprojektes der Landeshauptstadt Kiel gemeinsam mit der Evangelischen Arbeitsgemeinschaft Kiel und dem Kinder- und Jugendhilfedienst Kiel (KJhD) erprobt (Einatz 2009, 42). Hierfür wurde eine Software entwickelt, die die Budgetausgabemenge und die Steigerung der Einschätzungsqualität („Diagnostik") auf der Grundlage eines „Indikatorenmodells der Familienbelastung" bewertet und zur Grundlage der familienbezogenen Hilfen und finanziellen Steuerung macht (§§ 27 ff. SGB VIII). Die Bewertungsrelation der Hilfeleistung, d. h. das Kostengewicht, ist Grundlage der Betreuungsrelation, auf Grund deren wiederum definierte bzw. standardisierte Betreuungsformen abgeleistet werden, die die Leistungsstruktur hinsichtlich des methodischen und strukturellen personal- und qualitätsbezogenen Aufwands der Betreuungsleistungen inkludieren. Voraussetzung hierfür war die Entwicklung einer so genannten „Standard Sozialpädagogischen Familienhilfe" (Standard SPFH), die im angesprochenen Pilotprojekt einen Kostenaufwand von 9.586,75 € pro Jahr und Familie aufweist und auf der Grundlage des Kostendurchschnittes der Familieninterventionen des KJhD der Jahre 2003–2005 ermittelt wurde (Einatz 2009, 45).

Indikatorenmodell der Familienbelastung

Unterschieden vom Aufwand dieser so genannten „Standard Sozialpädagogischen Familienhilfe" wird danach lediglich noch der fallgruppenspezifische Aufwand der Standardabweichung hinsichtlich der fachlichen Aufgabenzuweisung in die jeweilig angewandten fallgruppenspezifischen Betreuungsformen: aktive Begleitung, einfache Betreuung, regulative Betreuung oder innovative Betreuung.[53] Diese fallgruppenspezifischen Zuweisungen bewirken abweichend von der Standard SPFH den erhöhten oder niedrigeren Aufwand durch die jeweilige Betreuungsform. Der Kostendurchschnitt wird demzufolge mit dem errechneten Quotienten aus Schwierigkeitsgrad/Dauer multipliziert. So entsteht zum Beispiel für die „regulative Betreuungs-

Standard Sozialpädagogische Familienhilfe (SPFH)

---

53 Aktive Begleitung versteht sich im Kieler Modell als krisengestützte Intervention die punktuell in Notlagen greift und sich hinsichtlich der Standard SPFH auf ein Viertel der Kosten reduzieren lässt. Die einfache Betreuung ist eine Form der SPFH mit angeleiteten Nicht-Fachkräften, nur 20 % der Standard SPFH sind durch Fachkräfte(anleitung) gestaltet; die innovative Betreuung erlaubt die Erprobung neuer Methoden auf der Grundlage der Standard SPFH, in der regulativen Betreuung wird die Hilfe zur Erziehung über den Willen der Eltern hinaus explizit auf das Hilfesubjekt Kind in Familien mit einem besonderen Risikoprofil erweitert, so dass diese deshalb länger und zeitintensiver als die Standard SPFH ist (siehe Rechenbeispiel im Text – vgl. Einatz 2009, 58 ff.). Ein differenzierteres Modell wird gegenwärtig flächendeckend im Allgemeinen Sozialen Dienst (ASD) der Stadt Kiel eingeführt.

Abbildung 2-13	*Formel für die Berechnung des Ressourcenaufwandes in einem Jahr.* *Quelle: Einatz 2009, 61*

Die regulative Betreuung errechnet sich wie folgt:
(Kostenquerschnitt x Stundenaufwand ÷ durchschnittlicher Stundenaufwand)

\+

((Kostenquerschnitt x Stundenaufwand ÷
durchschnittlicher Stundenaufwand) x Bewertungsrelation)

Beispielrechnung:
(9.586,75 € x 5 ÷ 4,23) + ((9.586,75 € x 5 ÷ 4,23) x 20 ÷ 100) = 13.598,23 €

*Regulative
Betreuungsform*

form" eine Betreuungssituation mit erhöhtem Hilfebedarf des Kindes, welche durch die eingeschränkte Handlungsfähigkeit der Eltern, zum Beispiel aufgrund von Suchterkrankungen, entstanden sind. In diesen Fällen soll die Hilfe konzentriert auf den subjektiven Hilfebedarf des/r Kindes(r) ausgerichtet werden (Einatz 2009, 61). In der Gruppe, die der „regulativen Betreuungsform" entspricht, ist von einem erhöhten Betreuungsaufwand mit fünf Stunden in der Woche auszugehen, welche die Betreuungszeit insgesamt verlängert. Bezüglich der „regulativen Betreuungsform" gilt die in Abbildung 2-13 dargestellte Formel der Berechnung des fachlich begründeten monetären Ressourcenaufwandes im Laufe eines Jahres.

*Fallpauschalen in
der Sozialen Arbeit*

Durch eine Einführung der Fallpauschalen in die Soziale Arbeit werden die Kosten für den Einzelfall durch einen Case-Mix-orientierten Fallaufwand bestimmt und eine neue outputorientierte Finanzierungsform der Fallpauschale für Soziale Arbeit konstruiert, so dass für die Kostenträger größere Planungs- und Kalkulationssicherheit entstehen.

Das Gefährdungspotenzial liegt in der Reduktion individueller, aber fachlich begründeter Interventionsformen der Jugendhilfe zugunsten standardisierter Interventionsschemata. Es könnte sich so eine Überformung von Erfahrungswissen und eine lediglich auf Haftungsausschluss gerichtete Form der Anwendung und Dokumentation verbreiten. Unklarheit besteht auch hinsichtlich der Diagnostik des Fallgeschehens und weiterer untypischer Verläufe, die sich mit dem sehr groben Interventionsmuster der aktiven, einfachen, regulativen oder innovativen Betreuung nicht ausreichend beantworten lassen und ggfs. weitere empirisch valide Klassifikationen, insbesondere durch die Evaluationsforschung, erfordern.

Der Ansatz der Fallpauschalenfinanzierung in der Sozialen Arbeit lässt sich bei Übereinkunft der Kostenträger und Sozialwirtschaftsanbieter in Form regionaler und/oder Landesrahmenvereinbarungen der Jugendhilfe als Leistungsentgelt oder im Kontext eines Leistungsvertrages in die Finanzsystematik öffentlicher Kostenträger der Jugendhilfe implementieren.

2.1.3.6 Neuere öffentliche Finanzierungsformen in Sozialwirtschaft und Sozialer Arbeit

Seit den 2000er Jahren wurden neue Finanzierungsformen und Modelle in die Sozialwirtschaft eingeführt. Mit den so genannten Pflegebudgets, Vermittlungsbudgets oder Gutscheinmodellen ist der indirekte Finanzierungsmodus des sozialrechtlichen Finanzierungsdreiecks durchbrochen. Das heißt, dem Leistungsempfänger wird selbst und/oder gemeinsam mit einem Rehabilitationsträger, den Pflegekassen oder Integrationsämtern die Möglichkeit gegeben, sich die benötigten Leistungen, nach Maßgabe des individuell festgestellten Bedarfs, und die erforderlichen Beratungs- und Unterstützungsleistungen zu besorgen (vgl. § 10, Abs. 1 i.V. 17 Abs. 2, SGB IX). Es handelt sich um eine modifizierte Form der Subjektfinanzierung: die monistische Subjektfinanzierung (Pauschalfinanzierung).[54] Die monistische Finanzierungsform bündelt den Kauf für eine bestimmte Leistungsart in der Hand des Klienten, der das Geld bzw. den Gutschein als Nachfrager sozialer Dienste und Dienstleistungen direkt vom Kostenträger erhält.

Das Pflegebudget

Das personenbezogene Pflegebudget ist im Jahre 2008 rechtskräftig eingeführt worden. Die Hilfeempfänger erhalten für alle Teilhabeleistungen einen Geldbetrag oder Gutschein. Das Ziel ist, „in eigener Verantwortung ein möglichst selbstbestimmtes Leben zu ermöglichen" (§ 17 Abs. 2-4 SGB IX). Das persönliche und trägerübergreifende Budget ist rechtssystematisch und prinzipiell auch für alle anderen Leistungsgesetze geöffnet (§ 35a SGB XI, § 2 Abs. 2 SGB V, § 57 SBG XII, § 103 Satz 2 SGB III, §16 I Satz 2 SGB II). Das heißt, der Klient/Patient als Auftraggeber bedient sich am Markt und er hat die Möglichkeit des Preisvergleiches. Die Erbringung der Leistung ist nicht an eine Einrichtung gebunden, sondern der Klient/Patient als Kunde kann Einrichtungen in seinem Sozialraum miteinander vergleichen. Die Herausforderung liegt in den fehlenden Marktinformationen und dem begrenzten Marktüberblick der Klienten. Deshalb scheint es je nach Voraussetzung ratsam, dem Klienten einen „Anwalt", einen Fallmanager, an die Seite zu

Personenbezogenes Pflegebudget

---

54 Der Begriff „monistische Finanzierung" oder „monistisches Finanzierungssystem" geht ursprünglich aus der Finanzierung für Krankenhäuser hervor. Investitionskosten und die Betriebskosten werden im monistischen System allein durch den Kostenträger, diesbezüglich die Krankenkassen, getragen und nicht wie bislang üblich als Investitionskostenanteil über das Land gesondert erstattet. Hier wird der Begriff hinsichtlich der Refinanzierung der Sozialwirtschaftsorganisationen „aus einer Hand" verwendet, nämlich der des Leistungsempfängers, mit dem Ziel der Autonomiesteigerung des Klienten als Kunden sozialer Dienstleistungsanbieter. Der Kunde wird selbst zum Auftraggeber und Finanzier.

| *Abbildung 2-14* | Leistung eines Fallmanagers für Rehabilitanden. Quelle: Brinkmann 2006, 15 |

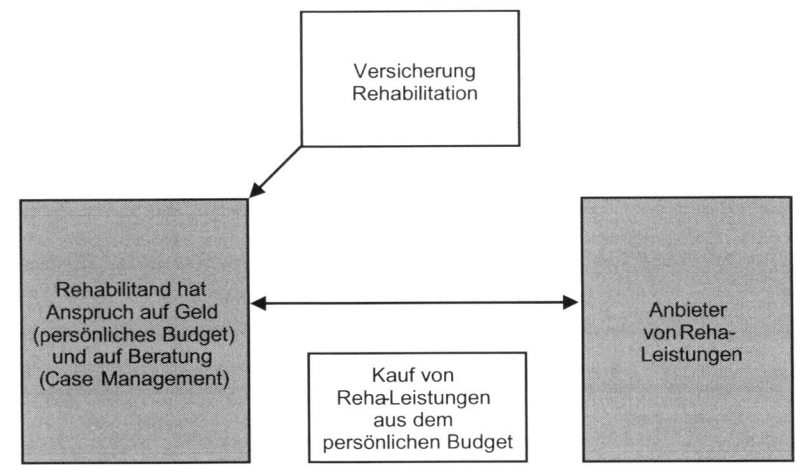

stellen, der gemeinsam mit dem Klienten als Auftraggeber den Sozialmarkt erkundet und soziale Dienstleistungen erprobt. Leistungsstarke Dienstleistungsanbieter der Sozialwirtschaft werden vom Fallmanager bewertet und er schafft gemeinsam mit dem Klienten Transparenz über Anbieter und Angebote im der Rehabilitation.

Die Vorherrschaft des sozialrechtlichen Dreiecksverhältnisses bzw. des Sachleistungsprinzips wird mit Unterstützung des Fallmanagers und der Finanzierungsform des persönlichen Budgets verändert (Geldleistungsprinzip). Das Case Management begleitet die heute modernen Finanzierungsformen der Subjektorientierung, indem es Klienten/Patienten mit Kaufkraft ausstattet und hinsichtlich der Angebotssituation am Sozialmarkt berät. Das persönliche Budget soll zu erweiterten Wunsch- und Wahlmöglichkeiten des Sozialleistungsnutzers auf dem sozialen Dienstleistungsmarkt führen.

Gutscheinmodelle

Gutscheinmodelle

Das Gutscheinmodell stellt eine Sonderform einer subjektorientierten Entgeltfinanzierung dar. Das Gutscheinmodell geht auf wirtschaftsliberale Ideen von Thomas Pain aus dem 18. Jahrhundert und von John Stuart Mill aus dem 19. Jahrhundert zurück. Im Jahr 1955 brachte Milton Friedman das Gutscheinmodell in die wirtschaftspolitische Diskussion in den USA und Europa ein. Gutscheinmodelle sind grundsätzlich im ganzen Sozialwirtschaftssektor einsetzbar.

Das Gutscheinmodell. Quelle: http://tbn0.google.com/images?q=tbn:r6udpkGKs CHCpM und http://www.kinderladen-hamburg.de/userfiles/Kita-Gutschein-Pro zess.jpg, 15.11.2008

Abbildung 2-15

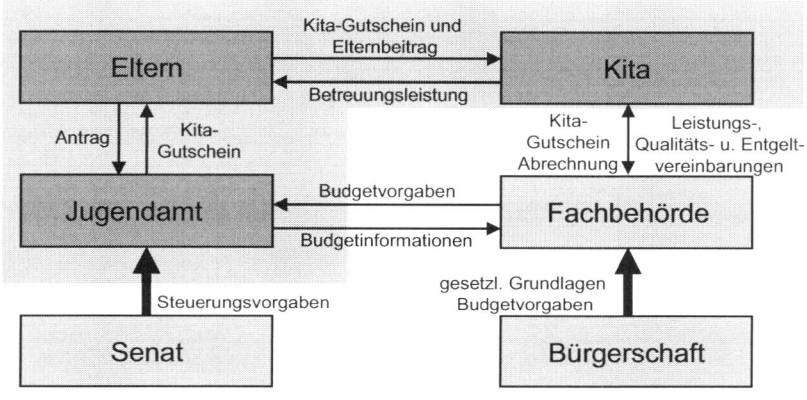

Beim Gutscheinmodell erhält der Leistungsempfänger – anders als im Sachleistungsprinzip üblich – einen beim Leistungsersteller verrechenbaren Nennbetrag in Form eines Gutscheines. Auf der sozialpolitischen Ebene der Bürgerschaft und des Senats wird ein Teilbudget zur Gutscheinfinanzierung eingerichtet. Der Klient verwendet den Gutschein und wird somit zum Auftraggeber einer Sozialeinrichtung, beispielsweise einer Kindertagesstätte. Die Eltern reichen den Gutschein bei einer Kita ihrer Wahl ein. Den Gutschein haben sie zuvor bei der zuständigen Behörde (Jugendamt) beantragt. Und die Kita rechnet über den Gutschein mit der Fachbehörde, bspw. dem Jugendamt, ab. Im Hamburger Modell der Gutscheinvergabe des Kita-Bereiches handelt es sich um eine Vergabe im Rahmen von Leistungsvereinbarungen, die an Leistungsbeschreibungen, Prüfvereinbarungen und Entgeltvereinbarungen gebunden sind. Insoweit ist die marktliche Beurteilung der Leistungsersteller durch den Kunden der Kita zusätzlich durch eine öffentliche Leistungsbeurteilung flankiert.

Funktions-prinzipien des Gutscheinmodells

In Hamburg stellt sich der Rechtsanspruch auf einen Kita-Platz gegliedert nach Altersgruppen und beruflicher Eingebundenheit wie in Tabelle 2-5 gezeigt dar.

Gutscheinmodell am Bespiel KITA und Schule

Der Nennbetrag des Gutscheines ist zunächst unabhängig davon, welcher Aufwand, bspw. für einen Schüler, erbracht werden muss. Um eine Alltags-

Tabelle 2-5

Rechtsanspruch auf einen Kita-Platz am Beispiel Hamburgs im Vergleich zum Bund. Quelle: htttp://tbn0.google.com/images?q=tbn:r6udpkGKsCHCpM und http://www.kinderladen-hamburg.de/userfiles/Kita-Gutschein-Prozess.jpg, 15.11.2008

Eltern berufstätig oder in der Ausbildung

Altersgruppe	Bund	Hamburg
0–3-Jährige	–	bis zu 12 Std. täglich
Vorschulkinder	4 Stunden	bis zu 12 Std. täglich
6–14-Jährige	–	bis zu 12 Std. täglich

Unabhängig von der Berufstätigkeit der Eltern

Kindergartenalter	4 Stunden	5 Stunden + Mittagessen

tauglichkeit des Gutscheinmodells zu erzielen, werden deshalb in der Praxis oftmals weitere Vergabebedingungen gestellt. So beläuft sich der Nennbetrag eines Grundschülers im Allgemeinen auf einen Durchschnittswert in der Oberstufe bei 3.595,– € pro Jahr, während der Nennbetrag für Grundschüler mit Förderbedarf bei 4.675,– € liegt. Demzufolge kann ein gruppenspezifischer Gewichtungsfaktor nach vorherigen Assessmentverfahren bzw. Diagnoseverfahren für Zielgruppen mit ähnlichem, spezifischem Unterstützungsbedarf bestimmt werden (Dohmen/Fuchs 2006, 60).

Wirtschafts-psychologischer Vorteil des Gutscheinmodells

Betrachtet man lediglich den formalen Vorgang, könnte man zu dem Schluss kommen, eine direkte „Pro-Kopf-Zuwendung" werfe insgesamt weniger Bürokratiekosten auf, da die Administrationsverwaltung weniger Arbeitsschritte durchzuführen hat, als das bei der Gutscheinvergabe der Fall ist. Allerdings hat die quasimarktliche Aktivität der Eltern entscheidende wirtschaftspsychologische Vorteile gegenüber der „Pro-Kopf-Zuwendung":

- die Leistungsnehmer, in unserem Beispiel die Eltern, fühlen sich als Marktteilnehmer. Bei der Auswahl der Leistungen werden sie bewusster und entscheiden nach Qualitätskriterien;

- der Leistungszusammenhang des Angebotes beruht auf einer rationalen Auswahl der Leistungsanbieter. Daraus entsteht eine Transparenz, die dem Endverbraucher, Klienten oder Probanden sozialer Dienstleistungen bisher nicht deutlich wurde;

- der Vergleich von Leistungsangeboten ist Voraussetzung für die Verwendung des Gutscheins.
  (Dohmen/Fuchs 2006, 9 f.)

Das Ziel des Gutscheinmodells beruht auf folgenden Erwartungen:

1. Effizienzsteigerung durch Wettbewerbsförderung zwischen den Leistungsanbietern;

2. sozialpolitische Zielsetzungen in Hinblick auf Kontrolle und Effizienz der Leistungsanbieter;

3. mehr Wahlfreiheit für die Leistungsnehmer;

4. Ausweitung von Angeboten privater Leistungsanbieter;

5. Förderung marktlichen Wettbewerbs im sozialen Dienstleistungssegment;

6. Erhöhung des Qualitätswettbewerbes;

7. Anschlussfähigkeit sozialer Dienstleistungen an Modelle des New Public Managements.
   (ebd., 10 f.)

Die Steigerung quasimarktlicher Nachfrage im Sozialraum durch Gutscheine könnte demnach erreicht werden. Wiesner spricht von einem durch Konsumentensouveränität induzierten Qualitätswettbewerb flankiert durch Entgeltvereinbarungen und Rahmenvereinbarungen (Wiesner 2002, 37): Bezüglich der Steigerung der Konsumentensouveränität und hinsichtlich des Abbaus marktbezogener Informationsdefizite steht den Eltern in Hamburg ein eigenes Kita-Informationssystem zur Verfügung (Bieker 2006, 121).

Die gemeinnützigen Träger und die privatgewerblichen Anbieter sind aktuell mit weiteren neuen Kreationen und Finanzierungsformen der öffentlichen Hand konfrontiert, beispielsweise durch die Finanzierung über Pro-Kopf-Zuschüsse, die vom Grad der Auslastung bzw. der Inanspruchnahme der Maßnahme abhängig gemacht werden, oder in Form von sozialpolitisch umstrittenen Lohnkostenzuschüssen in Form der Kombilöhne (Schellberg 2008a, 986 f.). Lohnkostenzuschüsse erzeugen Missbrauch und Mitnahmeeffekte der Einrichtungen und Unternehmen, ohne das soziale Problem der nachhaltigen Arbeitsmarktintegration nur annähernd zu lösen. Aussichtsreicher scheinen erste Tendenzen der Entwicklung intermediärer Finanzierungsmodelle der Leistungs- und Organisationsgrenzen überschreitenden Formen der Vergütungsgestaltung, welche die Sozialleistungsträger vor völlig neue Herausforderungen bei der Zusammenarbeit der sozialen und der gesundheitlichen Dienstleistungsanbieter stellt. Erfahrungen und Hinweise ergeben sich diesbezüglich aus dem Kontext Sozialer Arbeit hinsichtlich der Sozialraumbudgets, den Verträgen zur integrierten Versorgung sowie dem inklusionsorientierten Ansatz der Zusammenarbeit der Bundesarbeitsgemeinschaft für Rehabilitation (BAR) die im Anschluss kurz skizziert werden.

Sozialraumbudgets

Einzelfallhilfen sind seit den 90er Jahren dem Vorwurf ausgesetzt, zu stark individualisierende Hilfen und Dienstleistungen zu präferieren. Die Kommunale Gemeinschaftsstelle für Verwaltungsmanagement schlägt aus diesem Grunde für lokale Sozialräume vor, sowohl einzelfallbezogene Leistungen als auch über den Einzelfall hinausgehende Leistungen durch ein Sozialraumbudget zu refinanzieren. Die Gesamtfinanzierung von Erziehungsberatungen könnte demnach in einem Stadtteil oder Region gebündelt und aus einer Hand angeboten werden. Dazu müssen einzelfallbezogene und einrichtungsübergreifende Hilfen und präventive Angebote miteinander vernetzt, sowie eine institutionelle Federführung in diesem Organisationsprozess der kommunalen Haushaltssystematik zugeordnet werden. Grundsätzlich können dann sozialräumliche Unterstützungssysteme wie Einzelhilfen im Rahmen des Sozialraummanagements aufeinander abgestimmt werden.

Beispiel Jugendhilfe: Ein beauftragter Träger erhält als Vertragspartner des örtlichen Jugendamtes (Kostenträger) ein Globalbudget, aus dem alle Leistungen, bspw. der Hilfen zur Erziehung, in einem abgegrenzten Sozialraum bestritten werden müssen. Über etwaige Budgetüberschüsse kann der Träger bzw. Leistungsersteller verfügen. Sozialraumbudgets haben häufig den Charakter von Leistungsverträgen. Sie erlauben den Einbezug ehrenamtlicher Hilfe und sind in der Gestaltung der Durchführung flexibel und vermeintlich kostengünstig (Bieker 2006, 120 f.). Im Leistungsvertrag werden Ziele und Prüfindikatoren vereinbart, z. B. werden im Hinblick auf die Nachhaltigkeit Präventionsparameter festgelegt, welche im laufenden Controlling vierteljährlich und auch in gemeinsamen Workshops der beteiligten Mitarbeiter und des Fachcontrollings reflektiert und bewertet werden (ebd.). Nach Aussage der kommunalen Gemeinschaftszelle für Verwaltungsmanagement fließen 70 % des Sozialraumbudgets in einen Sockelbetrag für fallspezifische Arbeit und ca. 10 % in fallunspezifische Arbeit. Die restlichen 20 % werden als Bonuszahlung bei Erreichen der vertraglich bestimmten Ziele gezahlt. Die Kritik am Sozialraumbudget zielt u. a. auf die Einschränkung des Wunsch- und Wahlrechts der Klienten. Der Einbezug von Ehrenamtlichen wird z. T. als Disqualifizierung der professionellen Dienste beschrieben und grundsätzlich wird das Sozialraumbudget als Instrument der Unterminierung der Gebote der Daseinsvorsorge und der Sicherstellung aufgefasst (ebd.).

Ein weiteres Beispiel für eine – im Sinne eines intermediären Finanzierungsmodells – Leistungsgrenzen überschreitende Finanzierung und trägerübergreifende Produktion gesundheitlicher und sozialer Hilfe sowie für die intermediär sozialwirtschaftliche Erstellung von Komplexleistungen gebräuchliche Finanzierungsform ist die integrierte Versorgung (IV).

Integrierte (Gesundheits-)Versorgung (IV)

Die integrierte ambulante Gesundheitsversorgung wurde im Jahr 2004 als eine fachübergreifende Versorgung der Versicherten durch Integrationsverträge (IV-Verträge) nach § 140 a-d SGB V eingeführt (vgl. Schulin 2009, 566). Die integrierte Versorgung ist eine „sektoren-übergreifende" Versorgungsform im deutschen Gesundheits- und Sozialwesen. Sie fördert eine stärkere Vernetzung der verschiedenen Fachdisziplinen und Sektoren (Hausärzte, Fachärzte, Krankenhäuser, Reha-Einrichtungen), um die Qualität der Patientenversorgung zu verbessern und gleichzeitig die Gesundheitskosten zu senken. Die Vertragssteuerungen beziehen sich auf bestimmte Indikationsgebiete (http://www.bqs-register140d.de/dokumente/20070331. pdf, 22.07.2009). Indikationsspezifische IV-Verträge entsprechen dem phasengesteuerten Fallmanagement, bei dem ein Krankheitsfall in einem definierten Zeitraum behandelt und standardisiert vergütet wird, zum Beispiel durch eine Komplexpauschale. Die populationsgestützte Versorgung, d. h. sozialräumlich organisierte Hilfe, ergänzt die indikationsspezifische Versorgung der Leistungserbringer, die über pauschale Kostengrößen abgerechnet wird (capitation). Es wird eine Pauschale pro eingeschriebenem Versicherten als Ergänzung zur indikationsspezifischen Erstattung geleistet (vgl. ebd.).

Die Vergütung der integrierten Versorgung ist nicht gesetzlich vorgegeben, sondern wird durch einen Leistungsvertrag nach § 140c, Abs. 1 SGB V geregelt. Der Gesetzgeber gibt weder eine Orientierung für die Höhe noch für die Art der Vergütung vor.

Der Verhandlungscharakter stellt die eigentliche Chance zur Gestaltung intermediärer Versorgung und intermediärer Engagements aus der Perspektive des Patienten dar, genauer gesagt des Patienten als Nachfrager sozialer Dienstleistungen. Es entstehen passgenaue, vom Klienten/Patienten aus gedachte Versorgungsansätze. Die intermediäre Vergütung kann entweder bezogen auf die Einzelleistungen oder budgetiert nach Pauschalen vereinbart werden. Grundsätzlich können alle denkbaren Vergütungsregelungen, zum Beispiel Fachleistungsstunden, Tagessätze und Fallpauschalen, in der integrierten Versorgung zum Einsatz kommen. Dies gilt nicht nur für die Schnittstellen zwischen dem SGB V finanzierten ambulanten und dem stationären Bereich, sondern auch für die Verzahnung mit Leistungen der Eingliederungshilfe (SGB XII) und dem für die Rehabilitation zuständigen Kostenträgerbereich gemäß SGB IX. Die integrierte Gesundheitsversorgung basiert auf einem Mischfinanzierungskonstrukt aus:

- Einzelleistungsvergütung,

- Fall- oder Fallkomplexpauschalen und

- morbiditätsadjustierten Kopfpauschalen (capitation).
  (ebd.)

Integrierte
Versorgung

Insoweit ist die integrierte Versorgung hinsichtlich der flexiblen Gestaltung der Finanzierungsformen ein Schritt in die richtige Richtung: einer vom Patienten aus gedachten und intermediär gestalteten öffentlichen Managed Case- und Care-Versorgungsstruktur des Sozial- und Gesundheitssektors. Derzeit ergeben sich für Care und Case Manager gute Chancen zur Gestaltung von freiberuflichen und selbstständigen Angeboten, zum Beispiel der aufsuchenden Nachsorge oder der ambulanten Palliativversorgung durch Care Manager, die ihre Angebote direkt mit den Krankenkassen abrechnen und die ambulante Behandlungs- und Pflegequalität von Schwerkranken erhöhen (Kieler Nachrichten v. 03.02.2010, S. 20).

Pflegevergütung und integrierte Versorgung

Pflegevergütung und integrierte Versorgung

Ein weiteres Beispiel für die intermediäre Leistungsgrenzen überschreitende Leistungsentgeltfinanzierung (Pflegevergütung) ist die Einführung der integrierten Versorgung und der Pflegestützpunkte nach § 92 b und c des sozialen Pflegeversicherungsgesetzes. Diese Angebotsstrukturen zielen auf die Überwindung des verrichtungsbezogenen Pflegeverständnisses und Strukturen der ambulanten und stationären Pflege im Hinblick auf die traditionell fragmentierten Organisations- und Finanzierungsstrukturen (Naegele 2008, 782). Durch den Einsatz von Fallmanagern haben seit dem Jahr 2009 Betroffene und Angehörige Anspruch auf eine individuelle Beratung und Hilfe bei der Organisation der Pflege und der Abwicklung aller Formalien. Die Pflegekassen müssen dazu ein spezielles Case Management einrichten. Die Länder erhalten die Möglichkeit, Pflegestützpunkte in den Wohnquartieren zu errichten, die Pflegebedürftigen und ihren Angehörigen ähnlich wie in einem Bürgerbüro Rat und Hilfe unter einem Dach bieten sollen. Als Anschubfinanzierung stellt der Bund bis 2011 insgesamt 60 Millionen Euro zur Verfügung. Die Bundesregierung rechnet mit bis zu 3.000 Einrichtungen dieser Art, in denen verschiedene Leistungserbringer und Kostenträger kooperieren. Wenn ein Pflegestützpunkt vorhanden ist, soll der Berater/„Case Manager" dort tätig sein. Die Formen der integrierten Versorgung, der Beratung und Unterstützung durch Pflegestützpunkte im Verbund mit den Pflegekassen ist eine weitere Anstrengung auf dem Weg in ein intermediär finanziertes und organisiertes Leistungssystem der öffentlichen Sozialleistungsträger.

Bundesarbeitsgemeinschaft für Rehabilitation (BAR)

Intermediäre Engagements der BAR

Einer der Vorreiter in der Entwicklung intermediärer Engagements der öffentlichen Leistungsträger ist die Bundesarbeitsgemeinschaft für Rehabilitation. Sie ist ein gemeinsames Engagement der Verbände der gesetzlichen Kranken- und Unfallversicherung, der Deutschen Rentenversicherung, des Gesamtverbandes der landwirtschaftlichen Alterskassen, der Bundesagentur für Arbeit, der Bundesländer, der Spitzenverbände der Sozialpartner sowie der Kassenärztlichen Bundesvereinigung zur Förderung und Koordinierung der Rehabilitation und Teilhabe behinderter Menschen unter dem Leitbild der Inklusionsorientierung und der Gestaltung sozialräumlicher Hilfen auf der Grundlage der ICF-Klassifikation.

Im weiteren Verlauf werden nun die Aufgaben und Funktionen der Selbst- und Eigenfinanzierung der freien Träger und Anbieter der Sozialwirtschaft erläutert.

2.2   Teil II des Finanzierungsmixes

Selbstfinanzierung und Eigenmittelerwirtschaftung der Sozialwirtschaftsorganisationen

Das folgende Kapitel setzt sich mit der Eigenmittelerwirtschaftung der freien Träger der Sozialwirtschaft auseinander – vorrangig mit den Einrichtungen der freien Wohlfahrtspflege in ihrer Form als Hybridorganisationen, die gemeinnützige und wirtschaftliche Zwecke miteinander austarieren müssen. Die freie Wohlfahrtspflege macht diesbezüglich Anleihen an den Geschäftsmodellen der betriebswirtschaftlichen Unternehmensführung (Stakeholder-Analyse, Portfolio-Management u. a.) und dient zugleich der Entwicklung von sozialwirtschaftlichen Kriterien der Eigenmittelerwirtschaftung (Abb. 2-16).

Abbildung 2-16 | *Finanzierungsquellen der Selbstfinanzierung und Eigenmittelerwirtschaftung. Quelle: in Anlehnung an Schellberg 2004, 13*

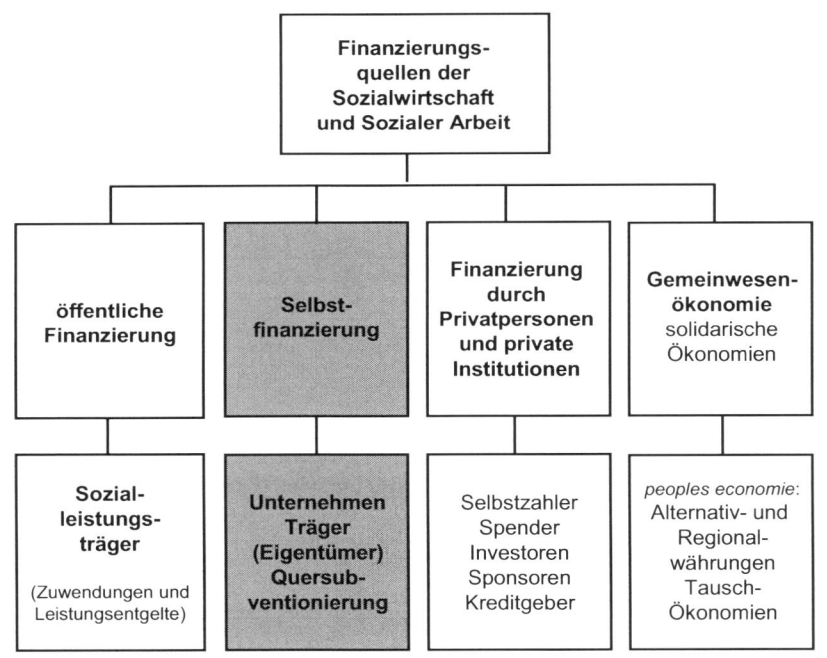

2.2.1 Eigenmittel

Durch den Abbau der Fördermittel sind die Sozialwirtschaftsorganisationen, insbesondere die privatgemeinnützigen Träger, in größerem Umfang als bisher auf betriebswirtschaftliche Formen der Eigenmittelerwirtschaftung angewiesen. Im Rahmen des Finanzierungsmixes aus Fördermitteln, Leistungsentgelten und Leistungsverträgen wird darüber hinaus ein höherer Eigenanteil der Kostenübernahme von den sozialwirtschaftlichen Leistungsstellern erwartet.

> „Eigenmittel werden für gemeinnützige Organisationen an Bedeutung gewinnen. Sie sind für viele Organisationen ein attraktives Finanzierungsinstrument in Zeiten, in denen andere Quellen versiegen oder zunehmend instabil werden. Die Eigenmittelerwirtschaftung ist auch ein Signal an die Umwelt, dass die Organisation sich professionalisiert. Auf die Mitarbeiter wirkt es motivierend, wenn die Leistungen der Organisation einen „Wert" bekommen und das innovative Denken und Handeln den eigenen Handlungsspielraum erhöhen. Die Praxisbeispiele zeigen, dass die wichtigste Grundvoraussetzung dafür eine innovativ und in Chancen denkende Führungskraft ist. Moderne Eigenmittelerwirtschaftung ist immer auch Organisationsentwicklung. Sie setzt wirtschaftliches Denken und Mut, Bestehendes in Frage zu stellen, voraus". (Steinbach 2008, 10)

Eigenmittel

Mit der Forderung, mehr Eigenmittel zu erwirtschaften, geraten die Sozialwirtschaftsorganisationen nicht nur hinsichtlich der Regelfinanzierung und Fremdmittelakquise unter Druck, sondern auch in Hinblick auf die eigenen organisationsbezogenen Rationalisierungsreserven. Der Eigenmittelerwirtschaftung in Deutschland sind logische Grenzen gesetzt, da ihr wirtschaftlicher Gestaltungsspielraum durch die Rechtsformen, insbesondere die Vereinskonstruktionen, bestimmt ist. Knoth weist auf vier zentrale Erfolgskriterien für Geschäftsgründungen mit Eigenmittelerwirtschaftungscharakter hin:

Eigenmittelerwirtschaftungscharakter der Sozialwirtschaft

1. das Trägerprofil erfordert eine hauptamtliche Geschäftsführung,

2. das Geschäftsfeld braucht eine erfolgreiche Verbindung des ideellen Bereiches mit dem profitablen Geschäftsbetrieb zu einem Geschäftsmodell, das Hybridorganisationen miteinander verbindet. Daraus entstehen Geschäftsfeldvorteile gegenüber anderen rein privatgewerblichen Anbietern,

3. das Sozialmanagement verbindet betriebswirtschaftliche Kompetenzen der Geschäftsführung mit den Anforderungen des pädagogischen und sozialen Leistungsbereiches,

4. die Bindung von Mitgliedern und Klienten an das mitgliedschaftsbezogene und ethisch ideelle Leitbild der jeweiligen Sozialwirtschaftsorganisation.
(Knoth 2008, 1 f.)

2.2.1.1 Pro und Contra des wirtschaftlichen Geschäftsbetriebes

*Hybrid-
konstruktion*

Andreas Knoth hat das Für und Wider des wirtschaftlichen Geschäftsbetriebes, der privatgemeinnützigen Organisationsform als Hybridkonstruktion, aus der betriebswirtschaftlichen Perspektive untersucht. Hybridkonstruktionen der Sozialwirtschaft basieren auf dem Nebeneinander unterschiedlicher Steuerungsmechanismen und deren Verbindung vor dem Hintergrund betriebswirtschaftlicher und sozialer Zieldimensionen der Organisationsentwicklung. Er greift organisationsanalytisch auf das Instrument der Stakeholder-Analyse zurück. Die Stakeholder-Organisation umfasst die Ausrichtung auf deren Anspruchs- und Interessengruppen, bspw. Klienten, Kunden oder gesellschaftliches Umfeld: In der Stakeholder-Analyse „to have a stake" wird festgestellt, welchen Anteil die einzelnen Akteure (Stakeholder) am Leistungsaufkommen des Unternehmens haben (Arnold 2009, 552).

*Stakeholder-
Analyse*

Tabelle 2-6

Überblick über Pro- und Contra-Argumente von Geschäftsgründungen.
Quelle: Knoth 2008, 1 f.

Pro	Contra
Synergien durch inhaltliche Überschneidungen zwischen ideellem und wirtschaftlichem Bereich	Gefahr der Abkehr vom ideellen Zweck
Zuwachs an wirtschaftlicher Kompetenz im gesamten Träger	Bedenken gegenüber der „Kommerzialisierung" des Trägers
verbesserte Verhandlungsposition gegenüber Geldgebern	Risiko, Unterstützung von dritter Seite zu verlieren
Rückfluss von Gewinnen aus Überschüssen des Geschäftsbetriebs	Risiko der Insolvenz
indirekte finanzielle Vorteile etwa durch gemeinsame Nutzung von Infrastruktur und verbessertem Zugang zu externem Kapital	Risiko, den Status der Gemeinnützigkeit zu verlieren
verbesserter Zielgruppenbezug: erweiterter Kontaktvorhof durch neue Zielgruppen und intensivierte Beziehungen zu den bestehenden Klient/Klientinnen	Störung des bestehenden Machtgefüges und der gewachsenen Stakeholder-Struktur

2.2.1.2 Nachhaltigkeit der Eigenmittelfinanzierung

Nachhaltigkeit

Nachhaltigkeit bedeutet, dass eine Investition für ihre Lebensdauer (Abschreibungsdauer) finanziert ist und der laufende Betrieb durch eine dauerhafte, sich nicht verbrauchende Finanzierung sichergestellt ist (Schellberg 2004, 25). Die Ermittlung des Finanzbedarfs richtet sich auf die Investition in

Anlagegüter und das Finanzierungpotenzial aus dem Umlaufvermögen. Vor diesem Hintergrund werden Investitionen und Ausbauten nach Geschäftsfeldern des Anlagevermögens entschieden, zum Beispiel die Verwendung investiver Mittel für die Modernisierung der Einrichtungen oder für den Ausbau von Integrationsunternehmen. Ein Integrationsunternehmen ist ein juristisch selbstständiger besonderer Betrieb des allgemeinen Arbeitsmarktes. Er zeichnet sich durch die Besonderheit aus, dass er wirtschaftliche Ziele verfolgt und gleichzeitig dauerhaft auf einem großen Anteil (25–50 %) seiner Arbeitsplätze Menschen mit Behinderung beschäftigt. Integrationsunternehmen zählen genauso wie Integrationsbetriebe und Integrationsabteilungen zu den Instrumenten des SGB IX zur dauerhaften beruflichen Integration behinderter Menschen. 2005 gab es in Deutschland 700 dieser Betriebe mit mehr als 25.000 Arbeitsplätzen, davon etwa 13.000 für Menschen mit Behinderung. Nach der Verankerung der Integrationsprojekte und entsprechender Nachteilsausgleiche im Jahr 2001 sind 8.000 Arbeitsplätze entstanden. Die Gründung von Integrationsunternehmen und deren Geschäftsfeldentscheidungen sind Aufgabe des Managements und der Geschäftsführung des Unternehmens, die über den Finanzierungsmix beurteilen, ob die weitere Produktentwicklung durch die Modernisierung und eine Anpassung der Maßnahmen, z. B. in den Integrationsunternehmen, nachhaltig sichergestellt werden kann.

2.2.1.3 Kriterien der Eigenmittelfinanzierung

Die Eigenmittelerwirtschaftung setzt grundlegende Kenntnisse der kaufmännischen Buchführung nach dem Handelsgesetzbuch und den §§ 140 ff. der Abgabenordnung, insbesondere § 141 AO, voraus. Diese Abgabenordnung verpflichtet alle steuerpflichtigen Unternehmen, deren Gesamtumsatz 260.000,- € und deren Gewinn 25.000,- € überschreiten, die Buchführungsvorschriften der doppelten kaufmännischen Buchführung in vollem Umfang einzuhalten. Außerdem werden im Jahresabschluss die Jahresbilanzen, Gewinn- und Verlustrechnungen und Inventar- und Inventurlisten aufgeführt. Die Buchführungsgrundsätze sind die Grundlage für die Ermittlung des Vermögens und zugleich eine Übersicht über die Verschuldung, das Eigenkapital, Fremdkapital, Rückstellungen, Verbindlichkeiten sowie Abschreibungen (Pracht 2002, 65 f.). Diese werden in lineare, d. h. gleichmäßige Abschreibungsbeträge, in degressive (geringer werdende) Abschreibungsbeträge und außerplanmäßige Abschreibungen, z. B. durch Katastrophen oder versteckte Mängel, sowie durch die erhöhte Inanspruchnahme und unterlassene Instandhaltung unterschieden (ebd.). Die periodische Erfolgsrechnung wird als Gewinn- und Verlustrechnung ausgewiesen und unterteilt als Aufwands- und Ertragskonten zum Jahresende saldiert. Für soziale Dienst-

*Eigenmittel-
erwirtschaftung*

Tabelle 2-7

Kriterienraster für die Beurteilung von Finanzierungsformen und -quellen. Quelle: Schellberg 2004, 46

– Goldene Finanzierungsregel bei Investitionen,

– Nachhaltigkeit der Finanzierung bei Investitionen und bei laufendem Betrieb,

– Wirtschaftlichkeit der Finanzierung – keine Überfinanzierung,

– niedrige Finanzierungskosten,

– Liquidität/Zahlungsfähigkeit,

– Haftungspflichten, Risiken,

– Eigentums- und Verfügungsrechte, Möglichkeiten der Einflussnahme,

– Wirkung und Bereitschaft zur Inkaufnahme der besonderen Rahmenbedingungen von Sozialunternehmen, insbesondere Kontrollrechte der öffentlichen Hand, Gemeinnützigkeit, Möglichkeit der Gewinnerzielung,

– Möglichkeiten, Fokussierungs- oder Differenzierungsstrategien einzusetzen.

leister eignet sich das sog. Gesamtkostenverfahren der Gewinn- und Verlustrechnung, das die Betriebsgewinne und -verluste periodenweise bewertet.

Schellberg hat Kriterien der Bewertung von Finanzierungsformen wie folgt zusammengefasst: Der sog. doppelte Buchungssatz gibt grundsätzlich Auskunft über zwei Konten: eines, das im Soll, und ein anderes, das im Haben gebucht wird. Zur einfacheren Buchungsdurchführung wurden standardisierte Kontenrahmen entwickelt: zum Beispiel die Musterkontenrahmen für den deutschen Caritasverband oder der Musterkontenplan der Diakonie, die am Industriekontenrahmen (IKR) angelehnt sind.[55]

2.2.1.4 Controllingverfahren

Das Rechnungswesen dient als Grundlage der Kostenrechnung im Rahmen der Kostenarten-, Kostenstellen- und Kostenträgerrechnung. Die Kostenträgerrechnung bildet eine Vollkostenrechnung der Leistungsprozesse eines Unternehmens ab. Die Kostenrechnung ist ein Fundament für Unternehmensentscheidungen, die den wirtschaftlichen Einsatz von Kapital, Personal und Rohstoffen betreffen. Sie dient der Wirtschaftlichkeitsüberprüfung, der Budgetierung in Form der Teilkostenrechnung und dem Controlling.

Controlling

Das Controlling fügt der Kostenstellen- und Kostenträgerrechnung strategische und operative Daten hinzu, den Soll-Ist-Vergleich, Planungsdaten und finanzanalytische Kennziffern im Innen- und Außenverhältnis des Unternehmens, die folgende Aufgaben zum Gegenstand haben:

---

55 Der Industriekontenrahmen umfasst den Kontenplan der Aktiva, Passiva, Aufwendungen, Erträge und der Ergebnisrechnung eines Unternehmens.

1. Planungsindikatoren zu entwickeln,

2. Planziel und Plankorrektur vorzunehmen und das

3. Informationsmanagement zur Grundlage der operativen und strategischen Geschäftsfeldentscheidungen einzurichten und es zur Gestaltung aller internen und externen Entscheidungsprozesse der Geschäftsführung zu nutzen.

Das Controlling dient als Grundlage für nachhaltig-strategische Geschäftsfeldentscheidungen in Hinblick auf Marktentwicklungen sowie soziale und politische Trends. Ein ergebnisorientierter Führungsstil wird durch das Controlling erst ermöglicht. Andererseits liefert das Controlling die Daten, die für das Überleben am Markt und für die Entwicklung neuer Produkte notwendig sind. Controlling macht betriebswirtschaftliches Handeln am Markt erst sichtbar und verbindet es mit dem notwendigen Marketing und der Organisationsentwicklung im Inneren des Unternehmens (Pracht 2002, 65 ff.). Für die sozialwirtschaftlichen Unternehmungen sind die Optimierung des Finanzbedarfs durch die Liquiditätsplanung und Investitionsrechnungen sehr wichtig. Sie sind die Voraussetzung für die Planungsrechnung und die Ermittlung des Kapitalbedarfs hinsichtlich der Investitionskosten und des zu erwartenden Betriebsergebnisses. Die Liquidität bezeichnet die Fähigkeit eines Unternehmens, alle notwendigen Zahlungen zur vorgesehenen Frist zu leisten. Der Bedarf an Fremdkapital ergibt sich aus dem Kapitalbedarf abzüglich des eingebrachten Eigenkapitals.

Controlling: Grundlage für nachhaltig-strategische Geschäftsfeldentscheidungen

Die betriebswirtschaftliche Finanzierung ist im Kern:

Betriebswirtschaftliche Finanzierung

> „... stets ein Problem der Fristenverschiebung (Mittelabfluss zu einem bestimmten Zeitpunkt, Rückfluss zu späteren Zeitpunkten), der Risikoabschätzung (sicherer Mittelabfluss, unsichere Rückflüsse), der Haftung (wer steht für den Verlust gerade?) und der Verfügungsrechte (wem gehört die Investition und wem fließen die Rückflüsse zu?)". *(Schellberg 2004, 14)*

2.2.1.5 Sozialwirtschaftliche Finanzierungsfunktionen der Eigenmittel

In sozialwirtschaftlichen Unternehmen wird die Finanzierungsfunktion weiter gefasst. Es geht nicht – wie in der betriebswirtschaftlichen Sichtweise – lediglich um die Kapitalbeschaffung. Die Finanzierungsfunktion in der Sozialwirtschaft widmet sich insbesondere den Fragen nach dem Kostenträger und der gesetzlichen Grundlage der Form und der Höhe der Vergütung.

Sozialwirtschaftliche Finanzierungsfunktion

Für die Finanzierung bedeutet das, sie muss nachhaltig sein. Das heißt, dass Investitionen für ihre Abschreibungsdauer finanziert sein müssen und der

Abbildung 2-17

Finanzierungsfunktion in der Sozialwirtschaft. Quelle: Schellberg 2004, 14

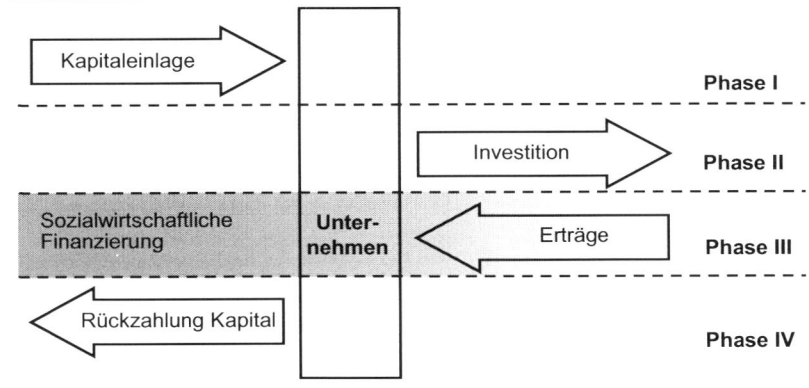

laufende Betriebskostenaufwand durch eine sich nicht verbrauchende Finanzierung sichergestellt sein muss. Daraus folgt der Finanzierungsaufwand:

- Ein Gesellschafter oder Träger, der eine Kapitaleinlage zur Verfügung stellt, kann dieses Geld nicht anderweitig einsetzen und verliert dadurch Geld (Opportunitätskosten).

- Bei gewinnorientierten Unternehmen wird der Kapitaleigner eine Rendite auf das eingesetzte Kapital erwarten (Gewinnausschüttung).

- Kreditgeber erwarten eine Verzinsung des Kapitals.

- Öffentliche Zuschüsse müssen beantragt werden, wodurch in der Regel umfängliche Antragsvorbereitungen notwendig sind.

- Spender oder Stifter müssen im Allgemeinen erst akquiriert werden und es entstehen dadurch Kosten aus Fundraising-Maßnahmen (Werbemaßnahmen).
  (Schellberg 2004, 25)

Finanzierungsmix

Das Unternehmen muss eine Wahl hinsichtlich der geeigneten Finanzierungsformen treffen (Finanzierungsmix). Der Finanzierungsmix stellt die optimale Entgeltstruktur der sozialwirtschaftlichen Entscheidung im Sinne der Gesamtorganisation dar. So können Vor- und Nachteile der Kostenbeiträge im Rahmen einer Differenzierungsstrategie in Bezug auf eine Mischung aus dem öffentlichen Haushaltsrecht, dem wirtschaftlichen Geschäftsbetrieb (Wettbewerbsrecht) und dem gemeinnützigen Zweckbetrieb abgewogen werden. Die Vor- und Nachteile dieser Differenzierungsstrategie stellt Schellberg folgendermaßen dar:

Die *Vorteile einer Differenzierungsstrategie* können wie folgt skizziert werden:

- Unabhängigkeit von einzelnen Kapitalgebern oder Kostenträgern,

- Risikostreuung und Ausgleich von Zahlungsungleichgewichten,

- nur teilweise Erschließung einzelner Finanzierungsquellen (unter Umständen wenig aufwändig; z. B. ist es leichter, wenige/einzelne Spenden zu bekommen als regelmäßige/dauerhafte),

- Komplementarität einzelner Finanzierungsquellen (z. B. erfordern Zuschüsse den Einsatz von Eigenmitteln).
(Schellberg 2004, 48)

Daraus ergeben sich Handlungsstrategien, die im Rahmen einer Portfolio-Matrix der Eigenmittelerwirtschaftung zusammengefasst werden können. Im Portfolio wird aus Sicht des jeweiligen Managements der Sozialwirtschaftsorganisationen die Zusammenstellung und Verwaltung von Produkten, Dienstleistungen, Projekten, Kooperations- und Geschäftspartnern durch verschiedene Analysetechniken abgebildet (Analyse der Partner, Kunden). Die Portfolio-Matrix bildet die notwendige Grundlage für Geschäfts-(feld)entscheidungen im Sinne der Bewertung eines Stärken-Schwächen-Profils des Unternehmens. Die Portfolio-Matrix wird in der Unternehmenspraxis genutzt. Sie erlaubt eine Bewertung strategischer Geschäftseinheiten basierend auf zukünftigen Gewinnchancen (Marktwachstum) und der gegenwärtigen Wettbewerbsposition (relativer Marktanteil).

2.2.1.6 Eigen- und Selbstfinanzierung in Hybridorganisationen

Sozialwirtschaftliche Hybridorganisationen der Freien Wohlfahrt bevorzugen die Integration von wirtschaftlichem Geschäftsbetrieb und Non-Profit-Bereich unter einem Dach. Um die Eigenmittelerwirtschaftung als Selbstfinanzierung zu realisieren, entstehen deshalb komplexe Trägergebilde um Synergien zu nutzen. Eine Form der zentralen Steuerung von Hybridorganisationen ist die Steuerungsgesellschaft. Dort schließen sich mehrere gemeinnützige Träger zusammen, um ihre ausgelagerten Geschäftsbetriebe zentral zu steuern und zentrale Verwaltungsaufgaben zu bündeln (Steuerungsgesellschaft). Der Vorteil dieser Steuerungsgesellschaften besteht u. a. in der Senkung der Verwaltungs- und Beschaffungskosten (Knoth 2008, 1 ff.).

Insgesamt ist festzustellen, dass die Steuerung von Hybridorganisationen eine Spezialisierung des Managements als Schnittstellenmanagement erforderlich macht. Die strategische Steuerbarkeit der Gesamtorganisation steigt mit dem Grad der Zentralisierung. Gleichzeitig entsteht in den dezentralen Produktionsbereichen ein Anstieg des Kommunikations- und Informationsbedarfs. Insofern gilt es zu entscheiden, ob die Vorteile der Eigenmittel-

---

Abbildung 2-18 | *Geld- und Leistungsströme in Hybridorganisationen. Quelle: Schellberg 2004, 10*

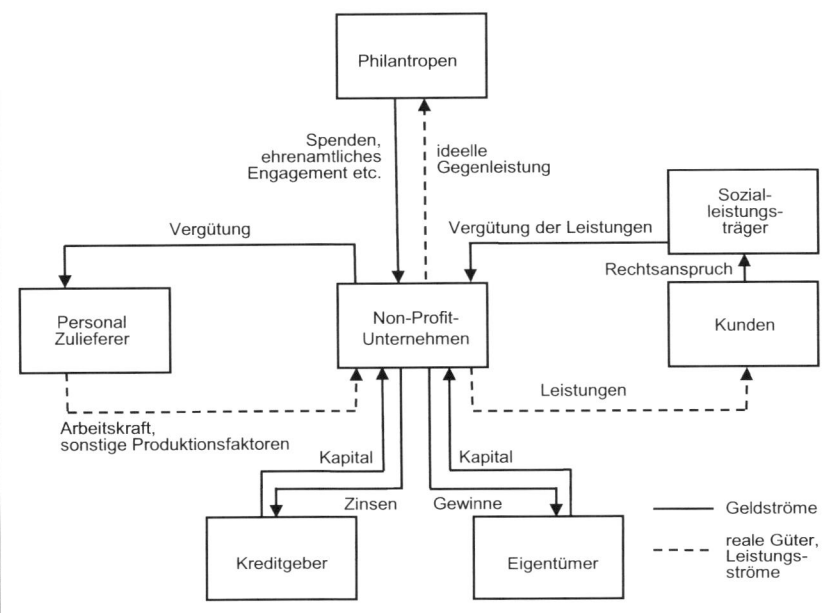

erwirtschaftung durch Quersubventionen, Auslagerung und die Erweiterung des erwerbswirtschaftlichen Bereiches in der Gesamtkalkulation ausreichend berücksichtigt werden (ebd.).

Daraus folgt, dass Sozialwirtschaftsorganisationen die Symbiose aus Geschäftsbetrieb, Zweckbetrieb, Verwaltung und ideellem Bereich des Unternehmens sowohl unter steuerlichen als auch finanztechnischen Gesichtspunkten neu gestalten (s. Abb. 2-18). Der jeweilige Beitrag der Geschäftsfelder im Rahmen der Portfolio- und Ressourcenanalyse ist im Hinblick auf den Gesamtertrag der Sozialwirtschaftsorganisation zu optimieren. In der Planungsrechnung ist die Umwelt- und Nachfrageorientierung der Kunden und Zulieferer zu erörtern und die Entscheidung zu treffen, ob der wirtschaftliche Geschäftsbetrieb ein- oder auszugliedern ist. Die Ausgründungen von Geschäftsbetrieben müssen rechtliche, betriebswirtschaftliche und psychologische Aspekte berücksichtigen (ebd.). So kann das finanzielle Risiko bei Ausgründung einer GmbH zwar verringert, die Managementaufgaben und die gemeinsame Finanzverwaltung mit der Dachorganisation jedoch erschwert werden. Die Gemeinnützigkeit des Trägers ist infolge der Ausgründung gefährdet, wenn die Preise zwischen Träger und Tochtergesellschaft nicht den marktüblichen Preisen entsprechen oder die Tochtergesellschaft keine Gewinne erwirtschaftet und der gemeinnützige Träger sich nicht rechtzeitig von ihr trennt (ebd.). Außerdem entsteht ein weiteres Risiko zwischen wirtschaftlichem Geschäftsbetrieb und ideellem Bereich, wenn nicht gewährleistet ist, dass die in der Ausgründung steckenden Gewinnerzielungspotenziale durch Rückflüsse an den gemeinnützigen Teil begrenzt werden. Daher müssen die Besteuerung der Körperschaft und das Haftungsrisiko als Durchgriffshaftung auf den ideellen Bereich, auf das Vereinsvermögen, durch eine strikte Trennung des For-Profit-Bereiches vom Non-Profit-Bereich des Unternehmens verhindert werden. Eine Auslagerung eines wirtschaftlichen Geschäftsbetriebes ist nur dann gerechtfertigt, wenn die zu erwartenden Umsätze den Aufwand begründen. In der Regel muss ein Umsatz von mehr als 500.000,- € erwirtschaftet werden (ebd.). Der Satzungszweck mit einem begrenzten Mittelverwendungsrahmen ist für den gemeinnützigen Verein als Träger der Gesamtorganisation verbindlich, während sich die ausgelagerten For-Profit-Bereiche dem dynamischen Marktgeschehen unterordnen müssen. Das Zusammenspiel dieser unterschiedlichen Organisationskulturen ist Voraussetzung für den Geschäftserfolg und bietet die Chance eines gegenseitigen Lernprozesses, der die Ökonomisierung und Professionalisierung der Sozialwirtschaftsorganisationen weiter vorantreibt. Im Marktumfeld des Quasimarktes ist es daher wichtig, den Wandel der Organisationskultur im Marktsegment zu thematisieren und die entstehende Effizienzsteigerung herauszustellen (Knoth 2008, 2 ff.).

2.3   Teil III des Finanzierungsmixes

Privates Geld für soziale Organisationen

Abbildung 2-19	*Finanzierungsquellen durch Privatpersonen und private Institutionen (Fremdmittel). Quelle: in Anlehnung an Schellberg 2004, 13*

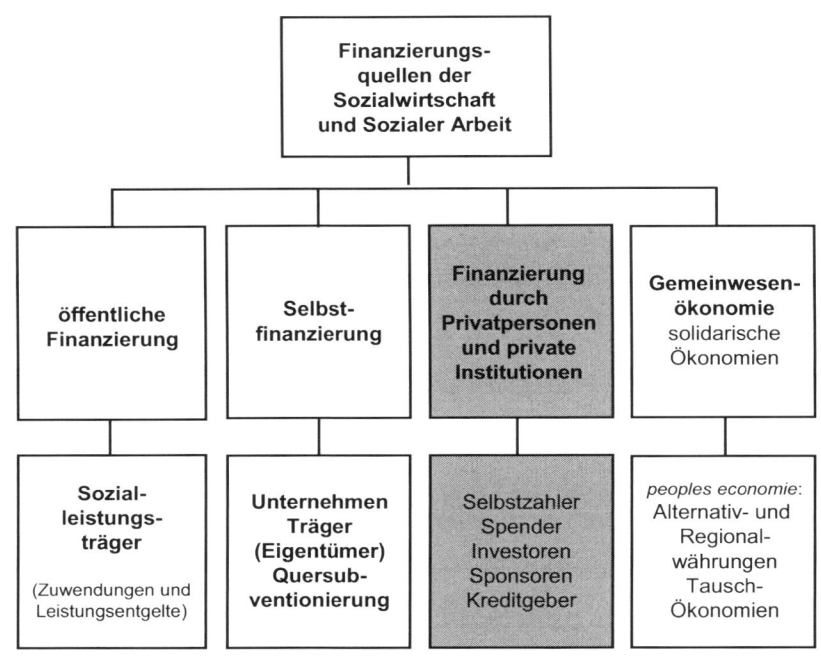

In diesem Kapitel werden Formen der privaten Mittelakquise, d. h. Geldquellen außerhalb der Organisationssphäre der Sozialwirtschaftsorganisationen beschrieben. Es handelt sich um unterschiedliche Formen der Kreditfinanzierungen und um Möglichkeiten, privates Geld über Fonds in soziale Projekte zu investieren. Außerdem werden das Fundraising, die Bußgeldakquise und Glücksspieleinnahmen als weitere Finanzierungsformen der Sozialwirtschaft vorgestellt.

2.3.1 Kreditfinanzierungen

Gegenwärtig sind die Non-Profit-Organisationen im europäischen Raum in mehrfacher Hinsicht auf Kredite angewiesen: bei der Vorfinanzierung oder für die Zwischenfinanzierung, bis zur Erlangung von zu erwartenden öffentlichen Zuschüssen oder bei größeren investiven Maßnahmen. Deshalb bedienen sich die Einrichtungen und Betriebe im Zuge der Wettbewerbsherausforderungen und der damit verbundenen Profilschärfung am Sozialmarkt des flexiblen Instrumentes der Finanzierung über Bankkredite. Die Kreditform ist abhängig von der Laufzeit, der Tilgung und der Kreditsicherheit des jeweiligen Kredites. Die Tilgungsform bezieht sich in der Regel auf endfällige Ratentilgung oder Annuitätentilgung. Bei letzterer wächst der Zinsanteil im Laufe der Zinsfestschreibungsperiode, während der Tilgungsanteil steigt. Kredite können variabel, d. h. angepasst an den Geld- und Kapitalmarkt, oder als Festzins vergeben werden. Die Kreditarten werden folgendermaßen unterschieden:

▓ Der Kontokorrentkredit ist ein Kredit, der in einem bestimmten Kreditrahmen bedarfsbezogen, in unterschiedlicher Höhe in Anspruch genommen wird (z. B. ein unbefristeter Kredit mit kurzen oder verlängerbaren Kündigungsfristen).

▓ Der Hypothekarkredit ist ein objektgebundener, langfristiger Kredit (z. B. für Sozialwirtschaftsorganisationen zum Erwerb von Grundstücken und Bauten).

▓ Der Avalkredit wird zur Erfüllung von Haftungsverpflichtungen vergeben (z. B. in Form von Bürgschaften). Dafür wird eine Bearbeitungsgebühr erhoben.
(Dittrich 2008, 1 ff.)

Voraussetzung für eine Kreditvergabe ist die Einschätzung der Kreditfähigkeit und der Kreditwürdigkeit des Kreditnehmers. Um die Bonität des Kreditnehmers schärferen Bewertungskriterien zu unterwerfen, sind vom Ausschuss für Bankenaufsicht seit 2007 neue Eigenkapitalvorschriften unter dem Begriff Basel II eingeführt worden. Gemäß den Kriterien von Basel II (Gesamtheit der Eigenkapitalvorschriften) wird verlangt, dass Kreditnehmer höhere Eigenkapitalquoten zu erbringen haben. Die Ertrags- und Vermögenssituation muss im Rahmen einer Dreijahresbilanzierung offen gelegt werden. Die Kennzeichnung nach Basel II folgt einem mathematisch-statistischen Modell und einer Einteilung in Ratingklassen, ähnlich der Klassifikationskriterien am Kapitalmarkt. Somit sind die Sozialwirtschaftsorganisationen angehalten, größere Kostendisziplin und flexible zukunftssichere Geschäftsfeldgestaltung zu verfolgen.

2.3.1.1 Mikrokredite

Die Vereinten Nationen (UN) erklärten das Jahr 2005 zum Jahr der Mikrokredite. Mikrokredite sind ein Konzept praktischer und basisorientierter Entwicklungshilfe, das sich in einigen Ländern der Dritten Welt als Gegenmittel zu Hunger und Armut bewährt hat und deshalb ein strategisches Element der Entwicklungspolitik der Vereinten Nationen ist. Mikrokredite – die benötigte Summe ist in der Regel sehr klein – werden an Menschen vergeben, die in Armut leben, über keinerlei monetäre Absicherung verfügen und deshalb auch kein Geld von normalen Geschäftsbanken erhalten. Ohne das Instrument der Mikrokredite bleibt den ärmeren Gesellschaftsschichten der Zugang zu Finanzkapital verwehrt.

Das sozialwirtschaftliche Modell der Mikrokredite ist auf die Armen in ländlichen Regionen ausgerichtet. Es wurde von Muhammad Yunus gegründet und erstmals 1976 von der „Grameen Bank" (Dorfbank) in Bangladesch angewendet. Kleinstkredite werden als Starthilfe für Projekte vergeben, zum Beispiel als Finanzierung für notwendige Anschaffungen. Das können beispielsweise Arbeitsgeräte, Rohstoffe, Saatgut, Jungtiere oder auch Mobiltelefone sein. Mittels der Produktivkraft dieses Geldes können sich die Kreditnehmer schnell neue Einkommensquellen schaffen (s. Abb. 2-20).

Die Kredite werden für ein Jahr gewährt und in wöchentlichen Miniraten zurückgezahlt. Es werden keine Bürgschaften verlangt. Die Vergabe und Kontrolle wird durch die örtliche Gemeinschaft vorgenommen. Auf diese Weise entsteht neben der monetären Umverteilung auch noch eine lokale soziale Form der Gemeinwesenarbeit, zu der auch ein Katalog lebenspraktischer Verpflichtungen gehört:

▓ Familienplanung,

▓ Haushaltsführung,

▓ Maßnahmen der Ernährung und der Kindererziehung,

▓ Hygienevorschriften für die lokale Gemeinschaft.
   (www.grameen-info.org, 02.03.2009)

Jeweils fünf Kreditnehmer bilden eine Basisgruppe, welche auf die Einhaltung der gemeinsam beschlossenen Regeln und der Rückzahlungsverpflichtungen achtet. Die sog. „Fahrradbanker", die regionalen Verwalter der Mikrokredite, halten Kontakt zu anderen örtlichen Selbstverwaltungen der Kredite in der Region. Je mehr Selbstständigkeit und Handlungsfähigkeit als soziale Qualitäten gefördert werden, desto größer sind auch die monetären Erfolge der Einzelnen bzw. der Basisgruppe. Im Jahr 2003 existierten 3.000 Mikrokreditprogramme in 70 Ländern. Die Programme wurden durch 80 Mio. Kunden genutzt. 55 Mio. dieser Kunden hatten pro Tag weniger als

Mikrokredite – Hilfe zur Selbsthilfe für die Armen.
Quelle: www.grameen-info.org, 04.07.2009

Abbildung 2-20

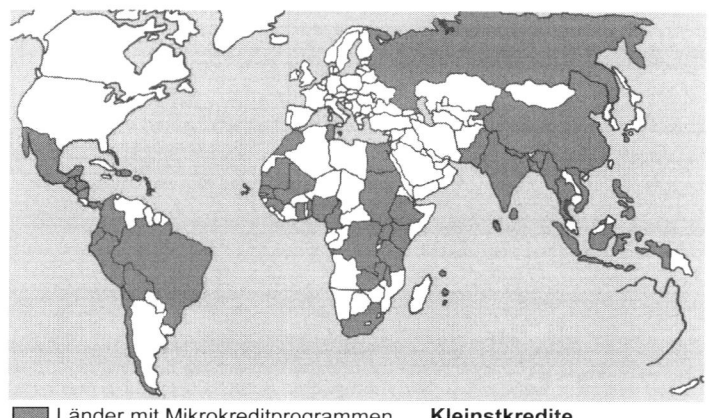

Länder mit Mikrokreditprogrammen

Kleinstkredite
• für produktive Zwecke
• ohne übliche Sicherheiten
• kurze Laufzeiten
• viele kleine Raten
• kundennahe Betreuung

1,– US$ zum (Über)Leben zur Verfügung (www.grameen-info.org, 30.09. 2009).

Mittlerweile widmen sich zahlreiche neu gegründete Mikrofinanzinstitute (MIFs) der Vergabe von Kleinstkrediten auch unter dem Aspekt der Renditeerwirtschaftung (s. Abb. 2-21) (www.grameen-info.org, 04.07.2009). Die Standorte der Mikrofinanzinstitute sind deshalb vorrangig in Entwicklungs- und Schwellenländern in Lateinamerika (26 %), Afrika (23 %) und insbesondere Südostasien mit 31 % des Mikrofinanzvolumens in Höhe von 31Mrd. US $ im Jahr 2003. Die fünf größten Anbieter sind die Grameen Bank, Association Bank of Social Advancement, Vietnam Bank of Social Policies, Bangladesh Rural Advancement Comitee und Bank Rakyat Indonesia.

Mikrofinanz-institute (MIFs)

Sozial sein und Rendite erwirtschaften?

Private Anleger können auch indirekt als Kreditgeber auftreten. Die so genannten Mikrofinanzinstitute vergeben Kleinstkredite zwischen 25,– € und 2.000,– € an Menschen, die sich eine wirtschaftliche Existenz aufbauen wollen. Es ist kein Widerspruch, soziale Entwicklungsprojekte zu unterstützen und zugleich eine Rendite, die auf Geldmarktniveau rangiert, zu erzielen. Diese Finanzangebote werden nicht ausschließlich in Schwellenländern gemacht, sondern sind inzwischen auch in Industrieländern für bestimmte Zielgruppen, zum Beispiel langzeitarbeitslose Menschen, als Anschubfinanzierung interessant und können einen Zugang zu Markt und Erwerbsarbeit ermöglichen (vgl. http://www.microlending-news.de/microlending_bisher. gif&imgrefurl=h, 30.01.2009).

Im Jahr 2008 hatte der Markt für Mikrokredite ein Volumen von etwa 31 Mrd. US$. Nach Experteneinschätzungen belief sich zum dem Zeitpunkt der gesamte Finanzierungsbedarf im Mikrofinanzsektor jedoch auf rund 250 Mrd. US$ (ebd.).

Konditionen der Mikrofinanzierung

Konditionen der Mikrofinanzierung

Die Laufzeit der Kredite beträgt 6 bis 36 Monate und auf Grund der kleinen Stückelung ist eine sehr breite Streuung über Kunden, Branchen und beteiligte Institute an die Kreditnehmer möglich (Schröder 2008, 51). Die Kredite sind immer an eine Geschäftsidee gekoppelt. Falls ein erster Kredit nicht beglichen wird, werden keine weiteren gewährt. Zwar sind die Zinsen der kreditgebenden Institute mit durchschnittlich 20 % pro Jahr recht hoch. Es gilt jedoch zu bedenken, dass lokale Kredithaie zuweilen vergleichbare Zinssätze pro Woche oder Monat verlangen. „Mikrofinanz ist keine Entwicklungshilfe, sondern ein Investment" (ebd.). Zwar ermöglicht eine Änderung im Investmentgesetz seit 2007 auch deutschen Finanzdienstleistern, Publikumsfonds, die in Mikrokredite investieren, aufzulegen (s. Abb. 2-21). Nach geltendem deutschen Recht dürfen die Fondsmanager allerdings nur in regulierte und beaufsichtigte Institute investieren, an denen auch eine große Entwicklungsbank wie die Kreditanstalt für Wiederaufbau (KfW) zu mindestens 5 % beteiligt ist. Zudem muss sich die Summe der von einem Mikrofinanzinstitut vergebenen Kredite auf mindestens 10 Mio. € belaufen. Diese Auflage wird nur von den größten Mikrofinanzinstituten erfüllt. „Die deutsche Regulierung schränkt die Investitionsmöglichkeiten sehr ein. … Dadurch ist es nicht möglich, attraktive Renditen für den Anleger zu erwirtschaften" (ebd.).

Häufig werden Kredite an Dorfgemeinschaften vergeben, was erfahrungsgemäß die Zahlungsmoral steigert. Die Kreditnehmer sind überwiegend Frauen. Sie sind meistens für die Versorgung der Kinder und die Finanzierung des Lebensunterhaltes zuständig, was Frauen zu zuverlässigen Schuldnern macht. Das wirtschaftliche Umfeld beschränkt sich auf die jeweilige Region, in der die geförderten Kleinunternehmer ihre Waren anbieten („Welt", 24.04.2008). Laut der Vereinten Nationen und Weltbank haben ca. 500 Mio. Menschen noch immer keinen Zugang zu Kapital und damit keine Möglichkeit, sich aus der Armut zu befreien. „Die armen, aber wirtschaftlich aktiven Menschen brauchen mehr Geld, um sich eine Existenz aufzubauen" (ebd.).

Bisheriges Modell: Microlending in Kooperation mit Banken. Quelle: http://
www.microlending-news.de/microlending_bisher.gif&imgrefurl=h, 30.01.2009

Abbildung 2-21

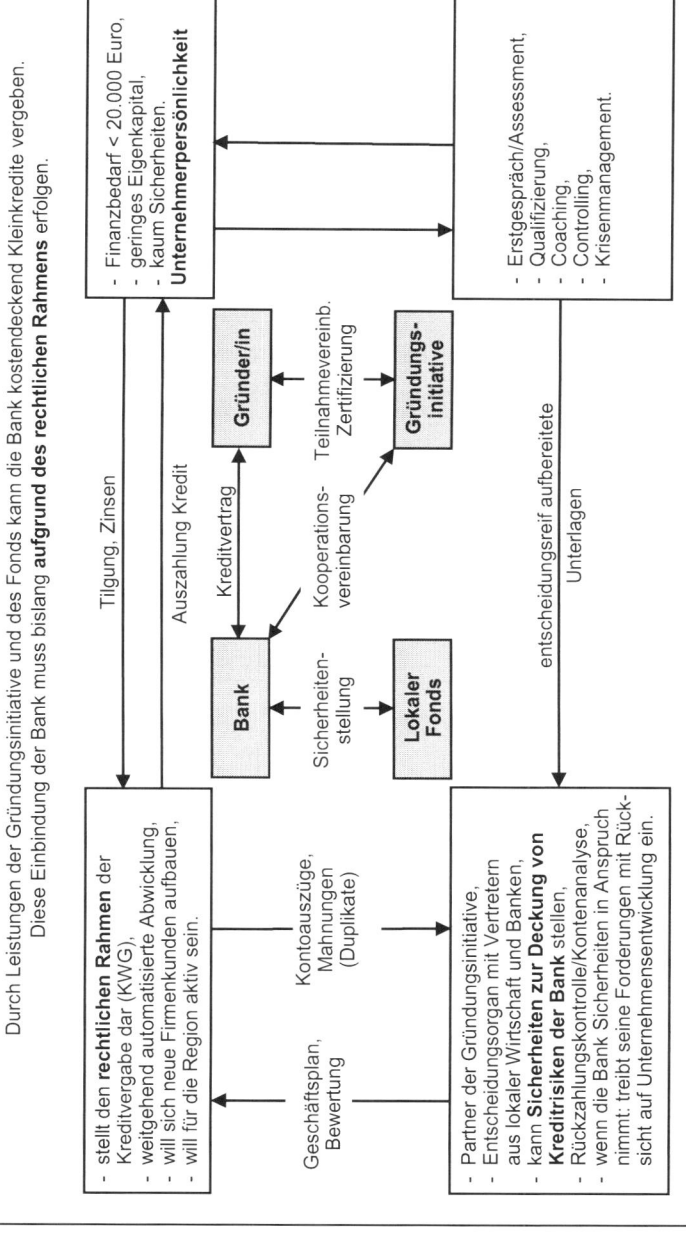

Weitere Kreditplattformen

Smava und Auxmoney

Kreditplattformen vermitteln Menschen miteinander, die privates Geld (ver)leihen. Die Kreditplattformen wie Smava und Auxmoney vermitteln private Kredite, die ansonsten für bürgschafts- und kaufkraftarme Menschen bei den Geschäftsbanken nicht zugängig sind (Auxmoney gegen Gebühr). Smava hat in den letzten zwei Jahren Kontrakte mit 1.300 Menschen vermittelt (im Schnitt 5.000 €) und mit einem Zins, zum Beispiel mit 11 % auf drei Jahre Laufzeit verliehen. Die Rückzahlungsquote nach Angaben von Smava liegt bei 99 %. Bei Nichtrückzahlung teilen sich die Gläubiger den Verlust.

MyMicrokredit

MyMicrokredit ist keine Bank, sondern stellt eine Kreditverbindung zwischen Kreditgebern und Kreditnehmern her. Auf ihrer Homepage werden typische Kreditnehmer porträtiert: eine Müllerin in El Salvador, die für 360 Euro eine zweite Mühle kaufen möchte, weil sie viele Tortillaverkäuferinnen als Kundschaft hat: Wer einen diesbezüglichen Kredit vergeben möchte, meldet sich über MyMicrokredit.org oder sucht sich eine andere Person aus und verleiht per Überweisung einen Kredit in Höhe ab 25 € aufwärts und bekommt nach einem Jahr sein Geld ohne Zinsen zurück. Vor Ort betreuen und schulen Field Partner, lokale Mikrofinanzinstitutionen, die Kreditnehmer. Dafür nehmen sie von den Kreditnehmern einen gewissen Zinsanteil. Diese Fieldpartner werden von unabhängigen Ratingagenturen kontrolliert und bewertet.

2.3.1.2 Fundraising

Begriff und Reichweite

Der Begriff ‚fundraising' kommt aus dem Englischen und setzt sich aus den Wörtern ‚fund' (Kapital) und ‚to raise' (erhöhen) zusammen. In den USA werden pro Jahr 200 Mrd. US$ an Fundraisingmitteln (Spenden) eingenommen (vgl. Haunert 2008). In Deutschland werden unterschiedlichen Erhebungsmethoden zufolge jedes Jahr zwischen 5–25 Mrd. € gespendet – je nachdem, ob Spenden für politische Zwecke, spendenähnliche Mitgliedsbeiträge, Firmenspenden und Erbschaften mit eingerechnet werden (http://www.fundraisingverband.de/Statistiken/Spendenaufkommen_insgesamt.html; http://www.mckinsey.de/html/presse/2008/20081222_spendenkultur.asp, 28.01.2010). Jeder zweite Deutsche unterstützt eine gemeinnützige Organisation mit Geld. Die meisten Spenden entfallen auf soziale Zwecke (80,2 %), gefolgt von Kultur (4,7 %), dem Umweltschutz (4,3 %) und dem Tierschutz (4,2 %) (vgl. www.bagfa.de, 18.09.2010). Jeder dritte Deutsche engagiert sich ehrenamtlich und setzt sich in seiner Freizeit zum Beispiel für die Pflege behinderter Menschen, für die Jugendabteilung des Fußballvereins oder für den Schutz der Menschenrechte ein (vgl. www.bagfa.de Bundesarbeitsgemeinschaft der Freiwilligenagenturen e.V., 11/2008). Nach Angaben der bagfa liegen die Zeitspenden, eine Form geldwerter Leistung, bei 5 Mio. Stunden freiwilliger Arbeitszeit per annum (ebd.).

Geldspenden und Erbschaften

Im Jahr 2007 spendeten die Deutschen 2,35 Mrd. € für soziale Zwecke (www. dzi.de/SPSFor08/Wilke.pdf, 30.01.2009*)*. Die Geschäftspraktiken der Spendenerhebung werden derzeit durch professionelles Fundraising und Telefonakquise organisiert. Diese Geschäftspraktiken haben sich in vielen Sozialwirtschaftsorganisationen etabliert. Vermittler und Callcenter werden anteilig am Spendenaufkommen beteiligt. Nach dem Skandal des größten Spendennehmers UNICEF und dem Rücktritt der deutschen UNICEF Repräsentantin Heide Simonis im Jahr 2008 sind viele Spender von ihrem Engagement zurückgetreten. Der Bereich der sozialwirtschaftlichen Spendenorganisationen erleidet gegenwärtig einen Vertrauensverlust durch wiederkehrende Skandale. Der Organisationszweck wurde erheblich beschädigt, da Seriosität und Ansehen das wichtigste Kapital dieser Sozialwirtschaftsorganisationen darstellen. Gegenwärtig beschäftigen Sozialwirtschaftsorganisationen, wie das Rote Kreuz, die Caritas und Brot für die Welt, 2.500 hauptamtliche sog. Fundraiser (ebd.*)*.

2008: Skandal des größten Spenden-nehmers UNICEF

Die Geschäftsführerin des Deutschen Fundraisingverbandes, Silvia Starz, geht davon aus, dass „der Bedarf an professionellen Spendensammlern steigt, weil der Staat etwa in Schulen und Krankenhäusern oft nur noch das Nötigste bezahlt. Deshalb rechnet sich professionelles Fundraising. Die Ausbildung wird mittlerweile auch von Universitäten angeboten" (www.dzi. de/SPSFor08/Wilke.pdf. 30.1. 2009). Auch Sozialpädagogen spezialisieren sich innerhalb dieses Arbeitsgebietes. Fundraiser können zwischen 40.000,– und 55.000,– € brutto im Jahr verdienen. Spitzenkräfte erzielen noch höhere Gehälter. Auch Prämien im Wert von 10–15 % des Bruttogehaltes sind möglich. Spendenorganisationen haben daher hohe Erwartungen an Fundraiser. Die Wesser GmbH sucht ständig Schüler und Studenten, die in Fußgängerzonen Mitgliederwerbung für die Johanniter Unfallhilfe, für den BUND, den NABU oder den WWF machen. Die Berliner „Fundraising Company" behauptet, sie arbeite mit den SOS-Kinderdörfern zusammen. Diese jedoch bestreiten, jemals mit der „Fundraising Company" zusammengearbeitet zu haben. Das zeigt, dass im Bereich der Spendenakquise inzwischen eine Grauzone entstanden ist. Derzeit kommt keine der großen Sozialwirtschaftsorganisationen ohne die Dienste eines externen Fundraisingunternehmens

Bedarf an profes-sionellen Spenden-sammlern steigt

Abbildung 2-22	*Einnahmen der 30 größten Spendenorganisationen.* *Quelle: www.dzi.de/SPSFor08/Wilke.pdf, 30.01.2009*

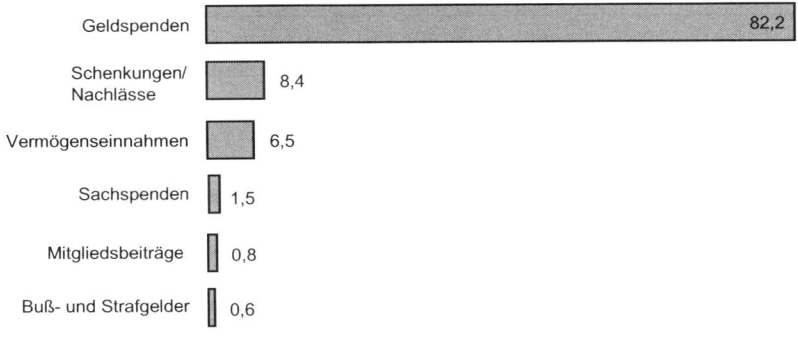

Überweisung vor Erbschaft
Einnahmen der **30** größten Spenden-Organisationen mit DZI-Spendensiegel 2006
(in Prozent)

Geldspenden	82,2
Schenkungen/Nachlässe	8,4
Vermögenseinnahmen	6,5
Sachspenden	1,5
Mitgliedsbeiträge	0,8
Buß- und Strafgelder	0,6

SOS-Kinderdorf weit vorn
Entwicklung der Spendeneinnahmen der größten gemeinnützigen
Organisationen in Deutschland (in Mio. Euro)

	2004	2005	2006
SOS-Kinderdorf und SOS-Kinderdörfer weltweit *	245,6	261,6	242,2
Johanniter-Unfallhilfe	78,8	88,1	87,7
Deutsches Komitee für Unicef	69,4	168,1	74,0
Plan International	50,0	64,3	72,6
Päpstliches Missionswerk der Kinder in Deutschland	58,2	73,8	65,3
World Vision Deutschland	44,7	56,0	61,2
Brot für die Welt	63,1	60,4	56,7
Bischöfliches Hilfswerk Misereor	59,7	70,4	56,2
Bischöfliche Aktion Adveniat	59,5	56,7	54,6
Kindernothilfe	48,0	66,7	49,7
Christoffel-Blindenmission Deutschland	45,5	48,9	47,9
Deutsches Rotes Kreuz	51,9	179,0	42,7

* Hermann Gmeiner-Fonds

aus. Fundraising lohnt sich aber auch für kleinere Vereine. Dieser Markt benötigt mehr Transparenz: „Es gibt in Deutschland – anders als in den USA, wo große Sozialorganisationen sogar die Gehälter der Chefs veröffentlichen – keine Pflicht zur Offenlegung der Zahlen (www.dzi.de/SPSFor08/Wilke.pdf, 30.01.2009). Bislang dürfen in Deutschland lediglich 230 Spendenorganisationen, d. h. weniger als 10 % aller deutschen Spendenorganisationen, das DZI-Spendensiegel führen. Diese 230 Organisationen legen offen, in welchem Umfang Spenden in die Projekte fließen und in welchem Maße Spenden zur Deckung der Verwaltungskosten genutzt werden.

Beziehungsqualität - ein Faktor des Fundraising

Fundraising bezweckt den Aufbau von Beziehungen zu Bezugspersonen, die das Ziel und den Zweck der Organisationen unterstützen (Luthe 1997, 32). Einige Zitate verdeutlichen den US-amerikanischen Ursprung der dahinter liegenden Idee:

Fundraising: Beziehungen zu Bezugspersonen

- „Fundraising is the gentle art of teaching the joy of giving." (Henry A. Rosso)

- „Fundraising is the principle of asking, asking again and asking for more." (Kim Klein)

- „Fundraising ist die Kunst, auf das Herz zu zielen und die Brieftasche zu treffen."

- „No campaign ever fails because too many people say no. They fail when not enough people are asked." (Harold J. Seymore, Designs for Fundraising, 1966).
  (Haunert 2008, 6.1, 1)

Die Analyse des Spendenverhaltens bezieht sich auf die Spendenfrequenz, d. h. auf den Prozentsatz der Spender, die innerhalb eines Jahres Geld gespendet haben, und auf die Spendenhöhe in Hinblick auf einzelne Spendensegmente (von niedrig bis hoch). Das Spenderverhalten wird von den Fundraisingorganisationen folgendermaßen unterschieden:

Spenderverhalten

A für stark motivierte Spender,

B für Spender mit mittelmäßiger Motivation und

C für mäßig motivierte Spender.
  (Schneider 2008, 6.2, 2)

Vom Nutzen der Spendertypologie

Hüntgen und Schmitz erweitern diese Kategorisierung um folgende fünf Spendertypen:

Spendertypen

- den desinteressierten Zufallsspender (15,7 %),

- den informationsbedürftigen Intensivspender (12,6 %),

- den skeptischen Spendenverweigerer (22,3 %),

- den impulsiven Aktionsspender (31,9 %),

Abbildung 2-23	*Psychologische Faktoren bei den Spendern. Quelle: Schneider 2008, 6.2.3, 5[56]*

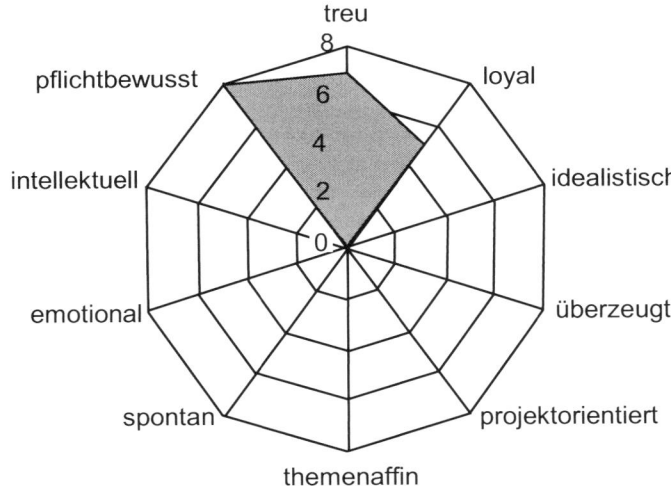

- den leichtgläubigen Gewohnheitsspender (17,5 %).
  (Hüntgen/Schmitz 2008, 6.4, 2)

Spenderprofil

Mit Blick auf die oben aufgeführten Spendertypisierungen werden über längere Zeiträume hinweg Daten gesammelt, mit weiteren finanzierungsrelevanten Kriterien in Verbindung gebracht und in einem Spenderprofil zusammengefügt, gruppiert und mit dem Datum der letzten Spende versehen (s. Abb. 2-23). Zielgruppen werden wie folgt zugeordnet:

- Neuspender (deren erste Spende im laufenden Jahr erfolgt ist),

- aktive Spender (deren letzte Spende innerhalb der vergangenen zwölf Monate erfolgte) und

- inaktive Spender (deren letzte Spende über 36 Monate zurückliegt). (ebd.)

Diese analytischen Kategorien ermöglichen, die Gruppen über einen längeren Zeitraum hinweg zu beobachten. Daraus ergeben sich wichtige Hinweise zur Neuspendergewinnung bzw. zur Spendenbindung. Besonders relevant ist die Identifizierung des Spendenthemas und die Feststellung der Gruppe der 'VIP Spender'. Der Begriff der 'very important person', kurz: VIP, kommt

---

56 Relevanzfaktoren des Spenders in der Kontextbeschreibung eines Spenderprofils (graue Fläche).

ursprünglich aus dem angelsächsischen Kontext und wird auf besondere, d. h. wichtige, berühmte und bekannte, Persönlichkeiten des öffentlichen Lebens angewandt. Im Zusammenhang mit Spenden sind VIPs in werberwirksamer und monetärer Hinsicht eine der wichtigsten Zielgruppen für die Spendenorganisationen. Obwohl diese Spendergruppe nur 20 % des Gesamtspenderaufkommens ausmacht, werden 80 % aller Spenden von VIP-Spendern erbracht. In der Fundraisingakquise sollte dieser Gruppe im Kontext von Spendenbindungsprogrammen also mehr Zeit gewidmet werden, bspw. durch einen ‚after mailing service' der Kontakt gehalten werden. In diesem Zusammenhang sind psychologische Einfühlung und die Erfahrung eines Fundraisers gefordert, um die für diese Zielgruppe relevanten Inhalte und „Betroffenheitsprofile" zielgenau kommunizieren zu können (Schneider 2008, 5).

Empirie des Fundraisingmarktes in Deutschland

Die Fundraising- und Spendendaten in Deutschland sind unvollständig. Laut Friedrich Haunert betreiben 25.000 gemeinnützige Organisationen aktives Fundraising, 300 davon agieren überregional (Haunert 2008, 6.1.3, 1 ff.). Diese 300 Organisationen beziehen 80 % aller getätigten Geldspenden. Im sog. Spendensiegel des Deutschen Zentralinstitutes für Soziale Fragen in Berlin sind die Jahresabschlüsse von ca. 500 Organisationen verzeichnet, für das Jahr 2001 in Höhe von 1,5 Mrd. €. Insgesamt spendeten 45 % der deutschen Haushalte. Aber nur jeder zehnte Haushalt spendete mehr als 250,– € im Jahr (ebd.). Ferner wurden 600 Mill. € zu Gunsten der gemeinnützigen Organisationen per Erbschaftstestament vererbt. Bis 2010 wird eine Erbensumme von 1 Billion € vererbt werden (ebd.). Und es ist von einer weiterhin ansteigenden Verteilungsmasse auszugehen, um die allerdings immer mehr sozialwirtschaftliche Spendenorganisationen konkurrieren werden.

Geldspenden

Erbschaftsspenden

Die Gründung der Bundesarbeitsgemeinschaft für Sozialmarketing (BSM) als Interessenvertretung des Fundraisings und die Einführung des deutschen Spendenrates zu Beginn der 90er Jahre unterstreichen die zunehmende Professionalisierung des Fundraisingverfahrens. Fundraising setzt direkt beim Menschen an und die damit verbundene Marketingstrategie zielt auf die informellen Netzwerke der Verwandten, Mitarbeiter und Freunde eines Spenders. Fundraisingarbeit ist Identifikationsarbeit mit einem sozialen Zweck. Dieser soziale Zweck sollte möglichst konkret beschrieben sein, wie in Beispielen der Gemeinwesenökonomie, wo der Zweck von Projekten: Volksküchen, Tafeln und Obdachlosenzeitungen, und der Nutzen für die Adressaten als auch für den Spender sehr gut nachvollziehbar ist. Das Fundraising muss den sozialen Kern und den ökonomischen Nutzen in zweierlei Hinsicht verdeutlichen. Spenden sollten einerseits den Bedürfnissen und ökonomischen Nutzungserwartungen der Geld- und Zeitspender entspre-

BSM

Deutscher Spendenrat

chen und andererseits den spezifischen Nutzen für den Spendenhilfeempfänger verdeutlichen. Denn nur, wenn der Spender Identifikation und Nutzen der Einrichtung nachvollziehbar erkennen kann, wird aus dem Einmalspender ggf. ein regelmäßiger Spender (ebd.).

Das Spendeninstrument der Bußgeldakquise

Bußgelderakquise

Bußgelder sind ein beliebtes Spendeninstrument für kleine Sozialwirtschaftsorganisationen und für die professionell betriebene Akquise der großen Sozialwirtschaftsorganisationen. Bußgelder werden von den Richtern an den jeweiligen Gerichtshöfen als Strafauflage mit dem Ziel angeordnet, den Bußgeldbetrag an eine Sozialorganisation zu überweisen.

Empirie der Bußgeldakquise

Volumen der Bußgelder

Die Wirtschaftskammer eines Landesgerichtes hat die vorläufige Einstellung eines Verfahrens mit der Auflage verbunden, dass der Angeklagte 60.000,– € zu zahlen hat. Die Zahlung soll zu 70 % der Staatskasse und im Übrigen einer gemeinnützigen Einrichtung zufließen. Das Volumen der Bußgelder in wirtschaftlichen Gerichtsverfahren liegt bei durchschnittlich 130.000,– € per annum und es werden pro Jahr 190.000 Ermittlungsverfahren gegen Geldauflagen eingestellt. Die maximale Höhe der Geldauflagen pro Tagessatz liegt bei 5.000,– € für höchstens 720 Tage. 70 % der Geldauflagen werden von Staatsanwälten verhängt und 30 % von Richtern. Insgesamt wurden den NPOen ca. 100 Mill. € Bußgelder zugesprochen. Die Verhängung von Geldauflagen als Bestrafungsmittel nimmt zu. Die Bußgeldakquise kann deshalb ein gutes Instrument der Fremdmittelerwirtschaftung sein. Die Oberlandesgerichte führen Listen, in denen gemeinnützige Einrichtungen verzeichnet sind. Diese Listen stehen allen Strafrichtern und der Staatsanwaltschaft zur Verfügung. In Schleswig-Holstein wurden vor zehn Jahren laut der Geldauflagenstatistik 1.954 Zuwendungen an gelistete Sozialeinrichtungen überwiesen. Lediglich 225 Zuweisungen flossen an Sozialorganisationen, die nicht in dieser Liste geführt wurden. Die Staatsanwälte tragen die Listennummern der bedachten NPOen in die Formulare der Verfahrenseinstellung ein. Kontonummer und Anschrift werden durch die jeweilige Schreibstelle des Gerichtes eingefügt. Gemeinnützig im strafrechtlichen Kontext sind die nach §§ 52, 53 und 54 der Abgabenordnung definierten mildtätigen, sozialen und kirchlichen Zwecke der Sozialwirtschaftsorganisationen. Es ist üblich, dass die gemeinnützigen Organisationen per Brief und Mailinganhängen versuchen, Richter und Staatsanwaltschaften für sich zu gewinnen. Laut Kröselberg ist diese Strategie wenig aussichtsreich, da derartige Kampagnen nicht personalisiert sind und somit die Adressaten kaum erreichen (Kröselberg 2008, 2.1.2, 1 ff.).

Listen gemeinnütziger Einrichtungen

Tabelle 2-8

Auswertung Bußgeldzuweisungen. Quelle: Kronen 2008, 2

Name	Vor-name	Akten-zeichen	Datum der Mitteilung	Zuwei-sende Behörde	Name des Zuweisen-den	Zuwen-dungs-betrag
Muster-frau	Paula	12333-xy	15.12.2004	Amtsgericht	Müller	200,00 €
Muster-mann	Franz	3456-za	09.01.2005	Landgericht	Meier	350,00 €
					Summe	**550,00 €**

Analyse des Vergabeverhaltens

Um eine genauere Ansprache der Richter und Staatsanwälte zu erzielen, greifen die NPOen verstärkt auf spezielle Marketingstrategien, das sog. ‚One-to-one-Marketing', zurück. Die richterlichen Zuweiser werden über deren Entscheidungsverhalten identifiziert und ihre grundlegende Einstellung und Bereitwilligkeit, für bestimmte Sozialbereiche zu spenden, werden analysiert. Das Ergebnis dieser Profilanalyse der Richter und Staatsanwälte stellt eine Entscheidungsgrundlage für eine personalisierte Strategie der Bußgeldakquise dar und wird an insgesamt 10.200 Richter und Staatsanwälte gerichtet. In Hamburg hingegen wird das Bußgeld einem zentral verwalteten Pool zugeführt, aus dem dann die Mittel nach bestimmten Kriterien vergeben werden (Kronen 2008, 6.10, 5). Es ist deshalb wichtig, landesspezifische Regelungen der Bußgeldvergabe wahrzunehmen und die regelmäßige Ansprache der Richter und Staatsanwälte durch Fundraiser ist wichtige Voraussetzung für die kontinuierliche Einnahme von Bußgeldern (ebd.).

One-to-one-Marketing

Landesspezifische Regelungen der Bußgeldvergabe

Rechtsgrundlagen der Bußgeldvergabe

Die Zuweisung von Bußgeldern basiert auf verschiedenen gesetzlichen Grundlagen:

1. Paragraph 153 a der Strafprozessordnung (StPO) als die rechtliche Materie mit dem größten Kostenvolumen. In Absatz 2 § 153 a heißt es, „einen Geldbetrag zu Gunsten einer gemeinnützigen Einrichtung oder der Staatskasse zu zahlen";

2. nach § 56 b Absatz 2 der Strafgesetzbuches (StGB) heißt es, „der Strafaussetzung zur Bewährung (das Verfahren wird eingestellt), indem zur Aussetzung des Strafrestes eine Verwarnung ausgesprochen wird";

3. Ordnungswidrigkeitsgesetz (OwiG): In § 17 Absatz 1 heißt es, dass die Geldbuße mindestens 5,– € und, wenn das Gesetz nichts anderes be-

Rechtsgrundlage

stimmt, höchstens 1.000,– € ausmacht. In Absatz 4 heißt es, die Geldbuße soll dem wirtschaftlichen Vorteil, den der Täter aus der Ordnungswidrigkeit gezogen hat, übersteigen. Demnach kann in Auslegung des § 47 ein Regelverstoß im pflichtgemäßen Ermessen der Verfolgungsbehörde ein Geldbetrag nach § 47 Absatz 3 an eine gemeinnützige Einrichtung oder sonstige Stelle vorgenommen werden;

4. Jugendgerichtsgesetz (JGG): Im JGG § 15 Abs. 1 kann der Richter gemäß Richterrecht unter bestimmten gesetzlichen Auflagen eine Strafaussetzung vornehmen. Sie orientiert sich an Straf- und Tagessätzen in Bezug auf die Berechnungsgrundlage des jeweiligen Einkommens des Bestraften. Der Richter kann Arbeitsleistungen abfordern oder aber einen Geldbetrag zu Gunsten einer gemeinnützigen Einrichtung anordnen;

5. im Rahmen der Arbeitsgerichtsbarkeit und des Betriebsverfassungsgesetzes (§ 121 BVerG) und nach den Bußgeldvorschriften der Finanzbehörden kann den jeweiligen Regelverletzern in Verbindung mit dem Ordnungswidrigkeitengesetz (OWiG § 17) eine Geldbuße zu Gunsten einer Überweisung an die intermediären Organisationen auferlegt werden.
(Kronen 2008, 6.10.2, 1 ff.)

2.3.1.3   Vermittlung einer Zeitspende - die Freiwilligenagenturen

Zeitspende

*Freiwilligen-
agenturen*

Durch eine Zeitspende gibt der Spender seine Arbeitskraft für ein soziales Projekt bzw. soziale Hilfen an. Es handelt sich um eine geldwerte Leistung. Freiwilligenagenturen oder Vermittlungsstellen für Menschen, die unentgeltlich Gutes tun wollen, gibt es in Deutschland bereits seit etlichen Jahren. Die Bundesarbeitsgemeinschaft der Freiwilligenagenturen e. V. (bagfa) bündelt rund 200 Ehrenamtsbörsen. Der Projektleiter Tobias Bauer sagt:

> „Die Tendenz ist ganz klar steigend. Der Wille vieler Bürger, sich in ihrer Freizeit einzubringen, andere zu unterstützen, Hilfestellungen zu bieten oder fachliche Lücken durch das eigene Know-how zu füllen, ist vorhanden. Rund jeder dritte Deutsche engagiert sich ehrenamtlich. Allerdings wollen sie sich heutzutage nur noch ungern dauerhaft binden" (www.bagfa.de).

Die Zeitspende ist der tragende Gedanke hinter der Idee der Freiwilligenagentur. Das bestätigt auch Juliane Neubert. Sie ist Projektkoordinatorin der Stiftung ‚Gute-Tat.de‘. „Auf unserer Homepage veröffentlichen wir beispielsweise Projekte, bei denen freiwilliges Engagement manchmal nur einmalig für zwei bis drei Stunden erbeten wird" (ebd.). Tobias Bauer erinnert sich an einen Fall, bei dem ein Bankdirektor im Ruhestand sein Wissen bei einer Schuldnerberatung einbrachte. Die Palette reicht von Grafikdesignern, die kleineren NPOen kostenlos bei der Erstellung eines Webauftrittes oder eines Folders helfen, bis hin zum 91-jährigen rüstigen Rentner, der seine selbst verfassten Geschichten in Seniorenheimen vorträgt. Um einen hohen Qualitätsstandard zu gewährleisten, setzt die Vermittlung immer eine Beratung des ehrenamtlichen Helfers voraus. „Denn genau hier liegt die Kunst des passgenauen Vermittelns", beschreibt Bauer die sensible Arbeit. „Beide Seiten wollen zufrieden gestellt werden". Schließlich geht es hier nicht um billige „Zuarbeit". Die freiwilligen Helfer sind darüber hinaus auch unfall- und haftpflichtversichert, so dass das Engagement auch diesbezüglich aufgewertet worden ist (ebd.).

2.3.1.4 Glücksspieleinnahmen als Refinanzierungsquelle der Sozialwirtschaft

Eine weitere Finanzierungsform der Sozialwirtschaft im Rahmen der Fremdmittelakquise, die kurz vorgestellt werden, sind die Glücksspieleinnahmen.

Glücksspieleinnahmen

Empirie der Glückspielströme für soziale Zwecke

Im Jahr 2004 beliefen sich die öffentlichen Einnahmen durch Glücksspiel bei 27 Mrd. € Umsatz auf ca. 4,1 Mrd. €. Bis zu 40 % der Glücksspieleinnahmen stammen aus Spielbankeinnahmen, 30 % aus Lotto- und Totoeinnahmen, der Rest aus vielen verschiedenen anderen Formen des Glücksspiels, u. a. 1,8 % aus Pferderennwetten (Bahr 2007, 31). Einmal installiert, sind Glücksspieleinnahmen eine verlässliche Finanzierungsform für Sozialwirtschaftsorganisationen (http://www.dhs.de/web/volltextsuche/search.php, 30.01.2009) (s. Tabelle 2-9).

Glücksspieleinnahmen unsozial?

Eine neuere Studie des Max-Planck-Institutes für Gesellschaftsforschung sieht allerdings im Glücksspiel vor allem den Versuch des Staates, armen Menschen Geld aus der Tasche zu ziehen (Struve 2008, ‚Welt', 08.09.2008). Lotto ist demzufolge viel unsozialer, als der Gelegenheitsspieler annehmen würde. Der Studie zufolge kommen Lottospieler aus der unteren Mittelschicht, sind weit über 40 Jahre alt, verfügen über einen geringen Bildungsgrad und gehören häufig ethnischen Minderheiten an. Die Nutznießer der staatlichen Lottoförderung als sozialer Projektförderung gehören jedoch eher höheren Einkommens- und Bildungsschichten an. Bürger, die zum unteren Einkommensfünftel gehören, geben 3 % ihres verfügbaren Monats-

Studie zur Sozialverträglichkeit von Glücksspieleinnahmen

Tabelle 2-9

Einnahmen der Wohlfahrtsverbände aus Lotterieabführungen – unvollständige Übersicht. Quelle: Boeßenecker 2005b, 273

Lotteriegesellschaft	Betrag/ Mio. €	Zahlung an	Herkunft der Mittel
Lotterie Treuhandgesell-schaft mbH Hessen (1999)	4,96	Liga der freien Wohlfahrts-pflege	k. A.
	1,53	BAGFW	k. A.
Westdeutsche Lotterie GmbH & Co OHG (NRW)	4,62	Landesarbeitsgemeinschaft der AWO	Spiel 77
	4,65	BAGFW	Glücksspirale
	4,62	DPWV in NRW	Spiel 77
	4,62	Landesverbände des DRK	Spiel 77
	4,62	Diakonie in NRW	Spiel 77
	4,62	Diözesan-CV in NRW	Spiel 77
	0,81	Jüdische Kultusgemeinde NRW	Spiel 77
Bremer Toto und Lotto GmbH	0,07	BAGFW	Glücksspirale
Toto-Lotto Nieder-sachsen GmbH	2,10	BAGFW	Glücksspirale
Saarland Sporttoto GmbH	2,10	BAGFW	Glücksspirale
Lotto Rheinland-Pfalz GmbH	1,02	BAGFW	Glücksspirale
Sächsische Lotto GmbH	0,61	BAGFW	Glücksspirale
Lotto-Toto Sachsen-Anhalt GmbH	0,56	BAGFW	alle
	0,007	DRK	Glücksspirale
	0,16	AWO	
	0,11	Caritas	
	0,27	Diakonie	
	0,61	DPWV	
	0,07	Jüdische Gemeinde	
Staatliche Lotto-Toto GmbH Baden-Württem-berg	3,17	BAGFW	Glücksspirale

einkommens für die Teilnahme an Glücksspielen aus. Am oberen Ende der Einkommensskala beträgt die Ausgabenquote für Glücksspiele dagegen nur 1 %. Die unteren Einkommensschichten tragen somit wesentlich stärker zu den staatlichen Glücksspieleinnahmen bei als die restlichen Bevölkerungsgruppen. Es findet somit eine Umverteilung von unten nach oben statt. Die soziale Ungleichheit wird durch das Lotteriespiel verstärkt. Insgesamt nimmt der Staat jährlich 5 Mrd. € aus Glücksspielen ein, was 1,1 % der Steuereinnahmen ausmacht. Die Hälfte des Geldes kommt den Ländern zugute, große Anteile fließen in Kultur- und Kunstprojekte und in die Förderung des Breitensports und nicht in soziale Projekte für Hartz-IV-Empfänger oder Sozialhilfebezieher.

Die Wissenschaftler fordern u. a., den Jackpot zu senken, um so den Spielanreiz zu verringern. Außerdem sollen die Lottoüberschüsse in größerem Umfang als bisher für soziale Angebote genutzt und verbraucht werden, um etwas für Bildungsangebote für sozial benachteiligte Kinder und Jugendliche zu tun und um den Bezug zur sozialen Spende und Themen der Sozialen Arbeit zu erhöhen. *Lottoüberschüsse*

Die Einnahmen aus den Glücksspielen zeigen darüber hinaus eine ungünstige Ambivalenz auf. Einerseits werden die Sozialwirtschaftsorganisationen mit diesen Mitteln unterstützt, andererseits ist das Glücksspiel in jeder Ausprägung Teil des Problems. Denn eine staatliche Förderung des Glücksspiels kommt faktisch einer staatlichen Förderung der Glücksspielsucht gleich. Viele Sozialprojekte, die mit kleinem Geld auskommen müssen und deren Regelfinanzierung und Eigenkapitalausstattung schwach ist, können aber nicht auf die Verwendung dieser Einnahmen verzichten.

2.3.2 Social Entrepreneur (SE)

2.3.2.1 Begriff und Beispiel eines SE

Der Social Entrepreneur (SE) will ein soziales Problem eines Individuums oder einer Gruppe lösen und bedient sich deshalb eines unternehmerischen Ansatzes. Im Deutschen wird der ‚social entrepreneur‘ als Sozialunternehmer bezeichnet. Der SE arbeitet gewinnorientiert und verhält sich gegenüber seinen MitarbeiterInnen und dem Umfeld sozial oder sozial ökologisch. Der SE stellt den sozialen Zweck über den Unternehmensgewinn. Die ursprüng- *Begriff SE*

Abbildung 2-24 | *Renditen eines „Sozialunternehmers". Quelle: Achleitner et al. 2007, 8*

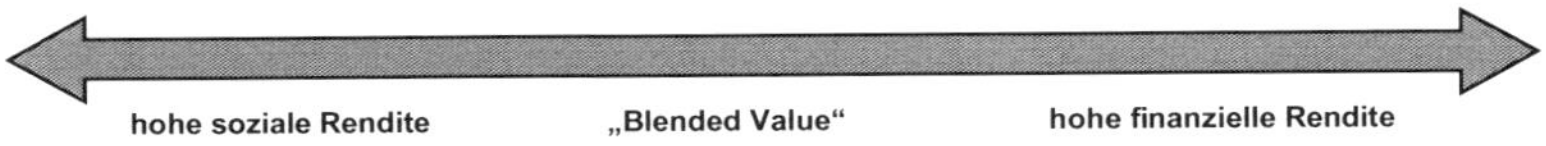

hohe soziale Rendite				„Blended Value"		hohe finanzielle Rendite

Wohltätigkeits-Organisation (Charities)		Sozialunternehmen (Revenue Generating Social Enterprises)			soziale Unternehmen (Socially Responsible Business)	klassische Unternehmen (Traditional Business)
kein eigenes Einkommen, ausschließlich Spenden	eigenes Einkommen und Spenden	>75 % der Kosten werden durch eigenes Einkommen gedeckt	100 % der Kosten werden durch eigenes Einkommen gedeckt	Es wird Gewinn erzielt, aber nicht an die Investoren ausgeschüttet	sozial motiviertes Unternehmen, Profit wird an Investoren ausgeschüttet	Gewinn-Maximierung

liche Idee kommt aus den USA und entstand vor dem Hintergrund eines schwachen Sozialstaates. Gesellschaftliche und soziale Probleme werden in den Vereinigten Staaten vielfach durch private Initiativen kompensiert. Eines dieser Kompensationskonzepte ist die Idee des Sozialunternehmers, der Geschäftsideen entwickelt, die sich leicht kopieren lassen. Ziel ist ein effizienter Einsatz des Geldes für einen guten Zweck und nicht die Gewinnmaximierung (s. Abb. 2-24). Im Jahr 1980 gründete der ehemalige McKinsey-Berater Bill Drayton die ‚Ashoka International' (Achleitner et al. 2007, 5 f.).

Beispiel eines SE | Diese Organisation fördert rund 2.000 Sozialunternehmer in 70 Ländern und ist seit 2003 in Deutschland aktiv. Die Schwab-Stiftung kürt gemeinsam mit der Boston Consulting Group einmal im Jahr den deutschen ‚Social Entrepreneur des Jahres'. Die Gewinner werden zum Weltwirtschaftsforum nach Davos eingeladen. Eine der Preisträgerinnen war Betty Schätzchen. Sie unterrichtet Yoga für gehörlose und hörende Menschen. Sie sagt von sich, sie habe aus einer Schwäche eine Stärke gemacht. Sie ist selber beinahe taub, ging für mehrere Monate nach Asien, absolvierte Yogakurse in Thailand, kam nach Deutschland zurück und wagte den Schritt in die Selbstständigkeit. Sie wurde durch das Berliner SE-Unternehmen ‚Enterability' unterstützt, das Geschäftsideen entwickelt, öffentliche Fördertöpfe nutzt und Gründerdarlehen vermittelt. Mit deren Unterstützung hat ein blinder Mensch einen Musikladen gegründet, ein Mensch mit Down-Syndrom eine Snackbar eröffnet und Frau Schätzchen wurde Inhaberin eines Yogastudios (Michler 2008, 10).

2.3.2.2 Rahmenbedingungen und Zieldimensionen des SE

Der Sozialunternehmermarkt profitiert von innovativen Ideen und vom wachsenden Interesse der Studierenden für das Thema der Sozialfinanzierung. In den USA werden engagierte Helfer und private Spender gesucht, welche die Zivilgesellschaft als Stiftungsgesellschaft begreifen. In Deutschland sind solche philanthropischen Spender noch selten. Nach wie vor arbeiten viele gemeinnützige Organisationen ineffizient und scheuen davor zurück, den Einsatz ihres Geldes transparent zu machen.

Sozialunter-
nehmermarkt

Das Stiftungsrecht muss verbessert und zentralisiert werden, so dass deutlich wird, was konkret mit den Stiftungsgeldern geschieht. In den USA und Großbritannien werden die Kostenstrukturen und einzelnen Maßnahmen detailliert in einem zentralen Stiftungsregister aufgeführt. In Deutschland fehlt es an SE-Managern (vgl. Michler 2008, 10). SE fungieren in der Auslegung ihrer Begründer als Motoren des Wandels im sozialen Sektor, insbesondere dem NPO-Sektor, indem sie

Stiftungsrecht

Stiftungsregister

- sich zum Ziel setzen, sozialen (nicht nur privaten) Wert zu schaffen und zu erhalten,

- neue Gelegenheiten erkennen und diese unermüdlich nutzen, um sozialökonomische Zielsetzungen zu erreichen,

- und sich in einen Prozess kontinuierlicher Innovation, Adaption und des sozialökonomischen Lernens begeben.
  (Achleitner et al. 2007, 6)

Der Begriff Sozialunternehmer benennt nach Achleitner den gewinnorientiert arbeitenden Unternehmer, der sich sozial verhält.

2.3.3 Venture-Philanthropy-Fonds

Dieser dritte Sektor hat in den letzten Jahrzehnten einen enormen Wachstumsschub der sozialen Dienstleistungen erfahren, so dass die hier angesiedelten Sozialwirtschafts- und Non-Profit-Organisationen einen erhöhten Kapitalbedarf entwickelt haben. Um diesen zu befriedigen, wurden in den USA Geldmarktinstrumente – die sog. ‚Venture-Philanthropy-Fonds' – entwickelt, die zum sozialen Dienstleistungssegment passen sollen. ‚Venture-Philanthropy-Fonds' unterscheiden sich in mehrfacher Hinsicht von klassischen Stiftungen und überwinden die oben angesprochenen Probleme der Stiftungsfinanzierung, indem sie:

- das Risiko in die Finanzierungsentscheidung einbeziehen,

- wenige, aber besonders effektive Organisationen finanzieren,

▓ nicht auf die Erfüllung eines Satzungszweckes zu achten brauchen und ihr Kapital effizient verteilen,

▓ Kapital, Managementexpertise und das Netzwerk des Fonds zur Verfügung stellen ('smart money'),

▓ auf den vertragsgemäßen Einsatz der Mittel achten und die Überwachung der Effektivität und Effizienz der Organisationen fördern. (Achleitner et al. 2007, 17)

Austin formuliert[57] drei wesentliche Forschungsfragen, mit denen sich Wissenschaftler der Sozialwirtschaft zukünftig auseinandersetzen sollten:

▓ Welche Vor- und Nachteile sind mit verschiedenen Finanzierungsformen verbunden?

▓ Wie determiniert man den optimalen Finanzierungsmix?

▓ Welche Zusammenhänge bestehen zwischen der Finanzierung auf der einen Seite und der Organisationskultur, den Werten, der Mission und den Fähigkeiten der Organisation?

Dies gilt als wesentlicher Prüfschritt für alle Finanzierungsformen der Sozialwirtschaft, die über reine Leistungsentgelterstattung hinausgehen und Leistungsgrenzen überschreitend private Finanzierungsformen der Fondsbildung implementieren möchten.

2.3.4   Bürgerstiftungen

Bürgerstiftungen sind in Deutschland noch unterentwickelt. Allerdings ist die Stiftungsintensität von mageren 200.000,– € auf immerhin 3,6 Mio. € im Jahr 2008 angestiegen. Insgesamt stiften ca. 15.000 Bürger zu Lebzeiten vorrangig in die Bereiche der Jugendhilfe mit 35 %, Bildung und Erziehung mit 26 % sowie allgemein für Soziales mit 9 % – also mit einem eindeutigen Focus auf für Soziale Arbeit relevante Hilfebereiche und dort insbesondere für den Bereich der Projektfinanzierung.

2.3.5   Charitable Gift Funds (gemeinnützige Fonds)

Mit den Charitable Gift Funds kann man sein Geld einem gemeinnützigen Zweck stiften. Volker Then vom „Centrum für soziale Investitionen und Innovationen der Universität Heidelberg" beschreibt in einem Interview die Mittelakquise mittels der ‚Charitable Gift Funds'(vgl. www.fundraising-fo

---

57 Austin, J./Stevenson, H./Wei, Skillern J.: Social and Commercial Entrepreneurship in Entrepreneurship Theory and Practice, 30. Jg.

rum.de/gemeinnuetzige_fonds.html?&L=0, 20.07.2008). Demnach kann ein Spender ohne Bedingungen in eine vorhandene Stiftung „zustiften"[58]. Er kann seine Zustiftung aber auch an eine spezielle Zweckverfügung binden oder er kann eine unselbstständige Stiftung unter dem Dach einer selbstständigen Stiftung gründen. Er muss sich für eine dieser Möglichkeiten entscheiden. Das amerikanische Steuerrecht erkennt Charitable Gift Funds als Non-Profit-Organisation an. Die gemeinnützigen Fonds kombinieren die genannten Zustiftungsformen unter dem Dach einer Finanzgesellschaft. Das Modell setzt eine Investmentgesellschaft voraus, die einen als gemeinnützig anerkannten Fonds verwaltet. Laut Then ist das derzeit in Deutschland nicht möglich, da noch rechtliche Klärung benötigt wird. In der einfachsten Form kann online ein Konto bei einem Charitable Gift Fund eingerichtet werden. Das Konto wird wie jedes Wertpapierdepot geführt. Über dessen Verwendung entscheidet ein Spender zu Lebzeiten. Die Fondsgesellschaft ist für die gesamte Verwaltungsabwicklung zuständig. Der größte Marktanbieter des gemeinnützigen Fondsmodells ist ‚Fidelity Investment' mit Sitz in Boston, deren Charitable Gift Fund 1992 gegründet wurde. Die Erträge der Charitable Gift Funds werden gemeinnützigen Zwecken zugeführt und sind nicht reprivatisierbar. In den USA sind Charitable Gift Funds ein Instrument, welches einen ähnlich geringen Transaktionsaufwand erfordert wie Vermögensanlagen in Aktien- oder Rentenfonds. Andererseits, so Then, kann die Zuwendung unmittelbar steuerlich mit bis zu 50 % geltend gemacht werden. Zins- und Aktiengewinne und auch die Zuwendungen bleiben steuerfrei (vgl. für alle Angaben das Interview mit V. Then, ebd.).

2.3.6   Payroll Giving (der Restpfennig, Schlafmünzen oder Restmünzen)

Diese Idee stammt aus den USA, in Deutschland zielt die Akquise häufig oft auf die Lohnabrechnung und die sog. „krummen Pfennigbeträge", sie werden bei verschiedenen Stadtverwaltungen von den MitarbeiterInnen gespendet (vgl. http://www.fundraising-forum.de/payroll-giving.html). Wenn alle ArbeitnehmerInnen, so der Betriebsrat der Stadt Salzgitter, die Summe, die „... rechts vom Komma ihrer monatlichen Entgeltabrechnung steht, einem guten Zweck zufließen (...) lassen, sollte sich das Gesamtergebnis durchaus sehen lassen können". In den 21 Jahren seit Bestehen der Initiative flossen fast 44.000,– € in die gemeinnützige Projektarbeit. „Die notwendige Software für die Lohn- und Gehaltsbuchhaltung war schnell angeschafft. Die Vordrucke zur Teilnahme an der ‚Restcent-Aktion' können sich die städtischen Mit-

Restcent-Aktion

---

58 Zustiften bedeutet, Kapital in eine schon vorhandene Stiftung einzubringen. Ziel ist die Erhöhung des Kapitalstocks.

arbeiter seither im Intranet downloaden. Die monatlich abgebuchte Spende wird regelmäßig auf dem Gehaltsstreifen ausgewiesen". Fast 17 Jahre unterstützte die Stadt Salzgitter so die Arbeit der Welthungerhilfe. „In den ersten Jahren des neuen Jahrtausends verlor dieses internationale Projekt jedoch an Interesse, weshalb entschieden wurde, ein lokales Projekt zu suchen". Die Mittel wurden an ein örtliches Hospiz vergeben. Mit dem Bezug zu einer lokalen Initiative stiegen die Einnahmen. Mittlerweile nehmen auch größere Städte wie Köln oder Hamburg und auch einige Unternehmen die Idee der Restpfennigaktion auf (vgl. für alle Angaben ebd.).

2.3.7 Corporate Social Responsibility (CSR)

Drei Säulen des CSR: Ökonomie, Ökologie und sozialer Gemeinsinn

Der ursprünglich aus der Forstwirtschaft stammende Begriff der Nachhaltigkeit bezeichnet im Kontext der Corporate Social Responsibility langfristiges und verantwortliches Handeln von Unternehmen. Diese Handlungsweise beruht auf drei Säulen: der Ökonomie, der Ökologie und dem sozialen Gemeinsinn. Die nachhaltige Handlungsweise dient der Sicherung des heutigen Lebensstandards für zukünftige Generationen und äußert sich in Form des Nachhaltigkeitsmanagements mit ressourcenschonendem und sozial verantwortlichem wirtschaftlichen Verhalten (Meffert 2008, 22).

CSR

Dieses Nachhaltigkeitsmanagement findet seinen Ausdruck im Konzept der ‚Corporate Social Responsibility', kurz CSR. Es beinhaltet nachhaltige Unternehmensführung mit freiwilliger, d. h. über gesetzliche Maßnahmen hinausgehender, gesellschaftlicher Verantwortung gekoppelt mit Zielen wie Wettbewerbsdifferenzierung, Risikoreduktion und Reputationsstärkung. Untersuchungen zeigen, dass Unternehmen, die das Konzept der CSR verfolgen, in beinahe allen Branchen anzutreffen sind. Dieser Weg ist nicht leicht, da wirtschaftliche Ziele oft nicht mit sozialen und ökologischen Zielen in Einklang stehen und nur bestimmte Kundengruppen ein CSR-Konzept honorieren (ebd.). Untersuchungen zufolge spiegelt sich soziales Engagement der Unternehmen jedoch in besseren Ergebnissen wider (zum Beispiel bei Börsenkursen und Renditen). Unternehmen, die ein erfolgreiches Nachhaltigkeitsmanagement praktizieren, beachten folgende Leit- und Führungsprinzipien der CSR im Grundverständnis von Nachhaltigkeit im Führungssystem der Unternehmen (‚commitment'):

Nachhaltigkeits-management

‚coordination'

1. Die Aktivitäten werden in einem längerfristigen strategischen Verhaltensplan priorisiert und funktionsübergreifend an den Kernkompetenzen der Unternehmung ausgerichtet (‚coordination').

‚shared values'

2. Die Unternehmen zeichnen sich durch eine auf Nachhaltigkeit ausgerichtete Unternehmenskultur (‚shared values') und entsprechende Maßnahmen der Personalentwicklung aus.

3. Die Unternehmen praktizieren eine glaubwürdige und transparente Kommunikation zur Sicherung der Akzeptanz und Stärkung der Reputation bei den Kooperationspartnern aus dem gesellschaftlichen Umfeld und gesellschaftsbezogene Werte werden in der Unternehmensmarke verankert (,credibility'). *,credibility'*

4. Durch Zusammenarbeit mit geeigneten Kooperationspartnern im Profit- und Non-Profit-Bereich gelingt es, die Effizienz gesellschaftlichen Engagements zu steigern (,cooperation'). *,cooperation'*

5. Mit Hilfe geeigneter Bewertungs- und Evaluierungsverfahren werden die angestrebten wirtschaftlichen, ökologischen und sozialen Zielerreichungen überprüft. Fundierte und aussagefähige Nachhaltigkeitsberichte dienen der Rechenschaftslegung (,controlling'). (ebd.) *,controlling'*

Interessant ist, wie Unternehmen CSR im Unternehmenswandel einordnen und dies als Motivation zu Änderungen nutzen. Nicht zuletzt, weil Unternehmen ihr Engagement langfristig nur rechtfertigen können, solange die wirtschaftliche Grundlage mit den sozialen und ökologischen Zielen im Einklang steht (ebd.).

Das Ergebnis einer repräsentativen Umfrage der Gesellschaft für Sozialforschung und statistische Analysen mbH (Forsa) im Jahr 2008 besagt, dass deutsche Unternehmen gegenwärtig ca. 10 Mrd. € pro Jahr in soziales Engagement investieren. Den größten Posten dieser Sozialbilanz machen die Geld- und Sachspenden mit 4,6 Mrd. € aus. „Die Grundüberlegung ist, dass jedes Unternehmen auch Teil der Gesellschaft ist", äußerte Gunter Thielen, Vorstandsvorsitzender bei der Bertelsmann AG in einem Interview mit dem Manager Magazin. „Folglich trägt die Wirtschaft auch soziale Verantwortung und beeinflusst die Gesellschaft". Dieser Meinung schloss sich auch Klaus Rainer Kirchhoff von Kirchhoff Consult an: „Wenn sich die Politik als nicht mehr fähig erweist, die Gesellschaft zu verändern, – etwa indem sie genug Kindergartenplätze zur Verfügung stellt, sodass junge Mütter weiter ihren Beruf ausüben können – dann erwartet die Gesellschaft diese Aufbauleistung und Versorgung eben von den Unternehmen" (ebd.). Die Palette des CSR reicht von der Bereitstellung von Kindergartenplätzen in der eigenen Firma über Geldspenden an karitative Einrichtungen bis hin zum kostenlosen Überlassen von Produkten und Waren. Laut dem privaten Forschungsinstitut Forsa sind mehr als zwei Drittel der Befragten der Ansicht, Unternehmer hätten eine bedeutendere gesellschaftliche Verantwortung als andere gesellschaftliche Gruppen (ebd.).

*Engagement
der örtlichen
Unternehmer*

Scheinbar wird das soziale Denken der Arbeitgeber auch durch den Unternehmensstandort beeinflusst: Je kleiner ein Ort ist, desto größer fällt das Engagement der örtlichen Unternehmer aus. Ein weiteres Ergebnis der Befragung ist, dass nach Ansicht vieler Unternehmer (83 %) immer mehr öffentliche Aufgaben durch Privatinitiativen aufgefangen werden müssen. 57 % kennen mindestens ein Beispiel für Aktivitäten und Einrichtungen, die dem Gemeinwohl dienen und ohne konkrete Unterstützung von Unternehmern und Stiftungen eingestellt werden müssten (ebd.). Die Marktplatzmethode ist ein Treffpunkt, an dem sich geschäftliche und soziale Aspekte vereinen, um Partnerschaften zwischen Unternehmen und gemeinnützigen Organisationen in die Wege zu leiten. „Wir sind der Gesellschaft gegenüber verpflichtet" (Bertelsmann Stiftung 2007).[59]

---

59 Susanne Elsen verweist auf den ideologischen Charakter des CSR-Modells. Unternehmensengagement wird zum Marketinginstrument. Die gesellschaftlich-strukturelle Verantwortung der Unternehmen als Produktionsmitteleigentümer wird demzufolge verdeckt.

2.4 Teil IV des Finanzierungsmixes

Gemeinwesenökonomie (GWÖ) und solidarische Ökonomien

Finanzierungsquellen der Gemeinwesenökonomie.
Quelle: in Anlehnung an Schellberg 2004, 13

Abbildung 2-25

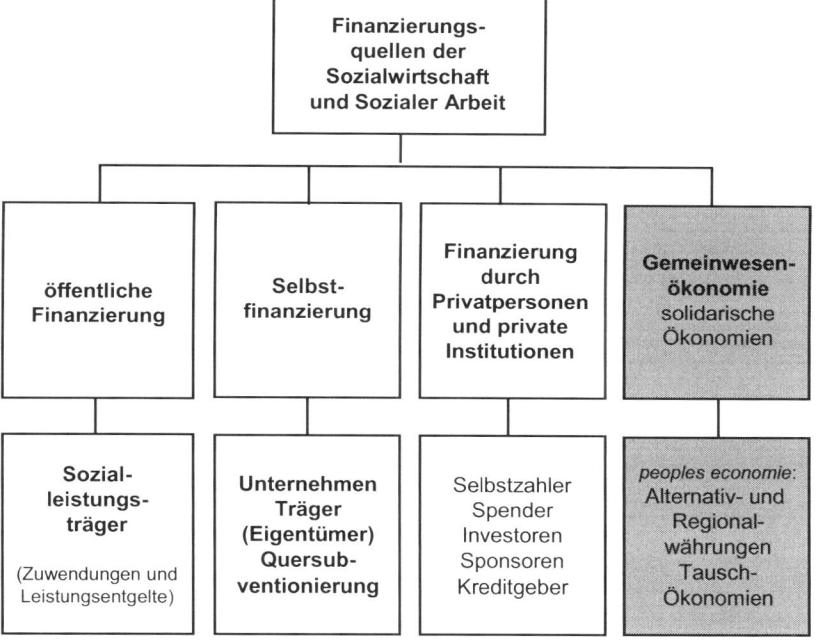

Dass die Gemeinwesenökonomie einen Platz als Finanzierungsform in der Sozialwirtschaft hat, ist nicht der Instrumentalisierung unbezahlter sozialer Arbeit für eine vergesellschaftete Sozialpolitik geschuldet, sondern stellt einen Ansatz der Aufwertung und Anerkennung selbstorganisierter Versorgung und selbstbestimmter Versorgungsansätze im lokalen Raum, z. B. durch die Bewegung der Sozial- und Selbsthilfegenossenschaften, dar. Gemeinwesenökonomische Selbstorganisationen haben ein Anrecht auf die Kombination ihrer informellen Tauschökonomien mit den übrigen herkömmlichen Sozialleistungen und den vorher beschriebenen Refinanzierungsformen. Dies gilt hinsichtlich lokaler Anstrengungen für den Betrieb

Gemeinwesen-
ökonomie

sozialkultureller Einrichtungen, den Betrieb von Senioren-WGs oder für die Einrichtung und den Betrieb von Mehrgenerationenhäusern. Die intermediäre Anschlussfähigkeit der Gemeinwesenökonomie ist bislang kaum systematisch untersucht und diesbezüglich unterentwickelt. Im Gegensatz zum bürokratischen Einschluss von oben durch Sozialpläne und andere Formen sozialtechnologischer Verordnungen braucht eine intermediäre Gestaltung der Ressourcen der Gemeinwesenökonomie darüber hinaus die konkrete Teilhabe am gesellschaftlichen Reichtum: von der Basis der Menschen gestaltet, die der staatlichen Finanzierungsmittel für lebensweltlich kreative und soziale Lösungen bedürfen und gleichzeitig bürokratiearme Formen des Community-Gedankens leben und Wirklichkeit werden lassen.

2.4.1 People's economy

„people's economy"

Gemeinwesenökonomie oder „people's economy" bezeichnet ein Feld unterhalb von Markt und Staat auf lokaler Ebene. Die Gemeinwesenökonomie stellt die Rückgewinnung der Einheit von Arbeit und Leben als Perspektive für mehr Lebensqualität dar (Gorz 2009). Strategien der Gemeinwesenökonomie sind zunächst aus der Not geboren, um zur Nutzung der Ressourcen und Gestaltungskraft der Menschen zur Deckung ökonomischer, sozialer und kultureller Ressourcen beizutragen, da trotz und aufgrund des „stetigen" wirtschaftlichen Wachstums und der größeren Streuung von Aktienkapital in den hoch industriellen Ländern Westeuropas zur gleichen Zeit beständig ein Sockel an Dauerarbeitslosigkeit herausgebildet worden ist. Aber der Sockel ist nicht überall gleich hoch. Die Arbeitslosigkeit konzentriert sich in bestimmten Regionen und in bestimmten Stadtteilen unterschiedlich. So entsteht eine „gespaltene Ökonomie". Gespalten im Sinne der Entstehung homogener Wohlfahrtszonen mit überwiegend deutschen Bürgern einerseits und „Krisenregionen" vorrangig mit Menschen anderer ethnischer Migrationshintergründe, religiöser Überzeugungen und vor allem starker sozialer Ungleichheit und Armut andererseits.

Rückgewinnung der Einheit von Arbeit und Leben

Segregations-prozess

Diese Form der „Entmischung" und der Konzentration der Armutsbevölkerung in bestimmten Sozialräumen bezeichnet man als Segregationsprozess. Hinzu kommt der Abbau und die Transformation altindustrieller Strukturen insbesondere in den neuen Bundesländern und die damit verbundene Enttraditionalisierung der Nachbarschaftsnetze, das Wegfallen der Identitätsbildungen durch Arbeit münden oftmals in einem Zirkel der Arbeitslosigkeit, Armut und zugleich in der Zerstörung kommunaler wirtschaftlicher, sozialer und kultureller Zusammenhänge.

2.4.1.1 Gegenmodell oder Ergänzung der Marktökonomie?!

Anstatt mit aller Macht der Konkurrenzökonomie zu folgen und auf dem ersten Arbeitsmarkt unterzukommen, möchten Vertreter der gemeinwesenökonomischen Tätigkeit Arbeit als direkten Austausch organisieren und/oder lokale Ressourcen im Sinne des britischen Programms „local work for local people" organisieren (Birkhölzer 2005; Elsen 2007). Oder anders formuliert: weg von der Konkurrenzbestimmung durch den Weltmarkt – hin zu mehr regionaler Eigenständigkeit und zu Formen der direkten Vermarktung, Regionalwährung, Tauschökonomien, kleinräumigen Vernetzung und kommunalen Demokratie.

Oskar Negt sieht eine weitere Notwendigkeit der Begründung der Gemeinwesenökonomie in der betriebswirtschaftlichen Eigenlogik des Personalabbaus im „Share Holder Value Kapitalismus", den er als verantwortungsloses System der Kostenverschiebung auf die Allgemeinheit bezeichnet: „Sie plündern das Gemeinwesen, indem sie die Gewinne privatisieren und die Risiken des Finanzkapitals sozialisieren" (Negt 2001; zit. n. Elsen 2007, 221).

Im Gegensatz zum profitorientierten Kapitalismus beinhaltet die Definition der Gemeinwesenökonomie die nachhaltige Entwicklung des Gemeinwesens und die Herausbildung sozial eingebundenen Wirtschaftens (Elsen 2007, 218). Gemeinwesenökonomie ist ein immanenter, sich gegenseitig bedingender Austausch informeller Ökonomie des persönlichen und netzwerkbezogenen Wirtschaftens und erwerbsbezogener Ökonomie. Gemeinwesenökonomie basiert auf einem sozialen, ökonomischen und ökologischen Verständnis der Integration der Ökonomie und der dadurch beeinflussten Lebensqualität im Sozialraum. Das gesellschaftspolitische Leitbild der Gemeinwesenökonomie entspricht der Relokalisierung und Remoralisierung des Wirtschaftens in einem Sozialraum. Gemeinwesenökonomie als lokale Ökonomie beinhaltet die Einbeziehung von Wohnungsgesellschaften und lokalen Partnerschaften (public-private partnership), die kommunale Wirtschaftsförderung, kleinräumige Beschäftigungsinitiativen und Wohnungs- und Sozialgenossenschaften (http://images.google.de/imgres?Imgurl=http://212.12.126.151/cms/mages/stories/artikel/gwa_muenchen.gif&i, 2008).

Begriff der Gemeinwesenökonomie

Die Formen der Gemeinwesenökonomie umfassen darüber hinaus die kooperativ ökonomische Selbsthilfe in Form von Produktivgenossenschaften oder solidarische Hilfen zugunsten anderer und vielfältig sozial determinierte Genossenschaftsformen, etwa der Solidar- und Sozialgenossenschaften. Susanne Elsen nennt darüber hinaus die Nachbarschaftshilfe, die Familienarbeit, Eigenarbeit, Tauschökonomien, Subsistenz- und Kooperativenarbeit, Erwerbsarbeit und Formen des bürgerschaftlichen Engagements (www.macd.fhm.edu). Gemeinwesenökonomie ist zugleich Teil von übergeordneten Sozialraumentwicklungen, zum Beispiel der europäischen und

Formen der Gemeinwesenökonomie

globalen Migrations- und Emigrationszusammenhänge. Die Einbindung und Anschlussfähigkeit von global gelebter Solidarität beruht auf der Verbindung von lokaler Gemeinwesenökonomie und globaler Solidarökonomie.

Intermediäre
Arbeitsweisen
der Netzwerkarbeit
im Sozialraum

Die Profession Soziale Arbeit fokussiert ihre intermediären Arbeitsweisen der Netzwerkarbeit im Sozialraum auf die Gestaltung einer ganzheitlichen Fallbetrachtung vor dem theoretischen Hintergrund der Lebensweltorientierung nach Thiersch/Bönisch oder im sozialökologischen Paradigma nach Germain/Gittermann oder im Ansatz von Staub-Bernasconi, deren austauschtheoretischer Bezug auf der Grundlage der Menschenrechte die derzeitigen Ansätze der professionellen Sozialraumorientierung erweitern kann.[60]

Derzeit tragen die Ansätze der Sozialraumorientierung und des Sozialraumbudgets lediglich zur Verknüpfung fallspezifischer mit fallunspezifischen Hilfen, insbesondere in der Entwicklung der Jugendhilfe, bei. Für die Gestaltung und Verbindung dieser sozialräumlichen Ziele Sozialer Arbeit stehen u. a. Hinte, Lüttringhaus, Budde und Früchtel, um nur einige wichtige Exponenten zu benennen. Sozialräumliche Ansätze der Verknüpfung fallspezifischer mit fallunspezifischen Hilfen in der Sozialen Arbeit sind durch eine budgetierte, trägerübergreifende Form der Angebote finanziert, die die herkömmlichen einzelfallarbeitsbezogenen Ansätze Sozialer Arbeit ergänzen und zum Teil verdrängen (Budde/Früchtel/Hinte 2006, 219 ff.). Die sozialräumlichen Ansätze sind professionstheoretisch eine neue Form der Gemeinwesenarbeit und modernisierter, controlling-geleiteter Jugendhilfearbeit, aber kein Element der autonomen Beziehungsgestaltung, die der Gemeinwesenökonomie eigen ist.

2.4.1.2 Zum Verhältnis von Gemeinwesenökonomie und Sozialökonomie

Gemeinwesen- und
solidarische
Ökonomie basieren
auf sozialer Bezie-
hungsqualität

Die Sozialökonomie in Form der Gemeinwesen- und solidarischen Ökonomie basiert zuerst und vorrangig auf sozialer Beziehungsqualität und die Fähigkeit zur intermediären Gestaltung von Tausch- und Hilfeökonomien (Brinkmann 1998, 14 ff.; Brinkmann 2003, 16 ff.) Gemeinwesenökonomisches Handeln erfordert und erzeugt lebensweltliche Kompetenzen und (Lern)-Möglichkeiten auf verschiedenen Ebenen zur Gestaltung des Sozialraums. So beinhalten sozialökologische Aspekte der Nachhaltigkeit in der Gemeinwesenökonomie etwa ein intergeneratives Zusammenwirken im Stadtviertel durch die Gestalt und Einrichtung von Sozialgenossenschaften in Form von Mehrgenerationenhäusern. Darüber hinaus fördert die Einführung von

---

60 Für das sozialökologische Paradigma stehen u. a. Germain/Gittermann (1977 u. 1983); Wendt (1982 u. 1983); für das Lebenswelt- und Alltagsweltparadigma u. a. Thiersch (1978 u. 1992) und Böhnisch/Schefold (1985).

Tauschökonomien, die Kompetenzen und den Wissenstausch im Aufbau mitgliedschaftlicher Netzwerke. Um gemeinschaftliche Formen der solidarischen Ökonomie zu verstehen und wertzuschätzen, ist es nach Elsen zunächst notwendig zu beachten, dass:

1. die Eigenlogik von Geld im Kapitalismus zu erkennen ist, denn Geld ist mehr als ein neutrales Tauschmittel;

2. die gesellschaftlichen Auswirkungen des Zinsmechanismus zu verstehen sind;

3. die gefährlichen Potenziale ungebundener Finanzmärkte und die Erpressbarkeit lokaler Gemeinwesen durch globale Finanztransfers zu analysieren sind;

4. die eigenständigen Tauschmittel für nachhaltige Entwicklung des Gemeinwesens zu erzeugen sind.
(Elsen 2007, 218)

Elsen fordert deshalb die Einrichtung von Bürgerstiftungen bzw. die Förderung regionaler Komplementärwährungen.

Regionale Komplementärwährungen

Der Begriff Komplementärwährung erklärt sich aus seiner Funktion in Abgrenzung von der Standardwährung. Standardwährung und Komplementärwährung sind nicht ursächlich miteinander verbunden (Elsen 2007, 237 ff.). Während die Standardwährung den ungehinderten Austausch von Gütern und Dienstleistungen im internationalen Bereich gewährleistet, fördert eine regionale Komplementärwährung stabiles und nachhaltiges Wirtschaften im regionalen Raum. Hier wird belohnt, wer in mitgliedschaftlichen Tauschringen regionale Währung ausgibt und nicht, wer – wie sonst üblich – Vermögen spart, um Zinsgewinne zu erwirtschaften. Die somit ständig in Umlauf gehaltene Regionalwährung soll die regionale Wertschöpfung/Kaufkraft stimulieren und gleichzeitig den Kapitalabfluss verringern (ebd., 243).

Komplementär-währung

Diese Regionalwährung hat im Gegensatz zur Erstwährung nicht die Aufgabe, möglichst viel Geld oder Sparkapital anzuhäufen. Vielmehr soll diese Währung möglichst schnell verausgabt werden. Je länger die regionale Währung gehalten wird, desto mehr verliert sie an Wert, deshalb wird sie auch Schwundwährung genannt. Regionale Komplementärwährungen oder Schwundwährungen sind eine mögliche Strategie, die internen wirtschaftlichen Transaktionen innerhalb einer Region von externen Geldflüssen unabhängiger zu machen, indem eine eigene Währung benutzt wird (ebd., 237 ff.).

Der wirtschaftshistorisch bekannteste Verfechter dieser Strategie ist Silvio Gesell (1862–1930). Er ging von der Überlegenheit des Geldes zu Sachwerten aus, da Sachwerte aufgrund von Abnutzung langfristig an Wert verlieren. Das Geld wiederum kann durch Zinsen an Wert gewinnen und so lange zurückgehalten werden, bis der Einsatz sich lohnt. Dies ist eine wesentliche Ursache der Spekulation, es führt zur Verringerung der Geldmenge und ist somit Ursache der fehlenden Akkumulation des Kapitals. Daraus folgen Betriebspleiten und somit Arbeitslosigkeit. Gesell empfahl daher, das „Freigeld" als Alternative zur Standardwährung einzuführen. Da dieses „Freigeld" bei Zurückhaltung der Mitglieder jedoch – genau wie die Mobilien (Immobilien) – an Wert verlor, sollte das Geld permanent in Umlauf bleiben. Die regionale Begrenztheit der Nebenwährung sorgt dafür, dass das Geld in der Region bleibt und mit regionalen Produkten gehandelt wird (ebd., 237 f.).

In den 30er Jahren wurden Regionalwährungen genutzt, um in Zeiten der Rezession lokale Versorgung sicherzustellen. Demnach könnten lokale Betriebe und Beschäftigung auch in gegenwärtigen Krisenzeiten gestützt werden.

Ein aktuelles Beispiel für eine Regionalwährung sind 600 Betriebe mit ca. 2.000 Menschen im Chiemgau, die den „Chiemgauer" als Zahlungsmittel nutzen. Die Motivationen der oftmals kleinen Unternehmen, die sich hieran beteiligen, liegen oftmals in der Akquise neuer Kunden.

Jeder, der innerhalb eines bestimmten Zeitraums den „Chiemgauer" nicht umsetzt, dessen Ersatzwährung verliert an Wert bzw. schwindet. Dieses wird entweder durch einen direkten Abzug oder durch eine Verlängerungsmarke dokumentiert. Die Ersatzwährung ist also weder verleihbar noch als Sparvariante geeignet. Sie eignet sich deshalb nur begrenzt zur Kreditvergabe, so dass der einzelne Unternehmer nicht mehr zu permanentem Wachstum gezwungen ist, er kann, wenn er möchte, glücklich stagnieren. Die Geschäfte des Verbunds bleiben in der Region und fördern somit den Absatz lokaler Produkte nachhaltig im lokalen Wirtschaftskreislauf.

Ein Prozentsatz der Komplementärwährung kann darüber hinaus obligatorisch oder individuell für die Förderung und Schaffung sozialer oder ökologischer Netzwerk-Projekte in der Region abgezweigt werden, so dass sich hier ein gemeinschaftsbezogener Mehrwert ergibt – zum Beispiel für die Finanzierung des Aufbaus von Bürgerhäusern oder soziokulturellen Zentren. Die Komplementärwährung fördert demzufolge nicht nur die direkte Verbreitung und Vermarktung regionaler Produkte, sondern schafft indirekt sozialen Wert und politischen Nutzen für die Mitglieder dieser Regionalzusammenschlüsse und für die Bürger der Region und dient so der Stärkung regionaler Identität.

Abbildung 2-26

Verbreitungsgebiete von Regionalwährungen. Quelle: Zeitmagazin 28.12.2008

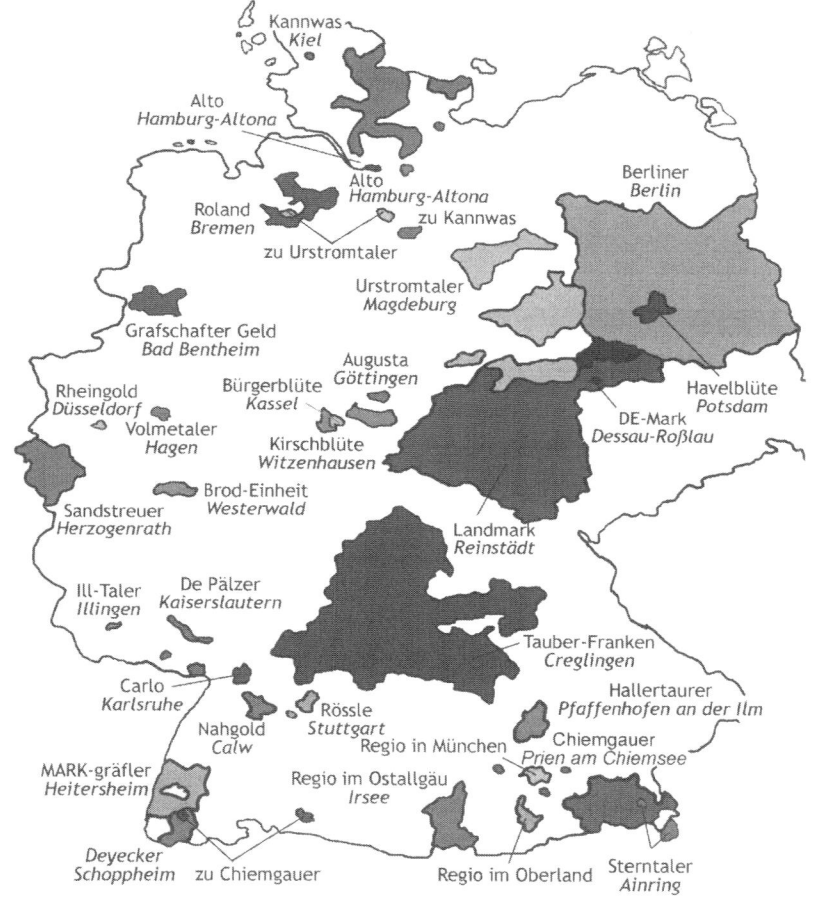

Regionalwährungen sind in Deutschland aber keineswegs flächendeckend verbreitet und weisen sehr unterschiedliche Volumina und Organisationsgrade auf. Die bislang bekannten Regionalverbünde sind in Abbildung 2-26 ersichtlich.

Der rechtliche Status von Komplementärwährungen ist hingegen fraglich. Komplementärwährungen werden in Krisenzeiten durch den Staat geduldet und teilweise sogar gefördert. Zu anderen Zeiten werden sie, sobald sie eine zu große Dimension annehmen, jedoch verboten. In geringem Umfang werden regionale Komplementärwährungen, so wie sie zurzeit in Deutschland

Rechtlicher Status von Komplementärwährungen

bestehen, geduldet. Erfahrungen aus der Vergangenheit haben jedoch gezeigt, dass die Komplementärwährungen bei steigender Relevanz für die Gesellschaft meist verboten oder anderweitig zerschlagen wurden (ebd., 240 ff.).

*Mitgliedschaftli-
cher Tauschhandel
ist eine Dienst-
und Natural-
leistung*

*Einkommen im
Sinne des Bundes-
sozialhilfegesetzes*

Darüber hinaus ist rechtlich gesehen die Tauschökonomie und der mitgliedschaftliche Tauschhandel eine Dienst- und Naturalleistung, die zum anrechenbaren Einkommen im Sinne des Bundessozialhilfegesetzes gehört (§ 76 Abs. 1 SGB XII). Wenn Leistungen im Rahmen von Tauschsystemen mit Sachwerten, Zahlungsersatzmitteln oder anderen Dienstleistungen abgegolten werden, stellen diese Dienst- und Naturalleistungen grundsätzlich sozialhilferechtlich ein zu berücksichtigendes Einkommen dar. Die Mitglieder eines Tauschringes wären demnach, so Elsen, zur Offenlegung der Einkünfte nach § 60 SGBI aus Tauschaktivitäten verpflichtet (ebd., 242 ff.). Für die Zukunft ist offen, ob der Staat beabsichtigt, Steuern auf Komplementärwährungen zu erheben und somit einen steuernden Einfluss auf Tauschökonomien zu nehmen. Diese Form staatlicher Eingriffe würde der Selbstorganisation und der Absicht der gemeinwesenökonomischen Selbsthilfe völlig entgegenstehen (ebd.).

*In Krisen gewin-
nen Tauschökono-
mien und Komple-
mentärwährungen
an Bedeutung.*

In Zeiten der wirtschaftlichen Krise gewinnen die Tauschökonomien und Komplementärwährungen wieder an Bedeutung. Sie erleben in vielen Ländern eine Renaissance, nicht zuletzt deshalb, um sich vor zusammenbrechenden Finanzmärkten und der damit verbundenen Abwertung von Geldguthaben oder deren Totalverlust zu schützen. Komplementärwährungen stehen für die Absicht der Abkopplung von Weltmarktprozessen. Somit stehen Komplementärwährungen für eine stärkere regionale Kontrolle über wirtschaftliche Transaktionen, wodurch bei der Versorgung der regionalen Bevölkerung mit Waren und Dienstleistungen den spezifischen Bedürfnissen besser Rechnung getragen werden kann (ebd.).

*Beispiel
Argentinien*

Gute Erfahrungen mit Tauschökonomien wurden in großstädtischen Bereichen während der letzten Wirtschaftskrisen in Argentinien gemacht. Hingegen waren die Tauschbeziehungen zwischen Stadt und Land im Zuge der Verstädterung schwierig. Die Dominanz des marktwirtschaftlichen Handels hatte zu einer Entfremdung von Stadt- und Landbevölkerung geführt und es der überregionalen Tauschökonomie in Zeiten der Wirtschaftskrise schwer gemacht. Es erforderte erhebliche Anstrengungen, die Stadt-Land-Grenze zu überschreiten und eine Grundversorgung mit Lebensmitteln für die Metropole Buenos Aires zu organisieren (http://jungle-world.com/artikel/2003/08/10100.html).

*Local Employment
and Trading Sys-
tem (LETS)*

Ein weiteres bekanntes frühes Beispiel aus dem internationalen Kontext ist das „Local Employment and Trading System" (LETS). Diese Tauschform ist eine bargeldlose Tauschvermittlung, die zu einem lokalen Währungssystem führte und eine weit reichende Anerkennung neben der offiziellen Währung in Kanada erfuhr (Comox Valley, Kanada; 1983). All jene, die arbeiten können, profitieren vom gegenseitigen, direkten arbeitsbezogenen Austausch über Zeiteinheiten. Es gibt Gruppen in Kanada, den USA, Australien, Neuseeland und der Schweiz, die nach dem LETS-System arbeiten. In der Schweiz wurde die erste Initiative dieser Art 1994 in Genf (Arbeitsloseninitiative) gegründet (Brinkmann 1998, 124 ff.).

In den Industrieländern, z. B. in Deutschland, sind mitgliedschaftliche Tauschökonomien und Regionalwährungen oftmals ein Experiment der gehobenen Mittelschicht. Untere Bevölkerungsschichten lassen, u. a. wegen ständigen Geldmangels, eine geringere Bereitschaft erkennen, mit Komplementärgeld zu experimentieren.[61]

Tauschsysteme

Im Unterschied zur Regionalwährung basieren Tauschsysteme auf dem direkten Tausch von Sach- und Dienstleistungen der Bürger (Brinkmann 1998, 124 ff.).

Tauschbörsen

Die Menschen, die sich in einer Tauschbörse zusammenschließen, tauschen untereinander ohne Geld ihre Zeit, Fähigkeiten und/oder Waren aus. So können Dienstleistungen in den Tausch miteinbezogen werden, wie zum Beispiel die Erstellung einer Steuererklärung, oder der Tausch von einem alten Tennisschläger gegen einmal Haare schneiden oder Rasenmähen (ebd.). Beim Umweg über Bonus- oder Zeitkonten sollen diese nach Möglichkeit immer schnell ausgeglichen werden. Die Begrenzung gilt auch für das Saldo des Kontos, um zu verhindern, dass Mitglieder die Tauschbörse ohne Gegenleistung nutzen. Die Tauschkonten bedürfen einer guten, tagesaktuellen Pflege der Datenbank. Darüber hinaus werden Tauschzeitungen als Medium der Vermittlung eingesetzt. Gerade in der Gründungsphase ist seitens der Begründer ein hoher investiver Zeitaufwand zur Einführung dieser Infrastruktur einzuplanen.

Bonus- oder Zeitkonten

Alle Tauschformen haben eine mehr oder weniger ausgeprägte soziale Seite. Die Tauschpartner müssen zunächst vereinbaren, was man sich und anderen mit seinem Angebot zumutet, um sich eigene Bedürfnisse zu erfüllen. Jedes Angebot in den Tausch- und Zeitbörsen ist zwar grundsätzlich gleichwertig, aber es stellt in der Erfahrung der Tauschaktivisten in der Gründungsphase

---

61 Diesen Hinweis verdankt der Autor Mathias Meizis im Zuge der Gespräche zu den argentinischen Tauschökonomien. Im Kontext der ökonomischen Krisen in den Jahren 1998/99 und 2001–2005 wurden über 30 % der Wertschöpfung Argentiniens durch Tauschökonomien erzeugt.

immer wieder ein Haupthindernis im Aufbauprozess dar (ebd.). So entbrennen regelrechte Kämpfe darüber, welche „Umrechnungsgrundlage zur Bewertung der Leistungen herangezogen" werden soll (ebd.).

Freie Vereinbarung der Tauschgüter

Der größere Teil der Tauschbörsen geht von einer freien Vereinbarung des Wertes der Dienstleistung oder Ware durch die Tauschpartner aus. Legitimiert wird dies u. a. mit dem Hinweis, dass „die Tauschbörsen flexibler und vielseitiger in Befriedigung von Angebot und Nachfrage sind als bei einer reinen gleichwertigen Zeitbemessung, da die Angebote auf dem „Freien Markt" dann häufig günstiger zu haben sind und die Tauschbörse so an Attraktivität verlieren würde" (ebd.). Bezüglich wirtschaftsorientierter Anbieter (Handwerker etc.) gibt es nach Auskunft der Osnabrücker Tauschbörse aber „keine Konkurrenz oder Verdrängungsverhältnisse", da z. B. viele ältere Menschen sich eine Wohnungsrenovierung eben dann nicht leisten werden, wenn das Geld nicht vorhanden ist: „Ohne Moos nix los" (ebd.).

Tauschbörsen verrechnen eine Stunde Lebensarbeitszeit gegen eine Stunde Lebensarbeitszeit

Andere Tauschbörsen bearbeiten ihre Konten gleichwertig, indem sie eine Stunde Lebensarbeitszeit gegen eine Stunde Lebensarbeitszeit verrechnen. Hier rücken soziale Qualitäten in den Vordergrund, die dazu beitragen sollen:

- dass Menschen ihre Fähigkeiten nutzbringend anwenden können,

- dass Selbstbewusstsein und Selbstwertgefühl gestärkt werden, weil vergessene oder brachliegende Fähigkeiten geweckt werden können,

- dass die Abhängigkeit vom Geld reduziert wird, der Geldmangel kann durch den Austausch ausgeglichen werden.

Es wird zwar nach Meinung des Autors richtigerweise auf das Ziel der sozialen Selbstaktivität bei Tauschbörsen hingewiesen, dass die Menschen dort aber vorrangig und zielgerichtet neue Kontakte suchen, ist nach bisherigen empirischen Erkenntnissen gerade für Alte, Kranke, Behinderte und Alleinerziehende eher zu verneinen bzw. die Ausnahme – es sei denn, dass sie dort zielgruppenspezifisch, z. B. im Aufbau von Seniorengenossenschaften, im Rahmen eines sozialräumlichen Projektbezugs etwa im Zusammenhang mit der Einrichtung von Bürgerzentren eingebunden werden. Tauschformen des intermediären Engagements sind demnach zeitlich, finanziell und organisatorisch gut in schon bestehende Gruppen und Einrichtungen zu integrieren. Sie sind somit für viele gemeinnützige Trägereinrichtungen der Sozialwirtschaft attraktiv, locken selbstaktive Bürger an und verstärken so die Dienstleistungen und Angebote der jeweiligen Träger durchaus auch öffentlichkeitswirksam. In dieser Einbindung und Kompatibilität kann so eine intermediär vernetzte und komplexe sozialräumliche Rahmenstruktur geschaffen werden, um aus dem durchaus individualisierenden Tauschansatz als Konsumtionsersatz eine gemeinschaftsbezogene Zusammenarbeit zu fördern.

Die „Tauschoptimisten" vermuten, dass dies über den Rahmen einer „Alternativ-Idee" hinaus zu einer Ressource gegen Arbeitslosigkeit in Deutschland werden kann.

Die so genannten Umsonstläden, zum Beispiel in Hamburg, führen keinerlei wertbezogenen oder bewertenden Tauschvorgang durch. Umsonstläden sammeln das, was die Leute vorbeibringen, und jeder darf sich bis zu einer bestimmten Stückzahl bedienen. Sowohl die Öffnungszeiten als auch die Zeit, die für die Pflege der Gegenstände aufgewandt werden muss, werden nicht – wie in vielen Tauschringen und Tauschbörsen üblich – durch Zeitkontingente verrechnet, sondern sind, wie der Name sagt, „umsonst". Dieser Ansatz korrespondiert mit einer Kritik am destruktiven Charakter des Kapitalismus und der Wegwerfgesellschaft, die Ressourcen nicht nutzt bzw. unaufmerksam und ohne Blick für den oder die andere/n verschleißt (www.umsonstladen.de). Dieser Ansatz unterscheidet sich auch von den Sozialläden und Sozialkaufhäusern der Freien Wohlfahrtspflege, die einen wenn auch geringen Obolus verlangen (Gegenleistungsprinzip).

Umsonstladen

2.4.1.3 Straßenmagazine

Die Idee der Straßenmagazine, auch Straßenzeitungen oder Obdachlosenzeitungen, stammt ursprünglich aus den USA. Aus Selbsthilfeprojekten für Obdachlose entstanden dort in den 1980er Jahren die ersten Straßenzeitungen. In Deutschland wurden die ersten Projekte Anfang der 1990er Jahre gegründet. Heute gibt es fast in allen größeren Städten Straßenmagazine.

Das Prinzip der Straßenzeitungen besteht darin, Menschen in sozialen Notlagen, z. T. wohnungslosen Menschen, durch den Zeitungsverkauf eine Beschäftigung mit extrem niedrigen Einstiegsvoraussetzungen zu bieten. Die Projekte finanzieren sich zum einen aus dem Verkauf und zum anderen aus Anzeigenerlösen und Spenden und haben zugleich eine Aufklärungs- und öffentlichkeitswirksame Funktion für die Gruppe der wohnungslosen Menschen und den Ausbau persönlicher und professioneller Netzwerke (http://www.socialnet.de/branchenbuch/2394.php).

2.4.1.4 Die Tafelbewegung

Die Tafeln in Deutschland sind Organisationen, die es sich zur Aufgabe gemacht haben, qualitativ einwandfreie Nahrungsmittel, die im Wirtschaftsprozess nicht mehr verwendet werden können, einzusammeln und an Bedürftige abzugeben. Der Bundesverband informiert über die Struktur und die Hintergründe der deutschen Tafelbewegung. Eine Form des ehrenamtlichen Engagements und des Bürgerengagements tausender ehrenamtlicher HelferInnen, Spender und Sponsoren machen es möglich (http://www.socialnet.de/branchenbuch/kontakt.php?BID=23631).

Eine andere soziale und zugleich wirtschaftlich relevantere Form des mitgliedschaftlichen Zusammenschlusses sind die Genossenschaften, die in den für die Gemeinwesenökonomie wichtigen Prägungen im Folgenden dargestellt werden.

2.4.1.5 Genossenschaften

Der Begriff der Genossenschaft erlebt gegenwärtig inhaltlich und organisatorisch einen Bedeutungszuwachs und ist ein zentrales Beispiel für Anwendungsformen der Gemeinwesenökonomie. Genossenschaften sind Vereine, deren Genossen (Mitglieder) das Unternehmen gemeinsam demokratisch leiten, um soziale, wirtschaftliche und kulturelle Bedürfnisse zu befriedigen (Scholten 2008, 416).

Selbsthilfe-organisationen, Prinzipien: Selbst-verwaltung und -verantwortung

Genossenschaften sind Selbsthilfeorganisationen, die auf den Prinzipien der Selbstverwaltung und Selbstverantwortung beruhen, und sind diesbezüglich und hinsichtlich der weiteren Gestaltungsprinzipien „natürlicher" Teil der Gemeinwesenökonomie (§ 2 Genossenschaftsgesetz, GenG). Sie stehen im Privateigentum und ihre Organe können nur durch demokratisch gewählte Mitglieder besetzt werden. Weiteres und zentrales Prinzip ist das Förderprinzip nach § 1 GenG:

> „(1) Gesellschaften von nicht geschlossener Mitgliederzahl, deren Zweck darauf gerichtet ist, den Erwerb oder die Wirtschaft ihrer Mitglieder oder deren soziale oder kulturelle Belange durch gemeinschaftlichen Geschäftsbetrieb zu fördern (Genossenschaften), erwerben die Rechte einer „eingetragenen Genossenschaft" nach Maßgabe des Gesetzes."

Weiterhin sind Genossenschaften im Identitätsprinzip hinsichtlich ihrer originellen Doppelfunktionen bekannt, z. B. in den Produktivgenossenschaften bezüglich ihrer gleichzeitigen Funktion als Kapitalbesitzer und Beschäftige, in der Konsumgenossenschaft als Verbraucher und Händler und in der Sozialgenossenschaft als Anbieter und Nutzer selbst erstellter sozialer Dienstleistungen. Das Demokratie- und Solidaritätsprinzip beschreibt u. a. den Kontext, dass jeder Genosse und jede Genossin nur eine Stimme haben – insbesondere in Abgrenzung zu den Kapitalgesellschaften, deren Geschäftsanteile und Stimmen nach Größe der Kapitalanteile bemessen ist (Römer 2010, 69)

Demokratie- und Solidaritätsprinzip

Sozial- und gemeinwesenökonomische Funktionen der Genossenschaft

Moderne Genossenschaften entstanden im Laufe des 19. Jahrhunderts. Genossenschaften sind demokratische Vereinigungen, in denen sich Individuen zusammenschließen, um sich durch gemeinsame ökonomische Aktivitäten unter Beibehaltung ihrer Selbstständigkeit in dem Bemühen unterstützen, ihre Lebenssituation zu verbessern (Brazda et al. 2006, 27). Im 19. Jahrhundert entwickelten sich Genossenschaften vor allem in zwei Bereichen:

1. Konsumenten taten sich zusammen, um Lebensmittel, Brennstoffe oder andere wichtige Konsumprodukte billiger und in besserer Qualität zu erwerben. Gruppen (insbesondere Bauern und Kleingewerbetreibende), die seinerzeit vom Bankensektor vernachlässigt wurden, gründeten Kreditgenossenschaften, in denen die Ersparnisse ihrer Mitglieder zusammengeführt wurden. Den Mitgliedern konnten auf diesem Weg auch begünstigte Kreditfazilitäten geboten werden.

2. Auf Initiative besonders aktiver Individuen hin wurden die produktiven Fähigkeiten der Mitglieder, z. B. von Facharbeitern, Handwerkern oder Bauern, auf demokratische Weise zusammengeführt, um deren Produkten bzw. Dienstleistungen einen besseren Zugang zu den Märkten zu ermöglichen.
(Brazda et al. 2006, 65 f.)

Genossenschaften weisen zudem vier auch sozialökonomisch relevante Funktionen auf:

Gesellschaftsrelevante Genossenschaftsfunktionen

1. die Schaffung von ‚countervailing power‘ (Gegenmachtsfunktion),

2. die Erprobung und Durchsetzung anderer bzw. neuer Verhaltensweisen (Schrittmacherfunktion),

3. die gesellschaftspolitische Aufgabe, eine funktionsfähige Alternative zu privaten Unternehmen zu bieten (Keimzellen- oder Alternativfunktion) und

4. die Vielgestaltigkeit des sozialen Lebens zu erweitern (Pluralitätsfunktion).
(Elsen 2007, 256 f.)

Genossenschaften in der Tradition der Pioniere von Rochdale

Der internationale Genossenschaftsbund ICA steht in der Tradition der sog. ‚redlichen Pioniere von Rochdale‘, die Mitte des 19. Jahrhunderts die erste Konsumgenossenschaft gründeten. Sie werden deshalb als Vorläufer der modernen Genossenschaftsbewegung angesehen. Gemäß Elsen gelten weltweit folgende Genossenschaftsprinzipien:

Pioniere von Rochdale

Genossenschaftsprinzipien

▓ eine Person, eine Stimme, gleich demokratisches Prinzip,

▓ Prinzip der offenen Mitgliedschaft (Freiwilligkeit),

▓ begrenzte Verzinsung der Kapitalanteile,

▓ Ausschüttung des Überschusses als Rückvergütung,

▓ Grundsatz der Barzahlung,

▓ Lieferung von unverfälschter Ware mit vollem Gewicht,

▦ Streben nach wahrer Bildung,

▦ politische und religiöse Neutralität.
(Faust 1977, 109-111; zit. n. Brazda 2006, 68)

Laut Elsen sind genossenschaftliche Unternehmen und Verbundsysteme für die gemeinwesenökonomische Entwicklung von erheblicher Tragweite und Potenzialität. Sie erhöhen den Zugang zur Bildung als basisdemokratisches Element für ökonomisch benachteiligte Menschen. Außerdem fördern genossenschaftliche Aktivitäten die Bereiche Arbeiten, wohnortnahe Dienstleistungen, Wohnen und die Implementierung intergenerativer Wohnformen.

Genossenschafts-formen der Gemeinwesen-ökonomie

Gegenstand der genossenschaftlichen Gemeinwesenökonomie sind folgende Genossenschaftsformen:

1. Selbsthilfegenossenschaften (Kredite, Darlehen für die Gründungsphase usw.),

2. genossenschaftliche Auffanglösungen (z. B. die Übernahme von insolventen Erwerbsunternehmen),

3. Professionsgenossenschaften (Zusammenschlüsse von freien Berufen, z. B. Zusammenschlüsse von Handwerkern, die nicht über eigene Betriebe verfügen),

4. Erzeuger- und Verbrauchergenossenschaften (für die Versorgung lokaler und regionaler Ökonomien, z. B. mit ökologisch produzierten Lebensmitteln oder Metzgereiprodukten, Bäckereiprodukten; Zusammenschlüsse von gemeinsamen Marketingstrategien durch gemeinsames Branding (Markenstrategie), z. B. Bioland, Demeter usw.,

5. Wohnungsbaugenossenschaften für die Schaffung bezahlbaren Wohnraumes und die Einbindung in ein sozial und kulturell funktionierendes Wohnumfeld durch Vergabe von Anteilsscheinen und die Einrichtung von Baugenossenschaften oder Bausparkassen.
(Elsen 2007, 283-289)

Die Grundprinzipien des Genossenschaftswesens basieren auf den Prinzipien der Mitgliederförderung, der kollektiven Selbsthilfe, dem Selbstverwaltungsprinzip und dem Identitätsprinzip, das heißt, alle Genossen tragen zur wirtschaftlichen wie sozialen Willensbildung und Kontrolle der Genossenschaftsziele bei.

Sozialökonomisch relevante Genossenschaftstypen

Immer mehr Gruppen, die den sozialen Horizont der genossenschaftlichen Leistungserstellung und gegenseitigen Hilfe verstetigen wollen, nutzen diesen Organisationstypus im Kontext der Gemeinwesenökonomie. Genossenschaftliche Verbünde bilden somit einen Gegenentwurf zum globalen Finanzkapitaleinsatz, in dem sie lokale Wirtschaftskreisläufe stärken und versuchen, mit eigener mitgliedschaftlicher Energie und mit eigener Systemrationalität zu betreiben. Sie tragen so zur Herausbildung einer Genossenschaftsidentität im Sozialraum bei.

Sozialökonomisch relevante Genossenschaftstypen

Die wirtschaftspolitische Funktion der Genossenschaften wird besonders am Modell der Konsumgenossen deutlich. Sie basiert im Wesentlichen auf dem Rückvergütungs- und auf dem Handelsprinzip. So folgen z. B. Konsumgenossenschaften dem Rückvergütungsprinzip, das heißt, den Mitgliedern werden Rückvergütungen als Prozentanteil ihres Wareneinkaufes in der Genossenschaft ausgezahlt (Barzahlungsprinzip). Das Rückvergütungsprinzip und genossenschaftliche Handelsprinzip stellt eine faire und demokratische Alternative zur geläufigen Verteilung über Profitversprechen entsprechend dem eingesetzten Kapitalanteil dar. Genossenschaften bieten einen starken rationalen Anreiz, mehr Handel in der Genossenschaft zu treiben, um höhere Rückvergütungen zu erzielen (vgl. Brazda 2006, 29 f.). Das Rückvergütungsprinzip kann somit durchaus als ein Appell an die Mentalität des mitgliedschaftlichen *homo sociologicus* und des vorteilsbezogenen *homo oeconomicus* zugleich angesehen werden.

Konsum-genossenschaften

Genossenschaften können typologisch als Genossenschaften mit privatwirtschaftlicher Unternehmensstellung, als Genossenschaft zur Förderung lokaler Entwicklungen sowie als Genossenschaft und Unternehmung mit beschäftigungspolitischen Zielen betrieben werden. Genossenschaften mit vorrangig sozialen Zielsetzungen und sozialreformatorischen Ansprüchen werden Sozialgenossenschaften genannt.

So agieren Sozialgenossenschaften für den Betrieb stadtteilbezogener Hospize und/oder Selbsthilfegenossenschaften, die als Teil einer Gemeinwesenökonomie wirtschaftliches und lebensweltliches Handeln sowie persönlichen und gemeinschaftsbezogenen Nutzen miteinander zu verbinden wissen. Sie sind Ausdruck solidarischer Selbsthilfe gleichbetroffener und interessierter Menschen. Im engeren Sinne von Selbsthilfegenossenschaften schließen sich dort häufig Menschen zusammen, die an oder unter der Armutsgrenze leben.

Sozial-genossenschaften

Selbsthilfegenossenschaften sind Teil der Strategie konkreter Lebenshilfen und des Machtausgleiches. Sie basieren auf intermediären Konstruktionen der Selbstorganisation und der Selbstermächtigung im sozialen Raum und verbinden sie sozialräumlich als Experimentierfeld für neue institutionelle

Selbsthilfe-genossenschaften

und intermediäre Arrangements mit den Themen Gemeinwesenentwicklung, Quartiermanagement und lokale Ökonomie (Elsen 2007, 332 ff.).[62]

Multistakeholder-genossenschaften

Stadtteilgenossenschaften arbeiten hingegen als „Multistakeholdergenossenschaften", um die verschiedenen beteiligten Gruppen (Stakeholdern: Mitarbeiter, Kunden, Förderer und Investoren) hinsichtlich ihrer Förderinteressen nach einem betriebswirtschaftlichen Muster für den Betrieb eines soziokulturellen Zentrums zu koordinieren und um Arbeitsplätze zu sichern (Flieger 2008, 866).

Beschäftigungs-genossenschaften

Einen arbeitsmarktbezogenen Charakter haben die Beschäftigungsgenossenschaften, welche als Zusammenschluss arbeitsloser Menschen ihnen hilft, sich selbst eine Erwerbsmöglichkeit zu schaffen, indem sie sich bei entsprechender externer Nachfrage im eigenen Unternehmen anstellen und um einer sozialversicherungspflichtigen Tätigkeit nachkommen zu können.

Selbstständigen-genossenschaften

Die so genannten Selbstständigengenossenschaften zielen auf einen Zusammenschluss von Ich-AG'lern, Einzelunternehmern oder selbstständigen Dienstleistern. Sie können bei geringem Eigenkapitaleinsatz eine Dienstleistungsgenossenschaft gründen, um kostengünstig eine gemeinsame Wissens- und Prozessgestaltung hinsichtlich der Akquise, Verwaltung und Raumorganisation für die einzelnen Mitglieder zu leisten (ebd.).

In Deutschland werden Genossenschaften oft als lediglich eine von vielen Unternehmensformen sozialökonomischer Selbstorganisationen bewertet, die sich ausschließlich auf dem Markt zu behaupten haben (z. B. Raiffeisen). Den gemeinwesenökonomisch relevanten Formen der Genossenschaftsgründung geht häufig in den o. a. Formen ein ungelöstes soziales Problem voraus, was die Genossenschaften durch sozialintegrative Lösungen produktiv bearbeiten und zu einer neuen sozialen Gestalt jenseits einer randständigen Unternehmensform gestalten. Genossenschaften zielen auf die Verbindung von Individualismus und Solidarität durch ökonomisches Handeln, auch als soziale Arbeit. Somit haben Genossenschaftsmitglieder stets eine Doppelfunktion inne. Sie beteiligen die Genossen zugleich als UnternehmerInnen und ArbeitnehmerInnen und auch als NutzerInnen und AnbieterInnen am genossenschaftlichen Leistungsprozess (ebd., 265).

Häufig verbinden sich Idealtypen von Sozialgenossenschaften in der gemeinwesenökonomischen Praxis in Mischformen und vereinen darüber hinaus die folgenden Funktionen: Als Absatzgenossenschaften fördern sie den Absatz der Produkte ihrer Mitglieder, als Bezugsgenossenschaften ermöglichen sie den günstigen Bezug von Waren und die Warenverteilung; als

---

62 Die Genossenschaftsidee greift alte Traditionen der Gemeinwesenarbeit als politische Bildungsarbeit erneut auf (z. B. begründet in den Konzepten von Saul Alinsky und Paulo Freire in den 70er und 80er Jahren).

dienstleistungsorientierte Nachfrage- und Produktivgenossenschaften vereinen sie die Vermarktung der unterschiedlichen Individualkompetenzen ihrer Mitglieder (Sobanksi 2003, 74). Beispiele hierfür sind:

- *Stadtteilgenossenschaften:*
  Stadtteilgenossenschaft Wedding für wohnortnahe Dienstleistungen eG (Berlin);

- *Dienstleistungsgenossenschaften:*
  Arbeitslosengenossenschaft Freie Hilfe eG (Ludwigsburg);

- *Beschäftigungsorientierte Wohnungsgenossenschaft:*
  Wohnungsgenossenschaft Am Beutelweg eG (Trier);

- *Genossenschaften in ländlichen Regionen:*
  Kräutergarten Pommerland eG (Pulow).
  (ebd.)

Für den Bereich selbstständiger Arbeit in Dienstleistung und Handwerk erzeugen sie beschäftigungsrelevante Effekte. Genossenschaften, insbesondere Sozialgenossenschaften, werden z. B. für neue Formen des Zusammenlebens im Alter genutzt (Wohngenossenschaften, Mehrgenerationenhäuser). Sozialgenossenschaften sind eine intermediäre Finanzierungsform und ein netzwerkbildendes Lebensmodell, das für Mischfinanzierungsverhältnisse eine anschlussfähige, wirtschaftliche Basis in der Selbstorganisation im Sozialraum bilden kann – zum Beispiel in einer Mischfinanzierung aus Genossenschaftsanteilen, Zuschüssen aus Glücksspieleinnahmen, Zuwendungen der Kommune und Modellförderungen aus Bundesmitteln in Genossenschaftsmodellen zum Betrieb von Hospizen und Mehrgenerationenhäusern.

2.4.1.6 Gemeinwesenökonomie und solidarische Ökonomie

Aus der Perspektive der Gemeinwesenökonomie gilt es, sowohl auf lokaler als auch auf globaler Ebene Konzeptionen und zukunftsfähige Alternativen zum gegenwärtigen (Finanz)Kapitalismusmodell zu finden und eine ökonomische Form der lokalen Selbstorganisation mit einer globalen Perspektive zu arrangieren. Vor dem Hintergrund millionenfacher Vertreibung und Migration sowie der steigenden Anzahl von Binnenkonflikten und Kriegen gegen das eigene Volk, die vorrangig die Zivilbevölkerung zu Opfern politischer und ökonomischer Machtkämpfe macht, steht eine politische Verbindung von Gemeinwesenökonomie und globaler, solidarischer Ökonomie, die eine weltweite Bewegung der „sozialen, solidarischen Ökonomie" anstrebt. Die Frage nach dem Verhältnis der sozialen, solidarischen Ökonomie zur globalisierten Ökonomie im Kapitalismus hingegen führt allzu leicht in ideologische Sackgassen.

Gemeinwesenökonomie und solidarische Ökonomie

Auf der Konferenz „Zukunftsperspektiven" auf dem Kongress „Solidarische Ökonomie" vom 25.-27.11.2006 an der Technischen Universität Berlin diskutierten Teilnehmern aus Afrika, Asien, Latein- und Nordamerika, Ost- und Westeuropa und wiesen eindrücklich darauf hin, dass die Frage des Verhältnisses von globaler Freihandelsökonomie und sozialsolidarischer Ökonomie aus ihrer Sicht als Betroffene wenig praktische Relevanz hat, da bis zu 80 % der jeweiligen Regionalbevölkerung mehr oder weniger außerhalb der globalisierten Ökonomie leben und als Selbstversorgungsgemeinschaften funktionieren. Dort ist die soziale, solidarische Ökonomie für die Betroffenen praktisch die einzige Überlebensperspektive, zumal die steigende Anzahl der gefeierten Direktinvestitionen globaler Finanzakteure, zum Beispiel im Rohstoffbereich in Afrika, zwar in der Führungsoligarchie, aber nicht bei den Armen der Region ankommt.

Eine „Charta" internationaler Zusammenschlüsse zur Förderung der Perspektive sozial, solidarischer Ökonomie liegt bereits vor, deren Ausbau durch die weltweit agierenden Bündnisse, z. B. der „International Cooperative Alliance"/„ICA, Réseau Intercontinental de Promotion de l'Economie Sociale Solidaire/RIPESS", vorangetrieben werden soll.

3 Schlussbemerkungen

3.1 Soziale Marktwirtschaft und Sozialökonomie

Sowohl über den Weg vom Wohlfahrtsstaat zum Wettbewerbsstaat hinausgehend als auch über die klassische Wirtschaftstheorie hinausweisend, sind integrative Lösungen der Wirtschafts- und Sozialpolitik erforderlich, die an einen Wachstumsbegriff anknüpfen, der durch ein nachhaltiges Wachstum gekennzeichnet ist und diesbezüglich sozialökonomisch gestaltet werden kann. Die kritische Auseinandersetzung über ökonomische Leitbilder und Idealkonstruktionen am Anfang dieses Buches führt zur Entwicklung von Zieldimensionen, bspw. internationaler Benchmarkingprozesse und Kriterien sozialer Qualität, die zukünftig in das Zentrum supranationaler und globaler Entwicklungen rücken werden. Stellvertretend hierfür stehen u. a. die Klima- und Sicherheitsdebatten. Deren Focus ist im Kern immer eine soziale Fragestellung der Gestaltung von wirtschaftlichen und politischen Machtkonstellationen und Systembeziehungen. Die globale Zukunft ist diesbezüglich und überlebensnotwendig auf gemeinsame Anstrengungen der politischen Weltgemeinschaft im Hinblick auf die anstehenden Prozese der Einheit von wirtschaftlichem, sozialem und ökologischem Handeln angewiesen. Ohne eine hinreichend global wirksame Ordnungspolitik können das Zusammendenken und die Zielstellungen der diskutierten sozialökologischen und ökonomischen Dimensionen weder im internationalen noch im nationalstaatlichen Handeln erreicht werden. Falsch wäre es, diesbezüglich Positionen, die das anwaltschaftliche Konzept der sozialen Marktwirtschaft hierzulande präferieren, gegen Konzepte der supranationalen und der globalisierten Ökonomie des Freihandels auszuspielen. Schon aufgrund der differenten Wertschöpfungskraft der Wohlfahrtsökonomien und ihrer unterschiedlichen Wohlfahrtsarrangements sind nationalstaatlich organisierte Sicherungen der Maßstab der jeweiligen Versorgungssysteme. Darüber hinaus wird die supranationale Gestaltung von Wohlfahrtstandards als Orientierungspunkt einer mittel- und langfristigen Strategie der Angleichung im Kontext europäischer Wohlfahrtsniveaus, besonders aber in der Schaffung internationaler Ordnungspolitiken im globalen Kontext immer dringlicher.

Das kontinuierliche Beharrungsvermögen der wirtschafts- und sozialpolitischen Instanzen der Europäischen Union beweist durch die Ausgestaltung der Instrumente der Sozialcharta, der Politik der sozialen Fördermittel sowie durch die „Methode der offenen Koordinierung", dass die Einrichtung supranationaler Institutionen und die Vereinheitlichung von arbeitsmarktpolitischen Leistungen, insbesondere mit Unterstützung des europäischen Gerichtshofes, langsam, voranschreiten kann.

Auf nationalstaatlicher Ebene befindet sich die Sozialwirtschaft Deutschlands – trotz gegenteiliger Behauptungen, dass die Schlacht um die Privatisierung sozialer Güter schon zugunsten einer betriebswirtschaftlichen Modernisierung geschlagen ist, differenziert betrachtet inmitten einer Umbauphase zwischen weiterhin erforderlicher sozialpolitisch-sozialplanerischer Gestaltung der Hilfe und der betriebswirtschaftlich-dienstleistungsorientierten Modernisierung meritorischer Güter der Sozialpolitik.

Ein neues makroökonomisch und ordnungspolitisch relevantes Leitbild der Sozialen Marktwirtschaft, das den Gedanken der Inklusion in sich trägt, ist anscheinend über wahlpolitische Zeiten hinaus ein Thema, das CDU und SPD hinsichtlich ökonomischer, sozialer und ökologischer Präferenzen miteinander verbinden könnte. Wirtschaftliches Handeln sollte sich diesbezüglich an Fragen der Leistungsgerechtigkeit, Solidarität, menschlicher Sicherheit, Demokratie und in der Gestaltung der Inklusionsfähigkeit des Sozialstaats neu ausrichten.

Auf der Mesoebene der Sozialwirtschaftsorganisationen ergibt sich derzeit eine Vielzahl von Beratungsprozessen im Versuch, stromlinienförmig betriebswirtschaftliche Mainstream-Lösungen in die Sozialwirtschaft zu transportieren. Die Umsetzung dieser Mainstream Angebote in die NPOen ist vielfältig gescheitert. Es bedarf allein schon aus diesem Grunde der differenzierten Sichtweise eines Fachgebiets der Sozialwirtschaft und des Sozialmanagements mit je eigenständigen Lösungsweisen. Allen Marktoptimisten zum Trotz bleibt die sozialpolitische Gestaltung der Programme der Hilfeleistungen sozialstaatlich organisiert. Zur Optimierung bedarfswirtschaftlicher Steuerung sollten hingegen alle zur Verfügung stehenden sozialwirtschaftlich relevanten Instrumente genutzt werden. Deren Tauglichkeit für die Träger und die Professionen der Sozialwirtschaft werden sich im Einzelnen beweisen müssen. Daran erinnert immer aufs Neue die Einführung der Qualitätsmanagementsysteme im Pflegesektor mit all seinen negativen Erscheinungen der Bürokratisierung, der Praxisferne, der kleinteiligen Qualitätssicherung, prekären Arbeitsbedingungen und z. T. menschenunwürdigen Arbeitsformen für MitarbeiterInnen und Nutzer.

Die Überprüfung der Tauglichkeit der betriebswirtschaftlichen Elemente für soziale Hilfe als Dienstleistungsprozess ist eine der zentralen Übersetzungsleistungen der Fachgebiete der Sozialwirtschaft und des Sozialmanagements. Die Produktion für den sozialen Sachzweck der Hilfeleistung muss hinsichtlich des sozialwirtschaftlichen Produktionsprozesses und der daran gebundenen staatlichen Kontrolle weiterhin im Vordergrund stehen, um eine soziale Qualität der Versorgung zu garantieren, die diesen Namen auch verdient.

Mit dem Wandel der Neuen Steuerung zur kommunalen Leistungsverwaltung entsteht ein wettbewerbssteigerndes, betriebswirtschaftliches und zugleich sozialwirtschaftlich intermediäres Instrument der Netzwerkverknüpfung im Quasimarkt, das die sozialen und gesundheitlichen Sektoren und die dazu gehörenden Angebote und Leistungsbereiche durch Kontraktmanagement einander näher bringt. Die freiberufliche Selbstständigkeit für SozialarbeiterInnen und SozialpädagogInnen ist dieser Logik folgend vielfältig und differenziert – hauptamtlich wie nebenberuflich – ausbaufähig.

Die Disziplin der Sozialwirtschaft hat die Tauglichkeit der im Einzelnen im vorliegenden Buch dargestellten bedarfswirtschaftlichen, quasimarktlichen und marktlichen Instrumente, Modelle und Finanzierungformen empirisch nachzuweisen und auf den Prüfstand des Fachdiskurses zu stellen. Die professionsbezogene Eignung der jeweilig involvierten Berufe ist hinsichtlich ihres intermediär interdisziplinären Kontextes zu konfrontieren, zu prüfen und weiter zu entfalten. Ein Beispiel hierfür ist das Case Management als Form der nicht direktiven und verhandlungsbasierten Interventionsform der sozialen Dienstleistungsarbeit im Sozialraum. Case Management ist dort zugleich ein Qualitätsinstrument zur Verbesserung der Beziehungen der Sozialwirtschaftsorganisationen untereinander (Systemebene) als auch hinsichtlich der spezifischen Förderungs- und Unterstützungsbedarfe der KlientInnen auf der Mikroebene sozialwirtschaftlichen Handelns (Fallebene). Case Management in diesem Verständnis kann die interdisziplinär teambezogene Arbeit von der Einrichtungsebene auf die Netzwerkebene der Träger, Betriebe und Einrichtungen verlagern und benötigt auf Meso- und Mikroebene der Leistungserstellung dementsprechende Formen der Qualitätssicherung, die durch das Fachgebiet des Sozialmanagements auf- und auszubauen sind.

3.2 Theorie der Sozialwirtschaft / Sozialarbeitswissenschaft

Die ökonomisch geprägte Professionalisierungsdebatte Sozialer Arbeit

Karl Heinz Boeßenecker führt die zögerliche und lange uneinheitliche Ausbildung von Professionalisierungsstandards und unterschiedlichen Praxen Sozialer Arbeit unter anderem auf unterschiedliche Werteorientierungen, den Einfluss der Berufsverbände, die heterogene Verbändelandschaft, den Kampf um politische Zugehörigkeit als auch um die fachliche Vorherrschaft zwischen Sozialpädagogik und Sozialarbeit als Verhinderungsgründe der Professionalisierung Sozialer Arbeit zurück (vgl. u. a. Boeßenecker 2008b, 891).

Diese Entwicklung ist aufgrund der Feld- und Zielgruppenbreite nachvollziehbar und vielleicht auch heute noch notwendig. Erst eine paradigmatisch orientierte Sozialarbeitswissenschaft erlaubt ein disziplinäres Alleinstellungsmerkmal der Sozialen Arbeit herauszuarbeiten, das über die generalistischen Ausbildungsinhalte im Qualifizierungsrahmen hinaus in spezifischen Arbeitsfeldern zugleich den jeweils sozialwirtschaftlichen Nutzenbeitrag zu benennen weiß. Eine Professionstheorie der Sozialwirtschaft muss die Wettbewerbsfähigkeit der Sozialprofessionen steigern und die Fähigkeit zur multiprofessionellen Zusammenarbeit im intermediären Hilfenetzwerk fördern, indem sie ihren spezifischen Beitrag zur interdisziplinär gestalteten Hilfe im Kontext der Leistungsnetzwerke erhöht. Die Erarbeitung der jeweils feldspezifischen Leistungsprofile Sozialer Arbeit sichert ihr Alleinstellungsmerkmal und ihr Überleben in der wissenschaftlichen und fachlichen Community der Sozial- und Gesundheitsberufe.

Praktizierte Soziale Arbeit ist gegenwärtig im Prozess der inneren und äußeren Modernisierung der Gestaltungsanforderungen des Sozialen und der Ökonomisierung des Sozialen ausgesetzt und insoweit, trotz einer Kultur des ethischen Zweifels oder gerade deshalb, immer schon ein sozialtechnologisches Experimentierfeld des Sozialstaats gewesen. Soziale Arbeit war und ist in eine Unzahl kreativ sozialpolitischer Programmgestaltungen involviert. Gegenwärtig heißt das Vehikel der fragwürdig nachzuholenden Modernisierung, Standardisierung und Kennziffernsteuerung: der Ausbau der diagnostischen Methodenwissenschaft und Technologieausbau. Das heißt aus Sicht der Sozialwirtschaftstheorie und des Sozialmanagements auf der Meso- und Mikroebene der Leistungserbringung im Hilfenetzwerk, Voraussetzungen der datentechnisch und fachlich angemessenen Unterstützung für die dezentrale Ebene zu schaffen, um die Wirksamkeit sozialer und gesundheitlicher Professionen intermediär zu verbessern. Auftrag und Aufgabe der dienstleistungsorientierten Modernisierung, z. B. für die Profession Soziale Arbeit, ist die Erweiterung fachlicher Evaluationskriterien und interdisziplinärer Assessmentfähigkeiten. Extern gesteuerte und zentral überkomplexe, betriebswirtschaftlich dominierte Vereinheitlichungen der Kennziffernsteuerung im Sozialraum sind aufgrund der paradigmatisch und methodisch notwendigen Vielfalt der Intervention und der lebensweltlichen Realität der Unterstützungssysteme wenig geeignet.

Einerseits wird die Profession Soziale Arbeit in diesem gesellschaftlichen Modernisierungsprozess wieder einmal in ihrem sozialanwaltschaftlichen Modell herausgefordert, um weiterhin Sprachrohr der Randständigen und Ausgegrenzten zu bleiben. Andererseits ist der Vorstoß Sozialer Arbeit in die Mitte der Gesellschaft nicht folgenlos geblieben und zeigt den Beitrag Sozialer Arbeit bezüglich seiner produktiv gesamtgesellschaftlichen Funktion. Soziale Arbeit trägt über Sozialkapitalbildung, z. B. durch Prozesse der Bildung und Erziehung im Vorschulalter, als gewichtige Voraussetzung weiterer Bildungsprozesse u. a. zur Humankapitalbildung bei. Soziale Arbeit ist aus diesem Grunde bedeutsamer Bestandteil der Wettbewerbsfähigkeit der modernen Wissensökonomien und fortgeschrittenen Industriegesellschaften. Die Abhängigkeiten der Mittelschicht von gestaltender Sozialer Arbeit sind in den letzten 20 Jahren gewachsen. Sowohl alleinerziehende Mütter und Väter als auch Abstiegsgefährdete aus der Mittelschicht sind auf differenzierte staatliche Bildungs- und Arbeitsbewältigungsprogramme angewiesen. Sozialarbeiter als Netzwerkspezialisten sind prädestiniert, ihre Positionierung in der interpersonellen Zusammenarbeit zu suchen und zusammen mit anderen Professionen hochqualitative Ergebnisse für den Klienten als Kunden sozialer Dienste(leistungen) herzustellen. Aufgabe der Profession Sozialer Arbeit wird es sein, die Fall- und Systemebene der Hilfenetzwerke zu verbessern und ggfs. aufzubauen, statt sich im Verdrängungswettbewerb der Professionen aufzureiben.

Aus diesem Grunde ist eine Polarisierung von direktivem Management und lediglich ausführenden Tätigkeiten durch SozialarbeiterInnen nicht angemessen und führt letztlich zur Dequalifizierung der Sozialen Arbeit analog des Systems der Pflege. Kontrolle, auch fachliche Kontrolle, die allein auf die Managementebene verschoben wird, unterschätzt die Entwicklung des fachlich bedingten und qualitativ geförderten Beratungsbedarfs auf der Fall- und Systemebene. Soziale Arbeit kann nicht arbeitsteilig durch ein zentrales Risikomanagement ersetzt werden (Call-Center-Syndrom). Die Verbindung generalistischer und speziell fachlicher Beiträge auf der Fall- und Systemebene der Profession Sozialer Arbeit fördert die Handlungsfähigkeit der Menschen in unüberschaubaren Lebenssituationen. In diesem Sinne der Modernisierung moderner Gesellschaften durch Beiträge der Sozialen Arbeit zu sozialer

Bildung und Inklusionsoptionen ist sie in Zukunft eine der wichtigsten Professionen. Sie dient dem ganzen Menschen. Soziale Arbeit als Profession und Disziplin tritt mit sozialökonomischer und sozialmanagerialer Unterstützung in die Gestaltung der Mitte der Gesellschaft ein.

Darüber hinaus benötigt Soziale Arbeit in Zeiten staatlicher Verschuldung, liberalem Staatsabbau und Privatisierung der sozialen Risiken eine wertebezogene wie professionstheoretische Begründung, die den Einsatz der Beitrags- und Steuermittel begründet. Wertebezogene, d. h. menschenrechtliche und/oder religiös begründete, Hilfemotive sind das eine Element und die empirische Begründung der Intervention das andere Begründungselement. Ansonsten verkommt soziale Hilfe entweder zum darwinistisch geprägten Rechenexempel oder aber zur ideologisch verklärten Mission. Die Theorie der Sozialwirtschaft bedarf demzufolge auf der metatheoretischen Ebene und der konstruktiv-transversalen Ebene der Wissenserzeugung eines Zugangs zu einer interdisziplinären Wissenschaftsbildung, in dem die Sozialarbeitswissenschaft eine identitätsstiftende Rolle für die Zusammenarbeit der Professionen der Sozialen Arbeit und des Sozialmanagements spielen könnte. Soziale Arbeit und das Sozialmanagement sind diesbezüglich zwei Seiten der fachlich und finanziell ausgestatteten Dienstleistungsproduktion.

Sowohl die sozialanwaltschaftliche Rolle als auch die politischen Zieldimension dieser beiden Professionen müssen an der strukturellen Machtanalyse und in der Entwicklung der Instrumente zur Bekämpfung der sozialen Ungleichheit und Armut in ihren Reichweiten qualitativ und quantitativ wachsen. Hierzu können Kennziffernsteuerungen und regionale Sozialbilanzen beitragen, wenn sie den Bezug auf den Wertekern sozialer Hilfeleistung nicht verlieren und die lebensweltliche Konsens- und Beteiligungsfähigkeit der Menschen gestalten helfen. Eine kluge und empirische, gehaltvolle Rechenschaftslegung auf der Grundlage evidenzorientierter Leistungsfähigkeit ist deshalb gefragt, um das Fachgebiet Sozialer Arbeit in seiner Entwicklungsdynamik zu fördern. Sozialwirtschaftliches Handeln wird die Widersprüche und politischen Standpunkte zur Modernisierung der Gesellschaft allerdings nicht mehr aus der Position der inneren Standortklärung und im „stillen Kämmerlein" führen können, sondern im Prozess der öffentlichkeitswirksamen Repolitisierung der sozialökonomischen Leistungsvergaben und unter den Bedingungen hoher Staatsverschuldung. Sozialmanagement ist diesbezüglich Vermittlungsinstanz, um dem Diktat rein extrinsisch formulierter ökonomischer Leistungsnachweise entgegenzuwirken und eine eigene moderne sozialökonomische Form der Anwaltschaft und Leistungserstellung für ihre Klienten zu garantieren.

3.3 Der Kultur- und Organisationswandel der Sozialwirtschaft

Die Entwicklung und Versorgung der Bürger durch die Sozialwirtschaftsorganisationen fördert auf der Makroebene und vor dem beschriebenen Hintergrund eines organisationskulturellen Wandels der Sozialwirtschaft, das Zusammenwachsen der Angebote des Sozial- und Gesundheitssektors.

Eine Voraussetzung für den notwendigen Kultur- und Organisationswandel der Sozialwirtschaft auf der Mesoebene ist zunächst die Akzeptanz der Non-Profit-Organisationen als eigenständige und weiterhin eigenwillige Organisationsform und als Multifunktionsunternehmen. Non-Profit-Organisationen werden sich den ökonomischen und professionstheoretischen Modernisierungsanforderungen öffnen, ohne ihre mitgliedschaftlichen Aufgaben vernachlässigen zu können. Die Non-Profit-Organisationen reagieren somit auf die sich verändernde Sozialintegrationskraft und die Abkoppelung ihrer ehemals tragenden Sozialmilieus und versuchen diesen Sachverhalt durch inklusionsorientiertes Marketing und öffentlichkeitswirksame Strategien zur Gewinnung neuer Zielgruppen u. a. durch Freiwilligenengagement auszugleichen.

Auf der Makroebene sollte der transparente Ausweis des Beitrags informeller und intermediär relevanter Leistungen für die soziale Hilfeproduktion, z. B. der Beitrag durch das Ehrenamt/Freiwilligenarbeit, in der volkswirtschaftlichen Gesamtrechnung des NPO-Sektors sichtbarer werden. Zudem kann durch die Einführung regionaler Sozialbilanzen neben der Leistungskraft professioneller Dienstleistungen auch der Beitrag informeller Hilfen nachgewiesen werden und somit den Investitionsbedarf in intermediäre Netzwerkstrukturen abbilden. Eine lediglich auf Privatisierung kommunaler Einrichtungen gerichtete Strategie der Sozialwirtschaft hat sich kostentechnisch nicht als bessere Variante erwiesen. Sie führt unter den Regime der Budgetierung und Reduzierung öffentlicher Finanzierung lediglich zur Unterfinanzierung sozialer Dienste. Die intermediär gestaltete Zukunft der Sozialökonomie ist der gleichsam bessere organisationskulturelle Wandel hin zur Netzwerkökonomie der Sozialwirtschaft. Nicht Vermarktlichungsprozesse contra Politisierung, sondern die sinnvolle Ergänzung beider Systemelemente – gesichert durch eine intermediär gestaltete Angebotspalette des Quasimarktes unter Einbezug sozialplanerischer und sozialpolitischer Gestaltungselemente – ermöglicht einen Qualitätswettbewerb der Anbieter, der den Wünschen der Hilfesuchenden als Kunden sozialer Dienstleistung entsprechen kann.

3.4 Die Dienstleistungsorientierung der Sozialwirtschaft

Die Bedeutung des tertiären Versorgungssektors personenbezogener Dienstleistungen wächst.

Da die überwiegende Mehrheit sozialer Dienste und Dienstleistungen auf nicht schlüssigen Tauschbeziehungen beruht, ist eine einfache Übersetzung der Steuerungsmerkmale personenbezogener Dienstleistung zu kritisieren. Hier entsteht Forschungsbedarf im Zusammenhang mit den autonomen, klientenbezogenen Entscheidungsfähigkeiten und individuellen Hilfebedarfen gemäß diagnostischer und am Assessment ausgerichteter Verfahrensweisen der Dienstleistungsproduktion. Wie können Klienten differenzierter als bisher am Prozess der Dienstleistung beteiligt werden (Prosumentenansatz)? Im Focus der Dienstleistungsforschung stehen serviceorientierte Anfragen entscheidungsfähiger Kunden, die vom dauerhaften Begleitungs- und Beratungsbedarf zu unterscheiden sind. Zielgruppen mit umfassendem Hilfebedarf und hoher Fremdleistung sind besonders intensiv und benötigen multiple Hilfen, zum Beispiel durch Pflege, medizinische Versorgung und Soziale Arbeit.

Die Erforschung sozialer und personenbezogener Dienstleistungsentwicklungen und ihrer Differenzmerkmale steht erst am Anfang des Forschungsprozesses. Die Ökonomisierung sozialer Hilfe ist fachlich und faktisch erst durch die Übertragung des „Aktivierungssyndroms" der WHO in den 80er Jahren, z. B. im Kontext der Gesundheitsförderung, möglich geworden. Der Ressourcen- und Aktivierungsansatz ist nach und nach auf alle lebensweltlich geprägten sozialen Interventionsbereiche und sozialen Professionen ausgeweitet worden. Empowerment, Aktivierung, Ressourcenaktivierung, Selbstorganisation und selbstorganisierte Hilfe unter Einschluss von professioneller Hilfe sind allerdings immer abhängig von der Selbststeuerungsfähigkeit und der voluntativen Bereitschaft zur Mitarbeit der Klienten. Kennzifferngesteuertes Handeln sollte den beteiligten Sozialwirtschaftsanbietern diesbezüglich regional ein realistisches Bild ihres Sach-, Personal- und Geldaufwandes geben, etwa um marktnahe Servicebereiche hinsichtlich des Ausbaues von Programmen der Kundenbindung, Kundenzufriedenheit, Kundenloyalität zu planen.

Die andere Seite der Hilfeleistung, die sich mit dauerhaften Einschränkungen, psychischer Instabilität und Verweigerung der Kooperation auseinandersetzt, darf nicht „einer" dominanten Form der extrinsischen Kontrolle und Controlling unterworfen werden. Da sonst die Klienten vom Subjekt der Hilfeinklusion schnell zum Zwangsobjekt der Exklusionsverwaltung werden könnten, so dass demokratische und wirksame, aber unökonomische Bemühungen und Strategien sozialer Professionen unterlaufen werden. Derzeit arbeiten viele Einrichtungen an der Erstellung einrichtungsbezogener Kennziffern. Es braucht noch geraume Zeit zur Verhandlung, Klärung und Entwicklung einrichtungs- und zugleich netzwerkrelevanter Kennziffern und Indikatoren. Mit der ausstehenden Entwicklung von Kennziffern im kommunalen Sozialraum für die träger- und einrichtungsübergreifende Zusammenarbeit wird aber die Bereitschaft zur intermediären Leistungserstellung der Gesundheits- und Sozialwirtschaftsanbieter wachsen.

3.5 Zur Einbindung intermediärer Organisations- und Finanzierungsmodelle in der Sozialwirtschaft

Bernd Halfar's Fragestellung aus dem Jahre 1999, ob sich die Nicht-Markt-Ökonomie sozialer Hilfe und Dienstleistungen des Quasimarktes optimieren lässt, ist eindeutig mit ja zu beantworten. Soziale Hilfe ist durch die passgenaue Abstimmung unterschiedlicher Finanzierungarten und Finanzierungsformen leistungsfähiger und besser auszustatten. Staatliche Regelfinanzierung, privates Kapital, Eigenerwirtschaftung/Selbstfinanzierung und gemeinwesenökonomische Formen der Tausch- und Wissensökonomie brauchen Rahmenbedingungen, die das intermediäre Engagement der einzelnen Behörden, Einrichtungen, Betriebe und bürgerschaftlichen Selbstengagements fördern sowie die betriebseigene Mittelakquise verbessern. Hierzu gilt es, das betriebliche Finanzmanagement, insbesondere die Beschaffung und Disposition der Finanzmittel, die Sicherung der eigenen Liquidität und die Liquiditätsreserven, zu verbessern. Alle zur Verfügung stehenden Finanzierungsquellen sind diesbezüglich zusammenzuführen, potenzielle Finanzierungsquellen auszubauen und interne Rationalisierungspotenziale zu klären.

Das Zusammenspiel staatlicher Regelleistungen und privater Finanzierungsmodelle bergen unter steuerrechtlichen und ertragswirtschaftlichen Gesichtspunkten schon in den gegenwärtig gültigen Rechtbestimmungen der Abgabenordnung eine Vielzahl von Möglichkeiten zur Optimierung gemischter Finanzierungsformen. Die Sachkenntnis von Fördermittelakquisiteuren und Fundraisern eignet sich diesbezüglich für alle Felder der Sozialwirtschaft. Die Übertragbarkeit von Diagnostik basierten Fallpauschalen aus dem Gesundheitssektor auf andere Gebiete der Sozialwirtschaft, z. B. der Jugendhilfe, ist grundsätzlich möglich und finanztechnisch kein Problem. Ab dem Jahr 2008 haben die Antragsteller im Rahmen der Eingliederungshilfe nach § 53 SGB XII in Kombination mit den §§ 57 SGB XII u. 17 SGB I einen Rechtsanspruch auf ein persönliches Budgets, genauer ein trägerübergreifendes Budget. Diese Finanzierungsform ist auf alle relevanten Leistungsgebiete der Sozialwirtschaft übertragbar. Die flächendeckende Einführung der persönlichen Budgets hat in diesem Bereich der Eingliederungshilfe zu marktähnlichen Strukturen geführt. Demzufolge wird eine nicht unerhebliche Zahl neuer Anbieter in den Wettbewerbsbereich der ambulanten Hilfen eingreifen. Die Folge ist ein Angebotsüberhang und ein Preiskampf, der zu fallenden Preisen im Segment monistischer Finanzierungsmodelle des Quasimarktes führen kann. Ob die Entwicklung eines Käufermarktes erreicht werden kann, ist auf Grund der geringen Inanspruchnahme noch völlig ungeklärt.

Die in diesem Buch aufgeführten Finanzierungsformen geben einen exemplarischen Überblick, zum Beispiel hinsichtlich der Kombination verschiedener Spielarten der Bußgeld- und Glücksspielakquise oder des Einsatzes privaten Fondskapitals für soziale Zwecke und deren Projekte und Bedarfe. Im Hinblick auf das Konzept und die intermediären Funktionen der Sozialwirtschaft ist der Forschungsbedarf auf die Kombinationsfähigkeit und das Zusammenspiel der öffentlichen, privaten und gemeinwesenökonomischen Finanzierungformen zu richten. Dies wäre ein Schritt in die Zukunft hin zur Umsetzung fallbezogener und fallunabhängiger intermediärer Finanzierungsmodelle.

Die intermediäre Vernetzung der die Leistungsgrenzen überschreitenden Angebote und Leistungserstellungen des Sozial- und Gesundheitssektors ist die Hauptaufgabe der Sozialwirtschaftsorganisationen in der nächsten Dekade.

Die Struktur der deutschen Sozialwirtschaft benötigt die Ausgestaltung der netzwerk- und wissensbasierten Erzeugung sozialer Dienstleistungen. Es braucht eine intermediäre Qualitätskontrolle auf der Fall- und Systemebene, um den bislang nicht transparenten, außerordentlich hohen Ressourcenverbrauch, der durch sozialpolitisch widersprüchliche Handlungsstrategien erzeugt wird, zum Vorschein kommen zu lassen und zu korrigieren. Intermediäre Formen des Sozialraummanagements machen Versorgungslücken, Brüche und Schlechtleistungen im Netzwerk transparent. Die intermediäre Perspektive kann dazu beitragen, negative Erscheinungen der Ökonomisierung, Bürokratisierung, der Monetarisierung, der Verrechtlichung und Professionalisierung wahrzunehmen. Im Modell des intermediären Engagements der Leistungsanbieter können die Besonderheiten und Widersprüche des wohlfahrtsstaatlichen Systems austariert werden. Mit Hilfe der Sozialwirtschaftsorganisationen und des Sozialmanagements können passgenaue Lösungen vom Endverbraucher gedacht und durch die selbstbestimmte Vielfalt bei der Auswahl der Angebote durch die Hilfesuchenden gesteuert werden. Demzufolge bleibt der Wohlfahrtsstaat wichtiger Akteur im Sinne der Verantwortung und Koordination der Leistungsgestaltung.

Die kommunale Selbstverwaltung könnte aber auch in der Gestaltung sozialer Kommunalpolitik von ihrer Koordinationsmacht zurücktreten und streng definierte Dienstleistungen – als intermediäre Aufgabe – an private Institutionen, bspw. Bürgerstiftungen, übertragen. Stiftungsformen sind darüber hinaus in der Lage, sehr gut zusätzliche private Mittel zu akquirieren, zum Beispiel für den Betrieb eines flächendeckenden kommunalen Kontraktmanagements für Case und Care Organisationen.

Die Fachgebiete der Sozialwirtschaft und des Sozialmanagements können diesbezüglich zur rationalen Entscheidungsfindung und allokativen Effizienzsteigerung Sozialer (Dienstleistungs-) Arbeit einen wirksamen Beitrag leisten.

Literatur

Achleitner, Ann-Kristin/Heister, Peter/Stahl, Erwin: Social Entrepreneurship – Ein Überblick in Achleitner, Ann-Kristin/Pöllath, Reinhard/Stahl, Erwin (Hrsg.): Finanzierung von Sozialunternehmern – Konzepte zur finanziellen Unterstützung von Social Entrepreneurs, Stuttgart 2007, 3-25.

Achleitner, Ann-Kristin/Pöllath, Reinhard/Stahl, Erwin (Hrsg.): Finanzierung von Sozialunternehmern – Konzepte zur finanziellen Unterstützung von Social Entrepreneurs, Stuttgart 2007.

Adam, Hans/Behrens, Cornelia/Göpffarth, Dirk/Jochimsen, Beate (Hrsg.): Öffentliche Finanzen und Gesundheitsökonomie, Baden-Baden 2007.

Albers, Jens: Der Sozialstaat in der Bundesrepublik 1950-1983; Frankfurt/New York 1996.

Amelung/Meyer-Lutterloh/Schmid/Seiler/Lägel/Weatherly: Integrierte Versorgung und Medizinische Versorgungszentren, 2. Auflage mit CD-ROM, Medizinisch Wissenschaftliche Verlagsgesellschaft, Berlin 2008.

Arbeitsmappe Sozial- und Wirtschaftskunde, Erich Schmidt Verlag: Zahlenbilder der Sozialhilfe in Deutschland, 2006, 131.

Arnold, Ulli/Maelicke, Bernd (Hrsg.): Lehrbuch der Sozialwirtschaft, 2. Auflage, Baden-Baden 2003.

Arnold, Ulli/Maelicke, Bernd: Lehrbuch der Sozialwirtschaft, 3. Auflage, Baden-Baden 2009.

Arnold, Ulli: „Sozialmarketing". In: Arnold/Maelicke: Lehrbuch der Sozialwirtschaft, Baden-Baden 2009, 552.

Asghari, Jasmin/Bernzen, Christian/Borsutzky, Andreas/Grote, Andy/Schröder, Jan W.: Beispiele und Ansatzpunkte wirkungsorientierter Vertragsgestaltung auf dem Gebiet der sozialen Dienste unter besonderer Berücksichtigung der Hilfen zur Erziehung nach den §§ 27 ff. SGV VIII; Expertise im Auftrag des Bundesministeriums für Familie, Senioren, Frauen und Jugend; JSB 2003.

Aufderheide, Detlef/Dabrowski, Martin: Markt und Wettbewerb in der Sozialwirtschaft – Wirtschaftsethische und moralökonomische Perspektiven für den Pflegesektor, Volkswirtschaftliche Schriften Heft 551, Berlin 2007.

Austin, James E./Dutch, Leonard/Reficco, Ezequiel/Wei–Skillern, Jane: Corporate Social Entrepreneurship: A New Vision for CSR. In: Epstein, Marc J./Hanson, Kirk O.: The Accountable Corporation. Vol. 2, Westport 2005.

Bäcker, Gerhard et al.: Sozialpolitik und soziale Lage in Deutschland, Band 1: Grundlagen, Arbeit, Einkommen und Finanzierung, 4. Auflage, Wiesbaden 2008a.

Bäcker, Gerhard et al.: Sozialpolitik und soziale Lage in Deutschland, Band 2: Gesundheit, Familie, Alter und Soziale Dienste, 4. Auflage, Wiesbaden 2008b.

Backhaus-Maul, Holger: Sozialpolitische Entwicklungslinien in Deutschland. In: Arnold/Maelicke (Hrsg.): Lehrbuch der Sozialwirtschaft, Baden-Baden 2009, 96-116.

Badelt, Christoph/Meyer, Michael/Simsa, Ruth (Hrsg.): Handbuch der Nonprofit Organisation. Strukturen und Management, 4. Auflage, Stuttgart 2007.

Bahr, Martin: Glücks- und Gewinnspielrecht, Berlin 2007.

Ballhausen, Werner: Freie Wohlfahrtspflege. In: DV (Hrsg.): Fachlexikon der sozialen Arbeit, Baden-Baden 2007, 345.

Bange, Thorsten/Röthing, Iris: Qualität ja – aber nicht um jeden Preis in Wohlfahrt Intern – Das Entscheider-Magazin für die Sozialwirtschaft, Nr. 9, Düsseldorf 2007, 8-11.

Banner, Gerhard: Von der Behörde zum Dienstleistungsunternehmen – Umdenken im Rathaus: Neue Steuerungsmodelle in der deutschen Kommunalverwaltung Berlin 1991.

Barsch, Achim/Hejl, Peter: Menschenbilder. Zur Pluralisierung der Vorstellungen über die menschliche Natur, Frankfurt 2000.

Bassarak, Herbert/Heinz, Rainer/von der Heyden-Rynsch, Irene/Mehls, Sigurd: Beispiel für Organisationsentwicklung – Das neue Steuerungsmodell – Einführung und Umsetzung in der Berliner Verwaltung – Organisationsanalyse und -entwicklung, HDL, Brandenburg 2001.

Bassarak, Herbert/Wöhrle, Armin: Sozialwirtschaft und Sozialmanagement im deutschsprachigen Raum, Bestandsaufnahmen und Perspektiven, Augsburg 2008.

Bauer, Rudolph: Personenbezogene Soziale Dienstleistungen – Begriff, Qualität und Zukunft, Wiesbaden 2001.

Bauer-Emmerichs, Michael: Wie funktioniert das? – Wirtschaft heute, 4. Auflage, Zürich 1999.

Beck, Reinhilde/Schwarz, Gotthart: Personalführung – eine Managementaufgabe von strategischer Bedeutung – Führen im Zeichen des Organisationswandels und neuer Steuerungskonzepte, HDL, Brandenburg 2000.

Beck, Reinhilde/Schwarz, Gotthart: Projekt- und Prozessmanagement – Optimierung von Leitungshandeln, HDL, Brandenburg 2000.

Beck, Reinhilde/Schwarz, Gotthart: Rahmenbedingungen und Bausteine eines integrierten Personalentwicklungssystems – Personalmanagement als Führungskonzept, HDL, Brandenburg 2000.

Beck, Tobias: Managed Care in der stationären Leistungserbringung; Innovative Integrierte Versorgung als Chance und Perspektive für Krankenhäuser. Hamburg 2007.

Becker, G.S./Becker, G.N.: Die Ökonomik des Alltags, Tübingen 1998.

Becker, G.S.: Der ökonomische Ansatz zur Erklärung menschlichen Verhaltens, 2. Auflage, Tübingen 1993.

Becker, Helmut E. (Hrsg.): Das Sozialwirtschaftliche Sechseck, Freiburg im Breisgau 2002.

Beckmann/Otto/Richter/Schrödter: Qualität in der Sozialen Arbeit: Zwischen Nutzerinteresse und Kostenkontrolle, Wiesbaden 2004.

Beinhocker, Eric: Die Entstehung des Wohlstands. Wie die Entstehung der Wirtschaft die Evolution antreibt, Landsberg 2007.

Bellermann, Martin: Sozialökonomie – Soziale Güter und Organisationen zwischen Ökonomie und Politik, Freiburg im Breisgau 2004.

Benz, Benjamin: Soziale Dienste und Sozialstaatlichkeit. In: Arnold/Maelicke (Hrsg.): Lehrbuch der Sozialwirtschaft, 3. Auflage, Baden-Baden 2009, 78-95.

Bertelsmann Stiftung (Hrsg.): Gute Geschäfte – Marktplatz für Unternehmen und Gemeinnützige, Gütersloh 2007.

Biedermann, Christiane/Nährlich, Stefan/Polterauer, Judith: Corporate Citizenship – Die Renaissance unternehmerischen Engagements, Baden-Baden 2008.

Bieker , Rudolf: Neue Kommunalverwaltung, München/Weinheim 2004.

Bieker, Rudolf: Kommunale Sozialverwaltung – Grundriss für das Studium der angewandten Sozialwissenschaften, München 2006.

Biesecker, Adelheid/Büscher, Martin/Sauer, Thomas/Stratmann-Mertens, Eckart (Hrsg.): Alternative Weltwirtschaftsordnung; Perspektiven nach Cancún, Hamburg 2004.

Biesecker, Adelheid/Hofmeister, Sabine: (Re)Produktivität. Nachhaltige Natur- und Geschlechterverhältnisse. In: Widersprüche Nr. 54, 28. Jg. 2008, 111-126.

Biesecker, Adelheid/Hofmeister, Sabine: Die Neuerfindung des Ökonomischen. Ein (re)produktionstheoretischer Beitrag zur Sozial-ökologischen Forschung. Ergebnisse Sozial-ökologischer Forschung Bd. 2, München 2006.

Biesecker, Adelheid/Kesting, Stefan: Mikroökonomik. Eine Einführung aus sozial-ökologischer Perspektive, München 2003.

Biesecker, Adelheid/Matthes, Maite/Schön, Susanne/Scurrell, Babette (Hrsg.): Vorsorgendes Wirtschaften. Auf dem Weg zu einer Ökonomie des guten Lebens, Bielefeld 2000.

Birkhölzer Karl: Dritter Sektor/Drittes System; Wiesbaden, 2005.

Blankart, Charles: Öffentliche Finanzen in der Demokratie, 4. Auflage, München 2001.

Blätter der Wohlfahrtspflege – Deutsche Zeitschrift für Sozialarbeit: Kommunale Sozialpolitik, Baden-Baden, Nr. 01, 2004.

Boeckh, Jürgen/Huster, Ernst Ulrich: Sozialbudget. In: Maelicke (Hrsg.): Lexikon der Sozialwirtschaft, Baden-Baden 2008, 894.

Bödege-Wolf, Johanna/Schellberg, Klaus: Organisationen der Sozialwirtschaft, Baden-Baden 2006.

Böhnisch/Lenz/Schröer: Sozialisation und Bewältigung – Eine Einführung in die Sozialisationstheorie der zweiten Moderne, München/Weinheim 2009.

Böhnisch, Lothar/Schefold, Werner: Lebensbewältigung, München/Weinheim 1985.

Bösenberg, Dirk/Metzen, Heinz: Lean Management. Vorsprung durch schlanke Konzepte, Landsberg 1993.

Boeßenecker, Karl Heinz: Marktentwicklung und Organisationswandel in der Sozialwirtschaft. In: Brinkmann, Volker (Hrsg.), Change Management in der Sozialwirtschaft, Wiesbaden 2005a, 3-17.

Boeßenecker, Karl-Heinz: Spitzenverbände der Freien Wohlfahrtspflege – Eine Einführung in Organisationsstrukturen und Handlungsfelder der deutschen Wohlfahrtsverbände, Neuausgabe, Weinheim und München 2005b.

Boeßenecker, Karl-Heinz: Wohlfahrtsverbände im Veränderungsprozess – Rahmenbedingungen sozialer und öffentlicher Managementtätigkeit im Sozialstaat BRD, HDL, Brandenburg 2004.

Boeßenecker, Karl Heinz: Freie Träger. In: Maelicke (Hrsg.): Lexikon der Sozialwirtschaft, Baden-Baden 2008a, 379-381.

Boeßenecker, Karl Heinz: Sozialarbeiter/Sozialpädagogen. In: Maelicke (Hrsg.): Lexikon der Sozialwirtschaft, Baden-Baden 2008b, 889-891.

Bogumil/Holtkamp/Kißler: Verwaltung auf Augenhöhe, Berlin 2001.

Bommes, Michael/Scherr, Adalbert: Soziologie der Sozialen Arbeit, Weinheim 2000.

Bourdieu Pierre: Die feinen Unterschiede. Kritik der gesellschaftlichen Urteilskraft. Suhrkamp, Frankfurt a. M. 1982.

Brandel, Rolf/Stöbe-Blossey/Wohlfahrt, Norbert: Verwalten oder gestalten – Ratsmitglieder im Neuen Steuerungsmodell, Berlin 1999.

Brazda, Johann/Kramer, Jost W./Laurinkari, Juhani/Schediwy, Robert: Anders als die Anderen – Eine unbefangene Annäherung an Genossenschaften, Sozialwirtschaft und Dritten Sektor, Bremen 2006.

Brinkmann, Volker: Intermediäre Engagements als Herausforderung an die Sozialpolitik in Deutschland, Münster 1998.

Brinkmann, Volker: Sozialpolitik – Problem und Perspektiven im deutschen und russischen Kontext, Archangelsk 2003.

Brinkmann, Volker (Hrsg.): Change Management in der Sozialwirtschaft, Wiesbaden 2005.

Brinkmann, Volker (Hrsg.): Case Management – Organisationsentwicklung und Change Management in Gesundheits- und Sozialunternehmen, Wiesbaden 2006.

Brinkmann, Volker (Hrsg.): Personalentwicklung und Personalmanagement in der Sozialwirtschaft – Tagungsband der 2. Norddeutschen Sozialwirtschaftsmesse, Wiesbaden 2008.

Brückers, Rainer: Verbandsentwicklung der Arbeiterwohlfahrt. In: Markert, Buckley/Vilain, Biebricher (Hrsg.), Soziale Arbeit und Sozialwirtschaft, Münster 2008, 91-98.

Brückmann, Friedel: Öffentliche Einnahmen – Öffentliche Finanzwirtschaft und Investitionsrechnung, HDL, 2. Auflage, Brandenburg 2003.

Brückmann, Friedel: Öffentliche Güter und öffentlicher Haushaltsplan – Öffentliche Finanzwirtschaft und Investitionsrechnung, HDL, 2. Auflage, Brandenburg 2003.

Brühl, Albert: Fallgruppen der Sozialarbeit – als Antwort auf die Einführung der Diagnosis Related Groups in Akut-Krankenhäusern. In: Reihe Forschung und Entwicklung in der Sozialwirtschaft, Band 3, Osnabrück 2003.

Brühl, Albrecht et al.: Handbuch Sozialrechtsberatung, Baden-Baden 2005.

Brülle, Heiner/Reis, Claus: Neue Steuerung in der Sozialhilfe, Neuwied 2001.

Brülle, Heiner/Schleimer, Ingrid: Programmierung und Steuerung kommunaler Beschäftigungspolitik in Verantwortung der kommunalen Sozialverwaltung, Neuwied 1994.

Brünger/Storms, FAZ, Nr. 278, 30.11.2009.

Budde, Wolfgang/Früchtel, Frank/Hinte, Wolfgang (Hrsg.): Sozialraumorientierung – Wege zu einer veränderten Praxis, Dezember 2006.

Buesmann/Esch/Stöbe-Blosey: Neue Steuerungsmodelle – Frischer Wind im Jugendhilfeausschuss, Opladen 2003.

Buestrich, Michael/Burmester, Monika/Dahme, Heinz-Jürgen/Wohlfahrt, Norbert: Die Ökonomisierung Sozialer Dienste und Sozialer Arbeit – Entwicklung – Theoretische Grundlagen – Wirkungen, Band 18, Grundlagen der Sozialen Arbeit, Baltmannsweiler 2008.

Bundearbeitsgemeinschaft (BAG) der Freien Wohlfahrtspflege (Hrsg.): Einrichtungen und Dienste der Freien Wohlfahrtspflege, Gesamtstatistik 2008, Berlin 2009.

Busse, Angela: Öffentliche Träger. In: DV (Hrsg.): Fachlexikon der sozialen Arbeit, Baden-Baden 2007.

Christa, Harald/Schellberg, Klaus: Ziele und Elemente des Marketings sozialer und öffentlicher Unternehmen – Marketing sozialer und öffentlicher Unternehmen, Brandenburg 2002.

Christa, Harald/Schellberg, Klaus: Instrumente im Dienstleistungsmarketing sozialer und öffentlicher Unternehmen – Marketing sozialer und öffentlicher Unternehmen, HDL, Brandenburg 2003.

Dahme, Heinz Jürgen/Wohlfahrt, Norbert: Netzwerkökonomie im Wohlfahrtsstaat, Wettbewerb und Kooperation im Sozial- und Gesundheitssektor, Berlin 2000.

Dahme, Heinz-Jürgen/Schütter, Silke/Wohlfahrt, Norbert: Lehrbuch Kommunale Sozialverwaltung und Soziale Dienste – Grundlagen, aktuelle Praxis und Entwicklungsperspektiven, Weinheim/München, 2008.

Dahrendorf, Ralf: Homo Sociologicus: Ein Versuch zur Geschichte, Bedeutung und Kritik der Kategorie der sozialen Rolle, Wiesbaden 2006.

Daly, Hermann: Ecological Economics and the Ecology of Economics, 1999.

Damm, Diethelm/Lang: Handbuch Unternehmenskooperationen. Erfahrungen mit Corporate Citizenship in Deutschland, Bonn/Hamburg 2001.

Deutscher Verein für private und Öffentliche Fürsorge (Hrsg.): Fachlexikon der Sozialen Arbeit, Baden-Baden 2007.

Diller, Angelika/Leu, Hans Rudolf/Rauschenbach, Thomas (Hrsg.): Kitas und Kosten – Die Finanzierung von Kindertageseinrichtungen auf dem Prüfstand, München 2004.

Dimmel, Nikolaus: Perspektiven der Sozialwirtschaft 2005–2015 Vergaberecht – Leistungsverträge – Sozialplanung 2005.

Dittrich, Klaus-Werner: Generelle Voraussetzungen der Kreditvergabe in Finanzen für den Sozialbereich (Hrsg. Hohn et al.), 5.1, Hamburg 2008.

Dohmen, Dieter/Fuchs, Kathrin: Wettbewerbliche Finanzierung von Schulen – Studie für das Liberale Institut der Friedrich Naumann-Stiftung für die Freiheit, Berlin 2006.

Dörr, Gernot/Francke, Konrad: Sozialverwaltungsrecht – Ein Grundriss, Berlin 2002.

Einatz, Matthias: Fallpauschale in der Jugendhilfe – Ein effizienter Weg in der Finanzierung und Einschätzung von Hilfen zur Erziehung nach §§ 27, 30-32 SGB VIII, Kiel 2009.

Eisenreich, Thomas/Halfar, Bernd/Moos, Gabriele (Hrsg.): Steuerung sozialer Betriebe und Unternehmen mit Kennzahlen, Baden-Baden 2005.

Eißel, Dieter: National- und Wohlfahrtsstaat: Herausforderungen und Perspektiven – Rahmenbedingungen sozialer und öffentlicher Managementtätigkeit im Sozialstaat BRD, HDL, 2. Auflage, Brandenburg 2003.

Elsen, Susanne: Gemeinwesenökonomie – eine reale Utopie befreiender Sozialer Arbeit, München September 2005.

Elsen, Susanne: Die Ökonomie des Gemeinwesens, Sozialpolitik und Soziale Arbeit im Kontext von gesellschaftlicher Wertschöpfung und -verteilung, Weinheim und München 2007.

Elsen, Susanne: Solidarökonomie und Soziale Arbeit , Jena 2008.

Elsen, Susanne: Wirtschaftswissenschaftliche Positionen und ihr potenzieller Bezug zu Sozialen Arbeit, Jena 2008.

Engelhardt, Hans Dietrich: Zur Entwicklung problemangemessener Organisationsstrukturen – HDL, Brandenburg 2000.

Engelke, Ernst et al. (Hrsg.): Forschung für die Praxis – Zum gegenwärtigen Stand der Sozialarbeitsforschung, Freiburg im Breisgau 2007.

Engelke, Ernst/Borrmann, Stefan/Spatscheck, Christian: Theorien der Sozialen Arbeit – Eine Einführung, 4. Auflage, Freiburg im Breisgau 2008.

Erath, Peter: Sozialarbeitswissenschaft – Eine Einführung, Stuttgart 2006.

Esping/Andersen/Gosta: The Three Worlds of Welfare Capitalism, Cambridge 1990.

Etzioni, Amitai: Beethoven Teilen. In: „Die Zeit" Nr. 46, 10.11.1995, 43.

Eucken, Walter: Die Grundlagen der Nationalökonomie, Berlin 1932.

Evers, Adalbert/Olk, Thomas: Wohlfahrtspluralismus. Vom Wohlfahrtstaat zur Wohlfahrtsgesellschaft, Opladen 1996.

Evers, Adalbert: Welfare Mix. In: DV (Hrsg.): Fachlexikon der sozialen Arbeit, Baden-Baden 2007, 1035 f.

Evers/Olk/Wiesenthal: Arbeit und Engagement im intermediären Bereich, Zum Verhältnis von Beschäftigung und Selbstorganisation in der lokalen Sozialpolitik, Band 4 der Beiträge zur Sozialpolitik Forschung (Hrsg. Voges/Ostner), Augsburg 1989.

Fahlbusch, Jonathan: Sozialhilfe. In: DV (Hrsg.): Fachlexikon der sozialen Arbeit, Baden-Baden 2007, 880-884.

Fänderl, Wolfgang (Hrsg.): Beteiligung übers Reden hinaus. Gemeinsinn-Werkstatt: Materialien zur Entwicklung von Netzwerken, Gütersloh 2006.

Farmer, Karl/Harbrecht, Wolfgang (Hrsg.): Theorie der Wirtschaftspolitik, Entwicklungspolitik und Wirtschaftsethik – Festschrift für Werner Lachmann zum 65. Geburtstag, Münster 2006.

Felix, Dagmar (Hrsg.): Die Finanzierung der Sozialversicherung, Berlin 2007.

Finis Siegler, Beate: Ökonomik Sozialer Arbeit, Freiburg im Breisgau 1997.

Finis Siegler, Beate: Ökonomik Sozialer Arbeit, Freiburg im Breisgau, 2. Auflage, 2007.

Flieger, Burghard: Sozialgenossenschaften. In: Maelicke (Hrsg.): Lexikon der Sozialwirtschaft, Baden-Baden 2008, 908-909.

Flierl, Hans: Freie und öffentliche Wohlfahrtspflege, Weinheim 1992.

Flösser, Otto: Neue Steuerungsmodelle für die Jugendhilfe, Neuwied, Kriftel, Berlin 1996.

Forsthoff, Ernst: Die Daseinsvorsorge von Kommunen. In: Briefwechsel mit C. Schmidt, Akademie Verlag, Berlin 1958a.

Forsthoff, Ernst: Lehrbuch des Verwaltungsrechts, München, Berlin 1958b.

Frei, Franz: Chancen und Grenzen von Wirkungsorientierung in den Hilfen zur Erziehung; Wiesbaden 2007.

Frevel, Bernhard/Dietz, Berthold: Sozialpolitik kompakt, 2. Auflage, Wiesbaden 2008.

Früchtel, Frank/Cyprion, Gudrun/Budde, Wolfgang: Sozialer Raum und Soziale Arbeit, Wiesbaden 2007.

Fukuyama, Francis: Trust: Human Nature and the Reconstitution of Social Order: The Social Virtues and the Creation of Prosperity, New York 1996.

Gaertner, Irmgard: Output statt Input in Social Management – Magazin für Organisation und Innovation:, Nr. 05/06, Frankfurt am Main 1998, 14-17.

Galuske, Michael: Methoden der Sozialen Arbeit – Eine Einführung, 6. Auflage, Weinheim und München 2005.

Galuske/Thole: Vom Fall zum Management: Neue Methoden der Sozialen Arbeit, Wiesbaden 2006.

Gehrmann, Gerd/Müller, Klaus D.: Management in sozialen Organisationen – Handbuch für die Praxis Sozialer Arbeit, 4. Auflage, Berlin 2006.

Glatzer, Wolfgang/Zapf, Wolfgang (Hrsg.): Lebensqualität in der Bundesrepublik. Objektive Lebensbedingungen und subjektives Wohlbefinden. Frankfurt/New York 1984.

Göppner, Hans-Jürgen/Hämäläinen, Juha: Die Debatte um Sozialarbeitswissenschaft – Auf der Suche nach Elementen für eine Programmatik, Freiburg im Breisgau 2004.

Gorz Andre: Auswege aus dem Kapitalismus. Beiträge zur politischen Ökologie, Zürich 2009.

Grüning, Gernod: Grundlagen des New Public Managements, Münster 2000.

Grunwald, Klaus: Zum Management von Einrichtungen der Sozialen Arbeit aus organisationssoziologischer Perspektive. In: Grunwald (Hrsg.): Vom Sozialmanagement zur Management des Sozialen?, Baltmannsweiler 2009, 1-14 u. 85-138.

Grunwald, Klaus/Thiersch, Hans (Hrsg.): Praxis Lebensweltorientierter Sozialer Arbeit. Handlungszugänge und Methoden in unterschiedlichen Arbeitsfeldern. München, Weinheim 2004.

Habermas, Jürgen: Niederlage des Neoliberalismus. Vgl. Zeit Nr. 46 vom 6.11.2008, 53 f.

Habisch, André/Schmidpeter, René/Neureiter, Martin: Handbuch Corporate Citizenship: Corporate Social Responsibility für Manager, Berlin-Heidelberg-New York 2007.

Häcker, Jasmine et al.: Effizienzreserven in der stationären Pflege in Deutschland. Versuch einer Quantifizierung und Implikationen für die Reform der Gesetzlichen Pflegeversicherung, in Zeitschrift für Wirtschaftspolitik, Jahrgang 57, Stuttgart 2008, 92-116.

Halfar, Bernd (Hrsg.): Finanzierung sozialer Dienste und Einrichtungen, Edition Social Management Band 11, Baden-Baden 1999.

Halfar, Bernd: Finanzierungsmanagement. In: Arnold/Maelicke Lehrbuch der Sozialwirtschaft (Hrsg.), Baden-Baden 2003, 362-400.

Halfar, Bernd: „Wirkungsorientierte Finanzierung in der Jugend(verbands)-arbeit" in NDV (Nachrichtendienst), Deutscher Verein für öffentliche und private Fürsorge, Nr. 9, Baden-Baden 2005, 1-7.

Halfar, Bernd: Controlling in sozialwirtschaftlichen Organisationen. In: Arnold/Maelicke Lehrbuch der Sozialwirtschaft (Hrsg.), Baden-Baden 2008, 665-680.

Hank, Rainer (Hrsg.): Der Sonntags Ökonom – Geschichten aus dem prallen Leben, Frankfurt am Main 2007.

Hasse, Raimund: Wohlfahrtspolitik und Globalisierung – Zur Diffusion der World Polity durch Organisationswandel und Wettbewerbsorientierung, Opladen 2003.

Haunert, Friedrich: Einführung ins Fundraising in Finanzen für den Sozialbereich. In: Hohn et al. (Hrsg.), Finanzen für den Sozialbereich, 6.1, Hamburg 2008.

Hauser, Richard: Ziele und Möglichkeiten einer sozialen Grundsicherung, Schriftenreihe Dialog Sozial, Baden-Baden 1996.

Heiner, Maja: Professionalität in der Sozialen Arbeit – Theoretische Konzepte, Modelle und empirische Perspektiven, Stuttgart 2004.

Heinze, Rolf G./Offe, Claus: Formen der Eigenarbeit. Theorie, Empirie, Vorschläge, Opladen 1990.

Herrmann, Peter (Hrsg.): Europäische Daseinsvorsorge – Prüfsteine für die deutsche Sozialwirtschaft, Baden-Baden 2002.

Hettlage, Robert: Die anthropologische Konzeption des Genossenschaftswesens. Theorie und Praxis. Welche Chancen hat der „homo cooperativus"? In: Lauvinkor, Juhani; unter Mitarbeit von Brazda, Johannes (Hrsg.): Genossenschaftswesen. Hand- und Lehrbuch, München/Wien 1999, 24-49.

Hinte, Wolfgang/Litges, Gerhard/Groppe, Johannes: Sozialräumliche Finanzierungsmodelle – Qualifizierte Jugendhilfe auch in Zeiten knapper Kassen, Modernisierung des öffentlichen Sektors Band 20, Berlin 2003.

Hinte, Wolfgang/Lüttringhaus, Maria/Oelschlägel, Dieter: Grundlagen und Standards der Gemeinwesenarbeit – Reader, Münster 2001.

Hohn, Bettina; Bank für Sozialwirtschaft AG; neues handeln GmbH; Paritätische Gesamtverband e. V. (Hrsg.): Finanzen für den Sozialbereich, Hamburg 2008.

Holt, Thomas von: Finanzierung sozialer Dienste und Einrichtungen. In: DV (Hrsg.): Fachlexikon der sozialen Arbeit, Baden-Baden 2007, 332 f.

Horcher, Georg: Organisation sozialer Dienste. In: Maelicke (Hrsg.): Lexikon der Sozialwirtschaft, Baden-Baden 2008a, 740.

Horcher, Georg: Zuwendungen. In: Maelicke (Hrsg.): Lexikon der Sozialwirtschaft, Baden-Baden 2008b, 1107 f.

Horcher, Georg: Pflegesatz. In: Maelicke (Hrsg.): Lexikon der Sozialwirtschaft, Baden-Baden 2008c, 783.

Horcher, Georg: Subsidiarität. In: Maelicke (Hrsg.): Lexikon der Sozialwirtschaft, Baden-Baden 2008d, 988-990.

Horcher, Georg: Das System sozialer Dienstleistungen. In: Arnold/Maelicke Lehrbuch der Sozialwirtschaft, Baden-Baden 2009a, 193-241.

Horcher, Georg: Handlungsfelder und Methoden der Sozialen Arbeit. In: Arnold/Maelicke Lehrbuch der Sozialwirtschaft, Baden-Baden 2009b, 247-268.

Hülsmeier, Rudolf: Zivilrecht – Rechtsgrundlagen der öffentlichen Verwaltung, HDL, 2. Auflage, Brandenburg 2003.

Hüntgen, Gerald/Schmitz, Sandra: Relationship Fundraising: Spenderbindung durch Beziehungsaufbau. In: Hohn et al. (Hrsg.): Finanzen für den Sozialbereich, 6.4, Hamburg 2008.

Huster, Ernst Ulrich: Soziale Marktwirtschaft. In: Maelicke (Hrsg.): Lexikon der Sozialwirtschaft, Baden-Baden 2008, 897-905.

Institut für soziale Arbeit e.V (Hrsg.): Soziale Praxis Heft 20 – Soziale Indikatoren und Sozialraumbudgets in der Kinder- und Jugendhilfe, Münster 1999.

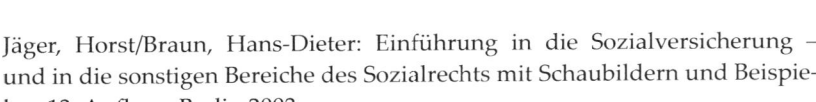

Jäger, Horst/Braun, Hans-Dieter: Einführung in die Sozialversicherung – und in die sonstigen Bereiche des Sozialrechts mit Schaubildern und Beispielen, 13. Auflage, Berlin 2003.

Jellinek, Georg: Allgemeine Staatslehre, Bad Homburg 1966.

Jessen, Jens/Neises, Gudrun (Hrsg.): Gesundheitsökonomie, Scheßlitz 2006.

Kähler, Harro: Soziale Arbeit in Zwangskontexten – Wie unerwünschte Hilfe erfolgreich sein kann, München 2005.

Kahneman, Daniel/Tversky, H.: Choices, Values and Frames, Cambrigde 2000.

Kaufmann, Franz-Xaver: Herausforderungen des Sozialstaates, Frankfurt 1997.

Kersten, Jens: Die Entwicklung des Konzepts der Daseinsvorsorge im wissenschaftlichen Werk von Ernst Forsthoff. In: Der Staat 44 (2005), Heft 4.

Kessl, Fabian: Sozialmanagement oder Management des Sozialen im Kontext post-wohlfahrtstaatlicher Transformationen. Eine Vergewisserung, zwei Problematisierungen und die Perspektive der Positioning Analysis. In: Grunwald, Klaus: Vom Sozialmanagement zum Management des Sozialen?, Baltmannsweiler 2009, 42-61.

Kettiger, Daniel/Schröder, Jan: Wirkungsorientierte Steuerung in der sozialen Arbeit, Bundesministerium für Familie, Senioren, Frauen und Jugend (Hrsg.), Schriftenreihe Band 229; Kohlhammer, Stuttgart 2001.

Klaßmann, Ralf: Lohnt Gemeinnützigkeit noch? Wohlfahrt Intern – Das Entscheider-Magazin für die Sozialwirtschaft, Nr. 11, Düsseldorf 11.2007, 8-13.

Klinger, Roland/Kunkel, Peter-Christian/Peters, Karen/Fuchs, Petra: Sozialhilferecht – SGB XII mit SGB II und AsylbLG, Baden-Baden 2005.

Klöck, Tilo: Entwicklungen und Perspektiven der Gemeinwesenarbeit in München – zwischen Marginalisierung und Modernisierung, München 2008.

Klüsche, Wilhelm (Hrsg.): Ein Stück weitergedacht – Beiträge zur Theorie- und Wissenschaftsentwicklung der Sozialen Arbeit, Freiburg im Breisgau 1999.

Knecht, Alban: Bürgergeld: Armut bekämpfen ohne Sozialhilfe – Negative Einkommenssteuer, Kombilohn, Bürgerarbeit und RMI als neue Wege, Wien 2002.

Knorr, Friedhelm/Scheibe-Jaeger, Angela: Sozialökonomie – Volkswirtschaftliche und betriebswirtschaftliche Grundlagen für die soziale Arbeit.

Knorr, Friedhelm/Scheppach, Maria: Kontraktmanagement – Finanzierungs-formen, Leistungsverträge, für freie Wohlfahrtsverbände, soziale Dienstleis-ter und Sozialverwaltungen, Regensburg, Bonn 1999.

Knoth, Andrea: Erwirtschaftung von Eigenmitteln. In: Hohn et al. (Hrsg.): Finanzen für den Sozialbereich, 4.1, Hamburg 2008.

Koch, Christian: Controlling und Finanzmanagement. In: Hohn, Bettina et al.: Finanzen für den sozialen Bereich. Hamburg 2008, 1.

Köchling, Egbert: Finanzierung und Recht sozialer Einrichtungen – Grund-lagen für die Praxis, Hannover 2004.

Kolhoff, Ludger: Ziele, Modelle und Methoden der Organisationsentwick-lung – Organisationsanalyse und -entwicklung, HDL, Brandenburg 2000.

Kolhoff, Ludger: Finanzierung sozialer Einrichtungen und Dienste, Augs-burg 2002.

Kolhoff, Ludger: Zuschüsse und Pflegesätze als öffentliche Finanzierungs-formen, HDL, Brandenburg 2003.

Kolhoff, Ludger/Beck, Reinhilde/Engelhardt, Hans Dietrich/Hege, Marianne/Sandmann, Jürgen: Zwischen Ökonomie und sozialer Verantwortung, Augs-burg 2005.

Kolhoff, Ludger/Gruber, Christine: Die EU-Erweiterung – Herausforderun-gen für die Sozialwirtschaft, Augsburg 2005.

Kolhoff, Ludger/Vollmer, Michael: Ökonomische und rechtliche Rahmen-bedingungen der Existenzgründung – Unternehmensgründung und Entre-preneurship, HDL, Brandenburg 2001.

Kolleck, Bernd: Informationsmanagement: Grundlagen und Anwendungen – Informations-/Kommunikationstechnik – Hilfsmittel Leistungsfähiger Or-ganisationen, HDL, 2. Auflage, Brandenburg 2003.

Korittke, Stefanie: Trickreiche Kalkulation in Wohlfahrt Intern – Das Ent-scheider-Magazin für die Sozialwirtschaft, Nr. 11, Düsseldorf 2008, 12-14.

Kortendieck, Georg: Operatives Controlling in sozialen Organisationen – Ressourcenmanagement, Effizienzmessung mit Kennzahlen, Controlling, HDL, Brandenburg 2001.

Kramer, David: Lobbyismus im Sozialmanagement – Informationspolitik, Öffentlichkeitsarbeit, Lobbyismus, HDL, Brandenburg 2002.

Krauß, E. Jürgen/Möller, Michael/Münchmeier, Richard (Hrsg.): Soziale Ar-beit zwischen Ökonomisierung und Selbstbestimmung, Kassel 2007.

Kröger, Rainer (Hrsg.): Leistung, Entgelt und Qualitätsentwicklung in der Jugendhilfe – Arbeitshilfen mit Musterbeispielen zur praktischen Umsetzung der §§ 78a–g SGB VIII, Neuwied, Kriftel 1999.

Kronen, Hermann Joseph: Exkurs: Zur Strafe gibt es Geld – Bußgelder für NPOs in Arbeitshandbuch Finanzen für den sozialen Bereich, 6.10, Hamburg 2008.

Kröselberg, Mathias: Bußgeldmarketing – Mit Monitoring und Ono to One Marketing von Geldauflagen profitieren. In: Arbeitshandbuch Finanzen für den sozialen Bereich, 2.1.2, Hamburg 2008.

Lenz, Karl/Nestmann, Frank (Hrsg.): Handbuch der persönlichen Beziehungen, Weinheim 2009.

Lerche, Wolfgang/Krautscheid, Christian/Olejnik, Alfons/Seig, Eva-Maria: Personalentwicklung in Sozialorganisationen – Eine Arbeitshilfe für die Praxis, 2. Auflage, Frankfurt 2001.

Lübcke, Maren/Lührs, Rolf: Haushaltsplanung 2.0 — Symbolische Politik oder echte Mitbestimmung? In: Habbel, Franz-Reinhard/Huber, Andreas (Hrsg.): Web 2.0 für Kommunen und Kommunalpolitik. Neue Formen der Öffentlichkeit und der Zusammenarbeit von Politik, Wirtschaft, Verwaltung und Bürger, Boizenburg 2008, 71-78.

Lüchinger, René (Hrsg.): Die zwölf wichtigsten Ökonomen der Welt, Zürich 2007.

Luckey, Karin: Sozialraumorientierung-auch ein Forschungsthema aus sozialwirtschaftlicher Hinsicht. In: Sozialwirtschaft und Sozialmanagement im deutschsprachigen Raum, Augsburg 2008.

Luthe, Detlef: Fundraising als beziehungsorientiertes Marketing – Entwicklungsaufgaben für Non Profit Organisationen, Augsburg 1997.

Lüttringhaus, Maria/Richers, Hille (Hrsg.): Handbuch Aktivierende Befragung. Konzepte, Erfahrungen, Tipps für die Praxis. Arbeitshilfen für Selbsthilfe- und Bürgerinitiativen Nr. 29, Verlag Stiftung MITARBEIT, Bonn 2003.

Lutz, Friedrich: Profil schärfen und Nischen suchen. In: Wohlfahrt Intern – Das Entscheider-Magazin für die Sozialwirtschaft, Nr. 10, Düsseldorf 2008, 18-19.

Maelicke, Bernd (Hrsg.): Finanzierung in der Sozialwirtschaft – Chancen und Risiken des Umbruchs – Bericht über den 4. Kongress der Sozialwirtschaft vom 28. und 29. April 2005 in Düsseldorf, Baden-Baden 2006.

Maelicke, Bernd (Hrsg.): Lexikon der Sozialwirtschaft, Baden-Baden 2008.

Maly, Dieter: Allgemeiner Sozialer Dienst. In: DV (Hrsg.): Fachlexikon der sozialen Arbeit, Baden-Baden 2007, 15 f.

Marburger, Horst: SGB XII Die neue Sozialhilfe – Textausgabe des zwölften Sozialgesetzbuches, 4. Nachdruck, Berlin 2004.

Märker, Oliver/Wehner, Josef: „Haushaltsplanung 2.0 — E-Partizipation über Bürgerhaushalte.". In: Habbel, Franz-Reinhard/Huber, Andreas (Hrsg.): Web 2.0 in Web 2.0 für Kommunen und Kommunalpolitik. Neue Formen der Öffentlichkeit und der Zusammenarbeit von Politik, Wirtschaft, Verwaltung und Bürger, Boizenburg 2008, 63-70.

Markert, Andreas/Buckley, Andrea/Vilain, Michael/Biebricher, Martin (Hrsg.): Soziale Arbeit und Sozialwirtschaft – Beiträge zu einem Feld im Umbruch, Berlin 2008.

Martens/Thiel/Zanner: Konzern Stadt, Stuttgart, Berlin, Köln 1998.

May, Hermann: Lexikon der ökonomischen Bildung, München, Wien 2004.

Meffert, Heribert: CSR – mehr als eine Modeerscheinung, in FAZ 05.12.08, Nr. 285, 22.

Mehls, S./Salas-Gomez, P.: Von der Zuwendung zum Leistungsvertrag. In: Blätter der Wohlfahrtspflege 1/2, 1999.

Meizis, Matthias: Gespräche über die argentinische Tauschbörsen, Kiel 2008.

Menzel, Dieter/Ziegler, Wilfried: Kostenerstattung in der Jugendhilfe, Heft 78, Frankfurt am Main 2004.

Merchel, Joachim: Trägerstrukturen in der Sozialen Arbeit – Eine Einführung, Weinheim und München 2003.

Merchel, Joachim: Qualitätsmanagement in der Sozialen Arbeit – Ein Lehr- und Handwerksbuch, 2. Auflage, Weinheim und München 2004.

Merten, Roland (Hrsg.): Sozialraumorientierung – Zwischen fachlicher Innovation und rechtlicher Machbarkeit, Weinheim und München 2002.

Merten, Roland/Sommerfeld, Peter/Koditek, Thomas (Hrsg.): Sozialarbeitswissenschaft – Kontroversen und Perspektiven, Berlin 1996.

Michler, Inga: Zur Kritik des deutschen Stiftungsrechts in der Welt, 15.03. 2008, 10.

Modellprojekt „Doppischer Kommunalhaushalt in NRW". Neuer kommunales Finanzmanagement. Betriebswirtschaftlicher Grundlagen für das doppische Haushaltsrecht, Freiburg, Berlin , München, Zürich 2002.

Mols, Manfred/Lauth, Hans-Joachim/Wagner, Christian (Hrsg.): Politikwissenschaft: Eine Einführung, 5., aktualisierte Auflage, Paderborn 2006.

Moos, Gabriele/Zacher, Johannes (Hrsg.): Zukunft der Sozialwirtschaft – Impulse aus Theorie und Praxis, Freiburg im Breisgau 2000.

Mühlum, Albert (Hrsg.): Sozialarbeitswissenschaft – Wissenschaft der Sozialen Arbeit, Freiburg im Breisgau 2004.

Müller, Ute: Wettbewerb und Gemeinwohl – Aktuelle Entwicklungen zur Daseinsvorsorge in der Europäischen Union in Blätter der Wohlfahrtspflege – Deutsche Zeitschrift für Sozialarbeit, Nr. 5/6, Baden-Baden 2002, 89-95.

Münder, Johannes: Frankfurter Kommentar zum SGB VIII (KJHG), Münster 2002.

Münder, Johannes/Wabnitz, Rainhard Joachim: Wirkungsorientierte Jugendhilfe, Band 5, Berlin 2008.

Nagel, HG.: Einführung in das Zuwendungsrecht – Wegweiser durch das Labyrinth des Zuwendungsrechts – Ein Planspiel. HWP Hamburg 2003.

Naschold, Frieder/Oppen, Maria/Wegener, Alexander: Kommunale Spitzeninnovationen – Konzepte, Umsetzung, Wirkungen in internationaler Perspektive, Berlin 1998.

Negt, Oskar: Arbeit und menschliche Würde, 2. Auflage, Göttingen 2002.

Neues Kommunales Finanzmanagement (NKF): Betriebswirtschaftliche Grundlagen für das doppische Haushaltsrecht, Freiburg 2002.

Nothacker, Gerhard: Beratungspraxis Sozialleistungen – Ein Handbuch für die Rechtsberatung von Kindern und Jugendlichen, Lebenspartnerschaften Erwachsener, allein Erziehenden und Schwangeren, Baden-Baden 2002.

Oelerich, Gertrud/Schaarschuch, Andreas (Hrsg.): Soziale Dienstleistungen aus Nutzersicht – Zum Gebrauchswert Sozialer Arbeit, München/Basel 2005.

Öffentliche Finanzen – Zeitung für Haushalts-, Beteiligungs- und Finanzmanagement in Bund, Ländern und Kommunen, Sonderbeilage, 04.11.2008.

Orlowski/Wasem: Gesundheitsreform 2007 (GKV-WSG). Änderungen und Auswirkungen auf einen Blick, C. F. Müller Verlag, Heidelberg 2007.

Ostendorff/Säuberlich: Sozialraumbudgets in Blätter der Wohlfahrtspflege – Deutsche Zeitschrift für Sozialarbeit, Nr. 1, Baden-Baden 2004, 24.

Otte, Max: Allgemeine Wirtschaftspolitik, 3. Auflage, Köln 1999.

Papenheim, Heinz-Gert/Baltes, Joachim/Tiemann, Burkhard: Verwaltungsrecht für die Soziale Praxis, 19. Auflage, Frechen 2006.

Papenheim, Heinz-Gert/Baltes, Joachim/Tiemann, Burkhard: Verwaltungs-recht für die Soziale Praxis, 20. Auflage, Frechen 2008.

Paschke, Ellen: Sonderausgabe Arbeitsplatz Kirche vom 16. September, (Hrsg. Verdi Bundesvorstand), Berlin 2005.

Peters, André/Evers, Meyer: Individualität gewinnt. In: Wohlfahrt Intern – Das Entscheider-Magazin für die Sozialwirtschaft, Nr. 9, Düsseldorf 2008, 20 f.

Pfeiffer, Alexander: Managementkonzepte auf dem Prüfstand – Organisation und Management, HDL, Brandenburg 2001.

Pinker, Robert: Zum Verständnis der gemischten Wohlfahrtsökonomie, Opladen 1996.

Pracht, Arnold: Betriebswirtschaftslehre für das Sozialwesen – Eine Einführung in betriebswirtschaftliches Denken im Sozial- und Gesundheitsbereich, Weinheim und München 2002.

Praetorius, Bettina C./Schramm, Andreas: Rahmenbedingungen aus dem Gemeinnützigkeitsrecht. In: Finanzen für den Sozialbereich 2008, 6/1.5, S. 2.

Puhl, Ria (Hrsg.): Sozialarbeitswissenschaft – Neue Chancen für theorie-geleitete Soziale Arbeit, Weinheim und München 1996.

Putnam, Robert D.: Bowling Alone: America's Declining Social Capital, In: Journal of Democracy, Baltimore 1995, 65-78.

Rauch, Klaus: Steuern in der Sozialwirtschaft – Steuern und Gemeinnützig-keit, Schriftenreihe des Kompetenzzentrums für Unternehmensentwicklung und -beratung (Kube e.V.), Norderstedt 2007.

Reifenhäuser, Carola/Hoffmann, Sarah G/Kegel, Thomas: Freiwilligenenga-gement, Augsburg 2009.

Remlinger, Utz: Die Einwirkung des Gemeinschaftsrechts auf die Rückab-wicklung rechtswidriger Beihilfeverhältnisse, Düsseldorf 2001.

Reutlinger/Kessl/Deinet: Sozialraum: Eine Einführung, Wiesbaden 2007.

Ringle, Günther: Genossenschaftliche Prinzipien im Spannungsfeld zwi-schen Tradition und Modernität, Wismar 2007.

Röhrle, Bernd: Soziale Netzwerke und Gesundheit. In: Impulse Newsletter zur Gesundheitsförderung, Landesvereinigung für Gesundheit (Hrsg.), Aus-gabe 48, 2005, 2 f.

Römer, Barbara: Die Bedeutung der Sozialen Arbeit für die kommunale So-zialpolitik am Beispiel der Stadtteilgenossenschaft Garden eG, Kiel 2010.

Roller, Edeltraut: Einstellungen zur Wohlfahrtstaat, Opladen 1992.

Roller, Edeltraut: Erosion des sozialstaatlichen Konsenses und die Entstehung einer neuen Konfliktlinie in Deutschland? In: Aus Politik und Zeitgeschichte. Beilage zur Wochenzeitung „Das Parlament", B28-29/2002, 13-19.

Rosenkranz, Doris/Weber, Angelika: Freiwilligenarbeit. Einführung in das Management von Ehrenamtlichen in der Sozialen Arbeit, Weinheim und München 2002.

Roth, Klaus (Hrsg.): Soziale Netzwerke und soziales Vertrauen in den Transformationsländern, Freiburger Sozialanthropologische Studien, Band 15, Zürich 2007.

Roth, Walter: Öffentliches Recht. In: DV (Hrsg.): Fachlexikon der sozialen Arbeit, Frankfurt 2007, 679.

Sachße, Christoph/Tennstedt, Florian: Die Bundesrepublik – Staat und Gesellschaft – Eine Einführung für soziale Berufe, Weinheim und München 2005.

Schaarschuch, Andreas: Die Privilegierung des Nutzers. Zur theoretischen Begründung sozialer Dienstleistung. In: Olk, Th./Otto, H.-U. (Hrsg.): Soziale Arbeit als Dienstleistung. Neuwied 2003.

Schedler, Kuno/Proeller, Isabella: New Public Management, 3. Auflage, Bern, Stuttgart, Wien 2006.

Schellberg, Klaus: Beschaffung, Absatz und Unternehmensführung, HDL, Brandenburg 2000.

Schellberg, Klaus: Jahresabschluss in sozialen und öffentlichen Dienstleistungsorganisationen – Rechnungswesen und Kostenmanagement, HDL, Brandenburg 2000.

Schellberg, Klaus: Produktion von Dienstleistungen – Beschaffung, Produktion und Absatz im Verwaltungs- und Sozialbetrieb, HDL, Brandenburg 2000.

Schellberg, Klaus: Innenfinanzierung und Selbstfinanzierung in Non-Profit-Organisationen und sozialen Dienstleistungsorganisationen – Finanzierung sozialer Organisationen, HDL, Brandenburg 2001.

Schellberg, Klaus: Moderne Verfahren der Kostenrechnung und des Kostenmanagements – Rechnungswesen und Kostenmanagement, HDL; 2. Auflage, Brandenburg 2001.

Schellberg, Klaus: Kostenmanagement in Sozialunternehmen, Augsburg 2002.

Schellberg, Klaus: Grundlagen der Profit- und Non-Profit-Finanzierung in sozialen Dienstleistungsorganisationen – Finanzierung sozialer Organisationen, HDL, 2. Auflage, Brandenburg 2004.

Schellberg Klaus: Subjektförderung. In: Maelicke (Hrsg.): Lexikon der Sozialwirtschaft, Baden-Baden 2008a, 986 f.

Schellberg, Klaus: Objektförderung. In: Maelicke (Hrsg.): Lexikon der Sozialwirtschaft, Baden-Baden 2008b, 725.

Schellhorn, Walter/Schellhorn, Helmut: BSHG – Kommentar zum Bundessozialhilfegesetz, 16. Auflage, Neuwied, Kriftel 2002.

Schick, Stefan: Gemeinnützigkeitsrecht für soziale Einrichtungen –Anerkennung, Rechnungsauslegung, Spendenwesen – Eine Einführung, 2. Auflage, Wiesbaden 2001.

Schmitz/Schottke: Wohlfahrt Intern – Das Entscheider-Magazin für die Sozialwirtschaft. In: Wohlfahrt Intern Nr. 8, Düsseldorf 2008, 19-22.

Schneider, Helga: Basiswissen, Data Base Fundraising. In: Hohn et al. (Hrsg.): Finanzen für den Sozialbereich, 6.2, Hamburg 2008.

Scholten, Claudia: Eigenbetrieb. In: Maelicke (Hrsg.): Lexikon der Sozialwirtschaft, Baden-Baden 2008, 279.

Schröder, Helga: Sozial sein und Rendite erwirtschaften. In: Welt am Sonntag 05.10.2008, 51.

Schröder, Jan: Neue Finanzierungssysteme für die Jugendhilfe? Ideen, Wege, Erfahrungen, Zukunftsmodelle in Nachrichtendienst des Deutschen Vereins, Nr. 8., Baden-Baden 2003.

Schubert/Littmann-Wernli/Tingler: Corporate Volunteering. Unternehmen entdecken die Freiwilligenarbeit, Bern, Stuttgart, Wien 2002.

Schürmann, Ewald: Öffentlichkeitsarbeit im Sozialmanagement – Informationspolitik, Öffentlichkeitsarbeit, Lobbyismus, HDL, Brandenburg 2001.

Schwarting, Gunnar: Den kommunalen Haushaltsplan richtig lesen und verstehen – Leitfaden für Rat und Verwaltung, Berlin 1999.

Schwarz, Gotthart/Beck, Reinhilde: Sozialstaat, Sozialpolitik und Sozialverwaltung im Kontext der politischen Entwicklung – Veränderungen im Geschäftsfeld öffentlicher und intermediärer Dienstleistungen, HDL, Brandenburg 1999.

Schwarz, Gotthart/Beck, Reinhilde: Zur Rolle von Markt und Staat in der Dienstleistungsgesellschaft – Veränderungen im Geschäftsfeld öffentlicher und intermediärer Dienstleistungen, HDL, Brandenburg 1999.

Schwarz, Gotthart/Beck, Reinhilde: Der Sozialbetrieb als ökonomisches und soziales System – Optimierung von Leitungshandeln, HDL, Brandenburg 2000.

Schwarz, Gotthart/Beck, Reinhilde: Führungskonzepte in unterschiedlichen Organisationsmodellen – Führen im Zeichen des Organisationswandels und neuer Steuerungskonzepte, HDL, Brandenburg 2000.

Schwarze, Kristin: Indikatoren gesucht – Neue Ansätze zur Integrationssteuerung in Deutschland in Blätter der Wohlfahrtspflege – Deutsche Zeitschrift für Sozialarbeit, Nr. 11/12, Baden-Baden 2006, 233 f..

Schwarzer, Uwe: Freie Träger. In: DV (Hrsg.): Fachlexikon der sozialen Arbeit, Baden-Baden 2007, 340.

SGB – Sozialgesetzbuch: Bücher I-XII, 37 Auflage, München 2009.

Sidler, Nikolaus: Sinn und Nutzen einer Sozialarbeitswissenschaft – Eine Streitschrift, Freiburg im Breisgau 2004.

Siebel, Gerald: Neue Steuerregelung bietet Sicherheit in Wohlfahrt Intern – Das Entscheider-Magazin für die Sozialwirtschaft, Nr. 8, Düsseldorf 2008, 23.

Siebert, Horst: Einführung in die Volkswirtschaftslehre, 13. Auflage, Köln 2000.

Simsa, Ruth (Hrsg.): Management der Nonprofit Organisation – Gesellschaftliche Herausforderungen und organisationale Antworten, Stuttgart 2001.

Sippel, Hanns-Jörg: Eine Veranstaltung planen. Tipps und Anregungen. Arbeitshilfen für Selbsthilfe- und Bürgerinitiativen Nr. 05, Verlag Stiftung MITARBEIT (6. überarbeitete Auflage), Bonn 2006.

Smith, V.L.: Bargaining and Market Behavior. Essays in Experimental Economics. Cambridge University Press, 2000.

Sobanski, Michael: Genossenschaftliche Entwicklungsstrategien zur Schaffung und Sicherung neuer Arbeitsplätze in Stadtteilgenossenschaften und Beschäftigungsinitiativen unter besonderer Berücksichtigung von Beispielen aus Berlin, Brandenburg und Sachsen, Berlin, 2003.

Sommerfeld, Peter/Hüttemann, Matthias (Hrsg.): Evidenzbasierte Soziale Arbeit – Nutzung von Forschung in der Praxis, Band 17 Grundlagen der Sozialen Arbeit, Baltmannsweiler 2007.

Sozialpädagogisches Institut im SOS-Kinderdorf e.V. (Hrsg.): Sozialraumorientierung auf dem Prüfstand, Frankfurt am Main 2001.

Spatscheck, Christian: Theorie- und Wissenschaftsentwicklung in der Sozialen Arbeit, Jena 2008.

Spatscheck, Christian/Arnegger, Christian/Kraus, Sybille/Mattner, Astrid/Schneider, Beate: Soziale Arbeit und Ökonomisierung – Analysen und Handlungsstrategien, Berlin, Milow, Straßburg 2008.

Starz, Silvia: Fundraising und Ehrenamtlichkeit. In: Hohn et al. (Hrsg.): Finanzen für den Sozialbereich, 6.11, Hamburg 2008.

Staub-Bernasconi, Silvia: Soziale Arbeit als Handlungswissenschaft, Wien 2007.

Steinbach, Anke: Strategisches Management als Eigenmittelerwirtschaftung in der Praxis. In: Hohn et al. (Hrsg.): Finanzen für den Sozialbereich, 4.4, Hamburg 2008.

Steinke, Klaus: Projekte überzeugend präsentieren. So vermitteln Sie Ihr Anliegen klar und einprägsam. Arbeitshilfen für Selbsthilfe- und Bürgerinitiativen Nr. 25, Verlag Stiftung MITARBEIT (3. Auflage), Bonn 2006.

Strunzyna, Karl Heinz/Gabriel, Thomas/Wolf, Klaus/Macsenaere, Michael/Finkel, Margarete/Munsch, Chantal: Wirkungsorientierte Jugendhilfe, Band 01, Beiträge zur Wirkungsorientierung von erzieherischen Hilfen, Münster 2007.

Sudmann, Heinrich: Erziehungsgeld. In: DV (Hrsg.): Fachlexikon der sozialen Arbeit, Baden-Baden 2007.

Tabatt-Hirschfeldt, Andrea: Theoriebildung in Sozialmanagement und Sozialwirtschaft – Bedarfe, Tendenzen und Möglichkeiten in: NDV (Nachrichtendienst), Deutscher Verein für öffentliche und private Fürsorge NDV 1/2009a.

Tabatt-Hirschfeldt, Andrea: Leistungsorientierung in der Sozialverwaltung, Chancen – Hindernisse – Wirkungen, Augsburg 2009b.

Then, Volker: In: Fundraising Akademie (Hrsg.): Fundraising: Handbuch für Grundlagen, Strategien und Methoden, Frankfurt 2008.

Theunissen, Georg: Empowerment behinderter Menschen – Inklusion, Bildung, Heilpädagogik, Soziale Arbeit, Freiburg im Breisgau 2007.

Thiersch, Hans: Lebensweltorientierte Soziale Arbeit. Aufgaben der Praxis im sozialen Wandel. 6. Aufl. Weinheim, München 2005.

Tilo, Klöck: Entwicklungen und Perspektiven der Gemeinwesenarbeit in München-zwischen Marginalisierung und Modernisierung, München 2008.

Tornow, Harald: Wirkungsorientierte Jugendhilfe – Wirkungsorientierte Vereinbarungen in Rostock, Münster 2009.

Trube, Achim: Organisation der örtlichen Sozialverwaltung und Neue Steuerung, Frankfurt 2001.

Trube, Achim: Sozialmanagement. In: DV (Hrsg.): Fachlexikon der Sozialen Arbeit, Baden-Baden 2007, 893-894.

Tybussek, Kai: Gut beraten und betreut in Wohlfahrt Intern – Das Entscheider-Magazin für die Sozialwirtschaft, Nr. 12, Düsseldorf 12.2008, 16 f.

Ulrich, Peter: Integrative Wirtschaftsethik. Grundlagen einer lebensdienlichen Ökonomie, 3. Auflage, Bern, Stuttgart, Wien 2001.

Vilain, Michael: CSR – ein Thema der Sozialwirtschaft. In: Markert, Buckley/Vilain, Biebricher (Hrsg.): Soziale Arbeit und Sozialwirtschaft, Münster 2008, 135 f.

Vobruba, Georg: Jenseits der sozialen Fragen, Frankfurt 1991.

Vogel, Berthold: Die Staatsbedürftigkeit der Gesellschaft, Hamburg 2007.

Voßkuhle, Andreas: Die neue Verwaltungsrechtswissenschaft. In: Hoffmann-Riem, Wolfgang/Voßkuhle, Andreas (Hrsg.): Grundlagen des Verwaltungsrechts, Band 1, Methoden, Maßstäbe, Aufgaben, Organisationen. München 2006.

Wabnitz, Reinhard Joachim: Recht der Finanzierung der Jugendarbeit und Jugendsozialarbeit – Ein Handbuch, Baden-Baden 2003.

Wallimann, Isidor/Elsen, Susanne/Lange, Dietrich: Soziale Arbeit und Ökonomie, Neuwied, Kriftel 2000.

Weber, Max: Wirtschaft und Gesellschaft, Neu-Isenburg 2006.

Weisbrod, B. (Hrsg.): Modeling the nonprofit organizations as a multiproduct firm: A framework for coice: To Profit or Not to Profit, Cambridge, 1998, 47-64.

Wendland, Waltraud: Die Jugendhilfestation des Verbunds für soziale Projekte e. V. (VSP). In: Schwerin unter veränderten finanziellen Rahmenbedingungen , Neubrandenburg 2009.

Wendt, Wolf-Rainer: Ökologie und Soziale Arbeit, Stuttgart, 1982.

Wendt, Wolf-Rainer: Geschichte der Sozialen Arbeit, Stuttgart, 1983.

Wendt, Wolf-Rainer: Sozialwirtschaftslehre – Grundlagen und Perspektiven, Baden-Baden 2002.

Wendt, Wolf Rainer: Sozialwirtschaft – eine Systematik, Baden-Baden 2003.

Wendt, Wolf Rainer: Sozial arbeiten und sozial wirtschaften, Freiburg im Breisgau 2004.

Wendt, Wolf Rainer: Theorientwicklung in der Sozialwirtschaft. In: Maelicke (Hrsg.): Lexikon der Sozialwirtschaft, Baden-Baden 2008a. 1022.

Wendt, Wolf Rainer: Sozialleistungen. In: Maelicke (Hrsg.): Lexikon der Sozialwirtschaft, Baden-Baden 2008b, 921.

Wendt, Wolf Rainer: Tauschringe. In: Maelicke (Hrsg.): Lexikon der Sozialwirtschaft, Baden-Baden 2008c, 998.

Wendt, Wolf Rainer/Löcherbach, Peter: Case Management in der Entwicklung – Stand und Perspektiven in der Praxis, Augsburg 2006.

Wendt, Wolf Rainer/Wöhrle, Armin: Sozialwirtschaft und Sozialmanagement – in der Entwicklung ihrer Theorie, Augsburg 2007.

Wessels, Wolfgang: Das politische System der Europäischen Union, Wiesbaden 2008.

Weyrich, Karl Heinz: Soziale Dienste. In: DV (Hrsg.): Fachlexikon der sozialen Arbeit, Baden- Baden 2007.

Widersprüche – Zeitschrift für sozialistische Politik im Bildungs-, Gesundheits- und Sozialbereich: Zur Politischen Produktivität von Gemeinwesenarbeit, Heft 65, Bielefeld 1997.

Widersprüche – Zeitschrift für sozialistische Politik im Bildungs-, Gesundheits- und Sozialbereich: Politik des Sozialen – Verhandlungen über Lebensweisen – Moralische Ökonomien heute, Heft 99, Bielefeld 2006.

Wiesner, R.: Konkurrenz, Wettbewerb, Vergabe und Rechtsanspruch auf Leistungen. In: Evangelische Jugendhilfe 1/2002, 34-41.

Wille/Koch: Gesundheitsreform – Grundriss, München 2007.

Winterhager, Henrik: Öffentlich geförderte Vermittlung von Arbeitslosen, Baden-Baden 2007.

Wippermann, Frank: Vom Chaos zum Ergebnis: Wege zu gelungenen Besprechungen und Sitzungen. Ein Trainingsbuch, Bonn 1997.

Wöhrle, Armin: Organisationen als reformresistente Gebilde – Organisationen zwischen rastlosem Stillstand und Wandel oder das Eigenleben von Organisationen, HDL, Brandenburg 2000.

Wöhrle, Armin: Was ist eine Organisation? – Organisation und Management, HDL, Brandenburg 2000.

Wöhrle, Armin: Organisationswandel als Kulturwandel – Organisationen zwischen rastlosem Stillstand und Wandel oder das Eigenleben von Organisationen, HDL, Brandenburg 2001.

Wöhrle, Armin: Synergielösungen für Sozialräume – Plädoyer für Fusionen kleiner Träger Blätter der Wohlfahrtspflege – Deutsche Zeitschrift für Sozialarbeit, Nr. 7/8, Baden-Baden 2007, 153-155.

Wollmann, Hellmut/Roth, Roland (Hrsg.): Kommunalpolitik. Politisches Handeln in den Gemeinden, Bonn 1998.

Zacher, Hans F.: Versicherungsprinzip. In: DV (Hrsg.): Fachlexikon der sozialen Arbeit, Baden-Baden 2007.

Zapf, Wolfgang: Lebensbedingungen in der Bundesrepublik. Sozialer Wandel und Wohlfahrtsentwicklung. Frankfurt, Main 1977.

Zapf, Wolfgang: Welfare Productions. Private versus Public, Sonderforschungsbereich 2, Arbeitspapier Nr. 85, Frankfurt, Mannheim 1982.

Zielinski, Heinz: Globalisierung und Regionalisierung: Ökonomische, soziale und politische Antriebsfaktoren – Rahmenbedingungen sozialer und öffentlicher Managementtätigkeit im Sozialstaat BRD, HDL, Brandenburg 1999.

Zielinski, Heinz: Das Modell der Neuen Steuerung – Dienstleistungsorganisation als Managementorganisation, HDL, 2. Auflage, Brandenburg 2005.

Zimmer, Annette: Vereine – Basiselemente der Demokratie, Opladen 1996.

Zimmer/Nährlich/Paulsen: Zur volkswirtschaftlichen Bedeutung der Sozialwirtschaft. In: Arnold/Maelicke: Lehrbuch der Sozialwirtschaft. 3. Aufl. Baden-Baden 2009, 130 ff.

Zimmer, Annette/Priller, Eckhard: Gemeinnützige Organisationen im gesellschaftlichen Wandel – Ergebnisse der Dritten-Sektor-Forschung. Wiesbaden 2004.

Zimmer-Henrich, Werner: Projektmanagement: Verfahren und Instrumente für erfolgreiche Projektarbeit in Vereinen und Verbänden. Ein Trainingsbuch, Bonn 1997.

Stichwortverzeichnis

Mehr wissen – weiter kommen

↗

Case Management

in sozialen Dienstleistungsorganisationen

In unserem komplexen, hochgradig arbeitsteiligen Sozial- und Gesundheitssystem steigt mit zunehmendem Abstimmungs- und Vernetzungsbedarf auch die Bedeutung von Case Management-Modellen. Case Management ist ein Instrument personenbezogener Dienstleistungssteuerung zum Einsatz in der Pflege, der ambulanten und stationären Krankenversorgung, der Behindertenunterstützung, der wirtschaftlichen Jugendhilfe und in Sozialhilfesystemen. Renommierte Experten beschreiben in diesem Buch die aktuellen Anforderungen und Gestaltungsmöglichkeiten. Zahlreiche Best-Practice-Beispiele helfen bei der Umsetzung.

Aus dem Inhalt:
- Sozialökonomische Funktionen und Systemfragen des Case Managements
- Der Fall im System – Organisation des Systemischen Case Managements
- Systemsteuerung im Case Management
- Case Management als Baustein der sozialinvestiven Reorganisation des Systems sozialer Dienste
- Aktivierung in der Sozialhilfe
- Chancen und Risiken für die Soziale Arbeit und die Implementierung in soziale Organisationen
- Case und Care Management
- Neue Versorgungsformen und Versorgungsforschung
- Die neue Pflegeberatung – Fallmanagement
- Case Management in der Kinder- und Jugendmedizin
- Case Management im Krankenhaus
- Das Konzept Lernende Organisation
- Organisationsentwicklung gemeinsamer Assessmentverfahren im Prozess des Case Managements

Neu in der 2. Auflage: Erweiterung und Vertiefung durch Themen der Gesundheitswirtschaft sowie der Gesundheitsversorgung in Krankenhaus und Pflege.

Volker Brinkmann

Case Management

Organisationsentwicklung und Change Management in Gesundheits- und Sozialunternehmen

2. Aufl. 2009. XVI, 337 S.

Br., EUR 34,90

ISBN 978-3-8439-1854-3

Änderungen vorbehalten. Stand: Juni 2010.
Erhältlich im Buchhandel oder beim Verlag

Gabler Verlag . Abraham-Lincoln-Str. 46 . 65189 Wiesbaden . www.gabler.de

12999769R00177

Printed in Poland
by Amazon Fulfillment
Poland Sp. z o.o., Wrocław